DIETER WAHL

Mein Walk of Fame

Begegnungen mit Weltstars und VIPs

novum ◢ pro

Dieses Buch ist auch als
e-book
erhältlich.

www.novumverlag.com

© 2021 novum Verlag

Bibliografische Information
der Deutschen Nationalbibliothek:

Die Deutsche Nationalbibliothek
verzeichnet diese Publikation in
der Deutschen Nationalbibliografie.
Detaillierte bibliografische Daten
sind im Internet über
http://www.d-nb.de abrufbar.

ISBN 978-3-99107-464-9
Lektorat: Angelika Mählich
Umschlagfotos: Marion Wahl,
Elke Güldner, Dieter Wahl,
Photo Simonis Wien,
Burin Suporntawesuk | Dreamstime.com
Umschlaggestaltung, Layout & Satz:
novum Verlag
Innenabbildungen:
siehe Bildunterschriften

Gedruckt in der Europäischen Union
auf umweltfreundlichem, chlor- und
säurefrei gebleichtem Papier.

www.novumverlag.com

Für Birgit und Annemarie

Ich danke Dr. Harry Graff und Heinz Drescher für die Erst-
lesung und Begutachtung des Manuskripts, das ich durch ihre
konstruktiven Hinweise und Vorschläge optimieren konnte.

INHALT

Meine VIP-Lounge

Ein Brief als Vorwort

Liebe Leserin, lieber Leser,
ich schreibe Ihnen den Prolog zu meinem Buch als Brief, weil dies der
individuellen, persönlichen Note meiner Geschichten am ehesten gerecht
wird. Nun zur Sache – oder besser zum Menschen: Haben Sie nicht
auch schon Leute kennengelernt, die Sie beeindruckt oder gar fasziniert
haben?! Menschen, die Ihnen im Gedächtnis blieben und sie angeregt
haben – zum Nachdenken, zum Nacheifern und zum Weitererzählen.
Und eben das möchte ich auch: weitererzählen.

Ich hatte in vierzig Journalisten-Jahren das Vielfachglück bemerkens-
werter Bekanntschaften in Ost- und Westeuropa, davon rund drei Jahr-
zehnte im Ausland. In der spannenden Zeit meiner TV- und Zeitungs-
arbeit in Berlin, Paris, Moskau und Brüssel traf ich auch Persönlichkeiten
mit dem Protokoll-Etikett „VIP" – „Very Important Person", definiert
in einschlägigen Lexika als Personen, denen durch ihren privilegierten
Status eine besondere gesellschaftliche Bedeutung zukommt.

Dazu gehören in westlichen Gefilden die viel zitierten Reichen und
Schönen des Gesellschaftsadels, Großindustrielle und Staatslenker, hoch-
rangige Militärs und Prominente von Leinwand, Theater und Show-
bühne. Einige von ihnen habe ich in beruflicher Mission kennengelernt.

Manche von ihnen habe ich bewundert, manche nicht. Jene, die
in meinem Gedanken-Refugium den Sonderstatus der Unvergesslich-
keit besitzen, möchte ich Ihnen auf den folgenden Seiten vorstellen. Es
sind keine medial aufgepumpten Möchtegerne, sondern echte Weltstars
der Musik-, Literatur-, Film- und Showbranche. Mit Charles Azna-
vour hat einer von ihnen sogar einen Stern auf dem „Walk of Fame"
von Hollywood bekommen. Sterne für meine anderen Favoriten findet
man dort nur deshalb nicht, weil sie mit wenigen Ausnahmen die haus-
eigene Domäne der Amerikaner sind. Den so vernachlässigten euro-
päischen Kulturberühmtheiten und ihrem Hollywood-Platzhalter Az-
navour möchte ich deshalb mit diesem Buch einen ganz persönlichen
„Walk of Fame" widmen.

Juni 2014 am Hollywood-Stern des von mir ebenfalls verehrten US-Trickfilmpioniers Walt Disney. Gut drei Jahre später glänzte auf dem berühmtesten Bürgersteig Kaliforniens auch ein Stern für den Franzosen Charles Aznavour.
Foto: Birgit Koschella

Ein solch fünfzackiger rosa Terazzo-Stern im schwarzen Marmor des Hollywood Boulevard kostet etwa 4000 Dollar. Die Print-Sterne auf meinem Boulevard der Erinnerungen haben für mich den Status der Unbezahlbarkeit. Sie kosteten die Währung Zeit für die authentische Reanimation des Erlebten, das mir Sternstunden mit Prominenten von Weltgeltung bescherte.

Ihnen bin ich nicht nahegekommen bei Zufallstreffen während der aktuellen Berichterstattung, sondern bei geplanten Treffen im journalistischen Eigenauftrag. Es waren Wunschbekanntschaften, die ich mit langem Geduldsfaden organisiert habe. Sie galten Autoritäten, deren Leistungen ich besonders geachtet und bewundert habe. Es reizte mich, sie kennenzulernen, um zu erfahren, ob ich sie nicht nur als Ausnahmeprofi, sondern auch als Menschen schätzen kann. Geld und Ruhm verändern den Charakter. Würde mir jenseits der großen Bühne manierierte Gespreiztheit begegnen oder ungestelzte Natürlichkeit? Ich war neugierig, was sich hinter einem großen Namen verbirgt.

Bei diesen Begegnungen bekam ich auch einen Eindruck von der Schattenseite des Ruhms, um mich anschließend zu fragen: Würde Dich das alles – wärest Du einer von ihnen – glücklich machen?

Möglicherweise inspiriert es Sie, sich diese Frage ebenfalls zu stellen – und vielleicht auch zu beantworten. Privilegien im goldenen Käfig bei oft mentalen Problemen hinter Glitzergittern zum realen Leben. Berühmtheit als Glück und Last, Reichtum als Luxus und Bürde, Popularität als Segen und Fluch. Was könnte man davon ertragen, was nicht? Reizvoll, daran einen Gedanken zu verschwenden. Er würde vielleicht sogar helfen bei der Einschätzung des eigenen Lebens, mit dessen unaufgeregter, langweiliger Normalität und täglicher Gleichförmigkeit man mitunter hadert.

Was mir so manche VIP-Tür öffnete, war mein Exoten-Bonus Ost als Westeuropa-Korrespondent des DDR-Fernsehens. Das half mir im Verbund mit einer zuweilen auch penetranten Hartnäckigkeit, meine Wunschkandidaten vor Mikrofon und Kamera zu bekommen – und das nicht selten unter abenteuerlichen Umständen, die ich Ihnen ebenfalls nicht vorenthalten möchte.

Wichtig dabei ist mir: Ich möchte Ihnen kein Wachsfigurenkabinett zumuten mit steifen, für die Ewigkeit modellierten Figuren, deren Visitenkarten mit simpler Kurzvita in jedem Personallexikon nachlesbar sind, sondern Lebewesen aus Fleisch und Blut, berühmte Mitmenschen mit sowohl Lorbeerkranz als auch Dornenkrone. Und obwohl einige von ihnen wie Sir Peter Ustinov von der Académie française bereits den Status der Unsterblichkeit erhielten und für ihn und seinesgleichen das Ruhmesblatt zur Ewigkeit schon ausgestellt ist, möchte ich sie nicht in ein Panoptikum angestaubter Historie stellen, sondern in ihr sehr lebendiges Umfeld mit oft verblüffenden Bezügen zum Heute. Mit Interviews, Anekdoten und Einblicken in das aufregende Leben von Superstars, die schon jetzt Denkmäler der europäischen Kulturgeschichte sind.

Sie schenkten mir ein Stück ihrer Lebenszeit, wofür ich unendlich dankbar bin. Dabei habe ich Wert gelegt auf eine Arbeitsteilung mit der Paparazzi-Presse, die meist mit dem Charme von Geiern vornehmlich für die Banalitäten der Stars zuständig ist, sie mit in die luftigen Höhen des Wohlwollens nimmt oder auf ihnen herumhackt. Meine Neugier galt weniger der weiblichen Wespentaille oder dem männlichen Bizeps einer

Show- oder Filmgröße als vielmehr der Qualität ihres Gehirns, was mitunter Überraschendes zutage förderte.

So hätte ich nicht geahnt, dass der Kino-Weltmeister des Zwerchfells, der „große Blonde mit dem schwarzen Schuh", Pierre Richard, einen Dokumentarfilm über Kuba und den Revolutionär Che Guevara dreht. Oder dass eine Mireille Mathieu als leichtmusiger „Spatz von Avignon" in einem UNO-Antikriegsfilm die Handlungsstärke einer humanistischen Gemeinschaft beschwört. Und das nicht nur wegen klingender Münze, die sie zur Genüge hat, sondern weil sie so denkt und fühlt.

Als Kontrast zur Kunstprominenz darf ich Ihnen zwei VIPs der politischen Königsklasse vorstellen: den österreichischen Bundespräsidenten Rudolf Kirschschläger und den bisher einzigen deutschen NATO-Generalsekretär Manfred Wörner. Ihnen habe ich eine Extra-VIP-Abteilung eingeräumt.

Auch ein Journalist ist eitel. Ich empfand Genugtuung über nette Nebenbei-Bemerkungen von zwei Schwergewichten der westlichen Gesellschaft. Weltbürger Ustinov meinte, solch nachdenkenswerte Fragen hätte ihm noch keiner gestellt. Und NATO-Häuptling Wörner kommentierte sein einziges Interview für ein DDR-Medium mit dem Satz: „Nun brechen wohl zwischen Ost und West neue Zeiten an!?" Es wurde ein Interview, das zu einem Streitgespräch zwischen Ost und West eskalierte. Dass es nicht nur der erste, sondern auch der letzte Versuch dieser Art der friedlichen Koexistenz sein würde, hatte weder Honecker noch sein beliebtester Klassenfeind geahnt.

Liebe Leserschaft,

sollten meine Anmerkungen und Einschätzungen zu Leben und Wirken meiner Topstars nicht immer mit der offiziellen Lesart enzyklopädischen Wissens übereinstimmen, so mag das am subjektiven Blickwinkel des Betrachters liegen.

Sollten die Porträtbilder nicht immer der Hochglanz-Aureole bunter Illustrierter entsprechen, so liegt das am bewussten Verzicht auf einen Weichzeichner.

Sollten die Äußerungen der Prominenten nicht immer mit den von Presse und Politik vorgestanzten Meinungsklischees übereinstimmen, so liegt das an den Promis selbst.

Und sollten manche Passagen abschweifend wirken, so ist das dem zwanghaften Bestreben des Autors geschuldet, Erlebnisse in den Zusammenhang von Raum und Zeit zu stellen, sie aus der Isolation des Moments herauszuholen und in ihr gesellschaftliches Umfeld einzuordnen.

Ich wünsche Ihnen ein verständnisvolles, vorurteilsfreies Lesen. Dafür besten Dank.

Herzlichst
Ihr Dieter Wahl
Ahrensfelde/Eiche, im Februar 2021

Peter Ustinov

wurde berühmt als Oscar-dekoriertes Multitalent, Entertainer und Leinwand-Detektiv Poirot

Vorsichtig kurve ich den Chaillot-Hügel an den Trocadéro-Gärten hinauf, obwohl hier im tiefen Pariser Herbst weder überfrorene Straßen noch Schneekrümel lauern. Aber ich will in der leichten morgendlichen Nebelsuppe an den Uferterrassen der Seine und auf ihrem raureifglitschigen Pflaster nichts riskieren. Denn das Rendezvous, dem wir entgegenfahren, ist mir heilig. Im Kofferraum hat Kameramann Eberhard Güldner unser Filmequipment verstaut mit jeglicher Art von technischem Zubehör, obwohl wir nicht wie gewöhnlich 500 Kilometer nach Genf oder Straßburg oder 300 Kilometer nach Brüssel brettern. Im Gegenteil, von unserem Korrespondentenbüro im Pariser Vorort Boulogne-Billancourt bis hierher zum Palais de Chaillot gegenüber dem Eiffelturm ist es ein Katzensprung. Aber Eberhard hat das gesamte Arsenal an Produktionsutensilien eingepackt, um auf alles vorbereitet zu sein. Denn die Gelegenheit zu diesem Prominententreff ist zu einmalig. Auch meine Frau Marion ist mit von der Partie, um sich um Ton, Licht und Fotos zu kümmern.

Ich kann es immer noch nicht so recht glauben, dass wir ihn in wenigen Minuten treffen sollen. Aber Peter Ustinov hat es mir fernmündlich hoch und heilig versprochen, nachdem ich ihn mit telefonischer Ausdauer ein gutes halbes Jahr kreuz und quer durch Europa verfolgt habe. Nun also soll das Interview mit ihm am heutigen Montagvormittag, dem 20. Oktober 1986, Realität werden. Vereinbart ist 10 Uhr. Noch bleiben 20 Minuten, was reichen müsste, wenn wir hoffentlich schnell eine Parkmöglichkeit finden.

Von der Unrast des Suchens und dem Glück des Findens

Gottlob sind die alles überschwemmenden Touristenströme des Sommers weitgehend versiegt und plätschern nur noch in verhaltener Gruppenstärke dahin. Ich erblicke nur noch vereinzelte regenschirmschwingende Fremdenführer an den imposanten architektonischen Besuchermagneten mehrerer Pariser Weltausstellungen. Für sie entstand auch hier oben 1878 das Trocadéro-Palais, das dann für eine weitere Weltausstellung 1937 zum Palais de Chaillot umgebaut wurde. Die Freifläche zwischen den beiden Seitenpavillons ermöglicht einen atemberaubenden Panoramablick hinunter zu der an einer Seine-Schleife 324 Meter in den Himmel strebenden Stahlpyramide des Eiffelturms, hochgezogen zur Weltausstellung 1889.

In einem der beiden Museen des Chaillot hat der französische Historiker Henri Langlois 5000 geschichtsträchtige Filmraritäten zusammengetragen und damit einen einmaligen Fundus der Kinematografie geschaffen. Vom Drachen aus dem Nibelungenstreifen eines Fritz Lang über das Kettenhemd Iwans des Schrecklichen aus dem Zweiteiler Eisensteins bis zu Requisiten von Agatha Christies schrulligem belgischem Detektiv Hercule Poirot, dem Peter Ustinov zu bleibender Leinwand-Berühmtheit verhalf.

Nicht minder überzeugend gebärdete er sich als verrückter Kaiser Nero im Monumentalstreifen „Quo vadis". Dafür wurde er als „Bester Nebendarsteller" für den Oscar nominiert, bekam ihn aber nicht. Dafür erhielt er den begehrten Academy Award gleich in doppelter Ausführung für seine genial gespielten Charakterrollen in zwei anderen Hollywood-Produktionen – zum einen als sadistischer Sklavenhändler in Stanley Kubricks Historien-Epos „Spartacus" und zum anderen als Kleinkrimineller in Jules Dassins Agenten-Komödie „Topkapi". Ustinov, der weltgewandte Grandseigneur der Unterhaltungskunst in all ihren Facetten. Ein Virtuose der Wandlungsfähigkeit, dessen breite Palette er in jede Richtung mit Glaubwürdigkeit ausgefüllt hat – ob als scharfsinniger Polizist, trotteliger Ganove oder mörderischer Imperator.

17

Das geht mir durch den Kopf und nötigt mir nochmals gehörigen Respekt ab, während ich den „Audi 100" in eine Parklücke der Avenue Georges Mandel einrangiere und den Automaten füttere. Es ist Viertel vor zehn. Zur vollen Stunde erwartet er uns hier auf dem herbstblättrig geschmückten nebelfeuchten Platz über den Dächern von Paris. Dunst, der vom Fluss weiter unten in seidenzarten Schleiern heraufweht und sich in hauchdünner Bescheidenheit aufs Pflaster legt.

Sollte der Treff missglücken, hätte das keine redaktionellen Folgen. Es ist kein geforderter Pflichttermin, sondern eine hausgemachte Kür. Denn zum knallharten täglichen Brot der Berichterstattung über die aktuelle Politik in unserem weiträumigen westeuropäischen Länderbereich hatte ich begonnen, mir und dem Fernsehpublikum einen selbst gestellten Auftrag zu erfüllen.

Ich hatte mir eine Liste ausgeknobelt mit Namen hochkarätiger internationaler Persönlichkeiten, die ich aus der Welt von Kunst, Literatur, Politik, Film, Theater- und Showbühne verehre und näher kennenlernen und befragen wollte – nicht über den letzten Skandal oder die vorletzte Liebschaft. Nein, ich wollte ihre Intelligenz nicht durch Lappalien beleidigen, sondern ihre Meinung zu substanziellen Themen erfahren. Das machte den Reiz meiner Idee aus, deren Verwirklichung ich mir allerdings leichter vorgestellt hatte. Zugute kam mir dabei ein Bonus, den ich voll ausspielte: Als Mann des DDR-Fernsehens war ich inmitten der Westpresse ein Exot, auf den oft auch ein West-Prominenter neugierig war. Da traf Neugier auf Neugier.

Anfangs griff ich mir aus meinem Wunschzettel diesen und jenen Kandidaten heraus, den ich glaubte, problemlos vor die Kamera zu bekommen, weil er unter demselben Himmel in Paris wohnte. Schnell aber dämmerte mir, dass ein Multigenie und Kosmopolit wie Peter Ustinov als Weltbürger in ganz Europa zu Hause ist und man ihm von Paris bis Genf hinterherrecherchieren muss. Das habe ich monatelang immer mal wieder getan, wenn Luftlöcher in der Arbeit es gestatteten. Ihn zu suchen, war eine strapaziöse Telefon-Odyssee – ihn gefunden zu haben, eine überreichliche Belohnung.

Über zahlreiche Umwege hatte ich mir Ustinovs private Telefonnummer von seinem Haus in Bursins zwischen Genfer See und Jura-Gebirge besorgt. Damit begann eine wochenlange Durststrecke vergeblicher Versuche. Nach intensivem Schweigen ließ sich plötzlich die Stimme einer Haushälterin vernehmen und es entspann sich ein nerviger Dialog: *„Herr Ustinov ist unterwegs."* „Wo?" *„Diesmal in Europa."* „Könnten Sie das bitte präzisieren?" *„Fragen Sie in seiner Filiale in Boulogne-Billancourt nach. Das ist bei Paris."* Ich konnte es nicht fassen. Da horchte ich in aller Welt herum und direkt neben mir nur einige Straßen weiter saß sein Management. Wenigstens hatte ich seine Agentin auf Anhieb an der Strippe. Madame Coutourie hörte sich mein Begehr geduldig an und gab bereitwillig Auskunft: *„Monsieur Ustinov ist derzeit in England."* „In London?" *„Ja, in einem Hotel in London. Mehr kann ich Ihnen leider nicht sagen."* Das war schon etwas Genaueres. Ich schöpfte wieder Mut.

Nach weiteren Kreuz-und-quer-Recherchen in Ustinovs Freundeskreis kannte ich schließlich seine Bleibe in der Themse-Stadt. Pech: Der Weltenbummler hatte bereits das Hotelzimmer geräumt. Glück: Der beherzte Portier erwischte ihn noch in der Empfangshalle, wo ihn eine Gruppe von Autogrammjägern umzingelt und damit aufgehalten hatte. Ich bin ihnen dafür heute noch dankbar. Bange Warteminuten erschienen mir wie eine Ewigkeit, aber schließlich war er am Telefon. Endlich! Der Druck des Suchens wich dem Glück des Findens. Ja, es war die filmbekannte Stimme von Peter, dem Großen. Als ich mich als Deutscher oute, wechselt er mühelos vom tadellosen Englisch ins tadellose Deutsch.

Statt Adresse ein Winksignal

Meine von mir dramatisch ausgeschmückte Verfolgungsjagd auf seinen Spuren amüsierte ihn sichtlich. Das war auch spürbar am Tonfall, der in wohlwollender Modulation durch die Leitung drang. Ja, übermorgen sei er in Paris. *„Ein Treffen und ein Interview fürs Ostfernsehen? Ein Novum! Warum nicht."* *„Wo und wann?"* *„Kommen Sie gegen zehn zum Trocadéro-Platz, zu der kleinen leicht abschüssigen Straße links hinter dem Palais de Chaillot. Dort warte ich."* *„Welche Hausnummer, Herr Ustinov?"* *„Ist nicht nötig. Ich schaue von der obersten Etage aus dem Fenster und winke mit meinem Schal."* Ich glaubte mich verhört zu haben, fragte ungläubig und verdattert zurück: *„Am Fenster?"* Ich spürte förmlich durch den Hörer, wie er die Situation genoss: *„Ja, Sie sehen mich oben am Fenster. Ich werde winken."* Damit verabschiedete er sich und ließ mich mit meiner Verblüffung allein.

Auf die Minute genau erscheint er Punkt zehn im Obergeschoss eines unauffälligen Altpariser Reihenhauses im Fensterrahmen und wedelt mit einem Schal. Echt Ustinov! Das ist sein Auftritt! Wenn keine Bühne da ist, schafft er sie sich selbst. Gagverliebt, wie ihn alle beschreiben, die ihn erlebt haben. Wir nun auch. Ein Erzkomödiant mit fanatischem Sinn fürs Ausgefallene. Ein geistreicher Gaukler, der seine Zeit kritisch auslotet, ihre Krankheiten mit der Präzision eines Skalpells seziert und mit erbarmungsloser Satire geißelt. Ein Tänzer auf vielen Hochzeiten − und auf einem dünnen Seil über dem Abgrund, wenn er die Mächtigen dieser Welt für ihre Todsünden sowohl mit beißender Satire als auch mit beiläufigem Spott überzieht. Nie laut und polternd, sondern mit leisem, feinsinnigem Humor. Nie Hiebe mit der Axt oder dem Säbel, sondern Pikser mit der Nadel oder Stiche mit dem Florett. Dafür hasst ihn die Schar der Angegriffenen und liebt ihn der Rest der Welt. Ein kreativer Intellektueller und 14-facher Ehrendoktor, ausgestattet mit der Gabe des unverbesserlichen Optimismus. Sein Motto: *„Humor ist einfach eine komische Art, ernst zu sein."*

Extrem ungewöhnlich ist er seit jeher, der Sohn eines deutschen Journalisten und einer französischen Malerin, der zudem noch russische und äthiopische Vorfahren hat. Er weiß selbst nicht so recht, was er eigentlich ist. Auf jeden Fall aber ein begnadeter Theater-, Film- und Selbstdarsteller, Regisseur und Schriftsteller, Maler und Karikaturist, Bühnenbildner,

Entertainer und Alleinunterhalter, der sein Publikum mit geistreichen Pointen überschüttet. Sie sprudeln nur so aus ihm heraus, als wir zum Café Kleber am Rande des kopfsteingepflasterten Rondells schlendern. Er parliert mit uns in fließendem Deutsch, beherrscht aber mit derselben verbalen Leichtigkeit weitere sieben Sprachen: Englisch, Russisch, Französisch, Italienisch, Spanisch, Griechisch und Türkisch. Deshalb ist es nicht verwunderlich, dass der stets bestens informierte Haudegen der alten Schule sich unterwegs an einem Kiosk mit Zeitungen aus aller Herren Länder eindeckt. Er ist 65 Jahre alt und Gentleman vom Scheitel bis zur Sohle. Weißhaarig, gelbgemusterte Krawatte zum hellgrün gemuschelten Seidenschal, weißes Hemd unter dunklem dickwolligem Wintermantel.

Ich vermisse das Presseklischee, er habe es immer eilig. Sollte es so sein, woran ich nicht zweifle, merkt man es ihm nicht an. Er ist die personifizierte freundliche Ruhe und Ausgeglichenheit eines Mannes, der mit sich selbst, seinem Leben, seinem Standpunkt und Stehvermögen im Reinen ist. Ein älterer Herr, der weiß, was er ist, kann und will, wenngleich er sich schon wieder zwischen zwei stressigen Terminen befindet.

Neulich, so berichtet er, habe er in der kirgisischen Hauptstadt Frunse den kommunistischen Schriftsteller Tschingis Aitmatow besucht, der mit seiner verfilmten und vielfach übersetzten Erzählung „Djamila" berühmt wurde. Später, in der Perestroika-Zeit, war er Berater Gorbatschows, letzter Botschafter für die Sowjetunion in Luxemburg und anschließend für Kirgisistan in Frankreich und den Beneluxstaaten.

Vor unserem Treffen, so plaudert Ustinov in offener, unverblümter Art weiter, habe er in Washington einen Empfang von Ronald Reagan moderiert. Seine Miene wird verschmitzt. Er habe sich gewundert, dass der Präsident immer als Letzter über seine Witzeleien gelacht habe – bis er mitbekam, dass der Boss des Weißen Hauses wohl schwerhörig sei. Daraufhin habe er ihm sicherheitshalber die Pointen seiner Scherze noch einmal ins Ohr geflüstert. Der Anflug eines schelmischen Lächelns gleitet über sein Gesicht.

Obwohl leichtes Frösteln in der Luft liegt, hat der Wirt vom Café Kleber noch Korbstühle draußen gelassen, wenngleich sie niemand benutzt – außer Peter Ustinov. Wir setzen uns zu ihm und laden ihn zu einem Espresso ein. Der Kellner verschwindet und erscheint mit einem Gästebuch und der Bitte nach einem Autogramm. Es wird gut drei Jahre später noch wertvoller werden, nachdem Frankreich Monsieur Ustinov mit der höchsten Würde beglückt, die einem Ausländer zuteilwerden kann. Die „Académie française der Schönen Künste" nimmt den England-Schweizer Anfang 1989 in ihren erlesenen Kreis der „Unsterblichen" auf. Das ist schon für einen Franzosen eine kaum vorstellbare Ehre, für einen Fremdling kommt es einer Heiligsprechung gleich. Und noch ein Jahr weiter wird Ustinovs Autogramm bestimmt glasgerahmt einen Ehrenplatz im Café Kléber erhalten, denn 1990 schlägt ihn Königin Elisabeth II. zum Ritter und adelt ihn mit dem Titel „Sir".

Ein vermisster Trabi

Der künftige England-Adlige und Franzosen-Heilige hat seinen Zeitungsstapel mit sehr irdischer Bedächtigkeit auf einem Stuhl abgelegt und es sich in seinem flauschigen Mantel bequem gemacht. Während der Kellner dienstbeflissen den Kaffee bringt, macht Eberhard in gewohnter Professionalität die Kamera klar und drückt mir ein Mikrofon in die Hand. Unser Interview auf dem Plateau über den Ufern der Seine kann beginnen.

Typisch Ustinov: Die erste Frage stellt er selbst: *„Warum sind Sie nicht mit dem Trabi gekommen?"* Wieder ein Angriff aufs Zwerchfell. *„Weil"*, erkläre ich ihm, *„weil der Trabant zwar ein rustikaler DDR-Volkswagen ist, der aber zu klein ist für die zentnerschwere Fracht von Kamera, Filmbüchsen, Tongeräten, Halogenbeleuchtung, Stativen und vielerlei anderem Zubehör, zumal er uns ja auch nochmitschleppen muss – und das bei Überlandfahrten quer durch Europa. Da ist die große*

„Trabant"-Kenner Ustinov vor dem Trocadéro-Café Kléber über den Dächern von Paris: „Ich bin ein Gratwanderer." Foto: Marion Wahl

Westkutsche Audi 100 schon geeigneter." Das leuchtet ihm ein, dem unsteten Weltreisenden, der selbst immer genug persönliches und berufliches Gepäck mit sich herumschleppt.

Nun beginnt ein typisches Wechselspiel à la Ustinov, bestehend aus feiner, leiser Ironie, hintergründigen Bemerkungen und einer geistreichen, trockenhumorigen Schlagfertigkeit, die auch die hohe Politik nicht ausspart. Zunächst aber Fragen zur Person. Welcher andere Beruf, den er zufällig noch nicht ausgeübt hat, käme für ihn noch in Frage? Er überlegt nicht lange:

„Bergsteiger, weil ich ohnehin ein Gratwanderer bin."

„Fühlen Sie sich jetzt auf dem Gipfel des Ruhms?"

„Ich bin in einem Alter, in dem man Ehrungen erhält. Aber Lorbeeren sind keine komfortable Ruhestätte."

Mich interessiert, wen und was er besonders liebt. Seine Frau Helene, eine französische Schriftstellerin, und die Oper. Natürlich! Er inszenierte Mozart, Offenbach, Janáček. Wie sieht der überparteiliche Kosmopolit die Welt?

„Sie braucht dringend eine kollektive Intelligenz."

„Was tut not?"

„Bremsen gegen die Umweltzerstörung einzubauen in den Wagen der Zivilisation. Im Auto hat man Bremsen, im menschlichen Wagen nicht, nur Gasgeber."

Zum Wettrüsten in Ost und West hat er eine glasklare Meinung: *„Ich weiß nicht, ob die Menschen da aufhören können, wo sie einmal angefangen haben. Aber ein Rüstungsstopp wäre das erste Signal einer gemeinsamen Vernunft."*

Sein Russland-Verständnis

„Wo", so frage ich ihn, *„stehen Sie politisch?"*
„In der Mitte. Aber da muss man stark sein, weil man von links und rechts attackiert werden kann."

Das hat er oft genug erlebt. Über sein Buch „Mein Russland", erschienen 1983 im Münchener Heyne Verlag, beschwerte sich das englische Journal „Ökonomist", es sei eine Kapitulation, weil Ustinov vergesse, dass Moskau der Feind sei. So frage ich ihn also: *„Glauben Sie, dass Sie mit realistischen Büchern und Filmen westliche Vorurteile über Russland zurechtrücken können?"* Peter Alexander Baron von Ustinov zuckt mit den Schultern: *„Ein weitverbreitetes westliches Denkklischee scheint mir zu sein, dass man – wie hier so gesagt wird – dem sowjetischen Riesen nur durch hartes Muskelspiel imponieren könne."*

Dieses Klischee, so meint er, hafte dem sogenannten Koloss auf tönernen Füßen seit urdenklichen Zeiten an und werde auch heute sorgsam gepflegt. Er werde daran nichts ändern können, was ihn nicht daran hindere, anderes zu denken, zu sagen und zu schreiben. Dafür ist er bekannt: Ustinov, der Wahr- und Klarsager.

Seinem angefeindeten Russland-Buch hat er den Untertitel gegeben: „Eine Geschichte des Landes meiner Väter und Vorväter, wie sie in keinem Geschichtsbuch steht." Und so liest man darin denn auch Dinge, die westliche Elitepolitiker der Hardlinerfraktion so gern hören wie ihre eigene Grabrede. Nachdem der Autor mit bitterem Sarkasmus geschildert hat, wie in einem blutigen Feldzug Napoleons Frankreich und in zwei mörderischen Weltkriegen Kaiser- und Hitlerdeutschland die Sowjetunion überfallen haben, schlussfolgert er:

„Gibt es irgendeinen stichhaltigen Grund dafür, dass die Russen es nicht für klüger halten sollten, ständig für den Ernstfall gerüstet zu sein, oder dass sie argloses Zutrauen zu den friedfertigen Absichten des Westens haben sollten? Historische Belege für die Friedfertigkeit des Westens sind viel schwieriger zu finden als solche, die für die Aufrichtigkeit des russischen Wunsches nach Frieden sprechen. Das dröhnende Schweigen vieler Millionen Gefallener und Getöteter mag dies bezeugen. Russland hat in den vergangenen 200 Jahren mehr unter Kriegen gelitten als jemals ein anderes Volk. Es hat in dieser Zeit französische, britische, deutsche, polnische, österreichische, schwedische, italienische, rumänische, schweizerische, türkische, japanische und amerikanische Truppen als ungebetene Besucher auf seinem Territorium dulden müssen. Und heute soll dieses Land die Welt erobern wollen?"

Es verwundert nicht, dass solche Worte damals wie heute im Westen Ketzerei sind. Die Mär von der Bedrohung aus dem Osten setzten die USA schon in die Welt, als selbige noch in den Trümmern des Hitlerkrieges lag. Wie wir heute wissen, konzipierten die Amerikaner schon ein Vierteljahr nach ihren Atombombenabwürfen auf Hiroshima und Nagasaki im November 1945 ein brandgeheimes Dossier mit dem Titel „Atombombenziel Sowjetunion". Auf seiner Grundlage nahmen sie 1959 rund 20 000 strategische Ziele in der UdSSR ins Visier. Da aber hatte Moskau bereits nachgezogen und vier Jahre nach den USA die Bombe ebenfalls im Arsenal.

Diese Gleichrüstung verlangte vom Sowjetstaat einen erneuten gewaltigen finanziellen und materiellen Kraftakt, den er dringend beim Aufbau seines kriegsverwüsteten Landes gebraucht hätte. Solch Großreparatur eines Landes blieb dem kriegsverschonten Übersee-Amerika erspart. Ustinov resümiert: *„Eine Invasion fremder Truppen oder eine nennenswerte Hungersnot haben die US-Amerikaner nie erlebt."* Und wenn – so möchte man hinzusetzen – ihre über 400 000 Opfer des Zweiten Weltkrieges für sie in der Tat eine Katastrophe waren, wie soll man dann die

27 Millionen Toten der Sowjetunion nennen? Ustinovs Fazit: *„Verglichen mit Russland haben die Vereinigten Staaten eine kurze und gesegnete Geschichte."*

Weiterdenken in seinem Sinne

Es ist nicht allzu schwer, Ustinovs Gedankenfaden zu verlängern. Mit welchem ins Schwarze treffenden Sarkasmus Sir Peter heute über sein ihn sehr bewegendes Verhältnis des Westens zu seinem Russland urteilen würde, wage ich mir durchaus vorzustellen.

Würde er sich wohl der permanenten Russland-Schelte deutscher Einseitigkeitspolitik und ihrem folgsamen Presse-Echo anschließen? Wäre er damit einverstanden, dass westliche Elitepolitiker Aktivitäten des Kreml in anmaßender Selbstgerechtigkeit so lange hin und her drehen und mit Halbwahrheiten bedenken, bis sie in ihr Feindbild passen? Würde er es richtig finden, dass sie sich mit einer Überdosis an Arroganz und dünkelhaftem Hochmut als Anwälte der Menschenrechte aufspielen und Russland das Fehlen ihrer westlichen „Leitkultur" vorwerfen? Oder dass sie sich mit missionarischem Eifer in der moralischen Bevormundung Russlands gegenseitig übertreffen und sich ohne Unterlass in seine inneren Angelegenheiten einmischen?

Ich bezweifle sogar, dass er sich bedingungslos der gängigen westlichen Praxis anschließen würde, zwielichtige Kreml-Kritiker mit dem Merkmal eines willkommenen Putin-Hasses zu bejubeln und zu hofieren wie den wegen schwerer ziviler Vergehen verurteilten Aufputschkünstler Nawalny oder den ins Ausland geflüchteten Ex-Oligarchen Chodorkowski, nach dem die russische Justiz wegen des Verdachts des Mordes an einem Bürgermeister der westsibirischen Stadt Neftejugansk fahndet. Es bedarf wohl nicht des messerscharfen Verstandes eines Peter Ustinov, um zu begreifen, dass der NATO und der EU ein dem Westen höriger Nawalny im Kreml allemal lieber sein dürfte als ein dem Westen ungehorsamer Putin mit der Aufsässigkeit eines eigenen Denkens und der Wahnvorstellung eines gleichwertigen Partners.

Und würde Sir Peter es gutheißen, dass die NATO ihren Einflussbereich nach Osten ausweitet und deutsche Panzer wie im Juni 1941 an der russischen Grenze auffahren? Wie würde er es kommentieren, dass Russland mit einer einäugigen Betrachtung der sogenannten Krim-Annexion zum Aggressor abgestempelt wird? Die Antwort von Ustinov dürfte keine so große Spekulation sein. Denn wie er die europäische Historie bewertet, lässt nur einen Schluss zu: verständnisloses Kopfschütteln über die militärische Drangsalierung Russlands, an der sich mit wehenden Fahnen auch Deutschland beteiligt.

Und was die Krim betrifft? Vielleicht könnte sich der ewige Spötter den köstlichen Seitenhieb nicht verkneifen, dass es just die von Kanzlerin Merkel hochverehrte russische Zarin Katharina, die Große, war, die einst die dem Osmanischen Reich gehörende Krim nach Russland holte. Dies aber durch Krieg und nicht wie am 16. März 2014 durch den Volkswillen eines Referendums auf der Halbinsel. Sie hatte 1954 protestiert, als Kremlherr Chruschtschow sie unter Bruch der russischen Verfassung an die Sowjetukraine weggab. Wen wundert's, dass die Krim-Bevölkerung nun wieder zurück ins heimatliche Russland wollte. Der Satiriker Ustinov hätte darüber ein hintergründiges Schmunzeln wohl nur deshalb verbergen können, weil er ein ebenso perfekter Schauspieler ist.

Ebenso vorstellbar wäre ein für ihn typischer ätzend lakonischer Satz wie etwa: Jetzt müsste nur noch gesagt werden, dass die Sowjetunion damals den Zweiten Weltkrieg selbst vom Zaune gebrochen hat. Ich denke, ihm wäre das Lachen blitzschnell vergangen angesichts der Absurdität, dass eine hochrangige Politikerin dies tatsächlich behauptet hat. Die US-Botschafterin in Polen, Georgette Mosbacher, hat die abstruse Aussage in klare Worte gefasst. Am 6. Januar 2010 zitierte sie die *Berliner Zeitung* mit der Aussage: *„Hitler und Stalin haben sich verschworen und den Zweiten Weltkrieg begonnen. Das ist eine Tatsache."*

Es ist ein nachsichtiges Erbarmen des Schicksals, dass der sechs Jahre zuvor verstorbene Ustinov das nicht mehr vernehmen musste. Die Sowjetunion hat sich also selbst überfallen. Dann wäre nun die Geschichte grundlegend zu revidieren – oder Frau Mosbacher müsste wegen Volksverhetzung vor Gericht. Nichts von beiden ist passiert.

Die unentwegten Schuldzuweisungen in Richtung Moskau hatte Ustinov zuvor schon mit einer Feststellung gekontert, die im Westen reichlich Unmut auslöste: *„Über kein anderes Land der Welt werden so viel Lügen verbreitet wie über Russland.“*

Nicht so abwegig ist deshalb die Vermutung, dass er der heutigen deutschen Führungsriege für die von ihr behauptete Moskauer Rüstungswut und Auslandsaggressivität Verleumdung vorwerfen würde. Ebenso wenig absurd ist die Annahme, dass ihn im aufgeheizten Klima von Russenverteufelung ein von Politik und Presse entfachter Hurrikan der Entrüstung niederwalzen würde. Davor schützten ihn auch nicht seine Popularität und hundertfachen Verdienste in Kunst, Kultur, Unterhaltung und Literatur, für die er noch 1998 mit dem Großen Bundesverdienstkreuz geehrt wurde. Denn dass er sich in der ehrlichen Beurteilung deutschen Verhaltens von dieser Auszeichnung beeinflussen lassen würde, ist auszuschließen. Wenn Ustinov der Gesellschaft seinen scharf geschliffenen Eulenspiegel vorgehalten hat, tat er dies nie mit einem berechnenden Blick nach links oder rechts, vergewisserte er sich nicht ängstlich des Wohlwollens seiner Person und waren ihm Bekundungen von Sympathie und Antipathie so egal wie das Fressverhalten des Beutelmarders, das Paarungsritual der Spinnenschildkröte oder das Beuteschema des Koboldmakis.

Er hat Ost wie West bespöttelt und mit schlagfertigem Wortwitz geohrfeigt. Den ideologischen Dogmatismus des Ostens wie auch die Arroganz des Westens. Einen Breschnew, der vom Krankenbett aus regierte genauso wie einen Reagan, dem mitunter seine eigene Politik erklärt werden musste. Nein, Ustinov und Untertänigkeit – das sind Gegensätze. Ustinov und Offenherzigkeit – das sind Synonyme.

So konstatiert er denn auch in seinem Buch, dass Russland es 1917 gewagt habe, der Kapitalgesellschaft eine Alternative entgegenzustellen. Diese Unverschämtheit, meint Ustinov, habe die westliche Welt dem Land seiner Väter und Vorväter nie verziehen. Wohl die Hauptursache, warum die Sowjetunion durch einen wirtschaftlichen Super-Gau im Verbund mit unfähigen Politköpfen totgerüstet werden musste. Nur logisch, dass dieses Szenario heute mit der Rest-Sowjetunion in Gestalt Russlands wiederholt werden soll. Nachdem die Zerschlagung des großen Brockens gelungen ist, dürfte das mit dem übrig gebliebenen kleinen Felsen erst recht gelingen, dachte auch ein US-Präsident Obama. Er nannte am 25. März 2014 auf einer Pressekonferenz in Den Haag das größte Land der Erde eine *„Regionalmacht, die einige ihrer Nachbarn bedroht".*

Auch dieser beleidigende Unsinn hätte Sir Peter nicht verwundert, hat er doch schon früher solche Unsäglichkeiten aus Übersee gehört. Davon eine Kostprobe aus seinem Buch: *„Ein amerikanischer Staatsmann hat erklärt, die Sowjetunion sei auf dieser Erde das letzte imperialistische Raubtier, das auf die Erbeutung kleinerer Länder aus ist."* Dazu sein Kommentar:

„Russland war historisch niemals eine imperialistische Macht im üblichen Sinne dieses Wortes, d. h., es spürte kaum den Drang, sich, auf Eroberungen sinnend, in der Welt umzutun. Nicht Russland war es, das seine Schiffe als Freibeuter über die Meere fahren ließ oder fremden Völkern, die in ihrer Welt und mit ihren Göttern in Frieden lebten, die fragwürdigen Wohltaten des wahren Glaubens aufdrängte."

Ustinov geht noch weiter. Ich zitiere eine Passage aus seinem Buch, die heute geschrieben sein könnte:

„Angesichts der Rigidität der amerikanischen Russlandpolitik, der Verschärfung des Tons, der kleinlichen Einschränkungen der Bewegungsfreiheit des diplomatischen Personals und anderer provozierender Gesten wie der Rücknahme von Meistbegünstigungsklauseln … Angesichts all dessen haben die Sowjets Grund, sich bedroht zu fühlen."

Diese Bedrohung, so dachte ich, würde mit dem Übergang der US-Regentschaft vom chaotischen Aggressiv-Psychopaten Chaoten Trump auf den friedfertig tönenden Biden zu Ende sein. Fünf Tage nach dessen Amtseinführung ging am 25. Januar 2021 eine Meldung um die Welt, deren Schlagzeile sich in der

Berliner Zeitung so las: „*Russland oder China – Die US-Geheimdienste streiten über die Frage, wer der größte Feind Amerikas sein soll.*" Im Fließtext wird dann die Frage klar beantwortet: Für Joe Biden ist Russland gefährlicher als China. Zehn Tage später kündigte er in seiner ersten außenpolitischen Grundsatzerklärung die Konsequenz an: Die USA, die eine stärkere Führungsrolle beanspruchten, würden „autoritären Staaten" wie Russland künftig entschiedener entgegentreten.

Auch für Biden bleibt Moskau also der Hauptfeind oder – wie sich Amtsbruder Reagan einst ausdrückte – „*Das Reich des Bösen*". Da dürfte Ustinovs Feststellung, Russland könnte sich bedroht fühlen, auch heute noch für die Merkel-Riege ein frevelhafter Tabu-Bruch sein, ein Sakrileg, obwohl Nachdenklichkeit angeraten wäre – nicht zuletzt für Deutschlands Vorreiterrolle zu einer Schildbürgerei der Russen-Bestrafung: Zehn aus Berlin ausgewiesenen russischen Diplomaten folgen in spiegelgleicher Reaktion zehn aus Moskau ausgewiesene deutsche Diplomaten. Die Regierung kennt das Idiotenspiel und wiederholt es in stupider Regelmäßigkeit, wohl wissend, dass sie zuerst die Russen bestraft und dann sich selbst. Nicht anders ist es bei den Wirtschafts-Sanktionen. Selbst der Vollblut-Humorist Ustinov würde das wohl nicht mehr lustig finden. Vielleicht würde er sich auch die Frage erlauben: Ist denn bisher niemandem im Westen aufgefallen, dass Putin im Gegensatz zu seinen US-Amtsinhabern in seinen Reden keine Feindbilder aufbaut, sondern bei allen Differenzen eine Zusammenarbeit mit dem Westen in den Mittelpunkt stellt?

Sage bitte niemand, Ustinov hätte über Russland und die Sowjetunion anders geurteilt, wenn er die Irrtümer, Verfehlungen und Verbrechen seiner Staats- und Parteilenker bis hin zum Massenmörder und Hitlerbezwinger Stalin gekannt hätte. Er kannte sie! Der im März 2004 verstorbene Sir Peter erlebte in seinen 82 Lebenslenzen die Ära von Stalin, Malenkow, Chruschtschow, Breschnew, Andropow, Tschernenko, Gorbatschow sowie Jelzin – und damit auch die selbstorganisierte Auflösung des sowjetischen Vielvölkerreiches und seinen Zerfall in instabile Nationalstaaten die sich nicht nur untereinander befehden, sondern teilweise sogar zu Gegnern ihrer einstigen Moskauer Schutzmacht wurden. Der Lästerzunge eines Ustinov wäre allenfalls sein schwarzer Humor zu Hilfe gekommen, um den Zufall zu kommentieren, dass einen Tag nach seinem Tod die ehemaligen Sowjetrepubliken Estland, Lettland und Litauen am 29. März 2004 Mitglied der NATO wurden. Ich könnte mir eingedenk seines Russland-Gens die bittersarkastische Reaktion vorstellen: „Glückwunsch, Old Amerika, zum Erfolg des Konzepts „Teile und herrsche!" Und „Gratulation auch zur respektablen Leistung der wortbrüchigen Osterweiterung", denn die westliche Militärkoalition hat mit den drei baltischen Ländern und ihrem Beitrittskandidaten Ukraine Russland fast vollständig eingekreist und damit zumindest räumlich gesehen in die Zange genommen.

Bis zu seinem Dahinscheiden hat Ustinov allerdings noch die ersten vier Amtsjahre Putins verfolgen können. Er wird wohl nach dem Frustschreck des Umbruchs aufgeatmet haben, dass zumindest sein Russland erhalten blieb. Und er wird alle Antennen ausgefahren haben, um die Reaktion des Westens auf den Stabilisator Putin zu erfassen und wird dabei nicht glücklich gewesen sein. Denn in dem Maße, wie es Putin gelang, Russland gesellschaftlich, militärisch und ökonomisch zu normalisieren und zu einem selbstbewussten und gleichwertigen potenziellen Partner des westlichen Establishments zu machen, wuchsen auch dessen Anfeindungen inklusive der Dämonisierung seiner Person.

So mutete der RTL-Nachrichtenkanal *ntv* am 15.8.2020 seinen Zuschauern eine illustre Talkrunde zu, in der Kreml-Gegner, Dissidenten, Regime-Kritiker, Menschenrechtler und Investigativ-Journalisten dem Sendungstitel gemäß „Die ganze Wahrheit" über Putin verkünden sollten. Dabei schoss der frühere CIA-Direktor und US-Verteidigungsminister Robert Gates den Vogel ab. Seinen Eindruck von einer Begegnung mit dem russischen Präsidenten fasste er in die Worte: *„Ich sah in Putins Augen und sah einen eiskalten Killer."*

Das passte zu der bis dato unbewiesenen Anschuldigung, der russische Dissident Nawalny sei im direkten Auftrag Putins vergiftet worden. Und wie mit so einem „eiskalten Killer" zu verfahren sei, erklärte kurz darauf am 4.9.2020 der Ex-Minister und Vorsitzende des Auswärtigen Ausschusses des Bundestages, Norbert Rötgen, im *Radio B2*: Als Antwort auf das Verbrechen des Kreml müsse der Bau der russischen Ostsee-Gaspipeline „Nord Stream 2" gestoppt werden. Der CDU-Experte ist sich sicher: *„Das ist die einzige Sprache, die Putin versteht."* Das EU-Parlament schloss sich Anfang 2021 mit der Forderung nach einem Baustopp und neuen Sanktionen an.

So hat sich nach Ustinovs Tod sein Wort vom westlichen Denkklischee eher noch verschärft, dass den Russen nur hartes Muskelspiel imponiere.

Ich kann nach sechs Moskau-Jahren zuverlässig mitteilen: Wer das glaubt, hat von russischer Mentalität und Geschichte soviel Ahnung wie ein Feuersalamander vom Zahlenlotto. Und wem bei Boykotten und Sanktionen eine wirkungslose vermeintliche Russland-Bestrafung wichtiger ist als der Schaden der einheimischen Wirtschaft, der kann und darf kein Volksvertreter sein – nicht in Berlin und nicht in Brüssel, weil er weder die Vernunft noch sein Volk vertritt. Die Gesellschaft für Trend- und Wahlforschung *infratest dimap* hatte Anfang 2019 im Auftrag der ARD ermittelt: Ein Drittel der Gesamtdeutschen sieht Russland als vertrauenswürdigen Partner. Und 54% der Westdeutschen sowie 72% der Ostdeutschen befürworten eine Annäherung an Russland, konstatierte am 25.7.2019 der Westberliner *Tagesspiegel* und setzte wörtlich hinzu: *„Und die Russlandpolitik des Westens finden wohl fast ähnlich viele falsch."* So äußert sich eine Mehrheit des Volkes und seine Vertreter hören ihm nicht zu.

Dass solch Russenhass-Virus vom Corona-Virus überlagert wird, macht die Sache nicht ungefährlicher. Da die Bundeskanzlerin aus DDR-FDJ-Zeiten Moskau-erfahren ist und sogar Russisch spricht, wiegt diese Kontra-Politik doppelt schwer, ist sie schon Böswilligkeit. Prinzip: Je rabiater dem russischen Bären das Fell über die Ohren gezogen werden soll und je energischer er auf Druck mit Gegendruck reagiert, umso lauter und hektischer beschwören politische und mediale Gebetsmühlen das Bild vom angriffslüsternen Feind aus dem Osten.

Auch zu dieser unseligen Dialektik hat Feingeist Ustinov schwarz auf weiß seine eigene Meinung:

„Das Besondere an meinem Russland ist, dass ich keine Angst vor ihm habe. Wenn ich seine Geschichte bedenke, meine ich, dass es allen Grund hat, an der Lauterkeit der Absichten anderer Mächte zu zweifeln und entsprechende Vorkehrungen zu treffen."

Just im Jahre 1983, als Ustinovs Buch mit dieser Warnung erschien, ordnete US-Präsident Reagan mit dem Segen von Kanzler Kohl das Weltraum-Raketenprojekt SDI an, favorisiert auch von den Amtsnachfolgern Clinton und Bush Junior, um nach dem Verpulvern astronomischer Dollarsummen wegen technischer Undurchführbarkeit zu scheitern. Das hatte auch Ustinov vor unserer Kamera prophezeit: *„So ein Schachspiel kann man nie gewinnen."*

Vielleicht wurde das auch einem Joe Biden klar eingedenk der jüngsten Schätzungen des Friedensforschungsinstituts Sipri, wonach weltweit nicht weniger als 13 400 Kernwaffen gehortet sind. Auch in der deutschen Eifel. Jede dieser Raketen oder Bomben mit einer Sprengkraft, welche die US-Atombomben von Hiroshima und Nagasaki wie Feuerwerkskörper erscheinen lässt. Zweifellos wäre Ustinov deshalb erfreut gewesen, dass Biden das Angebot Putins angenommen hat, das vom Trump-Vorgänger ebenfalls stornierte letzte Abrüstungsabkommen „New-Start" gerade noch rechtzeitig vor dem Auslaufen Anfang Februar 2021 zu verlängern – ungeachtet des Feindbildes Russland, aber eingedenk der Gefahr eines Mega-Overkills der gesamten Erde, die ein Weiterrüsten zum Kamikaze-Fiasko macht.

Damit haben beide Präsidenten ein Stück moralische Tapferkeit gezeigt, höre ich Ustinov sagen. Die hat er auch von jedem Normalbürger außerhalb von Kreml und Weißem Haus in der Haltung zum Auf- und Wettrüsten verlangt. Seine Worte im Original: *„Wenn man nicht dagegen etwas sagt, ist man selbst schuldig. Weil heutzutage muss man in gewissem Sinn moralisch tapfer sein."*

Das war am 28. November 2019 mit Frankreichs Staatspräsident Emmanuel Macron sogar ein Chefstratege im politischen Olymp Westeuropas. Er stellte dem Generalsekretär der NATO,

Jens Stoltenberg, bei einem Pariser Treffen eine hochbrisante rhetorischen Frage, die er gleich selbst beantwortete: *„Ist Russland unser Feind? Ich glaube es nicht!"* Der Oberfranzose, welcher der NATO im gleichen Atemzug einen „Gehirntod" bescheinigte, ging als einsamer Rufer in der Wüste noch weiter. Er plädierte für eine „neue Architektur des Vertrauens und der Sicherheit in Europa", in die Moskaus einzubinden sei. Ein Abtrünniger der westlichen Wertegemeinschaft, den seine Amtskollegen folgerichtig mit dem Eifer von Inquisiteuren ins Fegefeuer der Russland-Sünder stießen. Wohlgemerkt: Die Botschaft der Stunde kam nicht von dem durch Europa stolzierenden und von seiner eigenen Wichtigkeit beeindruckten deutschen Außenminister Heiko Maas, sondern vom Hausherrn des Elysée. Anzunehmen ist, dass Macron diese vernunftintensive Einsicht nicht aus Ustinows Russland-Buch bezog, sondern aus dem Leben. Trotzdem hätte es Sir Peter gefreut.

Der Irrtum eines Schullehrers

Als liebste seiner Tätigkeiten nannte das Allroundgenie die Schriftstellerei. Der Perfektionist zeitkritischer und zeitloser Kurzweil, der Großmeister einer leichten, aber niemals seichten Hand hat zehn Romane publiziert, zwanzig Theaterstücke geschrieben und neun Drehbücher verfasst. In über vierzig Filmen hat er mitgewirkt und in acht Regie geführt. Rastlos und unverwüstlich.

Auch jetzt nach unserem Interview in der Nähe seiner Pariser Wohnung muss er schon wieder Koffer packen, denn in Den Haag erwartet ihn das UNICEF-Kinderhilfswerk der Vereinten Nationen, dessen ehrenamtlicher Botschafter er ist. Er wird eine Solidaritäts-Gala moderieren. Das Honorar dafür will er spenden. Öfter schon hat er seine Gage bei jungen Erdenbürgern in Armutsvierteln der Welt persönlich abgeliefert. Dass er seine väterliche Wärme nur an seine eigenen vier Kinder weitergeben kann, reicht ihm nicht.

Eine letzte Neugierfrage: „*Welchen menschlichen Irrtum halten Sie für den größten?*" Dieser Irrtum, so meint er, sei seinem Lehrer unterlaufen. Der habe einmal über seinen Schüler Ustinov gesagt: „*Er besitzt ein gewisses Maß an Originalität, aber man muss ihm unbedingt die Flügel stutzen.*" Eine so große Schere, meint Sir Peter, gebe es nicht. Ihm die Flügel zu stutzen, sei nicht einmal der amerikanischen Einwanderungsbehörde gelungen. Das sagt er mit einem verschmitzten Lächeln, während wir ihn bis zu seiner Haustür begleiten. Zurzeit schärfster Rassenverfolgung in den USA sollte er auf dem Einreiseformular auch eine Frage nach seiner Hautfarbe beantworten. Da habe er einen Spiegel aus der Tasche geholt, prüfend sein Gesicht betrachtet und dann geschrieben: „pink". Das amüsiert ihn noch heute, wenngleich er damit bei den verärgerten Beamten nicht durchkam. Aber die Geste war den hintergründigen Spaß wert!

Außerdem, so bemerkt er, gebe es da noch einen Irrtum: „*Alle Welt meint, ich sei ein pausenlos kalauernder Witzbold. Das ist Quatsch. Ich bin ein ernster Mensch. Nur wenn ich richtig ernst bin, können die Leute über mich lachen.*"

Als er das mit todernster Miene sagt, muss ich prompt lachen. Zugleich fühle ich so etwas wie Ehrfurcht, den wohl blitzgescheitesten, schlagfertigsten Schausteller des Kunst-Universums kennengelernt zu haben. Er ist ein Sonderfall der Natur, ein Schelmen-Unikum, das die Welt mit einem unterhaltsamen Zuckerguss überzieht, um darin mit spitzbübischer Freude seine Animositäten verstecken zu können.

Dann grüßt er mit der Rechten, während seine Linke den Stapel gekaufter Zeitungen an den Mantel drückt. Wenn er nicht kreuz und quer über den Globus trottet, holt er sich den Globus schwarz auf weiß ins Haus oder wie jetzt unter den Arm. Danke, Sir Peter, dass ich Ihnen nahekommen durfte.

Weltmeister der Titel

Als ich später von seiner feierlichen Aufnahme in die Académie française hörte, habe ich mir den unkonventionellen, uneitlen Sir Peter im obligatorischen goldbetressten schwarzen Uniformfrack der sogenannten Unsterblichen vorgestellt. Dieser Nobelclub mit seiner *Crème de la Crème* der Intellektuellen und Künstler ist so elitär, dass sich seine auserlesenen Mitglieder untereinander in gegenseitiger Ehrfurcht mit „*Maître*" ansprechen. Jeder also ein „Meister", der dies auch noch von den anderen „Meistern" bestätigt haben möchte. Soviel Respekt muss sein!

Für Ustinov blieb es nicht bei diesem Meistertitel und auch nicht bei seinen 14 Titeln als Doktor ehrenhalber, sprich „Doctor honoris causa" oder kurz „Dr. h. c.". Obendrauf auf die Titel-Torte bekam er noch von höchsten royalen Gnaden als Sahnehäubchen den weihevollen Titel „Sir". Man stelle sich nun die protokollarisch formvollendete Anrede für den berühmten Briten vor, der in seinem vollständigen bürgerlichen Geburtsnamen zudem noch den Titel „Baron" führt. Also gestatten: Meister Sir Dr. h. c. Peter Alexander Baron von Ustinov. Müssten sich zudem die Preisträger des Hollywood-Oscars mit der Bezeichnung dieser Trophäe anreden lassen, käme zum Vornamen Peter noch ein zweifacher Oscar dazu. Und da Ustinov Kanzler der nordenglischen Universität Durham ist, müsste auch noch dieser Titel angefügt werden. Nicht auszudenken! Eine Anrede als fast abendfüllendes Programm. Wer sich wohl am meisten darüber amüsieren würde, wäre unter Garantie er selbst.

Als ich von seiner Erhebung in den britischen Adelsstand erfuhr, überraschte es mich nicht, dass er auch das auf seine Weise kommentiert hat. Bekanntlich berührt bei dieser Zeremonie des Ritterschlags die Königin beide Schultern des Auserwählten mit einem Degen. Danach gefragt, was er bei dieser Ehrung gefühlt habe, meinte Ustinov, er habe einen Moment Angst gehabt, die Queen würde den Degen von einer Schulter zur anderen durchziehen. Auch eine Weiterverwendung des ihm übereigneten Degens konnte er sich vorstellen: *„Vielleicht kommt es einmal*

zu einem Duell unter Akademikern – wegen eines falschen Kommas."
Das ist nie passiert, weshalb Sir Peter am 28. März 2004 im Alter von 82 Jahren eines natürlichen Todes gestorben ist. Die unselige Kombination eines schon längeren Herz- und Zuckerleidens hat ihn aus dieser Welt abberufen.

Einst wollte ein westlicher Journalistenkollege von ihm wissen: *„Was soll einst auf Ihrem Grabstein stehen?"* Die Antwort: *„Das Betreten des Rasens ist verboten."* Eine Frage zu seinem Tod hätte ich mir nie erlaubt. Schließlich ist Sir Peter mit der amtlichen Beglaubigung von Brief und Siegel ein „Unsterblicher". Die Zeit nach seinem Weggang hat es bewiesen.

Mireille Mathieu

Dass sie mir einst ein kleines Privatkonzert gegeben hat, erscheint mir noch heute unwirklich. Und doch ist es wahr. Ebenso wahr wie eine erste ungewöhnliche Begegnung mit ihr. Sie pflanzte sich als Anekdote in meine Erinnerungen und schlägt einen weiten Bogen zu dem späteren persönlichen Ständchen, das mir die französische Primadonna des Schlagers in einem Pariser Fernsehstudio gab. Halten wir die Chronologie ein und wenden uns zunächst der vorausgegangenen Anekdote zu.

Es war an der afrikanischen Atlantikküste. Im September 1970 hatte es mich journalisten-beruflich nach Guinea verschlagen. Ich wohnte am Rande der Hauptstadt Conakry in einem Hotel, das mit seinem gedrungenen Flachbau eher an einen großen Backstein-Bungalow erinnerte. Es war ein Nobelhaus im Vergleich zu den überaus bescheidenen Gebäuden, mit denen nur wenige hundert Meter weiter der ärmliche Arbeitervorort der Millionenmetropole begann. Einst war sie mit ihren feinsandigen Palmenstränden ein Mekka des internationalen Geldadels. Der verzog sich in profitablere Gefilde, nachdem der sozialismus-orientierte Ahmed Sékou Touré 1958 erster Präsident des unabhängigen Landes geworden war.

Nachdem ich die quirlige City erkundet hatte, interessierte mich das Leben abseits der attraktiven Exotik der Hafenstadt. Also schlenderte ich nach getanem Tagewerk auf der Suche nach irgendeiner Form von Gastronomie durch den nahen Arbeitervorort und danach durch das ebenfalls peripher gelegene Armenviertel, dem weitläufigen Hinterhof der Stadt, auf dem sich ein Wellblechdach ans andere reihte. Ich durchschritt staubgraue Gassen mit zumeist heruntergekommenen Fassaden, mit Holperpflaster und langen Holzstützen, an denen ein chaotisches Gewirr von Stromkabeln baumelte. Ich fand weder ein Lokal noch eine imbissähnliche Straßentheke, passierte aber bei meinem

Bummel in abendlicher Kühle einige kleine, schon geschlossene Verkaufsläden. Meine Aufmerksamkeit galt einem rissigen, arg verwitterten Schild mit dem handgemalten Schriftzug „Musik- und Souvenirshop".

Neugierig inspizierte ich die Auslagen hinter dem milchig-matten Glas eines Schaufensters und staunte über ihre bunte Vielfalt inmitten trister Ärmlichkeit. Angepriesen wurden vornehmlich traditionelle einheimische Musikinstrumente. Urige Trommeln, wie die sogenannten Bongas und Talking Drums, Rhythmusinstrumente wie das dem Xylofon ähnliche Balafon sowie Hörner und Flöten in verschiedenen Größen und Ausführungen, wie sie von den Hirten in afrikanischen Savannen gespielt wurden. Besonders angetan hatte es mir die souvenirtaugliche Miniaturausgabe eines Zupfinstruments mit hauchdünnen angelschnurartigen Saiten, die über einen geschnitzten Holzsteg gespannt waren und am fellüberzogenen Resonanzkörper einer halben Kokosnuss endeten. Dieser Verlockung einer optischen Erinnerung in der interessanten Form eines Banjos konnte ich nicht widerstehen, sodass ich mir vornahm, sie am nächsten Tag sofort nach Ladenöffnung zu kaufen – zusammen mit der Souvenirvariante einer ebenfalls reizvollen kleinen Buschtrommel, der traditionellen Djembé mit einem Naturholzkorpus.

Das breite Angebot der Musikinstrumente hinter der schlierigen Scheibe wurde durch eine spärliche Kollektion von Schallplatten komplettiert. Zwischen die Singles-Scheiben mit afrikanischer Folklore hatte sich eine einsame Plattenhülle mit ausländischer Prägung verirrt. Unter dem Titel „Mon Crédo" las ich die Zeile „Mireille Mathieu chante l'amour". Natürlich war mir das auf dem Cover abgebildete sehr feminine Konterfei mit unverwechselbarer markanter Pagenfrisur, schwungvollen dunklen Augenbrauen und einem konturenstarken grellen Rotmund vertraut. Schließlich besaß ich eine Autogrammkarte von ihr und auf meinem „KB-100"-Tonband waren alle Songs verewigt, die ich bis dato über Radiowellen ergattern konnte – von „Hinter den Kulissen von Paris" über „Martin" bis „Das Wunder aller Wunder ist die Liebe". Was mir fehlte, war ihr erster großer Hit „Mon

Crédo", den ich nun im Tonrillen-Format in der afrikanischen Abgeschiedenheit einer verwahrlosten, slumähnlichen Gegend an der Peripherie von Conakry entdeckte.

Die Platte würde – so kam mir in den Sinn – in meinem Mathieu-Archiv die Sammlung von Vinyl-Scheiben ergänzen, die beim DDR-Label „Amiga" erschienen waren. Ich musste sie haben, nahm mir vor, sie anderentags zu kaufen. Zudem wäre sie das Pendant zu einer Originalität, die ich durch eine ebenso ungewöhnliche Quelle erstanden hatte. In meiner Moskauer Korrespondentenzeit hatte ich immer mal wieder einen exzellenten „Gramplastinki"-Musikladen auf dem Kalinin-Prospekt frequentiert, um in einem erstaunlich weltoffenen Fundus von aktuellen Platten-Schätzen der Pop- und Schlagerszene zu kramen.

Dort entdeckte ich auch eine LP mit dem Titel „Merveilleuse Mireille" – „Wunderbare Mireille", herausgebracht von der sowjetischen Plattenfirma „Melodija" als Gestattungsproduktion von „Ariola". Eine wertvolle Bereicherung, denn die meisten Songs darauf kannte ich nicht. Nun also die Chance, die nächste Rarität zu ergattern und damit eine weitere Lücke im Mathieu-Fundus zu schließen. Als ich am nächsten Tag im Musikladen auftauchte, konnte ich zwar die begehrten Afrika-Variationen von Trommel und Banjo mitnehmen, nicht aber die „Crédo"-Platte. Sie war weg. Ein anderer Käufer war schneller. Und das war auch kein Wunder, denn das Schaufenster-Exemplar war zugleich auch das einzige.

Als schlagerverrückter Tonbandnarr hatte ich die Französin mit ihrer glockenhellen Stimme von Anfang an in das Beuteschema meiner Schlagerstars eingereiht, deren Songs ich möglichst lückenlos besitzen wollte. Ich habe noch lange nach meiner Teenagerzeit die gängigsten Schlagersendungen in Ost und West verfolgt und Glanznummern auf Tonband und später Kassette festgehalten – ob in UKW-Qualität bei der montäglichen „Schlagerrevue" von Radio DDR mit Heinz Quermann oder mit schwankender Kurzwelle bei der Samstag-„Hitparade" von Radio Luxemburg mit Camillo Felgen. Das war für mich bedenkenlose friedliche Koexistenz im Äther.

Alles, was ich zudem an Informationen über meine Stars erfahren konnte, wurde notiert oder abgeheftet oder aufgeklebt. So wusste ich denn auch, dass „Mon Crédo" ihr zum ersten Spitzenplatz in der französischen Hitparade verholfen hatte und sie mit 1,7 Millionen verkaufte Exemplare ihren ersten weltweiten Erfolg landen konnte. Der gefühlvolle Titel war ein Glaubensbekenntnis an die Kraft der Liebe, die sie künftig in hundertfachen Chanson- und Schlagerversionen beschwören sollte – in mehr als fünfzig Karrierejahren und rund 1200 Liedern in elf Sprachen. Für sie wurde die erste Zeile von „Mon Crédo" zum ewigen Leitspruch:

„Ja, ich glaube, dass ein Leben mit einem Wort der Liebe beginnt."

Dass mir Mireille Mathieu an abgelegenen afrikanischen Armenviertel-Gestaden des Atlantischen Ozeans als einzige Ausländerin unter einheimischen Interpreten begegnete, fand ich bemerkenswert.

Wäre es der Amerikaner Elvis Presley oder der Engländer Tom Jones gewesen, hätte es mich weniger erstaunt. Aber dass es eine Französin ist, war ungewöhnlich, denn Frankreich als ehemalige Kolonialmacht war in Guinea nicht sonderlich beliebt. Da machte Mireille wohl eine Ausnahme.

Im bundesdeutschen TV hatte sie schon 1969, ein Jahr vor meiner Conakry-Plattenentdeckung, eine eigene ZDF-Show mit dem Titel „Rendezvous mit Mireille". Und ich wusste von Kollegen der Unterhaltungsredaktion meines Stalles, dass auch das DDR-Fernsehen fürs Jahresende 1970 als erste Farb-Stereosendung einen Galaabend mit ihr aus Leipzig vorbereitete. Das war dann auch so und nach meiner Rückkehr aus Conakry verfolgte ich ihren Auftritt via Bildschirm und schwor mir, sie bei ihrem nächsten DDR-Gastspiel unbedingt live zu erleben.

Dass sie mir mal ein persönliches Ständchen bringen würde, wäre damals ein völlig absurder Gedanke gewesen. Und doch ist es 17 Jahre später passiert.

Auf Spurensuche

Die Geschichte spielt im Mai 1987. Da erhielt ich von ihrem Management die langersehnte Mitteilung, dass Madame Mathieu dem Wunsch des Pariser DDR-Fernsehkorrespondenten nach einem Interview zustimme. Man bitte aber um Verständnis, dass wegen ihres übervollen Terminkalenders Ort und Zeit nur kurzfristig mitgeteilt werden könnten.

Da war sie nun endlich, die erhoffte Zusage auf meine Bitte, die ich monatelang erneuert hatte. Aber im Pariser Büro mit gefalteten Händen auf den Termin zu warten, war realitätsfremd. Denn der Aktionsradius unserer aktuellen Berichterstattung ging weit über unser Gastland Frankreich hinaus, erstreckte sich auch auf Italien, Benelux und die Schweiz.

So katapultierte uns das politische Tagesgeschehen denn auch wieder kurzfristig aus Paris und Frankreich hinaus nach Oberitalien. Also zogen wir los nach dem oft praktizierten Prinzip „Nachts Auto fahren und am Tag arbeiten" und ich betete, der Termin mit der Mathieu möge bitte nicht in diese Zeit unserer Paris-Abwesenheit fallen. Zugleich kam mir die Idee, auf der Rückfahrt mit einem kleinen Umweg in ihrer südfranzösischen Geburtsstadt Avignon Station zu machen. Der Chef unseres außenpolitischen Magazins „Objektiv", Paul Rummel, hatte Interesse bekundet und ich wollte diese zuschauerfreundliche Gelegenheit nicht nur für ein stereotypes Interview nutzen, sondern es in ein Porträt des Weltstars einordnen. Gerade recht kämen da Bilder aus ihrem Heimatort, in dem sie Kindheit und Jugend verbracht hatte. Sie hat ihn ja sogar noch besungen – und das auch auf Deutsch:

„An einem Sonntag in Avignon
spielt la musique in Avignon.
Dazu im Kreis dreht sich das Karussell,
bist Du noch traurig, steig ein und das ändert sich schnell."

Was sie mit stimmgewaltiger Strahlkraft in den Schlager-Olymp hochgejubelt hat, erlebe ich nun mit Kameramann Eberhard Güldner tatsächlich im prosaischen Alltag dieser mediterran angehauchten altehrwürdigen Papststadt am Unterlauf der Rhône. Als wir eintreffen, gibt es zufällig, wie für uns arrangiert, ein turbulentes Markttreiben mit Karussell und Liebespärchen – just wie im Schlager beschrieben, der sich damit authentisch bebildern ließe. „An einem Sonntag in Avignon" hatte sich 1970 ganze 13 Wochen in den bundesdeutschen Charts behaupten können. Tatsächlich wurde ein Sonntag die entscheidende Wende im Leben der Mireille Mathieu. Ihr alles bestimmender Tag aber war zunächst ein Montag in Avignon. Da erblickte sie am 22. Juli 1946 als Tochter des Steinhauers Roger Mathieu und der Hausfrau Marcelle-Sophie das Licht der Welt – eine matte Funzel in einer bescheidenen familiären Welt. Ein ärmliches, beengtes Zuhause, das sie samt spärlicher Kost mit ihren 13 jüngeren Geschwistern teilen musste.

Vielleicht war es diese Ärmlichkeit, weshalb die Adresse ihres Geburtshauses, in dem sie auch aufwuchs, später nicht publik werden sollte. Nirgendwo habe ich sie gefunden. Auch ihr Manager Johnny Stark hatte sie mir verweigert. Seinem erfolgsverwöhnten Schützling sollte wohl nicht nachgesagt werden, aus primitiven, nahezu asozialen Verhältnissen zu kommen. So hatten wir auf den vier Rädern unseres „Audi 100" Norditalien erfolgreich mit Südfrankreich verbunden, standen unter dem Zeitdruck der sofortigen Weiterreise nach Paris in ihrer Geburtsstadt und hätten gern gewusst, wo sich in dieser 65 Quadratkilometer großen Provence-Metropole ihr früheres Elternhaus versteckt. Was blieb mir übrig, als vor Ort zu recherchieren. Einwohnermeldeamt? Datenschutz!

Der rettende Hinweis kam per Zufall, als ich Taxifahrer befragte. Einer von ihnen meinte: Ja, er wisse Bescheid, weil seine Frau mit Mireille in die Schule gegangen sei. Sie habe im Arbeiterviertel „La Croix des Oiseaux" gewohnt – am Boulevard Georges Clemenceau 29 in einem tristen Mietshaus, das noch heute existiere. Aber das wolle heute kaum jemand mehr wahrhaben, denn die prominenteste Bürgerin der Stadt würde man gern als unbefleckte Vorzeige-Diva präsentieren. Das erinnerte mich an meine Begegnung mit ihr in Afrika. Dort im Arbeiterviertel von Conakry, hier im Arbeiterviertel von Avignon. Der Taxifahrer sollte natürlich auf seine Kosten kommen. Deshalb ließ ich mich hinchauffieren – im Schlepptau hinter uns Eberhard mit unserem technikbestückten Dienstwagen. Mich überfiel die unangenehme Frage: Würde es noch jemand in diesem uralten Wohnblock geben, der sich an die weltberühmt gewordene Mitbewohnerin erinnert?

Glücksfall einer Nostalgie-Plauderei

Ich klingelte aufs Geratewohl an einigen Türen auf verschiedenen Etagen und bekam entweder niemanden zu Gesicht oder keine Antwort. Dann der berühmte Lotto-Glückstreffer. Eine alte Dame hatte die Familie Mathieu noch kennengelernt, hatte nebenan gewohnt, war sogar mit ihr befreundet. Nun gab sie bereitwillig und mit sichtlichem Stolz Auskunft. Aber, bat sie sich aus, ohne zu filmen und ohne ihren Namen zu nennen, der auf dem Klingelschild stand. Ich habe ihr strikte Diskretion zugesagt und sie auch bis heute eingehalten. Für mich war sie „die alte Dame" – und die legte mit einem überraschend offenherzigen Wortschwall los. Da sprudelte plötzlich eine Fontäne an Eindrücken und Informationen.

Ja, sie erinnere sich noch sehr lebhaft an Mireille, die schon als Kleinkind von sich reden gemacht habe. Als Vierjährige habe sie erstmals in aller Öffentlichkeit gesungen und damit für ein Stadtgespräch und viel Lob gesorgt. Initiator sei damals ihr Vater Roger gewesen, der selbst eine wohlklingende Tenorstimme gehabt habe. Als die, so erfuhr ich, wieder mal bei einer Mitternachtsmesse in Avignon gefragt war, bat Papa um die gesangliche Begleitung seines ältesten Kindes Mireille. Die habe ihm die Schau gestohlen, erzählte die alte Dame mit vergnügtem

Unterton und plauderte über die Ambitionen von Vater Mathieu. Er träumte in jungen Jahren von einer Opernkarriere. Was ihm seine Eltern verwehrt hatten, wollte er nun seinem Kind gestatten, an dessen Talent er glaubte. Er animierte die Tochter zum Vorsingen und achtete auf eine präzise Artikulation, die sie später perfektionierte.

Den Teenager Mireille, so berichtete die alte Dame weiter, habe sie oft Gitarre spielend und singend auf dem Hinterhof angetroffen, umringt von Kindern aus der Nachbarschaft. Angetan hatten es ihr Lieder der Chanson-Königin Edith Piaf, die sie in jeder Weise zu kopieren versuchte bis hin zu ihrer Vorliebe für schwarze Kleider. Sie ahmte ihre Stimme nach, trainierte sie in diese Richtung.

Mireille, so sagte mir die frühere Nachbarin, habe ihr immer ein wenig leidgetan. Sie wäre ein sympathisches, lebensfrohes und aufgeschlossenes Mädchen gewesen, obwohl sie in besonders harten und schwierigen Verhältnissen aufgewachsen sei. Als ältestes Kind habe sie sich mit Hingabe um ihre anderen dreizehn Geschwister gekümmert. Damit immer etwas Ess- und Trinkbares auf dem Tisch stand, habe sie mit dazuverdienen müssen. Deshalb blieb keine Zeit, eine Lese- und Rechtschreibstörung zu korrigieren. Die familiäre Notlage zwang sie, schon mit 14 Jahren die Schule ohne Abschluss zu verlassen, um als Hilfskraft in einer Konservenfirma und einer Papierfabrik mitzuhelfen, das schmale Familienbudget aufzubessern.

Es muss, so vermutete die alte Dame, eine stupide Arbeit gewesen sein. Einen ganzen Tag lang am Fließband stehen oder Briefe falten. Aber es sei eben auch eine Existenzfrage gewesen. Als Ausgleich zur beruflichen Perspektivlosigkeit und zur harten Doppelarbeit daheim und im Betrieb seien Musik und Gesang wohl ihre ständige Stütze gewesen, meinte die alte Dame. *„Sie sind doch vom Fernsehen?"* vergewisserte sie sich. Und als ich bejahte, regte sie an: *„Wenn Sie wollen, können Sie ihre Schule filmen. Sie steht noch. Nicht weit von hier in der Rue Verdun."*

Beginn einer Märchenkarriere

Die alte Dame hielt kurz inne und es war, als husche ein Sonnenstrahl über ihr Gesicht. Mitten in der Tristesse, so meinte sie, habe die Glückssträhne begonnen. Es sei ihr wie das Märchen vom Aschenputtel vorgekommen, als plötzlich der kometenhafte Aufstieg des Mädchens zur Schlager-Ikone und Pop-Prinzessin begonnen habe. Mireille hatte mit dem Piaf-Chanson „La vie en rose" einen lokalen Gesangswettbewerb gewonnen – und damit eine Einladung nach Paris zum Vorsingen für die Teilnahme an einem musikalischen Wettstreit in der überaus populären Fernsehsendung „Télé Dimanche" – „Tele-Sonntag". Als sie sich dafür qualifiziert hatte, war das wie eine Freikarte zum Weg nach oben.

Sie könne sich, sagte die alte Dame, noch gut darauf besinnen, wie die gesamte Familie zu Mireilles 19. Geburtstag ihr sauer Erspartes zusammengelegt habe, um ihr auch diese zweite Reise nach Paris zu ermöglichen. Diesmal ging es um keinen Eignungstest, sondern um alles oder nichts. Würde sie in der landesweiten Live-Übertragung vor einem Millionenpublikum bestehen können? Als die Familie Mathieu die älteste Tochter an einem Sonntag zum Bahnhof begleitete, war an das Lied vom Sonntag in Avignon noch nicht zu denken. Vielleicht aber hat Mireille eben diesen „Telesonntag" noch einmal durchlebt, wenn sie später die Zeilen gesungen hat:

„An einem Sonntag in Avignon,
da kommt die Liebe nach Avignon.
Da ist die Einsamkeit vorbei
oh c'est si bon, oh c'est si bon
und es geschieht so allerlei
an einem Sonntag in Avignon."

Ja, an diesem denkwürdigen Sonntag ist in der Tat so allerlei geschehen. Das Ereignis habe sich in der Stadt wie ein Lauffeuer herumgesprochen, erinnerte sich die alte Dame. Da sie selbst noch keinen Fernseher besessen habe, sei sie damals zu Bekannten gegangen, um diese Premiere nicht zu verpassen. Ganz Avignon saß vor der Röhre und erlebte mit, was auf einer Showbühne in der Landeshauptstadt passierte. Da trat die junge Mitbürgerin Mireille vor die Livekameras, um sich in der Sendung „Le jeu de la Chance" – zu Deutsch „Glücksspiel" – gegen einen Schwarm von Mitbewerberinnen zu behaupten. Avignon drückte alle verfügbaren Daumen. Es half.

Wir folgten einer einladenden Geste der alten Dame, sie vom Treppenhaus in die gute Stube zu begleiten. Dort kramte sie in einer Schublade und legte ein Blatt der Pariser Tageszeitung „France Soir" vom 22. November 1965 auf den Tisch. Es war die Titelseite mit dem Schwarz-Weiß-Foto einer mit dem Schmelz der Jugend beschenkten Frau. Auffällig sofort eine brave Pony-Frisur und eine Halskette mit Kreuz. Vor ihr ein Mikrofon als einziges Requisit, zu erahnen außerhalb des Bildes eine Fernsehkamera. Im Text darunter lese ich: *„In einem schwarzen Kleid hat Mireille Mathieu, 19 Jahre und 1,50 Meter groß, gestern die Zuschauer von ,Télé Dimanche' mit dem Lied ,Jezabel' und einer grandiosen Stimme beeindruckt."*

Mit diesem einen Song ihres großen Vorbildes Edith Piaf und ihrer intensiven Vortragsweise überzeugte sie, wurde sie zur Siegerin gekürt, nachdem auch ihre stärkste Konkurrentin, die beliebte Chansonette Georgette Lemaire, kapituliert hatte. Mireille wurde schlagartig bekannt, bekam plötzlich Fanpost aus Calais im hohen Norden Frankreichs ebenso wie aus Marseille im tiefsten Süden. Damit begann am Sonntag, dem 21. November 1965, eine der steilsten Karrieren in der internationalen Unterhaltungskunst. Mireille ließ zwar später ihre Körpergröße von 1,50 Meter auf offiziell 1,53 Meter korrigieren, was aber nicht nötig gewesen wäre. Denn dass sie zu einer der Größten ihrer Showbranche wurde, haben selbst ihre ärgsten Kritiker nie angezweifelt.

Wir bedankten uns bei der alten Dame und rollten mit dem Auto die 700 Kilometer von Avignon nach Paris zurück, die Mireille einst mit der Bahn und viel Herzklopfen und Lampenfieber gefahren war. Im Gepäck Filmrollen mit originellem

Stadt-Kolorit von Avignon. Das Drumherum hatten wir also im Kasten. Nun fehlten nur noch Aufnahmen mit ihr selbst. Und die kamen schneller als gedacht.

Ein Konzert im Zeitraffer

Auf meinem Schreibtisch finde ich die Notiz über einen Telefonanruf von Manager Johnny Stark. Er teilt in einem nüchternen Satz mit, dass Madame Mathieu uns morgen in den Pariser „Gabriel"-Fernsehstudios unweit von den Champs-Élysées erwarte. Eine zeitliche Punktlandung. Nun wird es ernst und ich bereite mich den ganzen Abend auf das Interview vor, während Eberhard schon wieder die Kameratechnik klarmacht.

Anderentags sind wir pünktlich zur Stelle und platzen in eine Probe zu ihrer nächsten Abendgala. Johnny Stark empfängt uns, bittet um etwas Geduld und verfrachtet uns in eine hintere Stuhlreihe des Saales, während Mireille vorn in der knalligen Helligkeit von Bühnenspots einige Liedtöne ihres Mottos anstimmt: „Meine Welt ist die Musik." Sie diskutiert mit dem Regisseur, redet mit Assistenten und Aufnahmeleitern, Kameraleuten, Statisten und Technikern, prüft die Dekoration, macht Ton- und Stellproben, stets aufmerksam überwacht von ihrem Johnny, der im Beruf und Leben der Mathieu eine nicht wegzudenkende Rolle spielt.

Der umtriebige Geist hatte sie Ende 1965 im Pariser Olympia-Theater erlebt und ihr enormes künstlerisches Potenzial erkannt. Seither war er immer an ihrer Seite – und, wie gemunkelt wurde, nicht nur als Manager. Zuvor schon hatte er Edith Piaf betreut und auch seine anderen Landsleute Yves Montand, Françoise Hardy, Johnny Hallyday und Sylvie Vartan zu internationalen Stars aufgebaut. Er hatte auch dafür gesorgt, dass sein neuer Schützling aus Avignon einen ersten Plattenvertrag bekam, schnell aus dem fremdbestimmten Schlagschatten der Piaf ins Rampenlicht einer breiten Öffentlichkeit trat und ein eigenständiges

Repertoire bekam. Dabei halfen vor allem der Komponist und Musikproduzent Christian Bruhn und der Schlagertexter Georg Buschor. Das westdeutsche Kreativ-Team schneiderte der Mathieu rund hundert Lieder auf den Leib, von denen viele im Westberliner Ariola-Tonstudio produziert wurden. Dazu gehört auch ihr Hit „Hinter den Kulissen von Paris". Da Deutsch damals für Mireille noch ein Wörterbuch mit sieben Siegeln war, orientierte sie sich sprachlich an Demonstrationsbändern, auf denen ihr Katja Ebstein den Text vorgesungen hatte. Nach Stunden endloser Geduld war die Tonaufnahme fertig. Entschädigt wurde die Mathieu mit vorderen Chart-Plätzen, mit denen sie 1969 den deutschsprachigen Raum eroberte.

Nun sehe ich, wie die zierliche Musikantin aus Avignon auf der Studiobühne einige Musiktitel improvisiert. Andere spielt sie mit Gestik, Mimik und ihrer voluminösen, klangreinen Stimme von Anfang bis Ende durch, darunter ihr „Akropolis Adieu", mit dem sie erstmals eine Plattenmillion erreichte. Sie schmilzt dahin bei ihrem größten kommerziellen Erfolg „La Paloma adé ", der sich ganze 27 Wochen in den deutschen Charts behauptete und auf Platz eins landete.

Dass Monsieur Stark uns in die Warteschleife geschickt hat, empfinde ich nun eher als Gnade. Ich hätte in diesem Mäuschen-Modus gern ewig ausgeharrt. Denn so erleben wir in der einzigartigen Kurzfassung eines Mathieu-Konzertes eine gute halbe Stunde lang ihr damals schon breit gefächertes Repertoire und ich stelle mit Befriedigung fest, dass ich all ihre bisherigen großen Erfolge auf meinem „KB 100" versammelt habe: „Martin" und „Es geht mir gut, Chéri" und „Ganz Paris ist ein Theater", „Korsika" und „Roma", „Pariser Tango" und „Der Zar und das Mädchen", „Die Glocken von Notre-Dame" und natürlich „Mon Crédo" und „An einem Sonntag in Avignon". Klassiker aus ihren Best-of-Alben.

Dann muss ich mich revidieren, denn ein Hit von ihr fehlt in meiner Sammlung. Sie probiert einen mir unbekannten Song mit dem Titel „Kinder dieser Welt". Es geht nicht um das gängige Klischee von Herz und Schmerz, sondern um das Recht aller Kinder für eine Zukunft ohne Angst und Krieg. Eine brandneue Produktion, wie ich später erfahre, gerade erst in Rillen gepresst. Nach der euphorisch vorgetragenen Hymne „Das Wunder aller Wunder ist die Liebe" und den schwungvollen Rhythmen von „Hinter den Kulissen von Paris" sind es nun leise, nachdenkliche Töne:

„Kinder dieser Welt sollen nie mehr wieder Helden werden,
Kinder weinen Tränen, die die Mächtigen versteh'n,
wenn sie ihren Kindern in die Augen sehen."

Danach Verblüffendes. Als ich gerade zu der festen Überzeugung gekommen bin, dass die lebhaft vor den Kameras agierende Sängerin uns total vergessen hat, ruft sie ihren Partnern zu: *„Pause. Ich arbeite jetzt mit den Ostdeutschen!"* Dann kommt sie ohne Zäsur in energiegeladener Eile schnurstracks auf uns zu, begrüßt uns liebenswürdig wie gute alte Bekannte und bittet uns in ihre Garderobe, einen engen Raum voller Schlichtheit, in dem ein Filmteam schon mal Platzangst bekommen kann. Eine Herausforderung für Kameramann Eberhard Güldner. Denn was nützt das beste Fernsehinterview, wenn der Fokus nicht stimmt! Während er wieselflink Licht, Ton und Handkamera einrichtet, mir das Mikrofon reicht und sofort aufs Knöpfchen drückt, freut sich Mireille über einen taufrischen Rosenstrauß, den wir unterwegs erstanden haben. Blumen und Musik, sagt sie, sind ihre Leidenschaften.

Es ist 17 Jahre her, dass ich ihr Gesicht in Conakry erstmals auf einer westlichen Plattenhülle gesehen habe. Das jetzige Konterfei in natura hat an Wirkung nichts eingebüßt. Die einprägsame Erscheinung ist geblieben. Seit über zwanzig Jahren die immer gleiche dichte schwarze Pagen-Frisur mit Innenrolle, die an den Haarschopf von Prinz Eisenherz erinnert und für Generationen junger Mädchen ein unverwechselbares Leitbild prägte. Dazu ein zarter Porzellan-Teint. Dunkelschattige, ausdrucksstarke Augen unter elegant geschwungenen Brauen und markante, konturenstarke rote Lippen verstärken den Eindruck, dass die Zeit scheinbar spurlos am Wachstum ihres Lebensbaumes vorübergegangen ist.

Dass die Mathieu dem Interviewer gleich ein Privatständchen bringen würde, ahnte er da noch nicht. Foto: Marion Wahl

Sie ist jetzt vierzig und immer noch im Zenit ihrer Bilderbuchkarriere. Als ihr zehn Jahre später mit fünfzig der Abgesang prophezeit wird, belehrt sie alle Skeptiker eines Besseren mit ihrem CD-Album „In meinem Traum". Es sind neue Titel – und einer davon klingt wie ein dezenter Hinweis auf die Verfassung der Interpretin: „Feuer im Blut". Da hat sie weltweit bereits rund 190 Millionen Tonträger unterschiedlicher technischer Prägung verkauft, davon 120 Millionen Platten. Gemeinsam mit ihren Kolleginnen Dalida und Piaf zählt sie zum offiziellen französischen Kulturerbe aller Zeiten und kann sich rühmen, gemeinsam mit der Franko-Kanadierin Céline Dion die kommerziell erfolgreichste französischsprachige Sängerin zu sein.

Längst schon ist sie nicht mehr nur Mireille Mathieu, sondern in Frankreich „la Demoiselle d'Avignon", in deutschen Ost- und Westlanden „der Spatz von Avignon" und in aller Welt „die Mathieu". Und das für alle Zeit und Ewigkeit.

Im Gleichklang mit dem Publikum

Eberhard hat sich fernsehtechnisch in der Kleinheit der Garderobe eingerichtet, so gut es geht. Ich sitze auf Tuchfühlung mit unserer Gastgeberin. Was will sie mit Ihren Liedern erreichen? Kaum ist die Frage gestellt, kommt die Antwort:

„Wenn ich Liebeslieder singe, liegt mir viel daran, dass ich Übereinstimmung spüre – einen Gleichklang zwischen dem Publikum und mir. Wenn das eintritt, wenn eine gleiche Wellenlänge, ein solcher Kontakt erreicht ist, dann ist das ein wunderschönes Gefühl, ein immenses Vergnügen."

„Madame Mathieu, was ist wichtig in Ihrem Leben?"

„Dass ich tun kann, wozu ich wirklich Lust habe: zu singen und die Menschen zu mögen und bewusst zu leben. Die Familie, mein Beruf – auch das ist wichtig."

„Sie haben auch Lieder gesungen für eine bessere Welt – zum Beispiel, wenn ich mich recht erinnere, eines mit der Aussage ,Milliarden Menschen brauchen keinen Krieg'."

„Ja, das Lied heißt ,Drei Milliarden Menschen auf der Erde'. Es fordert: Keinen Krieg mehr! Die Menschen mögen sich verstehen und sich helfen."

„Wenn ich mich nicht irre, entstammt dieses Lied einem Antikriegsfilm der UNO. Milliarden Menschen, die das Morgen lieben, setzen sich an einen Tisch, um vertrauensvoll über den Frieden zu sprechen. Sie sind sich einig, was zu tun ist: für einen verbrannten Baum einen neuen zu pflanzen und ihn gemeinsam zu pflegen … Gibt es Ihrer Meinung nach eine Möglichkeit, dass auch Künstler zu einer Welt des Friedens beitragen?"

„Ich glaube, dass die Stimme der Künstler dank ihrer Popularität viel Gewicht hat. Das betrifft genauso ihre Hilfe für behinderte Kinder oder den Kampf gegen schwere Krankheiten wie Krebs oder AIDS. Wir können helfen, das ist wichtig."

Sie hat die letzten Worte betont langsam und nachdenklich gesprochen – so, als wollte sie ihnen damit ein besonderes Gewicht verleihen. Hätte ich bislang geglaubt, einen Hochglanz-Star vor mir zu haben, der nur Sonnenschein-Lieder trällert, wäre ich spätestens jetzt eines Besseren belehrt worden. Nein, sie hat bei aller Liebe für die Liebe nicht nur über Heidschi Bumbeidschi, den Wein aus Bordeaux und den Walzer der Liebe gesungen, sondern eben auch über die „Kinder dieser Welt", über die „drei Milliarden Menschen auf der Erde" – im französischsprachigen Raum weltweit bekannt als „Trois milliards de gens sur terre". Ein humanes wie soziales Engagement, das sie bis heute weitergeführt hat – so im Jahr 1998 mit ihrem Chanson „Der Clochard":

„Sie nannten ihn nur den alten Clochard,
wer kennt ihn, wer weiß wer er war.
Vielleicht nur ein Mensch mit zu viel Gefühl,
doch ohne Chancen …"

Kritiker befürchteten, dass solcherlei Flucht aus der heilen Welt der Liebe ihrem Image abträglich sein würde, dass Aussagen mit tieferem Sinn ihre Fangemeinde verschrecken könnten. Sie irrten sich. Allerdings spaltete sich das Lager ihrer Anhänger, als sie sich in späteren Jahren zu nahe an Politiker der ersten Garde anlehnte, obwohl sie darauf beharrte, unpolitisch zu sein.

Das Gegenteil war der Fall, als der konservative französische Spitzenpolitiker Nicolas Sarkozy das Rennen um die Staatspräsidentschaft gewann. Bei seiner großen Siegesfeier auf dem Concorde-Platz am Abend des 6. Mai 2007 ließ sie sich zur allgemeinen Überraschung und zum Entsetzen mancher Fans dazu verleiten, die Nationalhymne zu schmettern und damit nach Ansicht Andersdenkender die Marseillaise einseitig zu politisieren. Die Skepsis wurde zur Empörung, als sich Sarkozy bei ihr offensichtlich als dankbare Gegenleistung im Élysée-Palast mit der goldenen Verdienstmedaille bedankte. Ähnliche Vorwürfe der Nähe zu den Mächtigen gab es nach ihren Treffen mit Englands Königin Elisabeth II., Papst Johannes Paul II. und US-Präsident Ronald Reagan.

Die Mathieu als Putin-Helferin?

Ein besonders enges Verhältnis wird ihr zu Moskau nachgesagt. Dort gab sie mehrfach umjubelte Gastspiele. Russlands Präsident Wladimir Putin outete sich als Mathieu-Bewunderer. Am 9. Mai 2005 lud er sie ein, bei den Feierlichkeiten zum 60. Jahrestag des Sieges über den Hitlerfaschismus auf dem Roten Platz zu singen. Drei Jahre später besuchten Putin und sein Gast, der libysche Revolutionsführer Muammar al-Gaddafi, ihr Konzert im Kreml-Kongresspalast. Sie applaudierten bis zum letzten Lied und tranken gemeinsam mit ihr Tee in Gaddafis Beduinen-Zelt, das er im Kreml-Garten aufgeschlagen hatte. Im September 2010 bekam die berühmte Französin in Moskau für ihr unbeirrbares künstlerisches Engagement in Sachen Humanismus und Völkerverständigung die Ehrenmedaille für „Mut und Tapferkeit". Vorher hatte sie mit der auf Russisch gesungenen Pophymne „Moskauer Nächte" begeistert.

Prompt kam der Vorwurf, sie lasse sich vor den Karren der Putin-Politik spannen, sei seine unfreiwillige Helferin. Diese Anschuldigung lief ins Leere, als die Sängerin 2018 von der Moskauer Universität für Geisteswissenschaften die Ehrendoktorwürde für ihr „phänomenales musikalisches Talent" erhielt. Wie zum Beweis dafür schmetterte sie trotzig ihren neuesten Titel „Es lebe Russland! Und es lebe Frankreich!" Die Russen hat's gefreut, die Franzosen wahrscheinlich weniger.

Auch beim Skandal um die russische Punkband „Pussy Riot" – zu Deutsch etwa „Muschi-Aufstand" – blieb die Mathieu nicht neutral. Als die drei Rockerinnen hinter Gitter kamen, verurteilte Mireille ihren sehr unheiligen Auftritt in einem Gotteshaus und bat gleichzeitig um eine milde Strafe. Die sie dafür kritisierten, wussten offenbar nicht, dass sie eine gläubige Katholikin ist.

Die Pop-Damen, die sich selbst als politische Provokateure verstehen, hatten im Februar 2012 widerrechtlich die Empore der Moskauer Christ-Erlöser-Kathedrale erklommen, das zentrale Gotteshaus der Russisch-Orthodoxen Kirche mit einem „Punk-Gebet" vor dem Altar entweiht, mit unflätigen Ausrufen wie

„Gottesscheiße" Klerus und Gläubige beleidigt und die „Mutter Gottes" aufgefordert, Putin zu verjagen. Wegen „Rowdytums aus religiösem Hass" wurde die „Pussy"-Band zu zwei Jahren Haft verurteilt und später von Putin begnadigt.

Bundesdeutsche Ewigeinmischer kritisierten den Richterspruch als Farce. Für CDU-Kanzlerin Merkel – selbst bekennende Christin – stand das *„unverhältnismäßig harte Urteil"* nicht *„im Einklang mit den europäischen Werten von Rechtsstaatlichkeit und Demokratie".* „Grünen"-Chefin Claudia Roth sprach von einem *„Schauprozess"* und einer *„Bankrotterklärung"* der russischen Justiz. Die Fahnenträgerin der Linken, Katja Kipping, war sich sicher, *„Putins Gesinnungsjustiz"* habe *„drei weitere Opfer gefordert".* Natürlich wurde nach finanziellen Sanktionen gerufen.

Putin selbst hatte zuvor geäußert: *„Ich denke nicht, dass sie dafür zu hart verurteilt werden sollten."* Damit war der Landesvater milder als sein Volk. In einer repräsentativen Erhebung fanden 70 Prozent der Befragten die Kirchen-Aktion abstoßend und pervers. Mehr als die Hälfte hielt das Strafmaß für angemessen und fand den Gerichtsprozess objektiv und sachlich. Zudem verbaten sich viele eine überhebliche Einmischung von außen.

Sie kam, sang und siegte

Dass immer lauter zum Proteststurm auf Moskau geblasen wurde, beeindruckte die Mathieu nicht. Sie erklärt mir nun im Interview, dass sie auf gepackten Koffern sitze, um nach Russland zu fliegen und in Moskau und Leningrad vom 30. Mai bis 28. Juni mit hundert Chormusikanten der Roten Armee aufzutreten. Kurz danach will sie im August zur 750-Jahrfeier von Berlin ein weiteres Mal in die DDR kommen. Was bedeutet ihr ein solches Gastspiel?

„Wissen Sie, immer, wenn ich bei Ihnen auftreten durfte, fand ich Ihr Publikum so hervorragend, dass ich am Schluss des Abends dachte, ich verlasse einen guten alten Bekannten, einen Freund. Die Leute

waren so warmherzig, dass mir beim Abschied wirklich fast die Tränen kamen. Es war wunderbar."

„Sie waren schon mehrfach in der DDR. Wie ist Ihr Gesamteindruck von diesen Besuchen?"

„Meine Besuche bei Ihnen sind immer sehr, sehr gut verlaufen. Diesmal komme ich am 21. und 22. August – direkt aus Los Angeles. Nach einer kurzen Zwischenlandung in Paris werde ich sofort zu Ihnen nach Ostberlin fliegen. Mit Ihrem Land hatte ich stets einen sehr guten Kontakt. Deshalb komme ich gern wieder, um bei Ihnen zu singen."

Sie hielt Wort, kam, sang und siegte. Beim Konzert im Palast der Republik wurde sie mit einem Berg von Blumen und stehenden Ovationen gefeiert. Die Zuschauer lagen ihr zu Füßen und glaubten ihr gern, was sie versprach: „Und ewig fließt die Seine und ewig ist l'amour. So wird es immer bleiben tagein, tagaus, toujours." Die Presse befand, erlebt habe man „eine musikalisch vielseitige und stimmlich hervorragend aufgelegte Chansonette", die ihr umfangreiches Repertoire zumeist in Deutsch „stilistisch variationsreich" vorgetragen habe.

Das Überraschungsständchen

Zu den beiden deutschen Staaten hatte die Künstlerin – was sie immer wieder betonte – ein gleichermaßen ausgewogen sympathisches Verhältnis. Ihr erstes Konzert auf deutschem Boden gab die damals Zwanzigjährige 1966 im Ostberliner Friedrichstadt-Palast. Zuvor hatte sie in der amerikanischen Ed-Sullivan-Show 50 Millionen Zuschauer begeistert. Im Mai 1967 stand sie erstmals auf westdeutschen Bühnen, um anschließend fast einen Monat lang durch die Sowjetunion zu touren. Den Berlinern blieb sie auch über die Gesellschaftswende hinweg treu. So war es für sie selbstverständlich, mit ihnen auch 2015 ihr 50. Bühnenjubiläum in Spree-Athen zu feiern. Drei Jahre danach gab sie 2018 zum Ende einer Welttournee im Friedrichstadt-Palast eine triumphale Abendgala, die ein überaus fulminantes Medien-Echo fand.

Die *Berliner Morgenpost* vom 24. 4. 2018 möge mit ihrer überschwänglichen Würdigung für viele ähnliche Pressestimmen stehen. Sie bescheinigte dem Gast von der Seine eine – so wörtlich – *„glasklare, weltberühmte Stimme mit dem zarten Tremolo und dem gerollten R, die so unverwechselbar ist"*. Dann schwelgte das Blatt in euphorischen Superlativen:

„Die Interpretationen sind so fantastisch, dass einem sogar als Schlagerverächter das Herz aufgeht […] Natürlich singt Mireille Mathieu aber auch Piaf. Dabei zeigt sie ihr ganzes Können. Ihre Version des Klassikers ‚L'hymne à l'amour' ist einfach ganz großes Kino. Gefühl pur. Man möchte die Wiederholungstaste drücken, wenn das in einem Livekonzert möglich wäre. Mit Disziplin und Leidenschaft sang sie sich nach ganz oben. International hat Mireille Mathieu den Rang eines Weltstars […] Ein Ende ihres Erfolgs ist nicht abzusehen. Auch nicht mit fast 72 Jahren. Man sieht ihr das Alter kaum an. Nur das Gehen bereitet ihr leichte Probleme. Aber die Strahlkraft ihrer Stimme ist ungebrochen. Nicht nur sprachlich steht Mireille Mathieu ein breites Spektrum zur Verfügung, sie wechselt auch problemlos zwischen den Genres. So wird es bei ‚Ce n'est rien' richtig rockig. Leise Töne hingegen schlägt sie bei ihrem Chanson ‚Un dernier mot d'amour' an. Zum Dahinschmelzen schön. Die Berliner danken ihr für das sensationelle Konzert mit lang anhaltendem Jubel."

Wie, so frage ich, ist solch Lobgesang auf den Mathieu-Gesang noch zu überbieten, zumal er von einem Blatt kommt, das auch ganz gern mal draufloslästert!? Welches ihrer Lieder liebt sie am meisten? Sie muss überlegen.

„Das ist eine schwierige Frage. Besonders ins Herz geschlossen habe ich das Lied ‚Mein Crédo' von meiner ersten Platte. Ein anderes Lied, das ich mit dem Kinderchor ‚La Croix de Bois' aufgenommen habe, heißt ‚Tausend Tauben'. Möchten Sie, dass ich Ihnen daraus etwas vorsinge?"

Ich glaube, mich verhört zu haben. Die Mathieu will mir hier und gleich und live ein exklusives Privatständchen bringen? Noch während ich zu erfassen versuche, ob das Angebot nur eine rhetorische Floskel sein soll oder ernst gemeint ist, verwirklicht sie es, beginnt sie mit einfühlsamen zarten Tönen:

„Que la paix soit sur le monde pour les cent milles ans qui viennent …"

Ich fühle die berühmte Gänsehaut. Ich bin ihr Mikrofonhalter und zugleich ihr Publikum. Eine Szene, die ich nie vergessen werde. In der Schlusszeile steigert sich ihre kristallklare Stimme in eine glockenhelle Frequenzhöhe, auf der sie beim letzten Wort sekundenlang verharrt, um sie schließlich mit müheloser Leichtigkeit ausklingen zu lassen, nahtlos gefolgt von einem zauberhaften jungmädchenhaften Lächeln und einem „*Voila*"!

Der hohe Schlusston schwingt noch im Raum, als sie längst geendet hat. Noch lange danach bin ich überrascht von der Unkompliziertheit und Natürlichkeit, mit der die Weltberühmtheit Mathieu dieses Überraschungsständchen gegeben hat – spontan aus der Situation heraus, einfach so und völlig ungeziert. Was mich zudem verblüfft, ist die Hingabe, mit der sie selbst die wenigen Liedzeilen des Refrains in der engen Zimmerprivatheit ihrer Garderobe stimmlich ausreizt – so, als würde sie auf großer Bühne vor großem Publikum singen. Die Privatvorstellung hat nur eine halbe Minute gedauert, aber sie in der Nähe von nur einem Meter zu erleben, war unwirklich. Ein aus dem Stegreif gezauberter A-cappella-Auftritt, den ich noch heute im Ohr habe. Mit dem melodiösen Chanson von den „Mille Colombes", den tausend Tauben, die der Welt den Frieden verkünden:

„Der Winter ist da auf den Dächern des Dorfes,
der Himmel ist weiß und ich höre den Chor der Kinder
in der alten Kirche, auf einer Orgel in den Farben der Zeit.

Dass auf der Welt Friede sei für die hunderttausend Jahre, die kommen.
Gebt uns tausend Tauben für alle Sonnenaufgänge,
gebt uns tausend Tauben und Millionen Schwalben.
Macht einen Tag, an dem alle Menschen wieder Kinder werden.

Morgen sind wir es, und morgen gibt es keinen Krieg mehr.
Morgen werden die Kanonen überall unter den Blumen schlafen.
Eine schöne Welt ist eine Welt, in der man ohne Angst lebt."

Sie singt ihren Abscheu gegen Krieg und Kanonen nicht nur, weil der französische Liedtexter und Komponist Eddy Marnay ihr diese Worte sprichwörtlich in den Mund gelegt hat, sondern weil sie so fühlt und denkt. Das hatte ich längst begriffen, denn es war ihre Grundüberzeugung.

Sie wurde vielleicht auch bekräftigt durch die dramatischen Ereignissen in diesem Jahr 1987, in dem ich Mireille kennenlernen durfte. Da standen sich im Ergebnis des sogenannten NATO-Doppelbeschlusses in Ost- und Westeuropa amerikanische und sowjetische Atomraketen in einer direkten Konfrontation feuerbereit gegenüber. Diese Eskalation hatte seit vier Jahren die Welt an den Rand eines Nuklearkrieges gebracht. Ich selbst hatte immer noch nicht das deprimierende Erlebnis des gescheiterten Gipfeltreffens zwischen Gorbatschow und Reagan verkraftet, von dem ich ein halbes Jahr zuvor im Oktober 1986 aus Islands Hauptstadt Reykjavik berichten musste. Der Chef des Weißen Hauses hatte durch kompromissloses Festhalten an seinem Weltraum-Raketenprojekt SDI die Verhandlungen über eine beiderseits gleichwertige Reduzierung von Atomwaffen platzen lassen. Erst durch Moskaus einseitiges Nachgeben konnte sieben Monate nach unserem Interview der bilaterale INF-Abrüstungsvertrag abgeschlossen und der Raketenzaun abgebaut werden.

Zuvor hatte Gorbatschow die NATO mit einer Serie von Abrüstungsvorschlägen eingedeckt. Ich mute Madame Mathieu, der auf Völkerverständigung bedachten Pazifistin, die direkte Frage zu, wie sie über die Avancen aus Moskau denke. Ich rechne mit keiner Antwort, bekomme aber eine:

„Ich halte es für eine sehr gute Idee, die Rüstungen zu beseitigen. Ich wäre sehr froh darüber."

Das Kuriosum der zwei Spatzen

Mir hatte gleich zu Anfang gedämmert, dass man einer Mireille Mathieu nicht gerecht wird, wenn man ihr das Einweg-Etikett „Schlager-Ikone" anhängt. Ihre mit makellosem Timbre vorgetragenen Lieder über Paris, Frankreich, Liebe und Sehnsucht mögen die elitären Zugnummern in der Arena der softigen Unterhaltungskunst sein, aber wer die Mathieu mit poetischen Chansons, lyrischen Balladen oder französischer Folklore gehört und gesehen hat, wird über das wechselnde Kolorit ihrer gesanglichen und gestenreichen Darstellung überrascht sein.

Sie hat – das ist unstrittig – die Musikwelt umgekrempelt wie zuvor auf etwas andere Weise die von ihr inniglich verehrte kapriziöse, eigensinnige, launische, kaputtgelebte, verruchte und geniale Edith Giovanna Gassion – genannt Edith Piaf. Ihre Statur maß 1,47 Meter und war damit noch sechs Zentimeter kleiner als der ohnehin bescheidene Wuchs ihrer Verehrerin, die ihrem angebeteten Idol nie selbst begegnet ist. Mireille hatte sie in frühester Kindheit im Radio gehört und war verzaubert. Als sie in der Papierfabrik Briefumschläge zu falten hatte, war die Piaf durch ihr wechselhaft bizarres Lebens-Chaos von Glanz und Elend schon am Ende, um im Oktober 1963 mit nur 47 Jahren der Welt adé zu sagen. Schon zuvor hatte die eigenwillige Primadonna in einem Chanson-Welterfolg trotzig wissen lassen: *„Non, je ne regrette rien"* – *„Nein, ich bereue nichts"*!

Dieses Lebensmotto des Mythos Piaf hatte Mireille so lange eifrig interpretiert, bis der allzeit und allerorten über sie wachende Schutzheilige Johnny Stark es den Mathieu-typischen Songs unterordnete, um ihre unverwechselbare Eigenständigkeit zu betonen. Kritiker hatten zudem nicht ohne Grund bemängelt, dass es zwischen beiden zierlichen, stimmgewaltigen Diven doch einen erheblichen Unterschied gebe: Während die Chansons der Piaf die Tragödien ihres Lebens widerspiegelten und deshalb zutiefst glaubhaft seien, wäre der Nachgesang dieser Lieder durch die nicht weniger berühmte Kollegin zwar stimmlich glanzvoll, aber eben nur ansatzweise eine selbsterlebte Dramatik und damit weniger authentisch – obwohl eingeräumt wurde, dass Mireille ebenfalls die Talsohle des gesellschaftlichen Daseins erlebt hatte, wenngleich nicht so extrem wie die Piaf. Also rudimentär nachfühlen konnte Mireille die Inhaltsschwere der Piaf-Balladen schon.

Dass die Grande Nation beide in ihrer unnachahmlichen Perfektion liebt, beweist nichts mehr als die von ihr verliehenen respektvollen Kosenamen. Edith bekam aufgrund ihrer wandlungsfähigen tirilierenden Tonlage den weltberühmt gewordenen Namen „Spatz" – auf Französisch „piaf", woraus der volkstümliche „Spatz von Paris" wurde. Die Nation zögerte nicht allzu lange, um diesen gefiederten Ehrentitel mit Fug und Recht auch ihrer Mireille zuzugestehen: „Spatz von Avignon". Diesen Spatz, der ein Star wurde, frage ich nun:

„Glauben Sie, dass Ihr Talent der Schlüssel zum Erfolg war?"

Die aufmerksamen Augen unter dem Pagenpony bekommen einen kurzen Schimmer von nachdenklicher Versonnenheit, aber die Erwiderung klingt sehr bestimmt:

„In meinem Beruf ist Talent Voraussetzung, aber nicht schon automatisch Erfolg. Dafür ist mehr nötig: 99 Prozent Arbeit und ein bisschen Glück."

Dieses kleine Quäntchen Glück verließ sie kurzzeitig in den 1980er-Jahren, als ihre romantischen, gefühlvollen und verträumten Schmusesongs zur Ausnahme wurden und schrille, schräge und sexybetonte Partykracher den Ton angaben. In dieser Dekade brachte sie noch einige Singles sowie die beiden Alben „Nur für dich" und „Goodbye My Love" heraus, die aber von Rock- und Popmodernismus und ihren extravaganten Interpreten zugeschüttet wurden.

Ein schicksalhafter Sinkflug

Den Platz der Kuschelkönigin Mireille Mathieu besetzten nun coole, smarte Helden wie Michael Jackson, Phil Collins, Freddie Mercury, Bruce Springsteen, Prince, David Bowie, Falco, Bryan

Adams oder Madonna. Sie übernahmen das Zepter, wurden die Kings der Diskotheken und krönten die Hitparaden nicht mit einem „Pariser Tango", sondern mit „Radio Ga Ga", „Purple Rain", „Thriller", „Born in the U.S.A." oder „Rock me Amadeus". Solche Töne waren astronomisch weit weg von den sanftmelodiösen Rhythmen einer Mathieu, brachten ihr bis dahin erfolgreiches musikalisches Konzept ins Taumeln.

Zudem wurde die Musikszene dominiert vom unterkühlten, versachlichten, durchgedrehten und ausgeflippten Punksound der kunterbunten „Neuen Deutschen Welle", die Furore machte mit Kreationen wie Nenas „99 Luftballons", Peter Schillings „Major Tom", Falcos „Kommissar" oder den Nonsens-Knallern „Da da da" der „Trio"-Band und „Mein Tuut Tuut" der Gruppe Leinemann. Oft sinnfreies Notengehoppel, das die Welt nicht unbedingt brauchte, aber begeistert annahm. Den Interpreten jedenfalls sah man an, dass es ihnen Spaß machte. Und den Fans auch.

Mireille spricht ungern über diese Zeit von Irritation und Selbstzweifeln. Verständlich! Für sie hieß das: statt ausverkaufter Hallen plötzlich halbleere Stuhlreihen. Eine glücklose Zeit zog sie in ein berufliches und seelisches Tief. Als zudem gegen Ende dieses schweren Jahrzehnts am 24. April 1989 ihr Manager starb, brach für sie das kreative Universum eines langen glamourösen Erfolgs zusammen – zumal Johnny Stark wohl auch ihr Lebensgefährte war, was aber nie offiziell bestätigt wurde. Dafür ist erwiesen, dass er als ein überaus geachteter Impresario und Musikproduzent über einen beachtlichen Einfluss im französischen Showbusiness verfügte. Mit einer beeindruckend männlichen Erscheinung, die mich an den „normannischen Kleiderschrank" Curd Jürgens erinnerte. Mireille trauerte unsäglich, verweigerte sich einer zweiten Kariere und verschwand eine gefühlte Ewigkeit aus der Öffentlichkeit.

Diese dramenbelastete Flaute passierte zwei Jahre nach unserem Interview, aus dem eine aktuelle Reportage mit Porträtcharakter entstand und in unserem außenpolitischen Abend-Magazin „Objektiv" am 4. 6. 1987 über den Äther ging.

Dass es dafür dreißig Jahre nach der Deutsch-Wende noch Aufmerksamkeit gibt, lässt mich staunen. Am 3. Februar 2021 entdeckte ich zu meiner Verblüffung mein Original-Fernsehsujet per Zufall im Internet bei „Youtube" mit 8614 Aufrufen. Die Ankündigung im Wortlaut:

„Ausschnitt aus dem sogenannten aktuell-politischen Magazin ‚Objektiv' des DDR-Fernsehens. Mireille Mathieu hat kurz vor ihren Konzerten zum 750. Geburtstag von Berlin einem Reporter des DDR-Fernsehens ein Interview gegeben."

So sehr ich das Interesse der – wie es neudeutsch heißt – 8614 Follower zu schätzen weiß, so erstaunlich finde ich es, wie salopp mit fremdgeistigem Eigentum umgegangen wird, das offensichtlich Freiwild ist im Internet-Dickicht von Videoportalen, Digitalplattformen und Suchmaschinen.

Ein Liebesbrief

Damals bekam ich für den Mathieu-Beitrag ungewöhnlich viel Zuschauerpost. Aufgehoben habe ich einen Brief vom 15. 8. 1987, der mich besonders berührt hat. Der 17-jährige Oberschüler Stefan Nemik aus Wittenberg begründete, warum er Mireille Mathieu verehrt. Vor allem, so schreibt er, weil sie *„ihre Popularität nicht durch Skandale errang, sondern durch Fleiß, harte Arbeit und ihr stets sympathisches Auftreten. Ihre Lieder behandeln alltägliche Probleme eines jeden Menschen, sie haben Inhalt, bleiben mir lange im Ohr und regen zum Nachdenken an. Sie geben mir das Gefühl, daß ich nicht allein bin, daß das Leben lebenswert und wunderschön ist, wenn wir es nur richtig anpacken".*

Nachdem Stefan von seiner Sammlung an Informationsmaterial über die Künstlerin seines Herzens berichtet hat, trägt er sein Anliegen vor: *„Könnten Sie mir vielleicht helfen, ein Autogramm zu bekommen oder würden Sie mir einen geeigneten Weg empfehlen, um meinen Wunsch zu realisieren? Ich wäre Ihnen unendlich dankbar und würde mich unbeschreiblich freuen. Bitte legen Sie meinen Brief nicht gleich wieder fort."*

Das hatte ich auch nicht vor. Was ich las, war der Spiegel meiner eigenen Begehrlichkeiten und Wünsche, mit denen ich als Teenager Ost- und Westkünstler der Film- und Schlagerbranche bombardierte, um mein Autogramm-Album zu füllen. Hätte ich beim Treff mit Mireille schon Stefans Bitte gekannt, wäre er auch zu einem Autogrammfoto gekommen, denn so viel sehnsüchtiges Wollen muss belohnt werden. Nun gab ich ihm zumindest die Management-Adresse und hoffte auf ein Happy End.

Das Jammertal einer kranken Seele

Unwiderruflich ging ein Nachmittag zu Ende mit einer Diva, die in undivenhaft herzerfrischender Offenheit plauderte. Mit professioneller Routine und zugleich individueller Aufmerksamkeit. Unseren herzlichen Dank quittierte sie mit einem freundlich lächelnden „Volontiers". Dieses „Sehr gern!" war typisch für ihr Naturell einer ungespielten Liebenswürdigkeit, gepaart mit einer lebensfrohen, fast unbedarft und naiv wirkenden Lockerheit.

Die Kamera war abgeschaltet, das Mikro aus der Hand gelegt. Bei der Verabschiedung konnte ich mir die Bemerkung nicht verkneifen, ob sie denn bei ihrem gewaltigen Arbeitspensum nicht manchmal rechtschaffen müde sei. Einen Augenblick lang schien es, als ziehe eine dunkle Wolke über die ansonsten gleichmäßig sonnige Landschaft ihres Gemüts. In diesem kurzen Moment glaubte ich, einen Funken ernster Besorgnis in ihren Augen aufblitzen zu sehen, um sofort wieder den scheinbar ungetrübten Strahle-Ausdruck der erfolgsverwöhnten Powerfrau anzunehmen – und damit das glatt polierte Hochglanzbild, das alle Welt von ihr kennt und erwartet. Ihre kurze, aufflackernde Ernsthaftigkeit hatte ich mir nicht eingebildet, denn sie war im Showgeschäft immer noch mit den neuen Tönen der modernen Popart konfrontiert und arbeitete verbissen daran, ihren Musikstil der weichen Welle möglichst gleichberechtigt danebenzusetzen und zu halten.

Später erfuhr ich das ganze Ausmaß ihrer krisenhaften Phasen. Dass nämlich die Glitzerwelt der Mireille Mathieu auch tiefe Risse hat und mitunter aus den Fugen gerät, dass ihr gesundheitliches und seelisches Fundament manchmal bröckelt und dass sie auch schon mal ihre innere Balance verliert. Das blieb der Außenwelt weitgehend verborgen, nicht aber ihren Ärzten.

Nach massenhaft umjubelten Konzerten mit vollen Hallen und Stadien drückte ihr die danach immer wiederkehrende Einsamkeit schwere Ängste und Depressionen ins Gemüt. Ihre disziplinierte Askese in der ständigen Wiederholung trainingstrister Alltage mit Feierabstinenz, Joghurt-Genügsamkeit und hautschonender Sonnenvermeidung stürzten sie in ein Burn-out. Sie wäre, hatte sie Journalisten erzählt, einem Glas köstlichen Champagners oder einem Tropfen guten Weines nicht abhold, wenn sie in ihrer Freizeit bei Freunden sei. Diese Aussage – so denke ich – war Wunschdenken zum Eigenschutz, denn ihre zeitlichen Freiräume bemaßen sich in der langen Periode ihres Höhenfluges eher nach Minuten und in selten großzügigen Karriereabschnitten nach einigen wenigen Stunden.

Erfolgszwang, Auftritts-Stress, Anspannung und Papparazzi-Aufdringlichkeiten überstand sie mit Willensstärke, Hochfrequenz-Energie und Charme, setzten sie aber permanent unter nervlichen Druck, der nicht selten in Verzweiflung mündete. Die Reduzierung des Privatlebens auf neun Stunden Nachtschlaf ließ sie zeitweise an der Richtigkeit ihres Berufes und Lebensstils zweifeln. Dass sie über die große Liebe singt, die sie nach eigener Aussage selbst nie erlebt hat, schuf Frust und Enttäuschung. Das Thema Ehe und Kinder fiel einem anhaltenden Serien-Aktionismus von Reisen, TV-Auftritten und Gastspielen zum Opfer. Schon als 50-Jährige hatte sie sieben Welttourneen gemeistert. Noch 2010 absolvierte sie mit 64 Jahren in einem Monat ein Mammutpensum von 23 Konzerten in den großen Hallen von Österreich und Deutschland, wo ihr Auftritt im Leipziger Gewandhaus in einem Regen aus Blumensträußen endete.

Nie gab sie der Konfetti-Presse die kleinste Chance, Einblicke in ihr Liebesleben zu ergattern. Affären und Männergeschichten, so es überhaupt welche gab, blieben tabu. Spektakuläre Rosenkriege? Fehlanzeige! Mit ihr darüber reden zu wollen, war fast ein Sakrileg. Das intimste Detail, das die Buntblätter über sie herausfanden, war die aufregende Mitteilung, die Mathieu besitze 2000 Lippenstifte. Insofern ist es pures Wunschdenken, wenn sie singt: *„Es geht mir gut, das macht die Liebe."* Eine verzeihliche Notlüge, denn Herzeleid und Partnernot würden ihr die Fans nicht abnehmen.

Als zwei Jahre nach unserem Interview ihr dynamischer, übermächtiger Manager, umtriebiger Oranisator und vermutlich heimlicher Lebenspartner Johnny Stark mit nur 66 Jahren starb, war sie am Ende und brauchte eine verheerend lange Zeit, um sich aus einem abgrundtiefen Loch wieder ins Rampenlicht zu kämpfen. Sie war nun erst recht „Demoiselle d'Avignon" – „Das Fräulein von Avignon", wie sie sich selbst in einer Anwandlung von spöttischem Selbstmitleid nannte. Ohne ihren Beschützer und Förderer, den Freund und Übervater mit unersetzlichen Verbindungen, war sie plötzlich auf sich allein gestellt, fühlte sie – wie sie einmal freimütig gestand – eine tiefe innere Leere. Der Körper spielte verrückt, umfassende ärztliche und psychologische Hilfe waren nötig.

Da sie nun völlig unbemannt war, blieb ihr zur Kompensierung des Eremitengefühls nur noch ihre Bühne, mit der sie stets aufs engste verbandelt war. Sie wurde nun endgültig, total und konkurrenzlos ihre übergroße Liebe, für die sie alle Schätze der Welt aufgeben würde. Zwar hatte sie immer Wert gelegt auf enge Kontakte zu ihrer Großfamilie mit Vater und Mutter, Geschwistern, Neffen und Nichten, aber ein Ersatz für ein eigenes familiäres Nest konnte es nicht sein.

Schon vor ihrem Absturz hatte sie mir beim kurzen Vorgespräch für unser Interview gesagt, nur auf der Bühne fühle sie sich frei und glücklich. Also ist meine einfache Schlussfolgerung vielleicht nicht ganz so paradox und abwegig, wie sie zunächst klingt: Die ledige Mathieu ist mit ihrem Publikum verheiratet. Eine – da bin ich sicher – zuverlässige Liaison, die bis ans Ende ihrer Tage halten wird, so der große Zampano da oben seiner gläubigen Dienerin hier unten die dafür nötige Kraft und Gesundheit schenkt. Ein ähnlicher Schock wie der Tod von Johnny Stark trieb Mireille im März 2016 in eine zeitweise mentale Isolation, als sich ihre Mutter Marcelle-Sophie ins Jenseits verabschiedete. Dass sie bereits das gesegnete Alter von 94 erreicht hatte, wollte ihre Tochter nicht wahrhaben. Sie hatte nie einen Gedanken daran verschwendet, es könnte eine Zeit kommen, da ihre nunmehr engste Vertraute sie nicht mehr auf ihren Tourneen begleiten würde. Eine Lungenembolie wollte es aber so. „Maman" war nach der Epoche Stark ihre Partnerin, Ratgeberin, Kritikerin, Freundin und Beichtmutter, da es keinen Beichtvater mehr gab. Sie war ihr Halt in der Fremde, wenn Heimweh und Solo-Dasein sie quälten. Auch das wurde nun zur schmerzlichen Vergangenheit. Eine erneute Traumatisierung erschütterte die zur Institution gewordene Künstlerin.

Ruhm als Wundpflaster

Dauerbelastung und Tiefschläge konnten nur partiell kompensiert werden durch reichlich klingende Münze, weltweite Anerkennung, verbrieften Ruhm und Berge von Preisen. Sie wurde zum Ritter und Offizier der Ehrenlegion in Frankreich ernannt und fand ihren kunstmodellierten Kopf zweimal auf der Büste der französischen Nationalfigur Marianne, die alljährlich das Gesicht einer namhaften Französin erhält und in allen Rathäusern von der Bretagne bis zur Côte d'Azur aufgestellt wird. Eine Ehre, die der Avignon-Spatz mit anderen A-Promis wie Brigitte Bardot, Michèle Morgan, Sophie Marceau oder Catherine Deneuve teilt. Sie wurde mit Schallplatten in Gold und Platin überhäuft und erhielt in der Deutschrepublik West gleich dreimal den Medienpreis „Bambi" sowie für die Festigung der deutsch-französischen Freundschaft das Bundesverdienstkreuz.

Männliche Berühmtheiten der internationalen Musikbühne rissen sich um sie als Partnerin. Sie sang mit Plácido Domingo und Dean Martin, mit Julio Iglesias und Charles Aznavour, mit Paul Anka und Tom Jones. Discokult wurde 1984 der Platten-Top-Hit „Goodbye My Love" mit Peter Alexander. Den sang sie als Stargast sogar noch 33 Jahre später zur „Oktoberfestshow 2017" gemeinsam mit Gastgeber Florian Silbereisen, der mehrfach ihr Duettpartner war. Ostdeutschlands Favorit Frank Schöbel hatte zweimal das Vergnügen: 1980 in der DDR und 2012 im Einheitsdeutschland. Nennt man die Bühnenpartner der Mathieu im westdeutschen Fernsehen, dann klingt das wie eine Aufzählung der Top-Riege bundesdeutscher Entertainer und Quizmaster – von Peter Alexander, Hans Rosenthal, Peter Frankenfeld und Hans-Joachim Kulenkampff bis zu Joachim Fuchsberger, Wim Thoelke und Harald Juhnke.

Kaum zu übertreffen in der Disziplin „Damen-Duett" war die Stimmenpaarung mit Nana Mouskouri, Dalida und Petula Clark. Die Mathieu war sich nicht zu schade, dafür in jeder freien Minute Fremdsprachen zu büffeln. Das weltoffene Ergebnis war, dass sie so gut wie keine musikalischen Artikulationsgrenzen kannte. So kam es, dass sie bei ihren elf ausländischen Gesangssprachen neben Englisch, Deutsch, Italienisch, Spanisch, Russisch und Finnisch nicht vor Tonlagen in Japanisch und Chinesisch kapitulierte und sich auch an solch phonetische Zungenbrecher heranwagte wie Latein, Katalanisch und Okzitanisch.

Die Missionarin

Da ich diese Zeilen im Mai 2020 zu Papier bringe, ist es um die mittlerweile 73-Jährige in Deutschland ruhiger geworden, nicht aber in Rest- und vor allem Osteuropa. War sie mir noch vor einem halben Jahrhundert dreiundzwanzigjährig auf dem in Conakry entdeckten Platten-Cover mit dem jugendfrischen Schmelz von sinnlich-frivoler Verführung erschienen, zeigen geschönte Fotos von heute die in die Jahre gekommene Künstlerin unverdrossen als Beauty-Queen mit ihrem nicht wegzudenkenden markanten Pagenkopf-Image. Eine gelungene Illusion. Nicht verbergen können die glatt polierten Bilder einer perfekten Schminkorgie, dass die einstige erotische Aureole einer Femme fatale in den milden Heiligenschein einer abgeklärten, fast nonnenhaft anmutenden musikalischen Botschafterin gewechselt ist – einer Missionarin, die den Menschen in einer explosiven Zeit von Corona, sozialer Unsicherheit, Gegenwartsirritation und Zukunftsangst nun erst recht Liebe, Trost, Zuversicht und Freundlichkeit bringen möchte. Vom Himmel hoch – natürlich vom Schlagerhimmel. Eine Showübergröße, die nun lebensweise und philantropisch mahnt, dass nicht der Kriegspfad, sondern eine mit Freundschaft und Frieden gepflasterte Trasse der einzige Ausweg aus dem Dilemma sei. Die wegretuschierten Falten demonstrieren immer noch Jungsein, allerdings in angemessener Zurückhaltung. Denn ihr Image zielt nicht mehr so sehr auf sinnliche als vielmehr besinnliche Wirkung. Der dichte Haarschopf und der volllippige Mund, dessen klare, exakte Konturen wie mit einem kräftigen Rotmarker gezogen sind, erwecken nach wie vor den Eindruck einer Wassilissa-Schönheit und nötigen wie eh und je Bewunderung ab. Nicht minder die schwungvollen, üppigen Augenbrauen, die wirken, als wären sie mit Feinschliff in das immer noch makellos glatt erscheinende Gesicht hineinmodelliert. Das Kamera-Konterfei einer attraktiven, reizvollen, anziehenden Frau stimmt nach wie vor, obwohl das weiße Blend-a-med-Lächeln verhaltener geworden ist und die braunen Augen etwas an Glanz verloren haben.

Aber das sind marginale Eindrücke eines peniblen Beobachters, denn auf ihren aktuellen Plattencovern ist der erstaunliche Wiedererkennungswert der über 70-Jährigen zu ihrem früheren Erscheinungsbild der über 17-Jährigen fast eins zu eins. Die optische Gesamterscheinung der Mireille Mathieu auf Plattenhüllen, Autogrammfotos, Werbeflyern und Konzertplakaten zeigt das scheinbar zeitlose Kunstwerk einer Show- und Musiklegende, die immer noch da sein will, wo sie mit wenigen Unterbrechungen jahrzehntelang war: ganz oben. Das ist sie auch heute noch, wohl aber mehr als unantastbare, schon zur Legende gewordene Schlager-Heilige. Sie ist durch alle musikalischen Wellen geschwommen, hat alle Stürme auf dem Ozean der Showbranche überlebt, ist immer wieder aus vorübergehenden Untiefen aufgetaucht und verblüfft bis heute mit ihrer unverwüstlichen Präsenz. Andererseits weiß sie selbst, dass die Ära pausenloser Mathieu-Festspiele rund um den Globus nicht nur wegen der Coronaviren-Invasion zu Ende ist und sie sich kräftemäßig beschränken muss.

Fast 200 Millionen Tonträger mit ihren Liedern sind in alle Welt gegangen. Ihr Nettovermögen wird auf gut 100 Millionen Dollar geschätzt. Stellt sich die Frage, was Mireille nun damit macht, in welchem Schloss an der Loire sie sich fürs Alter eingerichtet hat oder wo in den Hügeln von Beverly Hills ihr Anwesen steht. Denn Geld, das früher im Hause Mathieu hinten und vorn fehlte, ist nun zuhauf da. Davon kaufte sie ihren Liebsten bald schon ein Mehrfamilienhaus mit separaten Zimmern für die Eltern und jedes ihrer Geschwister. Sie selbst braucht keine Hollywood-Luxusvilla à la Topmodel Heidi mit sechs Schlafräumen und neun Bädern im noblen kalifornischen Bel Air. Wozu auch? Sie hat weder vier Kinder noch einen Tom Kaulitz, ist Single und kinderlos. Protz und Prunk sind ihr zuwider. Und nach Los Angeles oder Las Vegas? Sie liebt Frankreich und Frankreich liebt sie.

Die undivenhafte Diva lebt im Herbst ihres Daseins zivilnormal im westlichen Pariser Vorort Neuilly-sur-Seine gemeinsam mit ihrer Schwester Monique, die ihre Geschäfte führt – und die brachten bis zum Corona-Fiasko immer noch volle Kassen. Vor allem in Osteuropa. Zuletzt, da ich dies Mitte Mai 2020 notiere, vor einem Monat in Bulgariens Hauptstadt Sofia und kurz davor in Moskau und Sankt Petersburg. Im März war sie in der slowakischen Donaumetropole Bratislava und gab ein zweitägiges Gastspiel in Prag. Noch im selben Monat wurde sie in Budapest gefeiert und anschließend in Warschau. Dann ging fast nichts mehr. Eine Mathieu ohne Bühne, aber mit Maske – unvorstellbar! Keineswegs verwunderlich ist, dass sie die Pandemie nicht auf Bora Bora oder Barbados oder den Malediven überbrückt, sondern mit Geschwistern in ihrem Geburtsort Avignon. Dabei hätte es dieses Beweises nicht bedurft, um ihren Familiensinn, ihre Heimatliebe und Bodenständigkeit zu zeigen.

Die Mathieu als schlechte Piaf-Kopie?

Geld regiert bekanntlich die Welt. Kein Spruch für die Künstlerin Mathieu. Der dicken Kohle wegen muss sie schon lange nicht mehr reisen und singen. Was sie auf die Bühne treibt, ist ihre angeborene Musikalität, der Applaus als unablässige Anerkennung und ein begeistertes Publikum als Ersatz für eine nicht vorhandene eigene Familie mit Kind und Kegel. Im Vorcorona-Jahr glänzte sie mit einer Gala in der Nähe von Avignon. In der malerischen Kulisse des Provence-Ortes Lacoste war ihr Konzert am 26. Juli 2019 mit Standing Ovations ein Höhepunkt des Musikfestivals unter der Schirmherrschaft seines Schöpfers, des Modegenies Pierre Cardin. Im Habitus auf der Bühne war sie noch immer die Chanteuse der ersten Stunde mit totaler Hingabe, berauschendem Charme, beschwörender Gestik und dem Kleidungsstil ihres ewigen Vorbildes Edith Piaf.

Natürlich fielen in den randvollen Becher des Triumphs auch wieder vereinzelte Wermutstropfen. Ein Konzentrat von Vorwürfen, man habe wieder den zur Genüge bekannten Mireille-Sound gehört, für den die schmalzige, kommerziell lukrative Anpassung an den Publikumsgeschmack typisch sei. Dazu, so wurde von diesem und jenem Presse-Kleingeist geschimpft, habe sich eine Piaf nie hergegeben. Die habe aus der Dramatik ihres verkorksten und verkosten Daseins Lieder geschöpft, die zum Inbegriff des französischen Chansons geworden seien.

Das stimmt zweifellos, steht aber in keinerlei Widerspruch zu den musikalischen Ambitionen der Mathieu. Sie hat mit Leidenschaft wie viele andere Sängerinnen Piaf-Lieder interpretiert, ohne den Anspruch zu erheben, ihre Inhalte gelebt zu haben. Das wäre in dieser Absolutheit vermessen, wenngleich wiederum zu einem kleinen Teil auch wahr, hat sie doch ein Stück Elend, das die Piaf ein Leben lang begleitet hat, zumindest in jungen Jahren ebenfalls kennengelernt. Dies im Piaf-Extrem nachzuempfinden, ist das gute Recht einer seriösen Künstlerin, die ja auch ein gut Stück Schauspielerin sein muss. Und wer wollte ihr verübeln, dass sie mit ihrer ausgefeilten Jahrhundertstimme andere musische Wege geht und vor allem der Liebe huldigt?!

Ich bin überzeugt, dass es an der Wirklichkeit vorbeigeht, in der Mathieu eine Nachfolgerin der Piaf zu sehen, auch wenn sie früher selbst alles getan hat, um sie in schwärmerischer Verehrung zu kopieren und es damit der Presse leicht gemacht hat, ihr diesen Ruf zu verpassen. Vergleichbar sind beide Berühmtheiten sicher nur in der Genialität und Perfektion ihrer Stimmen und Darbietungen, bei denen sie sich – jede auf die ihr eigene Art – in nichts nachstehen. Alles andere ist unfair, was ein Johnny Stark erkannt haben muss, als er seinem Schützling zur Eigenständigkeit verhalf. Er wollte keine Piaf-Kopie, sondern ein Mathieu-Original.

Es gibt Künstler-Berühmtheiten, die haben es durch gleiche Anfangsbuchstaben ihres Vor- und Nachnamens zu kürzelhaftem Promi-Verständnis gebracht: „BB" für Brigitte Bardot oder „CC" für Claudia Cardinale. Nun gibt es mit Mireille Mathieu auch eine „MM". Welche Synonyme fallen mir nun zur „MM" ein? Jahrhundertstimme, Pagenkopfbleibtreu, Nonnenwesen, Gutmensch, Weltverbesserin, Erfolgspächterin, Einsiedlerin, Disziplingenie, Ehrlichkeitskatholikin, Frohnatur, Arbeitsameise, Zeitlosschönheit, Reisenomadin, Applaussüchtige, Publikumsverheiratete.

Die in einem Satz zusammengefasste Metapher könnte heißen: Der „Spatz von Avignon", der sich trotz seiner Seelenverwandtschaft mit dem „Spatz von Paris" stets mit eigenen Federn geschmückt hat, sitzt als Star in einem goldenen Käfig, den er sich selbst gezimmert hat und den er als Singvogel wohl nie verlassen wird, es sei denn, es bricht ihm die Stimme. Dieser Spatz kennt Lob und Tadel, hat nicht wenig Federn lassen müssen, weiß aber nach einer mit Schicksalsschlägen gespickten glanzvollen

Langzeitkarriere von 55 Jahren selbstbewusst damit umzugehen und sie zu relativieren. Wenn sie mir später der Astra-Satellit in die Wohnstube brachte, war mir, als würde ich eine gute alte Bekannte wiedersehen. Das blieb auch so, als ich nach rund dreißig Jahren Auslandsjournalismus wieder in deutsche Gefilde zurückkehrte. Da war die DDR, die ich einst als TV-Korrespondent verließ, in ein einheitliches Großdeutschland eingemeindet.

Damit begann die Ära der sich übertrumpfenden Promi-Superlative. Es wimmelte in inflationärer Fülle von Pop-Titanen, Mega-Stars, Show-Ikonen, Schlager-Königinnen, Hit-Päpsten, Bühnen-Legenden, Rapper-Giganten und Rock-Barden, die auf Fernseh- und Radiowellen von West nach Ost exportiert wurden und Ostkünstler neben sich selten zuließen. War die Gegend um Dresden einst unfreiwillig vom Westfernsehen befreit und trockengelegt, so wurde das ehemalige sogenannte Tal der Ahnungslosen nun von einem Tsunami an moderner Popkultur überschwemmt – von Rap- und Technoklängen bis hin zur massenumjubelten neuen Song-Contest-Qualität des „Wadde hadde dudde da?" und des „Piep-piep-piep", denn „Guildo hat euch lieb!"

Bitteschön soll jeder nach seiner Fasson selig werden! Ich aber auch. Habe ich solch frenetisch beklatschten TV-Starkult über mich ergehen lassen, bin ich danach oft zu meinem Hifi-Türmchen gegangen und habe mir einen Tom Jones oder eine Mireille Mathieu gegönnt. Egal ob „Delilah" oder „Akropolis Adieu". Dann habe ich mich in den Sessel geworfen, habe Kopfhörer auf die Ohren geklemmt, den Hahn voll aufgedreht, zugehört und zugleich in mich hineingehorcht. Und was sagte da mein inneres Ich? „Welch wunderbare Kitschtexte und welch grandiose Stimmen!"

Jean Marais

kämpfte sich als Degenheld, Fantomas und Graf von Monte Christo in die Filmgeschichte

Im August 1987 machte in Paris ein Gerücht die Runde, das unglaublich klang, obwohl die Franzosen von ihrem Jean Marais schon einige aktionsreiche Überraschungen gewohnt waren. Auch ich war mir nicht sicher, ob es nicht ein PR-Gag für seinen neuesten Mantel- und Degenfilm war. Aber eigentlich brauchte er weder Reklame noch Werbekampagnen, hatte er sich doch durch seinen genialen „Graf von Monte Christo", den Kino-Mehrteiler „Fantomas", das Fantasiemärchen „Die Schöne und das Biest" und unzählige Leinwand-Abenteuer als Ritter ohne Furcht und Tadel längst in die allererste Reihe der französischen Zelluloid-Stars gespielt.

Glaubte man der unglaublichen Geschichte, die sich später als wahr erwies, so hatten Nachtschwärmer in der Rue Norvins auf dem Montmartre-Hügel nach Mitternacht Seltsames beobachtet: Eine Gestalt, die an der Fassade des Hauses 22 eine gefährliche Kletterpartie ins obere Stockwerk wagte, in schwindelnder Höhe einen Fensterladen aufbrach und im Inneren der Villa verschwand. Klarer Fall: ein Einbrecher! Die Passanten alarmierten flugs die Polizei. Die drang ins Haus ein, stellte den tollkühnen Fassadenkletterer und staunte nicht schlecht, als sie Monsieur Marais erkannte. Er entschuldigte sich für die Ruhestörung und erklärte den verblüfften Beamten, dass er leider seinen Haustürschlüssel in der Wohnung vergessen habe – und da die unteren Fenster vergittert seien, habe er sich eben nach oben begeben müssen. Immer an der Wand entlang bis zu einer Einstiegsmöglichkeit im oberen Stock. Die Flics schüttelten fassungslos den Kopf, ließen sich von dem vergesslichen Filmstar Autogramme geben und wünschten eine gute Nacht. Die inzwischen angesammelte Gruppe der Neugierigen applaudierte begeistert.

Damals war der bereits zum Mythos gewordene Schauspieler 73 Jahre und schreckte offensichtlich nicht davor zurück, seine spektakulären artistischen Filmkunststücke auch im wahren Leben zu vollführen, wenn es unerlässlich ist und die Situation erfordert – getreu seinem Prinzip: Was ich an gewagten Dingen anpacke, erledige ich ohne Double und Trick höchstselbst. Dass er als verwegener Filmabenteurer seine Stunts in Eigenregie meisterte, erhöhte seine darstellerische Glaubwürdigkeit beim Publikum, das ihm dafür doppelte Anerkennung zollte. Seinen eindeutigen Standpunkt dazu hatte er schon in einem früheren Dokumentarfilm so formuliert: *„Wenn man ein Drehbuch liest, in dem gefährliche Szenen vorkommen und glaubt, diese Szenen nicht bewältigen zu können, dann muss man diese Rolle ablehnen oder sie eben selbst spielen. Ich finde, das gehört zum Beruf.“* So war es für ihn selbstverständlich, sogar in einer Doppelrolle wie die des geheimnisvollen Maskenmannes Fantomas für zwei zu fechten.

Deshalb traute ich dem durchtrainierten Sportsmann sein nächtliches Kletterkunststück an der Hauswand seiner Villa durchaus zu. Zudem wurde es durch eine seriöse Quelle bestätigt. Frankreichs Nachrichtenagentur AFP berichtete darüber in genüsslicher Ausführlichkeit und erhob damit das Gerücht in den Rang einer Tatsache.

Das signalisierte mir, dass er sich wieder mal in Paris aufhielt. Das war nicht selbstverständlich, drehte er doch auch noch im hohen Alter Filme im In- und Ausland, war begehrter Gast auf Filmfestspielen in aller Welt und weilte oft auf seinem Anwesen in Vallauris an der Côte d'Azur, wo er in gleich drei Ateliers mit Töpferei, Malerei und Bildhauerei den wichtigsten seiner künstlerischen Hobbys frönte.

In vielen Sätteln zu Hause

Dass der Unruhegeist selten in seinem Domizil an der Seine zu Hause war, hatte ich schon eine geraume Zeit beobachtet. Denn jedesmal, wenn ich mit Marion 130 Meter über Paris auf der „Butte de Montmartre" die Basilika Sacré-Cœur und die

Maler auf der Place du Tertre besucht habe, gingen wir noch einige Schritte weiter zur imposanten Stadtvilla des Kinostars, die sich wie das massive Festungsgemäuer einer altehrwürdigen Burg stolz über die Dächer der pittoresken Altstadt erhebt. Stets waren die Jalousien heruntergelassen und das Palais machte einen verwaisten, unbewohnten Eindruck. Nie habe ich abends den Lichtschimmer einer Außenlampe wahrgenommen. Zudem hielt ein fest verschlossenes, schweres schmiedeeisernes Tor ohne Glocke und Klingel ungebetene Gäste auf Distanz. Da wusste ich jedesmal, dass ich meinen sehnlichen Wunsch nach einem Interview mit dem prominenten Filmfranzosen wieder vertagen musste.

Nun aber war er endlich mal wieder in greifbarer Nähe und ich wollte ihn nicht wieder entkommen lassen. Aber es gelang ihm auch diesmal. Erst zweieinhalb Jahre später, Anfang 1990, eröffnete sich eine reale Chance, als er über einen längeren Zeitraum in Paris war. Da gab er zu Ehren des verstorbenen französischen Poesie-Gottes Jean Cocteau im Renaud-Barrault-Theater nahe den Champs-Elysées eine Reihe literarischer Abendvorstellungen.

Sollte es mir bei Beibehaltung meiner Hartnäckigkeit nun endlich im fünften Jahr meiner journalistischen Frankreich-Zeit gelingen, ihn vor Mikrofon und Kamera zu bekommen? Von diesem Gedanken war Marion noch begeisterter als ich. Nachdem sie als blutjunges Mädchen den französischen Tausendsassa als Grafen von Monte Christo in ihrem Erfurter Kino gesehen hatte, war sie hin und weg. Aus dem DEFA-Programmheft zum Film hatte sie sein Konterfei ausgeschnitten, eingerahmt und auf ihren Jungmädchen-Nachttisch gestellt. Da stand er nun und sah mit Zylinder, Spazierstock und vornehm gräflichem Cape so strahlend schön aus, dass ihn seine Verehrerin samt Nachttisch gleich noch einmal ablichtete.

Das hatte er auch verdient, der unverwüstliche Kinomann mit der üppigen Haarwelle, dem markanten Kinn, den kühn geschwungenen Augenbrauen über einer ausdrucksstarken blauen Pupille im scharfkantigen Männergesicht. Wenn auch platonischer Natur, so war er doch ihre erste große Liebe, der edelgesichtige, streitbare Haudegen, der für Recht und Gerechtigkeit durch die

Lande galoppiert, alle Duelle gewinnt und die Damenherzen im Sturm erobert. Auch das von Marion. Deshalb musste Herwig, ihr erster Freund in der Erweiterten Oberschule, auch ein Degenfechter sein, der es sogar bis zum DDR-Meister brachte – ob angespornt von seinem berühmten Rivalen, bleibe dahingestellt.

Der elegante Abenteurer wurde ihr Dauerschwarm. Sie wollte keines seiner Degen-Kunststücke verpassen – am liebsten solche in Filmen mit royal verklärter Romantik. „Der Geliebte der Königin", „Ritter der Nacht", „Mein Schwert für den König", „Der Graf mit der eisernen Faust", „Im Zeichen der Lilie", „Des Königs bester Mann" oder „Die eiserne Maske" – Marion kannte sie alle, konnte nicht genug davon bekommen. Dass der athletische Draufgänger schon damals und lange vor einem Belmondo die meisten gefährlichen Actionszenen in seinen nahezu siebzig Filmabenteuern ohne den doppelten Boden personeller oder technischer Trickserei selbst durchstand, erhob die Heldenverehrung ins Reich der Vergötterung.

Komplettiert wurde die breite Palette seiner Schauspielkunst zusätzlich zu seinen Kostümstreifen durch Paraderollen in opulent ausgestatteten Historien- und Liebesfilmen wie „Napoleon", „Versailles – Könige und Frauen", „Austerlitz – Glanz einer Kaiserkrone", „Geliebte um Mitternacht", „Die Ritter der Tafelrunde" oder „Weiße Margeriten". Noch mit 60 Jahren meisterte Monsieur Marais im deutsch-französischen Fernseh-Dreiteiler „Cagliostro" eine halsbrecherische Situation, indem er mit Muskelkraft und akrobatischem Geschick eine hohe Schlossmauer erklomm. Auch das überraschte mich nicht, weil der Grandseigneur der französischen Kinematografie sowohl im Film als auch in der Realität immer mal wieder gewagte Sprünge machte. So kletterte er als durchtriebener Schurke und mysteriöser Maskenmann mit dem Geisternamen „Fantomas" in schwindelnder Höhe von einem Kranarm auf eine am Hubschrauber hängende Strickleiter und flog dem tollpatschigen Kommissar Paul Juve alias Louis de Funès mit wehenden Rockschößen davon. Da konnte Marais voll ausspielen, was er sowohl an Stunt-Festigkeit als auch an komödiantischem Talent draufhatte. Weil's allen gefiel, gab es gleich zwei Fortsetzungen der Kriminalkomödie – nicht zuletzt wegen der sportlichen Einlagen seines Hauptdarstellers, der bei den Dreharbeiten auch schon über 50 war. Das erstaunt nicht, wenn man weiß, dass er selbst noch mit 76 beim Musketier-Festival in der Gascogne eine flotte Klinge schlug.

Seine darstellerische Vielfalt scheint auch in den verschiedenen Genres der Leinwandkunst unerschöpflich. Sie reicht von der Verkörperung des Bösen in der Person des römischen Präfekten Pontius Pilatus in dem Sandalen-Spektakel „Statthalter des Grauens" über die Figur des heiratswütigen Königs in dem Erwachsenen-Märchen „Eselshaut" bis zu dramatisch-seriösen Rollen in so anspruchsvollen Streifen wie Bertoluccis „Gefühl und Verführung" oder Viscontis Dostojewski-Adaption „Weiße Nächte" gemeinsam mit Marcello Mastroianni.

Dass er nicht nur auf dem Rücken der Pferde zu Hause war, sondern in vielen Sätteln, bewies er als künstlerisches Multitalent. Er hatte sich neben Bühne und Kino einen Namen gemacht als Regisseur, Choreograf, Bühnen- und Kostümbildner, Buchillustrator, Grafiker, Maler, Zeichner, Architekt, Töpfer, Designer, Lithograf, Schriftsteller und Bildhauer. Als solcher hatte er sogar einer romantischen Ecke von Montmartre seinen Stempel aufgedrückt. Da preist ein ungewöhnliches Kunstwerk seinen Meister: Aus einer mit hellen Quadern geschichteten Wand ragen ein männlicher Oberkörper mit Kopf, ein voranschreitendes rechtes Bein und eine linke Hand. Eine geteilte Bronzefigur auf dem Platz des Literaten Marcel Aymé, dessen Novelle „Ein Mann geht durch die Wand" die Gestaltungsidee lieferte. Geschaffen wurde die Skulptur – wie eine kleine Tafel ausweist – von Jean Marais, der seinem Kunstwerk zudem die Gesichtszüge des Schriftstellers gegeben hat.

Nur logisch, dass der Skulpteur Marais nun nach 57 Jahren rastloser Kino- und Bühnenpräsenz in das historische Filmgewand des von ihm verehrten französischen Bildhauer-Riesen Auguste Rodin schlüpfen will. Das – so wird er mir bei unserem Treffen sagen – sei seit jeher einer seiner sehnlichsten Wünsche.

Beeindruckt hatte er mich auch durch seine humanistische Gesinnung. Es war bei einem Massenmeeting gegen die

Apartheidpolitik des Botha-Regimes in Südafrika. In einer Zelt-halle auf dem Marsfeld am Fuße des Eiffelturms wurde ein Ende der Rassentrennung und die sofortige Freilassung von Nelson Mandela gefordert. Auch Politiker und Künstler waren aufge-rufen, im wahrsten Sinne des Wortes Farbe zu bekennen. Jean Marais war durch Dreharbeiten verhindert, ließ es sich aber nicht nehmen, sein Plädoyer für die Gleichberechtigung zwi-schen Schwarz und Weiß per Video zu halten. Ohne Starallü-ren und ohne Honorar.

Da war mir endgültig klar, dass der Filmgraf von Monte Christo kein abenteuerlicher Schönling und Schwerenöter ohne Gehirn war, sondern ein lebenskluger Zeitgenosse, auf dessen nicht filmische reale Person, Denkweise und Charakterstruktur ich nun noch neugieriger wurde. Ich wollte ihn mir selbst, sei-ner Verehrerin Marion und unserem Fernsehpublikum liebend gern nahebringen.

Geschocktes Frankreich: Cocteau als Intimfreund

Um ihm nicht nur im Leinwandformat, sondern im Original zu begegnen, gab es nun also endlich eine Gelegenheit. Mitten in Paris, im Renaud-Barrault-Theater nahe den Champs-Ely-sées, würdigte Jean Marais den 100. Geburtstag seines einstigen Freundes, Förderers, Arbeits- und Lebenspartners Jean Cocteau. Der 1963 verstorbene literarische Kreativ-Geist und universelle Künstler mit poetischem Glanz und ästhetischer Federführung genoss vor allem als genialer Schriftsteller, Romancier, Dichter, Dramatiker, Filmemacher, Schauspieler, Theatermann, Regis-seur, Bildhauer, Zeichner und Maler Wertschätzung weit über die Landesgrenzen hinaus. Er war „Kommandeur der französi-schen Ehrenlegion", Ehrendoktor der University of Oxford und gehörte zu den sogenannten Unsterblichen, wie die auf Lebens-zeit berufenen Mitglieder der Pariser Académie française heißen, eine Gemeinschaft streng auserwählter Intellektueller, die eine

79

der ältesten und prestigeträchtigsten Institutionen im geistigen Leben Frankreichs repräsentieren.

Jeder Franzose wusste, dass Marais mit Cocteau eng zusammengearbeitet hatte und unter seiner Regie Filme von Weltgeltung entstanden waren – allen voran die Fantasie-Fabel „La Belle et la Bête", bekannt als „Es war einmal" oder „Die Schöne und das Biest", ein klassisches Meisterwerk des poetischen Kintopps, eine märchenhafte Parabel über die Kraft der Liebe, ein Vorläufer des Fantasyfilms, in dem Jean Marais die Doppelrolle des Prinzen und der Bestie verkörpert. Es war beileibe kein Geheimnis, dass der hochbegabte Cocteau den bislang namenlosen Mimen in enger Vertrautheit in seine vom Genius der schönen Künste beflügelte Geisteswelt eingeführt hatte. Trotzdem ging ein Schrei der Überraschung durchs Land, als Marais 1975 in seiner Autobiografie „Geschichte meines Lebens" in einer freimütigen Lebensbeichte bekannte, dass er als Intimfreund des Poesie-Genies 25 Jahre lang nicht nur das Interesse für Film und Theater mit ihm geteilt hat, sondern auch Tisch und Bett.

Jean Marais bezeichnete als wichtigsten Tag in seinem Leben jenen im Juli 1937, an dem die produktive Zweisamkeit mit dem doppelt so alten Jean Cocteau begann. Der hatte den 24-jährigen attraktiven Adonis als Anfänger auf der Bühne gesehen und fand ihn auf Anhieb äußerst beeindruckend, hingerissen von seinem betörend ebenmäßigen Gesicht, seinem kraftvollen Körper und seiner ästhetischen männlichen Gesamterscheinung. Er ließ dem Jüngling ausrichten, er möge ihn schnellstens in seinem Hotel de Castillo auf der Place de la Madeleine aufsuchen. Dort eröffnete er dem 24 Jahre jüngeren Marais: *„Es ist etwas Schreckliches passiert. Ich habe mich in Sie verliebt."* Dieses Geständnis sei seine „zweite Geburt" geworden, wird Jean Marais mir im Interview sagen. Wörtlich: *„Ich bin 1913 geboren, aber ich denke, dass ich eigentlich 1937 geboren wurde, als ich Cocteau begegnet bin."*

Damit wurde „Jeannot", wie der Meister ihn liebevoll nannte, sein Zögling, dem er maßgeschneiderte Paraderollen auf den Leib schrieb. Cocteau, der auch Maler und Bildhauer war, modellierte einen Künstler nach seinem Bilde. Für den recht unbedarften

Jüngling war es ein Quantensprung seiner Entwicklung, der ihn in den Folgejahren nicht nur in den Olymp der beliebtesten französischen Film- und Bühnenschauspieler katapultierte, sondern auch international zu Ruhm, Geld und Ehren verhalf. Allein in Deutschland erhielt er viermal den Medienpreis „Bambi" als beliebtester ausländischer Filmstar.

Traumatische Kindheit

Nun bewunderte ich den Mut und die Kraft des alten Herrn auf schmuckloser Bühne, die nur seine alleinige Anwesenheit füllte. Ich sehe noch heute im Rückspiegel der Zeit, wie er mit seinen damals 76 Jahren das Publikum zweieinhalb Stunden in seinen Bann zog – mit gedankentiefen Rezitationen der besten Cocteau-Texte. Ein von ihm selbst ausgesuchtes Repertoire bekannter und auch unveröffentlichter Werke, in deren Aussagen er sich und seinen nicht mehr gegenwärtigen Partner im seelischen Gleichklang wiederfand. Eine Textmontage, mit der er eine Art harmonische Personenverschmelzung herstellte – nicht nur deklamierend, sondern bravourös schauspielernd, tanzend, gestikulierend, erzählend, im Dialog mit dem Publikum und dem Verstorbenen. Mein Eindruck war: Er spielte Cocteau nicht, er war es. Mit Leichtigkeit und Schwermut, mit Freude und Traurigkeit, in Prosa und Poesie. Ein – wie er es nannte – „Mono-Drama", in dessen weitem Universum alles um die Sonne Cocteau kreist. Seit 1983, da er diese Laudatio erstmals aufführte, ist er dafür mit Preisen überhäuft worden.

Was ihm Cocteau wirklich bedeutete, nämlich alles, begriff ich in seiner Totalität erst nach und nach und immer deutlicher, je mehr ich mich mit dieser Männerfreundschaft und Künstlerlehre befasste. Frankreichs Dichterfürst hatte dem Jungen aus der nordfranzösischen Normandie-Hafenstadt Cherbourg gegeben, was er von Kindesbeinen an vermisste: Liebe, Fürsorge und Bildung, die eine frühe Trennung seiner Eltern und schulische

Misserfolge verhindert hatten. Der kleine Jean, Sohn eines Tierarztes, litt unter einer traumatischen Kindheit, geprägt von herben Rückschlägen, die ihm mit mehrfachem Schulausschluss und der Ächtung durch seinen Vater arg zusetzten. Er war erst fünf, als seine Eltern sich trennten. Die Mutter hatte die fatale Veranlagung zu einer Kleptomanin, deren wiederholtes zwanghaftes Stehlen sie des Öfteren hinter Gitter brachte.

Aufgezogen wurde er deshalb gemeinsam mit seinem Bruder Henri auch von Tante und Oma. Die Mutter war äußerst streng und hatte ihn anfangs abgelehnt. Trotzdem verehrte er sie. Obwohl sie eine begeisterte Kinogängerin war, fand sein sehnlichster Berufswunsch, ins Schauspielgewerbe einzusteigen, familiär keine Gegenliebe. Die nächste Enttäuschung kam, als nach Fotografenlehre und anschließender Arbeit als Foto-Retuscheur ein heißersehntes Studium an der Akademie der Schönen Künste durch eine verpfuschte Aufnahmeprüfung scheiterte. Er jobbte als Golfgehilfe, Kunstmaler und Statist.

Erst als es gelang, an der Pariser Theaterschule des einflussreichen Schauspielers und Regisseurs Charles Dullin Fuß zu fassen, bekam er erste Bühnenchancen. Der Wechsel zum Film kam, als Drehbuchautor und Filmproduzent Marcel L'Herbier ihm kleinere Rollen verschaffte, die aber durch ihre Bedeutungslosigkeit von einem größeren Publikum unbemerkt blieben – bis sich Frankreichs angebeteter Erfolgsautor Cocteau seiner annahm. Der Meister prägte ihn, feilte am Talent des Kinoneulings und gab ihm einen sensiblen Nerv für Theater und Film, für die beide Koryphäen ihres Metiers Bleibendes schufen.

1990 konnte ich dabei sein, wie im Pariser „Théatre des Champs Élysées" Amerikas Kino-Spartacus Kirk Douglas als Präsident eines nächtlichen Live-Spektakels zum 15. Mal den „César" verlieh – ein Filmpreis, der für Frankreichs Nation dem Hollywood-„Oscar" gleicht. Nachdem Philippe Noiret seine Kür zum „besten Schauspieler" mit cleverem Humor quittiert hatte, wurde der Clou der Festveranstaltung präsentiert: ein Zusammenschnitt der 40 weltbesten Filme aus 65 Jahren Kinogeschichte seit Eisensteins „Panzerkreuzer Potjomkin". Mit dabei: „Die Schöne und das Biest", Hauptrolle Jean Marais, Buch und Regie Jean Cocteau. Die verwunschene Prinzen-Bestie mit ihrer Kraft der Liebe zu einem jungen Mädchen beamte ihren Darsteller schon 1946 in die Spitzengruppe der französischen Leinwand-Elite. Neben dem mit 36 Jahren an Krebs verstorbenen Husaren-„Fanfan" Gérard Philipe avancierte er zur Kultfigur des tollkühnen Draufgängers und unwiderstehlichen Frauenhelden, der mit der Liebe zu seinem Mentor die Doppelrolle seines Lebens fand.

Cocteau hat es seinem Schüler nie übel genommen, wenn er mit Ritter- und Kostümfilmen nicht auf der intellektuellen Höhe des Meisterpoeten blieb, sondern sich auch in weniger anspruchsvolle, aber sehr erfolgreiche Niederungen begab, für die ein breites Publikum ihn liebte. Dabei ließ er sich nicht in Schubladen stecken, sondern spielte den „Ritter der Nacht", den Geheimagenten Stanislas oder den „frechen Kavalier" Fracasse ebenso überzeugend wie den Orpheus im gleichnamigen Spielfilm, den Ruy Blas in „Der Geliebte einer Königin" nach Victor Hugos historischem Roman oder den Malcolm in Shakespeares „Macbeth".

Wie ein Markenzeichen wurde es zu einem festen Begriff, das Gespann Cocteau-Marais, ein Garant für Erfolg auf niveauvoll hohem Level. Cocteau-Marais – das klang wie ein Doppelname, der kurz und bündig das Wesentliche ausdrückte. Deshalb wurde er auch zum beziehungsreichen Titel einer Hommage des Schülers an seinen Lehrer. Er wurde geehrt mit dem Bühnenstück „Cocteau-Marais", bei dem der Schauspieler dieser Liaison mit dem Wort- und Lebenskünstler auch noch 27 Jahre nach dessen Tod gedenkt. Als ich ihn auf der Bühne agieren sah und hörte, war ich ergriffen. Ein großes Wort, aber was ich da erlebte, war Ausdruck einer zutiefst verinnerlichten Beziehung zu einem nicht mehr existenten Menschen, die zu Herzen ging.

Da stand Abend für Abend ein nicht müde werdender Marais auf der Bühne, am Sonnabend sogar zweimal. Für ein Interview mit ihm also eine einmalige Gelegenheit, wozu aber zunächst die Frage zu beantworten wäre: Wie kann man ihm mit Mikrofon und Kamera nahekommen? Vor der Vorstellung, während er sich auf seinen Marathon-Auftritt konzentriert, wäre das sicher eine Belästigung. Und danach, wenn sich der 76-Jährige nach fast drei Stunden harter Gedanken-Folter erholen möchte, wäre dies erst recht eine Zumutung. Also wie herangehen, was wann wie tun?

Endlich ER!

Jahrelang hatte ich seine Reiserouten verfolgt, wusste immer, wo in aller Welt er gerade war – und wenn er zufällig mal wieder in Paris auftauchte, war er ebenso schnell auch wieder weg. Als sich andeutete, dass er hier länger bühnensesshaft werden würde, hatte ich schon Monate vorher per Telefon versucht, Kontaktbrücken zu ihm aufzubauen. Zuerst über seine Managerin Madame Marsil, dann über die Pressechefin seiner Pariser Spielstätte, Madame Meynial, und nun über seine persönliche Assistentin Madame Brada.

Monat für Monat, Woche für Woche, Tag für Tag verstrich, in denen ich zwischen Paris, Brüssel, Genf, Luxemburg und Straßburg meiner Tagesarbeit nachging, aber immer auch nachfragte, ob denn endlich ein Termin mit unserem Mann möglich sei. Und nun war die Gelegenheit da: Er huldigte jeden Abend nur wenige Kilometer entfernt von unserem Büro mit eiserner Kondition und Disziplin seinem Liebsten. Und das in einem schlichten Einmannstück ohne Bühnendekoration – und trotzdem ständig vor ausverkauftem Haus. Ich ließ mich anstecken von seinem Durchhalte- und Stehvermögen, ließ mich weiterhin unverschämt viele Male von seinem Management vertrösten, variierte festgefahrene Dialoge, war unermüdlicher Bittsteller und permanenter Quälgeist, überstand mit dem Hörer am Ohr manche Wortscharmützel und siegte schließlich, weil meine Adressaten am anderen Ende der Telefonleitung vermutlich endlich ihre Ruhe haben wollten.

Ich habe den täglichen Gewohnheitsanruf von Freitag, dem 16. Februar 1990, protokolliert, weil er ein besonderer war. Im Ohr ist mir heute noch die längst vertraute nüchtern-sachliche

Beamtenstimme von Marais-Assistentin Brada: *„Morgen ist der vorletzte Tag für Monsieur Marais am ‚Renaud-Barrault'. Rufen Sie bitte Frau Presse-Attaché René Fernandése an. Sie hat mir einen Termin in letzter Minute versprochen. Viel Glück!"* Nachdem ich mit überschwänglichem Dank unter dem Siegel der Verschwiegenheit die Top-Secret-Telefonadresse der Pressegewaltigen erhalten hatte, wählte ich – ohne den Hörer aus der Hand zu legen – ihre Nummer. Die geheimnisvolle Auskunft: *„Heute nach 19 Uhr rufe ich Sie an."* Auch das notierte ich mir akribisch in meinem Terminkalender. Tatsächlich meldete sie sich 19.40 Uhr mit feierlich-wichtiger Stimme und der Nachricht des Jahres: *„Monsieur Marais ist einverstanden und würde Sie morgen am vorletzten Tag seines Gastspiels vor seiner Aufführung empfangen. Da seine Vorstellung 20.30 Uhr beginnt, bittet er Sie, ihn anderthalb Stunden vorher im Theater aufzusuchen."* Damit war nach einer langen Gratwanderung der Weg frei zu einem Film- und Theatermimen von Weltformat.

Anderntags sind wir Punkt 19 Uhr zur Stelle und werden zur Theaterklause geleitet. Dort erwartet er uns bei einem Glas Tonic. Blaues Jackett, schwarzer Schlips, blütenweißer Kragen. Ich stelle unsere Dreier-Fernsehcrew mit Aufnahmeleiterin und Fotografin Marion, unserem Kameramann Wolfgang Groth und mir als Journalisten vor. Er nimmt einen letzten Schluck Tonic, drückt seine allgegenwärtige Zigarette in den Aschenbecher und führt uns in seine Theatergarderobe. Es ist ein sonniger 17. Februar 1990, für mich ein Erntedankfest, an dem nun endlich die Frucht mühevollen Ackerns gereift ist und eingefahren werden kann.

Mit 76 in Top-Form: Der „Graf von Monte Christo" schlägt noch immer beim Musketier-Festival in der Gascogne eine flotte Klinge und glänzt in Paris mit einem fast dreistündigen Bühnensolo. Foto: Marion Wahl

Ein charismatischer Grandsigneur

Wir lernen einen überaus freundlichen Senioren kennen, der immer noch blendend aussieht und Wärme und Herzlichkeit ausstrahlt. Die einst üppige, wellige Haarpracht hat die Zeit in eine blondsilbrige, exakt gescheitelte schüttere Haarmatte verwandelt, darunter das von Mutter Natur kantig geschnitzte Gesicht mit nunmehr blassblauen, aber immer noch ausdrucksstarken Augen. Prägnant das markante Kinn, das man seit eh und je aus seinen Filmen kennt. Das fortgeschrittene Alter hat dem charismatischen Flair seiner Persönlichkeit nichts anhaben können, wenngleich die senkrechte Kerbe zwischen den kühn geschwungenen Augenbrauen tiefer geworden ist. Ein immer noch stattliches Mannsbild von ritterlichem Format. Seine Erscheinung dominiert den Raum, füllt ihn aus mit der Wucht einer körperlichen und geistigen Präsenz, wie ich sie selten wahrgenommen habe. Ein Mann, der gebündelte Alterswürde ausstrahlt. Charisma zum Greifen.

Zugegeben euphorische Worte, die aber nicht nur dem Überschwang und der freudigen Genugtuung über den verdienten Lohn eines hartnäckigen Ausharrens und Dranbleibens entspringen. Nein, es ist tatsächlich so: Ich kann mich nicht erinnern, eine solch intensive persönliche Ausstrahlung einer Person je wieder erlebt zu haben.

Er hat die strapaziöse Vorstellung noch vor sich und ist die personifizierte Gelassenheit. Marion begrüßt er besonders höflich. Sie sagt hinterher, er habe ihr mehrfach zugeblinzelt. Nicht schlecht, denke ich etwas eifersüchtig, ein Flirt mit der Schönen und Nichtreichen vom anderen Ufer. Das ist böse und ich bereue es sofort. Auch ich finde ihn trotz der vielen Jahresringe an seinem Lebensbaum attraktiv, charmant und sympathisch.

Seine geliebten Zigaretten hat er weit weggelegt, damit der notorische Kettenraucher während unserer Visite nicht in Versuchung kommt – ein Laster, das ihm später mit einer angegriffenen Lunge zum tödlichen Verhängnis werden soll. Auf dem Schminktisch des schmucklosen kleinen Zimmers Fotos von Cocteau. Obwohl er doppelt so alt war wie sein Schützling, hielten die Liebes- und Freundschaftsbande ein Vierteljahrhundert bis an sein Ende im Jahre 1963. Jean Marais hat seinen Tod nie akzeptiert und nie verwunden, was er auch in jeder Passage des Interviews spüren lässt. Nach dem Weggang seines Lebensgefährten hat er geäußert: *„Seit er tot ist, tue ich nur noch so, als ob ich lebe."*

Dass dies nicht nur so dahergesagt ist, sondern dass sein verstorbener Freund in der Tat permanent bei ihm ist, merke ich, als ich ihm zur Begrüßung einen Stoffbären überreiche, den er sofort als Berliner Wappentier identifiziert. Als es Brummlaute von sich gibt, öffnet er mit detektivischem Spürsinn das Batteriefach, nimmt eine Monozelle heraus und sagt, ohne auch nur den Bruchteil einer Sekunde zu zögern: *„Das ist ganz im Sinne von Cocteau, der sein Herz auch immer für alles weit geöffnet hatte. Sein Herzschlag wurde tatsächlich aufgenommen für ‚Das Blut eines Dichters'. So kann man noch heute das Herz von Cocteau schlagen hören."*

Ich begreife, worauf er anspielt. In der Tat hatte der experimentierfreudige Cocteau unter dem Titel „Das Blut eines Dichters" schon 1930 ein filmisches Erstlingswerk abgeliefert, das mit originellen, fantasieüberladenen Allegorien zwischen Realität und Traum wechselt und den bedrückenden Erfolgszwang des Dichters in wirkliche und unwirkliche Situationen kleidet. In diese überbordende Bilderflut, die damals auf viel Unverständnis stieß, hatte er auch seinen eigenen aufgezeichneten Herzschlag eingebaut.

Dieses öffentliche Treuebekenntnis zu seinem geliebten Freund über den Tod hinaus berührt mich bei einem Mann, der die schönsten Frauen der Welt in seinen Armen gehalten hat – von Liz Taylor und Brigitte Bardot über Sophia Loren und Maria Schell bis zu Catherine Deneuve und Gina Lollobrigida. Auf so viel Hingabe von Mann zu Mann kann man, ohne sich zu schämen, als frauenorientiertes Maskulinum eifersüchtig sein; aber ich werde den Gedanken nicht los, dass die Antidamen-Festung Marais einer solch attraktiv femininen Belagerung unmöglich auf Dauer standhalten konnte. Es ist belegt, dass sie mehrfach eingenommen wurde, was auch für die Festung Cocteau gilt. Beide haben sich das Fremdgehen nie vorgeworfen – zumindest nicht in der Öffentlichkeit.

Vom Gleichgewicht des Lebens

Der immerwährende Bezug, den Jean Marais zu seinem inständig angebeteten Lehrmeister herstellt, könnte lächerlich, aufgesetzt, gekünstelt wirken Er entspringt aber, wie ich sehr schnell merke, einem tiefen, achtungsvollen und echten Gefühl, das er – damals noch mit dem schrägen Makel der Homosexualität befleckt – vor keinem und niemandem versteckt – egal, wer diese Liaison wann und wie beurteilt. Er steht felsenfest dazu und ist stolz auf seine vollkommene Hingabe als Meisterschüler. Ich scheue mich, im Zusammenhang mit dieser durchgeistigten Zweisamkeit das Wort „schwul" zu gebrauchen – ein hier unpassender Ausdruck, dem Ordinäres anhaftet. Ich denke, dass für beide die körperliche Verschmelzung nur die logische Konsequenz aus einer alles bestimmenden geistigen Verschmelzung war. Nur so ist erklärbar, dass diese Bande auch über den Tod hinaus hielten, dass Marais selbst noch als Altstar seinen Cocteau mit einem abendfüllenden Bühnenstück ehrt.

Wie ist er auf diese Idee gekommen? Die Lachfältchen um seine Augen verstärken sich:

„Als ich noch einmal sein Poem ‚Der Besuch' gelesen habe, ist mir eine Stelle besonders aufgefallen. Da findet der Dichter die Worte: ‚Ich habe eine wichtige, traurige Nachricht für dich. Ich lebe nicht mehr. Ich kann aber heute Morgen mit Dir reden, weil Du krank bist, weil Du Fieber hast und weil sich dadurch unsere Wellenlängen angleichen.' Da habe ich mir gedacht, dass es wunderbar wäre, wenn ich in Cocteaus Werken Texte finden könnte, durch die er sich in der Person von Jean Marais wiederverkörpern könnte. Ich würde dann seine Stimme sein, durch die er sich heute dem Publikum mitteilt. Und weil Cocteaus Werk so reichhaltig ist, habe ich alles gefunden, was ich gesucht habe. Es ist schön, solche Aussagen von ihm weitergeben zu können wie die Erkenntnis: ‚Das Werk eines Mannes auf der Bühne des Lebens muss so stark sein, dass man den Vorhang bedenkenlos heben kann, weil seine Arbeit vor dem Publikum bestehen kann.' Nachdem sie mein Bühnenstück gesehen haben, sagten mir viele junge Leute: Durch Sie lese ich Cocteau wieder. Das ist wunderbar. Denn so merke ich, dass ich mein Ziel erreicht habe und sich meine Mühen lohnen."

Mit Sicherheit war der künstlerisch naturbegabte Marais weit mehr als nur die Muse Cocteaus mit sexuellem Anspruch. Sonst wäre es nicht möglich gewesen, dass das gemeinsame produktive Schöpfertum des Künstler-Duos Meilensteine der Filmgeschichte geschaffen hat. Der Meisterpoet hat dazu Drehbuch und Regie beigesteuert – und das schon 1943, als der Film-Nobody Marais in „Der ewige Bann" als Hauptdarsteller der modernen Cocteau-Geschichtsversion von „Tristan und Isolde" über Nacht international bekannt wurde. Komplett machten seinen Ruhm das Drama „Der Doppeladler" und die Titelrolle in dem der antiken Sage nachempfundenen „Orpheus". Später hat der Leinwand-Liebling diese Erfolgsgeschichte mit seinem Mentor in einem Satz auf den Punkt gebracht, der eines Cocteau würdig gewesen wäre: *„Er war mein Hexenmeister und ich sein Zauberlehrling."*

Ich bewundere seine Ruhe. Dabei wird er anschließend mit einem anspruchsvollen Rezitations-Solo vor rappelvollem Haus stundenlang allein auf der Bühne stehen. Das Beste vom Besten aus dem Lebenswerk eines Jahrhundert-Literaten. Ich taste mich vorsichtig an ihn heran: *„Sie haben viel gearbeitet in Ihrem Leben …"* Er unterbricht mich: *„Das war nie Arbeit, sondern Vergnügen."*

„Dann haben Sie sich viel amüsiert, weshalb ich Sie fragen möchte: Wann wollen Sie sich denn mal ausruhen, mal erholen?"

„Ich ruhe mich nie aus. Und ich erhole mich, indem ich meine Beschäftigung ändere. Wenn ich monatelang Theater gespielt habe, widme ich mich anschließend der Malerei, Töpferei, Bildhauerei und dem Zeichnen. Nur so erhole ich mich, denn ich hasse das Nichtstun."

„Was ist für Sie vollkommenes Glück?"

Um seine Mundwinkel kerben sich die Faltengrübchen eines Lebemannes. Dann kurzes Überlegen und eine schnelle Antwort:

„Mit sich selbst im Gleichgewicht zu sein. Das heißt, wenn man sich selbst beurteilt, nichts zu finden, was man bedauert, was man missbilligt. Also wenn man sein Leben so gestaltet, dass man nicht boshaft und böse wird. Und wenn man seine Mitmenschen und auch die Menschheit als Ganzes liebt, dann ist man glücklich, relativ glücklich. Völlig glücklich kann man nicht sein bei allem, was so ringsherum passiert. Aber man kann durchaus relativ glücklich sein."

„Monsieur Marais, was ist für Sie die wichtigste Lebenserfahrung?"

Er zögert. Es kommt mir vor, als ob er in sich hineinhorcht. Dann setzt er die Worte mit Bedacht: *„Dass man beim Älterwerden um sehr vieles nachsichtiger und verständnisvoller wird. Das halte ich für wichtig. Ich will damit sagen, dass man allmählich feststellt: Menschen mit Fehlern und Lastern muss man nicht anklagen, sondern beklagen. So ist Bosheit eine Schwäche, für die manche vielleicht gar nichts können. Vielleicht sind sie damit geboren und sind nur zu schwach, sich zu korrigieren."*

„Ich weiß, dass Sie stets die Kräfte unterstützt haben, die gegen die Apartheid in Südafrika gekämpft haben."

„Ja, das habe ich gemacht. Ich bin ein Antirassist durch und durch. Für mich sind alle Menschen gleich. Wissen Sie, es gibt schwarze Nobelpreisträger und weiße Idioten – und es gibt weiße Nobelpreisträger und schwarze Idioten. Die Zugehörigkeit zu einer Rasse sagt nichts. Ich habe den Rassismus nie verstanden."

Ich hake nach, dass er sich für die Befreiung eines Nelson Mandela eingesetzt habe und möchte wissen, was ihn zu diesem Engagement bewogen hat.

„Wissen Sie, ich mache keine Politik und ich verstehe auch nichts von Politik. Aber wenn ich weiß, dass so ein Mensch 27 Jahre lang im Gefängnis ist wegen seiner politischen Überzeugung und man fragt mich, ob ich einen Text für Mandela interpretieren würde – dann tue ich das. Ich mache es, weil ich es als völlig richtig und normal empfinde. Man muss auch jetzt, da Mandela frei ist, weiter gegen Rassismus und Apartheid auftreten. Damit die gesamte Welt versteht: Es gibt keine höheren und niederen Menschen, keine besseren und schlechteren Rassen. Das ist kompletter Schwachsinn."

Ein Beinahe-Attentat auf Hitler

Ich spreche ihn auf seine Rolle in der Résistance an, dem französischen Widerstand gegen die deutsche Besetzung im Zweiten Weltkrieg – ein in la France noch heute hochsensibles Thema. Denn die damalige Zusammenarbeit mit den faschistischen Besatzern wird gern verdrängt und verschwiegen, hatte sie doch größere Ausmaße als anfangs zugegeben – von der staatlichen Kollaboration des Vichy-Regimes unter Marschall Pétain über die Beamtenhilfe für deutsche Dienststellen bis zur sogenannten Kollaboration der Feder, womit während der Frankreich-Besetzung von 1940 bis 1944 die willfährige Anpassung der Presse gemeint ist.

Ich hatte bei meiner Vorbereitung auf dieses Treffen im Pariser Filmarchiv die für mich überraschende Information gefunden, dass Jean Marais sich als 28-jähriger Jungstar ernsthaft mit dem Gedanken getragen hatte, Adolf Hitler mit einem Attentat zu beseitigen. Dessen bevorzugter Bildhauer Arno Breker, der Büsten von Hitler modelliert hatte, war auch mit Cocteau befreundet. Durch ihn wollte Marais 1941 Zugang zum „Führer" bekommen, was ihm Cocteau aber ausredete. Das, so machte er seinem Freund plausibel, sei kein Filmprojekt, sondern ein gefährliches Vorhaben mit bitterem Ernst. So blieb es bei einem nicht ausgeführten Todesurteil gegen Hitler.

Breker, der nach dem Sieg der Alliierten als Mitläufer eingestuft wurde, schuf nach dem Krieg weitere Skulpturen und Porträts, darunter Bronzebüsten von Konrad Adenauer, Ludwig Erhard, Heinrich Heine, Salvador Dali und auch von Jean Cocteau und Jean Marais. Der hatte die deutsche Besatzungsmacht 1944 mit aufrührerischem Verhalten und einer eigenwilligen Inszenierung der Theater-Tragödie „Andromache" erzürnt. Um einer Verhaftung zuvorzukommen, ging er in den Untergrund der Résistance und schloss sich damit der Widerstandsbewegung an. Mit diesen Gedanken im Hinterkopf stelle ich die nächste Frage:

„Was nicht jeder weiß, Monsieur Marais: Sie haben nicht nur Filmabenteuer bestanden, sondern sind auch Ritter der Ehrenlegion und Träger des Ehrenkreuzes für besondere Tapferkeit in der Résistance."

„Wir lasen illegale Zeitungen und Flugblätter, in denen jeder gute Franzose aufgerufen wurde, sich zu einem Résistance-Verband zu begeben. Also bin ich zur Panzerdivision Leclerc gegangen. Nach dem Krieg wurde ich gebeten, dem Verband der Schauspieler beizutreten, die ehemalige Widerstandskämpfer waren. Man lud mich zu einem Gespräch ein und fragte: ,Was haben Sie Heldenhaftes getan?' ,Nichts', war meine Antwort, ,nichts Heroisches. Ich habe mich nur meinem Vaterland zur Verfügung gestellt.'"

Er sagt das in einem leisen, leidenschaftslosen Ton auf fast beiläufige Weise, als ob es um alltägliche Selbstverständlichkeiten geht. Jean Marais neigt zu übertriebener Bescheidenheit. Während er im Film bei seinen heroischen Heldentaten für König und Vaterland lärmende Schlachten schlägt, ist ihm im wahren

Leben Getöse um seine Person peinlich, sodass er sich in Untertreibung flüchtet. Das klingt auch durch, wenn er resümiert, er habe in seinem Dasein mehr Erfolg gehabt als er verdiene. Um dieses Privileg zu rechtfertigen, schufte er doppelt und dreifach so viel. Sicher aber doch auch wegen der klingenden Münze – oder? Er amüsiert sich über seine eigene Antwort:

„Ich habe nie ans Geld gedacht. Ich denke erst dann ans Geld, wenn ich keins mehr habe."

Dass er davon übergenug hat, brachte ihm finanzielle Unabhängigkeit und damit den Luxus der Freiheit, sich alles leisten zu können, Bedingungen zu stellen und sich Drehbücher auszusuchen, mehrere Kunstgalerien zu betreiben und ein rauschhaftes, seelisch ausgeglichenes Künstlerleben nach eigenem Ermessen zu führen.

Ich frage nach seinen Zukunftsplänen. Kurzes erstauntes Innehalten, dann ein rauchiges Lachen, bevor er mit seinen 76 Jahren kokettiert:

„Zukunftspläne in meinem Alter!? Ich bitte Sie!" Dann wird er nachdenklich, sinniert: *„Ich versuche, Freunde, die mich mögen, nicht zu nerven. Ich will kein seniler, unerträglicher alter Mann werden."*

Das, da bin ich sicher, ist ihm gelungen. Das 45-Minuten-Interview ist beendet. Marion bittet ihn um ein Autogramm, womit sie ihren Jungmädchentraum doch noch verwirklichen kann. Er signiert und schreibt dazu: *„Meine besten Wünsche für Marion."* Als Schülerin in Erfurt hatte sie all seine Starfotos gesammelt und einen Bettelbrief ins ferne Paris geschickt mit der inständigen Bitte um ein Autogramm. Sie war abgrundtief enttäuscht, als es nicht kam. Nun hat sie es, wenn auch etwas verspätet, auf ungeahnt hautnah-persönliche Weise.

Im Hinausgehen frage ich ihn, ob noch ein schnelles gemeinsames Zweier-Porträt mit Marion möglich ist. Das gestattet er mit einer galant einladenden Geste, sie möge neben ihm Platz nehmen. Der eilige Schnappschuss wurde für uns das Foto des Jahres. Ein fast übermütig und jungenhaft lächelnder Jean Marais und eine strahlende Marion. Das Bild hängt heute im Großformat an der Stirnseite meines Arbeitszimmers.

Seine letzte Begabung

Wenig später begegnen wir ihm wieder. Diesmal per Bildschirm in der Fernseh-Abendgala „Champs-Elysées" mit Frankreichs populärstem Showmaster Michel Drucker. Alle kannten die Vielseitigkeit des Schauspielers und bildenden Künstlers, wussten, dass er darüber hinaus literarische Werke verfasste, sogar ein Kinderbuch illustrierte, ein Ballett schrieb und Cocteau-Stücke inszenierte, die zu den international erfolgreichsten französischen Regiearbeiten gehörten. Dass sich nun noch ein neuer Jean Marais vorstellen könnte, hat niemand erwartet. Da überrascht er mit einer weiteren Begabung. Der 76-Jährige greift in der Live-Sendung zur Gitarre und singt mit Nachdenklichkeit und rauchigem Schmelz in der Stimme einen philosophisch angehauchten Text: *„Man vergisst alles und man vergisst nichts. Die glücklichen Momente und die traurigen. Die Augen einer Frau und das Lächeln eines Freundes. Man vergisst alles und man vergisst trotzdem nichts, denn es gibt immer einen Refrain."* Und wenige Noten weiter gesteht er: *„Ich habe die Musik schon immer geliebt, weil ein Lied immer einen Refrain hat. Dadurch vergisst man nichts. N'oublie rien."*

Der waghalsige Film- und Theaterheld, der schillernde Lebemann und sensible Künstler mit den vielen Karrieren, das sportliche Kraftpaket und disziplinierte Multitalent hatte noch eine weitere, leider verhängnisvolle Leidenschaft. Er war Kettenraucher. Jean Alfred Villain-Marais – so sein bürgerlicher Name – starb am 8. November 1998 einen Monat vor seinem 85. Geburtstag in Cannes. Nicht durch einen Unfall beim Fassadenklettern oder beim Reit- oder Fechtsport. Nein, der einzige Gegner, den er nicht besiegen konnte, war ein kleiner Glimmstängel. Jean Marais starb an den Folgen eines Lungenproblems.

Marina Vlady

verzauberte als „blonde Hexe" der Leinwand und
litt unter einer Liebe zwischen zwei Welten

Ich mache mir Vorwürfe. Ich beschimpfe mich. Ich stelle mich an den Pranger, lege mir Daumenschrauben an, geißele mich. Und weiß doch, dass es nichts hilft, denn die Uhr am Armaturenbrett neben dem Lenkrad ist unbestechlich und weist mit unerbitterlicher Bosheit darauf hin, dass wir uns verspäten werden. Hochnotpeinlich!

Da war ich der von mir verehrten Filmdiva jahrelang auf den Fersen, habe nun endlich seit einer Woche für den 11. September 1990 die Zusage für ein Interview in der Tasche, habe diesen Tag in meinem Kalender dick angekreuzt, bin nun auf vier Rädern unterwegs zu diesem langersehnten Termin und beschneide mich selbst in der genehmigten Zeit von ohnehin nur einer Stunde. Den Zeiger des Tachos kann ich nicht höherschrauben, denn wir schaukeln über unebenes Gelände und auch die Federn einer Westkarosse haben Belastungsgrenzen. Würden sie ihre Biegsamkeit aufgeben, wäre das der Super-GAU. Dann schon lieber das kleinere Übel einer Verspätung. Pünktlichkeit ist die Höflichkeit des Journalisten, die ich nun gröblichst verletze. Und das IHR gegenüber! Ein gruseliger Gedanke, eine Katastrophe!

Eigentlich sah alles unproblematisch aus. Denn Marina Vlady wohnt in Maisons-Laffitte, einer Gemeinde mit gut 22 000 Einwohnern und nur 20 Kilometer nordwestlich vor den Toren von Paris am linken Ufer der Seine. Eine exakte Angabe. Ein Ort, der nicht zu verfehlen ist. Trotzdem sei der Anmarsch zu ihr nicht unkompliziert, hatte sie mich am Telefon wissen lassen, denn das Terrain sei recht weitläufig und sei eingemeindet in ein größeres Waldgebiet, den Forêt de Saint-Germain-en-Laye. In eben diesem scheinen wir herumzuirren, obwohl sie ihren Hinweis noch mit einer deutlichen Warnung versehen hatte: *„Mein Anwesen ist etwas schwer zu finden. Seien Sie bitte pünktlich, denn mein Zeitkontingent ist knapp, weil ich zu Dreharbeiten nach Malta* *muss und wir deshalb nur eine Stunde haben.“* Diesen Hinweis begriff ich als freundschaftlichen Rat, rechtzeitig loszufahren. Das hatten wir auch getan – und nun holpern wir über unwegsame Pisten, gesäumt von Nadel- und Laubbäumen und die Uhr tickt unaufhaltsam dem Termin entgegen. Zuvor schon waren wir eine gute halbe Stunde in einem Labyrinth dörflicher Wald- und Wiesenwege herumgekurvt. Eine im wahrsten Sinne des Wortes verfahrene Kiste.

Ein Königreich für ein Navigerät! Aber damals, 1990, war die PKW-Satellitennavigation erst im Kommen, sodass Kameramann Horst Rudolph als Beifahrer verzweifelt versuchen musste, unsere Position auf der Karte zu orten und den Weg zum Ziel zu finden. Für die Romantik einer mit Sonnengelb dekorierten Natur fehlte momentan der dazu passende Nerv.

Es war mittlerweile 15 Uhr – und damit bereits die vereinbarte Stunde, zu der wir hätten ankommen sollen. Nun ergebe ich mich dieser misslichen Laune des Schicksals und verwerfe alle schon durchdeklinierten Ausreden, denn es gibt keine einzige einigermaßen plausible und glaubhafte. Stattdessen lege ich mir die Worte für eine ehrliche demütige Entschuldigung zurecht. Ich hasse Unpünktlichkeit, bin bislang nie zu einer Pressekonferenz oder irgendeinem Termin zu spät gekommen. Und ausgerechnet mit IHR passiert mir das! Aber schneller fahren geht auch nicht, denn den glatten Asphalt des Ring-Boulevards um Paris, den Périphérique, haben wir längst verlassen und zuckeln nun im erzwungenen Schneckentempo über eine ländliche Holperpiste, die ungeduldige Autopiloten mit verführerischer Hinterhältigkeit zu einem Achsbruch einlädt. Während ich kraterhaften Bodenwellen ausweiche, malträtiere ich mein Gewissen weiter mit Vorwürfen: Warum bin ich nicht noch eher losgefahren? Ich hatte ja schließlich auf der Karte gesehen, dass sie nicht im Ortskern, sondern weitab davon und möglicherweise in ländlicher Abgeschiedenheit zu Hause ist. Eine einsame grüne Idylle als Lebensraum hatte sie ja auch in ihrem berühmten „Hexen“-Film bevorzugt. Meine Schwärmerei für die aparte Hauptdarstellerin hatte ich mir erhalten.

Die schönste Filmhexe der Welt

Damals, in meinen beginnenden Teenagerjahren, war sie für mich von einer Leinwand-Ikone zu einer angebeteten Realfigur geworden. Da lief 1957 im Mansfelder „Capitol" das französisch-schwedische Gemeinschaftsdrama mit dem geheimnisvollen Titel „Die blonde Hexe" und dem verlockenden Zusatz „Das Mädchen aus dem Wald". Schon auf dem Plakat der Schaukästen bezauberte mich das Mandelaugengesicht der Französin, ihr jungfraureiner Unschuldsblick, umrahmt von hüftlang wallendem Blondhaar. Angekündigt war der Anderthalbstunden-Film für die Abendvorstellung, wozu nur Erwachsene ab 14 Jahren Zutritt hatten. Ich war erst 12 und die Sitten waren streng. Ganz Mansfeld stand Schlange und meine Mutter gehörte dazu. Ich hatte so lange steinerweichend gebettelt, bis sie mich auf älter frisierte und auch meine Garderobe auf Jugendweihe trimmte. Da sie als Verkäuferin im Mansfelder Stoffkonsum auch die Dame an der Kinokasse zu ihren Kunden zählte, glaubte selbige der Altersbürgschaft von Mutter Maria für ihren Sohn, verzichtete auf das Vorzeigen eines Personalausweises, den ich nicht hatte, reichte zwei Tickets durchs Schalterfenster und ließ uns passieren.

Es wurde für mich als zwölfjährigen Erwachsenen ein faszinierendes Erlebnis. Die spannende Handlung der romantischen Filmnovelle fesselte mich ebenso wie das lebensechte Spiel der schönen Blondine in der Titelrolle. Welch eine ans Herz gehende Romanze zwischen dem scheuen, geheimnisvollen Waldmädchen Ina in einer einsamen Schweden-Wildnis und dem sympathischen französischen Bauingenieur Laurent Brulard, der sie als Stadtmensch in die Zivilisation einführen will und am brutalen Aberglauben unwissender primitiver Fanatiker scheitert.

Inas einziger Glaube ist eine von Liebe diktierte Gutgläubigkeit, die ihr zum Verhängnis wird. Die Frauen des Dorfes wollen die naive, unbedarfte Schöne lynchen, weil sie den Ingenieur angeblich verhext hat. Den Gemeinschaftsmord kann ihr Geliebter noch verhindern, nicht aber einen einzelnen, heimtückisch geworfenen Stein, der sie tödlich verletzt. Erschüttert und fassungslos stellt sich der junge Mann die beklemmende Frage, warum eine solch barbarische Tat in der modernen Welt des 20. Jahrhunderts noch möglich ist.

Ähnliches fragte ich mich noch im Jahre 1990, als eine landesweite Umfrage in Frankreich ergab: 37 Prozent der Befragten glauben an den Teufel – also mehr als ein Drittel. Bei den praktizierenden Katholiken waren es mit 66 Prozent sogar weit mehr als die Hälfte, die sich vor Satan fürchtete.

Die schönste Filmhexe der Welt wurde zum Idol einer ganzen Generation junger Mädchen. Sie prägte ähnlich wie Brigitte Bardot ein Schönheitsideal, eine Frisur, eine Mode. Auch mich als Jungen hatte sie im Mansfelder Kino verzaubert. Da habe ich mich nicht über ein paar heimliche Tränen der Rührung und des Mitleids für die Totgesteinigte geschämt. Zugleich war ich ein wenig verwirrt, denn ich spürte als Zwölfjähriger ein ähnlich starkes Gefühl für die junge Frau auf der Leinwand wie für meine fast gleichaltrige Kinderfreundin Edith. Da ich meine Empfindungen für sie für Liebe hielt, muss ich dann wohl auch das Kino-Mädchen geliebt haben. Mit dem kleinen Unterschied, dass die eine in der Hettstedter Straße nebenan nur zwei Häuser weiter wohnte und die andere im fernen Paris, von dem mich Welten und gleich mehrere Westgrenzen trennten. So war mein Fremdgehen mit Marina also rein platonischer Natur, das ich Edith nicht unbedingt beichten musste. Oh naive, reinherzige, harmlose Seligkeit eines romantisch veranlagten Kindergemütes!

Nun, 33 Jahre später, darf ich meinen Kinderschwarm aus der Welt des Zelluloids persönlich kennenlernen und verwünsche den Umstand, dass er ähnlich wie in der Bildergeschichte abseits der großen Straßen und modernen Infrastrukturen im Naturgrün einer schlichten Einsiedelei lebt. Diese Einfachheit wiederum kann ich mir schwerlich vorstellen eingedenk ihrer mondänen Erscheinung als verwöhnte Primadonna.

Ich habe ihre Karriere verfolgt, die mit extremen Amplituden zurechtkommen musste und wie das Fieberthermometer eines Börsenkurses steil nach oben kletterte und ebenso rapide wieder absackte. Ein Leben zwischen Erfolgen und Abstürzen. Als wir Marina Vlady damals suchten und schließlich fanden, war sie 52 Jahre und wieder ganz oben. Gerade erst gab es eine viel beachtete Premiere. Ein Fernsehfilm über die Französische Revolution mit dem Titel „Condorcet", benannt nach einem Philosophen und Wortführer der Jakobiner. Sie spielt die Pensionsbesitzerin Vernet, die den gesuchten Marquis versteckt, doch er will sie nicht gefährden, weil ihr dann die Guillotine sicher wäre. Sie lässt den Freund widerstrebend ziehen und erfährt kurz darauf erschüttert von seinem Tod. Ihre Landsleute haben dem Drama und seiner Aktrice applaudiert.

Zuvor hatte sie an der Seite von Marcello Mastroianni in „Splendor" brilliert, einem Meisterwerk des italienischen Starregisseurs Ettore Scola, der mit diesem Streifen über den Existenzkampf eines Provinzkinos dem Filmtheater auf tragisch-komische Weise ein Denkmal gesetzt hat.

Ein kühler Empfang

Die Quälerei der zerrigen, umständliche Anfahrt scheint beendet. Ich atme auf. Wir haben auf dem Gebiet von Maisons-Laffitte endlich die peripher gelegene bescheidene Dorfstraße erwischt, die den hochtrabenden Namen „Avenue" trägt. So diktiert es uns das Schild an einer Wand aus Feldsteinen: „Avenue Marivaux". Wenig später halten wir an der Hausnummer 3. Ein größeres Anwesen im rustikalen Stil eines Gutshofes in einem noch hochsommerlich wirkenden blattgrünen Versteck, ringsum eingezäunt von einem massiven Steinwall.

Das überrascht mich. Was ich erwartet hatte, war ein pompöser Bau in einem abgeschiedenen Luxus-Resort. Denn Maisons-Laffitte ist einer der nobelsten und teuersten Pariser Vororte, der bekannt ist für seine promibesuchte Pferderennbahn, seine großzügig angelegten prächtigen Alleen und seine komfortablen Glamour-Villen auf sorgsam gepflegten parkähnlichen

Grundstücken. Ein Ort der Reichen und Schönen. Was ich nun aber sehe, ist statt eines opulenten Prunkpalastes auf gestyltem Wimbledon-Rasen eine mit Straßenstaub überzogene Mauer. Dahinter ein Gehöft mit dem Patina-Charme eines altehrwürdigen Landsitzes, der schon die Ritterzeit erlebt haben könnte. Um sich dieses einer historischen Filmkulisse ähnliche Bild mit Wonne ins Gedächtnis zu tackern, bleibt keine Zeit. Die bedrohliche Stellung der Uhrzeiger zwingt zur Eile. Horst Rudolph holt mit geübtem Griff die Filmtechnik aus dem Kofferraum, reicht mir Tongerät und Mikrofon, schultert die Kamera und drückt sofort den Auslöser. Auch ich will den Ton von Anfang an mitlaufen lassen, um nichts zu verpassen. Das ist nicht ganz fair, weil es ein überfallartiger Drehbeginn ist, aber ich entschuldige es mit unserer Zeitknappheit. Denn ich stehe mit nunmehr zehnminütiger Verspätung und einem schlechten Gewissen vor der eisenbeschlagenen Pforte des altertümlichen Gemäuers und bediene die Strippe einer halbverrosteten antiken Zugglocke ähnlich der einer Bimmelbahn. Nichts. Kein Geräusch außer dem knisternden Zellophan um den imposanten Rosenstrauß in meinem Arm. Von dem riesigen Bouquet erhoffe ich mir Absolution für den Eklat unserer Verspätung.

Ich möchte die Blumen gern abliefern, aber die Schotten bleiben dicht. Also noch mal die Glocke. Es ist mehr ein Scheppern als ein Schellen. Dann Schritte. Torknarren. Zuerst erscheint ein Dackel, gefolgt von weiteren Vierbeinern, die an meinen Schuhen vorbei nach draußen laufen. Dann steht vor mir die Frau, für deren Film ich damals in Mansfeld mehr Reklame gemacht habe als alle Kinoplakate zusammen. Das muss sie nie erfahren haben, denn sie sagt in unwilligem Ton: *„Beeilen Sie sich! In einer dreiviertel Stunde muss ich weg."* Genauso barsch ruft sie ihre fünf Hunde in den Hof zurück.

Ein wenig Charme hatte ich – ehrlich gesagt – schon erwartet. Aber natürlich verstehe ich ihre Verstimmung, zumal wir eigenmächtig ohne Vorwarnung gleich drauflos gefilmt haben. Aber jede Bild- und Tonminute ist jetzt wertvoll. Nun kann ich endlich meine Entschuldigung samt Blumenstrauß loswerden.

Bitte recht freundlich! Der Aufforderung hätte es nicht bedurft, denn ihre Ärgerwolken sind nach dem Interview verflogen. Foto: Marion Wahl

Dann ein schneller Rundblick: heller „Mercedes", efeuberanktes Landhaus, Blumenbeete an den Rändern eines kurzgeschorenen Rasenteppichs, Vögel, Katzen, Hühner, zwei Hundehütten mit Spitzdächern zu beiden Seiten eines Glastüreneingangs, weiße Kunststofftische mit Gartenstühlen. An einem bittet sie Platz zu nehmen, während sie ins Haus geht und kurz darauf auf einem ovalen Tablett mit farbigen russischen Ornamenten drei Tassen sowie Kaffee, Zucker, Milch und Kekse bringt. Dann entschwindet sie ein weiteres Mal durch die Glastür, um sich für das Interview noch etwas aufzuhübschen. Das sagt sie in ungeschminkter Direktheit, um sich wenig später dezent geschminkt der Kamera zu präsentieren.

„Madame Vlady, Sie lieben Tiere?" Die nicht mehr so ausgeprägten, aber immer noch vorhandenen Mandelaugen glänzen. Ich scheine den richtigen Ton getroffen zu haben. Sie ist wie ausgewechselt, wird zugänglicher:

„Und ob! Ich liebe die Natur, die Musik. Wir sind eine große Familie. Meine Kinder, die hier leben, und ihre Freunde und die Tiere."

Vom Sexvamp zur Charakter-Aktrice

Ich stelle ihr die unumgängliche Standardfrage nach der wichtigsten Filmrolle und bemerke tiefes Nachdenken:

„Wissen Sie, ich habe in etwa 80 Filmen gespielt. Da ist es schwer. Vielleicht ist ‚Die blonde Hexe‘ der Film, der mich am meisten geprägt hat. Ich mag ihn sehr. Ich glaube auch, dass ich selbst so geblieben bin, wie diese in der Wildnis lebende junge Frau. Ich bin sehr für die Natur.“

„Hängt Ihnen diese Rolle nicht bis heute an?“

„Ich habe später in ‚Die Prinzessin von Cleve‘ mitgespielt, da war ich 25. Heute zählt er zu den großen Klassikern des französischen Films. Dann habe ich gemeinsam mit Orson Welles ‚Falstaff‘ bestreiten können. Ein wunderbarer Film, der jetzt wieder in Paris gezeigt wird. Also, es gibt eine Menge Filme, die mir anhängen.“

Und was für welche! Der Film „Die Prinzessin von Cleve" entstand nach einem Historienband aus der zweiten Hälfte des 17. Jahrhunderts, ist an französischen Hochschulen Pflichtlektüre und wird noch heute als Frühwerk eines psychologischen Romans debattiert. Im Mittelpunkt steht das schockierende Geständnis einer untreuen Ehefrau an ihren Mann, womit sie verhängnisvolle Folgen für alle Beteiligten auslöst und damit die Frage provoziert, ob diese Ehrlichkeit ein solches Unheil rechtfertigen kann. Und die Tragödie „Falstaff – Glocken um Mitternacht" resümiert das lasterhafte, rücksichtslose Treiben des gleichnamigen Lebenskünstlers und sein unrühmliches Ende, verursacht von der Verbannung durch seinen zum England-König gekrönten einstigen Freund. Zwei Filmwerke von Shakespearscher Wucht, bei deren Drehbüchern der Weltmeister des Dramas Pate stand. Damit konnte Marina Vlady zeigen, dass sie weit mehr als die verführerische Blondine ist.

Das kleine Faltengewitter um ihre Mandelaugen hat sich verzogen und in Freundlichkeit aufgelöst. Sie grault ihrem Lieblingshund Mischka das Fell und zählt weitere Charakterrollen auf, mit denen sie sich aus der gefährlichen Klischeefalle des Vamps befreit hat. Da war die Proletarierin im gesellschaftskritischen Streifen „Junge Frau in Frankreich", eine vom Filmstab selbstfinanzierte

Produktion, die kein Publikumsrenner wurde, ihr aber an variablem schauspielerischem Können alles abverlangte. Alle Register ihrer Darstellungskunst musste sie auch ziehen bei Charakterrollen wie einer Hure mit Herz in „Mädchen im Schaufenster". Keine geringere Herausforderung war die sich prostituierende Arbeiterfrau Juliette Janson in Godards Drama „Zwei oder drei Dinge, die ich von ihr weiß", die exzentrische Gesellschaftsdame in „Stern ohne Namen", das reife Vollblutweib in „Charme des Sommers", das arme Bauernmädchen in „Tage der Liebe" und die eiskalte Killerin in „Mordfall Dupré" an der Seite von Virna Lisi, Bourvil und Pierre Brasseur.

Ein besonderes Kapitel waren Theaterrollen nach Stücken des von ihr über die Maßen verehrten Anton Tschechow. Damit gelang es ihr endgültig, das Image des Blondwunders und Sexstars abzulegen. Auch begnügte sie sich nicht mehr damit, nur engelsgleich schönes Dekor der Leinwand zu sein, nur das geheimnisumwitterte Mädchen oder die elegante Dame von lüsterner Sinnlichkeit zu geben. Das Bild der „blonden Hexe" aus „La Sorcière", wie das französische Original heißt, wurde immer mehr überzeichnet durch andere beeindruckende Filmfiguren. Die Beweise ihrer Wandlungsfähigkeit hatten den angenehmen Bumerangeffekt, dass ihr die Darstellung vielfältiger Charaktere zugetraut wurde und sie immer souveräner unter den Angeboten auswählen konnte.

„Nach welchen Kriterien entscheiden Sie sich für oder gegen eine Rolle?"

„Das Wesentlichste für mich sind das Szenarium und der Regisseur. Wenn beides stimmt, kann die Rolle ruhig auch sehr kurz sein."

„Was steht im Zentrum Ihres Lebens?"

„Vielleicht das zu tun, was man tun muss. Sich nicht fallen zu lassen. Viel arbeiten, viel schaffen, viel erreichen. Und natürlich in der Privatsphäre die Liebe. Nicht eng gesehen, sondern weiter gefasst. Den anderen zu lieben, die Familie, die Menschen überhaupt."

„Sie haben, wie alle Welt weiß, viel Erfolg. Wie reagieren Sie auf Misserfolge?"

„Ich hatte viele Misserfolge in meinem Leben, auch viele Misserfolge in meiner Karriere. Ich habe Filme gedreht, die nicht angekommen sind.

Ich hatte auch Misserfolge im Theater. Die sind besonders hart. Denn man spürt sie sofort und sehr direkt. Als Antwort, die man vom Publikum nicht erwartet hat. Ich hatte auch Misserfolge im persönlichen Leben als Frau. Ich bin geschieden. Das Schlimmste aber ist, dass ich Menschen verloren habe, die ich geliebt habe. Viele Verstorbene – und das sind die schmerzlichsten Momente. Das Leben von Menschen ist zu Ende, mit denen man nie mehr Kontakte haben kann. Was die beruflichen Niederlagen angeht, so kann man nur aus ihnen lernen. Ich glaube, dass dabei Erfolg und Glück nicht unbedingt so interessant sind."

Sie nennt ihren schmerzlichsten Verlust beim Namen: Wladimir Semjonowitsch Wyssozki, nach zwei gescheiterten Ehen die große, alles vereinnahmende Liebe ihres Lebens. Dem schon zu Lebzeiten in Russland zum Mythos gewordenen oppositionellen Volkskünstler begegnete sie 1967 auf dem Moskauer Filmfestival. Ihr Kennenlernen beschreibt sie als einen magischen Moment, von dem an der rebellische Sänger, Poet, Theatermann und Schauspieler zehn turbulente Jahre lang ihr Dasein bestimmte.

Als Wyssozki sie ansprach, war er für sie ein Niemand, den sie erst kurz vorher in Aktion erlebt hatte und der sie rundum beeindruckt hatte. Er dagegen war bereits zwölf Jahre in sie verliebt, seit er sie als Jugendlicher wie ein feenhaftes Geschöpf durch den schwedischen Filmwald geistern sah. Gleich bei diesem ersten Kontakt funkte es und entzündete ein Großfeuer. Es begann ein Liebesdrama mit – wie sie selbst sagt – *„berauschenden Höhenflügen und grausamen Abstürzen"*.

Tragische Liebe zwischen zwei Welten

Zwei Jahre nach ihrem Moskau-Treffen wurde geheiratet. Da waren beide dreißig. Eine Ehe unter dem Damoklesschwert einer ständigen Trennung, ein zerrissenes Leben zwischen zwei entgegengesetzten gesellschaftlichen Systemwelten mit kräftezehrenden Kämpfen um Pässe und Visa und um den Erhalt seiner immer maroder werdenden Gesundheit. Nichts und niemand konnte Wyssozkis innere Risse kitten, die vor allem durch die staatliche Nichtanerkennung seines Schaffens entstanden waren. Nichts und niemand konnte ihm helfen – nicht einmal die überschäumende Liebe zur prominenten französischen Schönheit, einer Liebe, die voll und ganz erwidert wurde. Ein Glücksfall, um den ihn alle beneideten.

Nein, nichts half. Weder die ebenfalls aufopferungsvolle Unterstützung seiner Freunde noch die Heldenverehrung seiner Fans, auch nicht sein haltloses Arbeitswüten und erst recht nicht seine Flucht in Alkohol und Drogen. Der übersteigerte Konsum der teuflischen Seelentröster degradierte den Kettenraucher zu einem seelischen und körperlichen Wrack und führte mit nur 42 Jahren zum Ende eines begnadeten, hochsensiblen Talents, das sich mit einem rücksichtslosen Raubbau an Körper und Geist verschlissen hatte. Der „russische Ikarus" war zu hoch geflogen und das Feuer schonungsloser Schufterei und zerstörender Rausch- und Betäubungsmittel hatte ihn ausgelaugt und verbrannt. Die immer kürzeren Intervalle bis zum nächsten desaströsen Koma-Absturz quittierte sein Herz schließlich mit Streik und Stillstand.

Die Sowjetführung unter Breschnew gewährte dem unbequemen gesellschaftskritischen Künstler bestimmte Spielräume im Film, auf der Bühne und sogar bei der staatseigenen Plattenfirma „Melodija", stellte ihn aber unter ständige Beobachtung, beargwöhnte seine Widerborstigkeit, zensierte Veröffentlichungen, verbot die meisten Werke. Denn Wyssozki sang mit seiner whiskyrauchigen Stimme nicht nur über Liebe und Triebe, Herz und Schmerz, sondern auch über Prostitution, Beamtenwillkür, Alltagsunfreiheiten, politische Gulag-Gefangene und Armut, die es regierungsoffiziell in der Sowjetunion in solchem Ausmaß nicht gab. Die oberste Obrigkeit hasste ihn, das Volk vergötterte ihn. Der Kreml misstraute dem Querulanten und verweigerte ihm lange ein Ausreisevisum. Der Mann auf der Straße verehrte ihn, denn er gab ihm eine Stimme. Die Frau auf der Straße bewunderte ihn, denn seine Liebeslieder trafen ins Herz. Seine Anhängerschaft nannte ihn den größten russischen Liedermacher des 20. Jahrhunderts.

Die Leute fertigten Schwarzkopien von seinen verbotenen Werken und reichten sie unter der Hand weiter. Das hatte ich in unserem Moskauer Korrespondentenbüro selbst erlebt, denn auch bei unseren vier russischen Kollegen kursierten Wyssozkis Texte, wurden Tonbandmitschnitte seiner Konzerte gekauft, verschenkt oder getauscht. Die Kassetten mit Chansons, Balladen und Wutliedern kursierten – verstanden als hymnische Botschaften – millionenfach zwischen Brest und Wladiwostok, Norilsk und Taschkent. Sie begegneten mir auch in den Händen illegaler Verkäufer in Kneipen, Geschäften, Metrostationen oder Hinterhöfen und wurden mit Gesten oder im Flüsterton für meist nicht mehr als einen Rubel angeboten. Dem Einfallsreichtum der Vertriebswege waren keine Grenzen gesetzt bis hin zu Tonscheiben, die auf ausrangierte Röntgenbilder gepresst wurden. Und wenn ich Gerüchten von damals glaube, dann war nicht selten auch die Miliz und Beamtenschaft mit dem Wyssozki-Bazillus infiziert.

Der nichtexistente Aufsässige

Es erstaunt mich noch heute, dass der Freigeist nicht ständig hinter Gittern landete, denn Anlässe gab es über seine Aufsässigkeit hinaus genug durch ein egozentrisches, eigenwilliges Verhalten, das ihn auch nachts mit seinem Westschlitten – dem einzigen Moskauer Privat-Mercedes – im gefährlichen Fahrstil eines Verkehrsrowdys durch die Stadt rasen ließ. Nie habe ich über den Bürger Wyssozki auch nur eine Zeile in den Zeitungen gelesen, die ich tagtäglich bergeweise zu studieren hatte. Weder der Bericht eines Journalisten noch eine Meldung der staatlichen Nachrichtenagentur TASS. Die offizielle Sowjetunion ignorierte ihn. Der Mann hatte nicht zu existieren.

Sein täglich Brot und seine Wodkarationen verdiente sich Wyssozki an seinem geliebten Moskauer Taganka-Theater, von dessen künstlerischer Qualität ich noch heute begeistert bin. Als er im Sommer 1980 auf dem Wagankow-Friedhof zu Grabe getragen wurde, hatte man ihn ins Kostüm seiner Paraderolle Hamlet gekleidet. Aus tausenden Kassettenrekordern erklangen seine Lieder. Dem Sarg folgte eine unübersehbare Menschenmenge. Sie pilgerte dichtgedrängt von der Innenstadt in einem spontanen Massen-Defilee zum nordwestlich gelegenen Bezirk Presnjenskoje. Noch am Abend sah ich dort nahe der Swenigorodsker Chaussee eine Schlange geduldig wartender Moskauer am Eingang des Friedhofs, auf dessen Grabstätten heute auch die Namen so prominenter Persönlichkeiten zu finden sind wie die des Regisseurs Grigori Tschuchrai, der Torwartlegende Lew Jaschin oder des Dichters Sergej Jessenin.

An jenen 28. Juli 1980 kann ich mich gut erinnern. Unser gesamtes Büroteam war eingebunden in die Berliner Fernsehmannschaft zur Marathon-Berichterstattung über die zur selben Zeit stattfindende Olympiade, die gut eine Woche vor Wyssozkis Tod begonnen hatte. Während und auch nach der Beisetzung kam es an allen Ecken und Enden der Stadt trotz anhaltender Regenschauer zu Gedenkfeiern, sodass ich für den Weg zum Lenin-Stadion in der Moskwa-Flussschleife – heute Luschniki-Stadion – die doppelte Zeit brauchte.

Die Weltpresse war zu den Sommerspielen nach Moskau gekommen und die einheimische Presse hatte Wyssozkis Tod schlichtweg nicht zur Kenntnis genommen. Trotzdem hatte es sich durch Volkes Mund herumgesprochen und rund 40 000 seiner Anhänger wollten ihrem Wolodja die letzte Ehre erweisen – mit dem Nebeneffekt, dass das in der Stadt weilende internationale Olympia-Publikum dem Namen Wyssozki nun auch zu weltweiter Reputation verhalf. Es war seit Stalins Begräbnis die größte Trauerfeier in der Sowjetunion – allerdings eine nicht angemeldete und damit nicht genehmigte Demonstration. Trotzdem hielt sich die Miliz zurück und übte sich in Deeskalation, denn die Regierungen der USA, der BRD, Großbritanniens und Kanadas hatten die Spiele boykottiert und warteten nur auf irgendeinen Eklat.

Das Taganka-Theater ehrte seinen bekanntesten Mimen mit einem Erinnerungsabend und an seinem ersten Todestag mit einer eigens für ihn inszenierten Hommage. Dass dabei das damals berühmteste sowjetische Schauspielhaus am Moskauer Gartenring von Miliz bewacht wurde, hatte mich nicht gewundert, war es doch nur die Konsequenz in der Behandlung einer unerwünschten Person, die noch nach ihrem Dahinscheiden für regierungsamtliche Aufregung sorgte.

Der langsame Selbstmord

1987 wurde dem jahrzehntelang verfemten Dichter unter der Regentschaft Gorbatschows postum der Staatspreis der UdSSR verliehen. Diese nachträgliche öffentliche Würdigung ihres Mannes und seines Lebenswerkes registriert Marina Vlady mit großer Befriedigung in ihrem Buch „Wladimir oder der gestoppte Flug", im Berliner Aufbau-Verlag erschienen unter dem Titel „Eine Liebe zwischen zwei Welten".

In diesem Bestseller spricht sie über ihn nicht in der distanzierten dritten Person, sondern sie redet mit ihm in der persönlichen Du-Form. Dabei berichtet sie mit der einfühlsamen Erzählkunst einer Romanautorin und der schonungslosen Ehrlichkeit einer Dokumentaristin über die fiebrigen Höhepunkte und bitterbösen Abgründe von zehn intensiv gelebten gemeinsamen Ehejahren, wenn sie ihn nicht gerade nach einem komareifen Saufexzess in irgendeiner Kneipe oder Kirche halbtot zu finden hoffte. Die Folgen dieser Niederschläge beschreibt sie mit schonungsloser Offenheit:

„Was mich umwirft, ist, dass dieser so gepflegte und bearbeitete Körper, diese trainierte Stimme, dieses Äußere von beinahe manischer Sauberkeit, dass all dies mit einer Handbewegung ausgelöscht, zerstört, zugrunde gerichtet werden kann. Nach zwei Tagen Suff ist dein Körper nichts weiter als ein schlaffer Sack, deine Stimme ein unförmiges Krächzen, deine Kleidung ein Häufchen Lumpen. dein fürchterliches ‚zweites Ich' gewinnt die Oberhand."

Schwergewichtige Buchzeilen der Verzweiflung, die wahrscheinlich unter Tränen geschrieben wurden. Sie notiert, wie sich in immer kürzeren Abständen ein tödlicher Kreislauf wiederholt und seinen Lebensfaden wie eine Schlinge um den Hals langsam, aber erbarmungslos zuzieht: endloses Arbeiten, vier Stunden Nachtschlaf, wieder endloses Arbeiten, dann – wie sie es nennt – *„Abstieg in den Schmutz des tierischen Suffs"*, dessen verheerende Folgen auch eingepflanzte Implantate nicht mehr dämpfen können. Dem wortgewandten Fabulierer entgleiten die Worte, entgleitet der Verstand. Sein Dahintaumeln zwischen Euphorie und Resignation stürzt ihn immer häufiger in depressive Bewusstlosigkeit. Dann flippt er aus, kollabiert, wütet, zertrümmert, spuckt und geifert. Sie erträgt es, versucht immer wieder zu helfen, ihn aufzurichten, zu motivieren.

Kraft dafür, sagt sie, gaben ihr die glücklichen Momente – hier auf ihrem Anwesen in Maisons-Laffitte oder im Leningrader Hotel „Europa" oder in der Moskauer Kommunalwohnung seiner Mutter oder unter Urlaubspalmen auf Tahiti. Die West-Ehefrau machte das ebenso möglich wie Konzerte in Paris, Rom und New York oder TV-Sendungen in Mexiko und Kanada.

Über die kurze Phase eines „Nichttrinkers"

Die Ausflüge ins Ausland bleiben Stippvisiten. Es zieht ihn immer wieder magnetisch in sein Moskau zurück, in sein gesellschaftliches Domizil, dessen Hausherren ihn negieren, verachten, am liebsten ausbürgern würden. Seine Frau schlussfolgert:

„Du kannst nicht in Moskau leben, in der überwachten Freiheit, und auch nicht im Westen, in der Freiheit auf Kaution. Du wählst das innere Exil."

Sie verspricht sich viel von einem Trip nach Los Angeles. Dort lernt er Hollywoods Showgrößen kennen und kann zeigen, dass er mit ihnen mithalten kann. Das macht ihn für einige Zeit zu einem *„glücklichen Nichttrinker"*. Das Schlüsselerlebnis einer Prominenten-Party des befreundeten Filmproduzenten Mick Medovoi beschreibt Marina Vlady in sehr anschaulicher Weise:

„Du stößt mich mit dem Ellbogen an und nennst mir all die Namen der Stars, die um uns herum sind: Rock Hudson, Paul Newman, Gregory Peck. Und als der Hausherr um Silentium bittet und alle, um dich geschart, Micks kleiner Vorstellungsrede lauschen – er erzählt, wer du bist, ein sowjetischer Schauspieler, Dichter, ein Sänger mit einer außergewöhnlichen Stimme – spüre ich, wie dir das Herz in die Hosen rutscht. Liza Minnelli, soeben eingetroffen, sitzt dir beinahe zu Füßen, sie lächelt dir zu. Du hakst dich an ihrem Blick fest und setzt ein mit deinem ersten Song. Die Wirkung ist sensationell, alle diese höflich aufmerksamen Gesichter erstarren. Aus dem Garten, vom Swimmingpool, von der Terrasse strömen die Leute, wie von unsichtbaren Fäden gezogen, herbei und scharen sich um dich. Deine zerrissene Stimme lässt sie erschauern, die Frauen schmiegen sich an ihre Begleiter, die Männer rauchen eine Zigarette nach der andern, die Gläser werden, kaum geleert, gleich wieder gefüllt, die unverbindliche Zwanglosigkeit ist verschwunden. Ich erkenne auf jedem Gesicht die Spannung, die dein Gesang auslöst. Sie verstehen den Sinn der Texte nicht, aber die Masken sind gefallen. Jeder hat zu seinem wahren Gesicht zurückgefunden; manche verbergen ihre innere Bewegung nicht, andere lassen sich mit geschlossenen Augen von deinem Schrei überfluten. Auf dein letztes Lied folgt eine lange Stille. Alle schauen sich ungläubig an, gefangengenommen von diesem kleinen Mann in Blau. Liza Minnelli und Robert De Niro fassen das Ganze in Worte mit ihrem Ausruf: ‚Fantastisch, unglaublich!‘ Alle wollen dir die Hand drücken, dich umarmen, dir sagen, wie hingerissen sie sind. Ich sehe dich nicht mehr, du bist verloren inmitten dieser Männer und Frauen, die alle viel größer sind als du. Binnen einer Stunde hast du das allerschwierigste Publikum erobert, ein Publikum ausschließlich aus Filmprofis, Leuten, die bekannter, verwöhnter, blasierter sind als du selbst."

Was da zwischen zwei Buchdeckeln steht, sind nicht schlechthin Erinnerungen, sondern ein Denkmal für einen couragierten Freigeist und ein Mahnmal für die Freiheit des Wortes. Dass ihrem Mann diese Freiheit in einem Lande verwehrt wurde, das für sie zweite Heimat ist, empfindet die berühmte Französin mit russischen Wurzeln als zutiefst demütigend. Sie litt nicht weniger darunter als der direkt Betroffene. Ich frage, ob sich heute im Jahre 1990 im offiziellen Umgang mit Wyssozkis Erbe etwas geändert hat, ob sie mit der Situation zufrieden ist.

Sie muss nicht eine Sekunde überlegen. *„Völlig"*, sagt sie, sie sei *„völlig"* zufrieden und das aus mehreren Gründen. Erstens sei ihr Buch über die Zeit mit Wolodja nun in der UdSSR erschienen – und zwar in mehreren Millionen Exemplaren. Sie hält kurz inne, streicht sich eine blonde Strähne ihres immer noch üppigen Haarschopfes aus der Stirn und sinniert: *„Man wird jetzt vieles besser verstehen!"* Dann fährt sie nahtlos fort: *„Zweitens – und das ist noch wichtiger und interessanter – wird sein gesamtes Werk endlich in Russisch gedruckt. Zehn lange Jahre nach seinem Tod. Ja, heute, 1990, bin ich zufrieden."*

Das kann sie reinen Gewissens, denn auch das Russland des kleinen Mannes hat Wyssozkis Erbe bewahrt. Seine Beliebtheit, die oft an Fanatismus bis zur reliquienhaften Heiligsprechung grenzt, ist bis heute ungebrochen. Im Resultat einer 2018 durchgeführten Umfrage nach den bedeutendsten russischen Persönlichkeiten landete der widerspenstige Sohn eines Obersten der Sowjetarmee hinter dem ersten Weltraumflieger Juri Gagarin auf dem zweiten Platz.

Die Filmfamilie

Obwohl Marina Vlady keine leiblichen Kinder mit Wyssozki hat, glaubt sie, seine Persönlichkeit in einem ihrer drei Söhne wiederzufinden. Unschwer zu erraten, dass er gemeint ist: Pierre Hossein, der plötzlich auf der Bildfläche erscheint und mich mit einer Gitarre unter dem Arm begrüßt. Ein Liederschmied, der schauspielert, dichtet und singt. Er und sein Bruder Igor entstammen der ersten Ehe mit dem Kinostar, Film- und Theaterregisseur Robert Hossein und wurden ebenfalls Leinwand-Akteure.

Ihr Vater gehörte zur ersten Garde der französischen Cineasten und spielte in über hundert Streifen. Sie war 17, als sie ihn heiratete. Er ermöglichte ihr als Regisseur, Drehbuchautor und

Filmpartner mit dem Psychokrimi „Nachts fällt der Schleier" einen ihrer größten Erfolge im Genre des Unterhaltungsfilms. Marina und ihre Schwester Odile verkörpern zwei reiche Schönheiten, deren mörderische Intrigen und Ränke in ein spannendes Katz-und-Maus-Spiel münden, das der junge Victor zu durchschauen versucht, gespielt von Robert Hossein. Der Altstar gilt im Ausland als ambitionierter Botschafter der französischen Bühne, der noch bis 2008 das traditionsreiche Théâtre Marigny leitete und nebenher weiterhin in Film und Fernsehen agierte.

Wladimir ist Marinas dritter Spross aus zweiter Ehe mit dem Flieger und ehemaligen Résistance-Kämpfer Jean-Claude Brouillet. Auch er hat von seinen Eltern den Unruhenerv der Umtriebigkeit geerbt, hat zwar Massagetherapeut gelernt, ist aber als Abenteurer und Fotograf ständig auf Achse.

Es ist kein Zufall, dass die Filmfranzösin oft und gern in Moskau gedreht hat, dass zwei ihrer Söhne russische Vornamen haben, dass sie eine Art Seelenverwandtschaft mit dem russischen Dramatiker Tschechow hat und dass sie die zerfaserte Seele des Russen Wyssozki verstanden hat. Obwohl in Clichy bei Paris geboren, fließt in ihren Adern ebenfalls russisches Blut, hat sie ein untrügliches Gespür für die russische Mentalität und ein tiefes Verständnis für die Geschichte, Kunst und Kultur dieser riesigen Erdscholle Russland.

Auch die Konturen ihres makellosen Gesichts verraten ihre Herkunft. Die leicht angeschrägten Augen mit den hochgeschwungenen Brauen und den etwas zu breit geratenen Wangenknochen deuten auf eine slawische Herkunft. Die Eltern emigrierten 1915 von Russland nach Frankreich. Vater Wladimir de Poliakoff war Opernsänger, Mutter Militza Enwald Ballerina. Die Gene des Künstlerehepaares schlugen nicht nur auf Marina durch, sondern auch auf ihre drei Schwestern. Olga wurde Fernsehregisseurin, Odile und Hélène ebenfalls Schauspielerinnen.

In dieser musischen, kunstverständigen Atmosphäre reifte bei Marina schon frühzeitig der Gedanke, die Bühne müsse zu ihrer Berufswelt werden. Sie erinnert sich gern daran, wie sie schon als Kind Theaterunterricht bekam. Als Zehnjährige tanzte sie im

Kinderballett der Pariser Oper, absolvierte mit elf Jahren erste Probeaufnahmen, war als Vierzehnjährige die Nachwuchshoffnung des französischen und italienischen Films und hatte mit zwanzig schon in 20 Filmen gespielt, aus denen André Cayattes Gerichtsdrama „Vor der Sintflut" herausragt. Unter dem psychischen Druck des Koreakrieges versuchen junge Franzosen, dem tristen Alltag der 1950er-Jahre zu entfliehen und ins Südseeparadies auszuwandern. Das Geld dafür wollen sie sich durch Erpressung beschaffen. Als Lockvogel dafür eignet sich die bildschöne Liliane, gespielt von Marina Vlady. Dafür erhielt die damals Siebzehnjährige den „Prix Suzanne Bianchetti" für die beste französische Nachwuchs-Aktrice.

Knapp zehn Jahre später wurde sie 1963 bei den Filmfestspielen in Cannes mit dem Preis für die beste Hauptdarstellerin ausgezeichnet – diesmal in der Satire „Die Bienenkönigin" für eine egozentrische Mutter, die ihr Kind über alles stellt und mit seinem Erzeuger nichts mehr anzufangen weiß. Für sie eine Charakterstudie par excellence. Nur zwei Jahre weiter saß sie 1965 beim Internationalen Filmfestival in Moskau schon selbst in der Jury.

Literatur-Liebling Tschechow

Sie überrascht mich mit erstaunlich detaillierten Kenntnissen über ihren Lieblingspoeten Anton Tschechow, über seine biografischen Daten, seine Romane, Novellen, Dramen, Theaterstücke, Tagebücher und Briefe. Sie könne, glaubt sie, ohne ihn und seine über 600 literarischen Werke nicht leben. Folgerichtig stand sie auf der Bühne in seinen bekanntesten Stücken wie „Die Möwe". Die zu Herzen gehende Inszenierung der „Drei Schwestern" war ein besonderer Publikumsmagnet, denn die spielte Marina tatsächlich im femininen Triumvirat mit ihren beiden Schwestern Hélène Vallier und Odile Versois, die es im französischen Film ebenfalls zu beachtlichem Erfolg brachte. Drei wirkliche Schwestern als drei literarische Schwestern in einem der emotionalsten Tschechow-Stücke – ein ausverkauftes Haus war garantiert.

Ja, gesteht mir die Gastgeberin, Tschechow habe es ihr angetan. Als Höhepunkt ihrer Dichter-Verehrung nennt sie das 1969 uraufgeführte 70-Millimeter-Drama „Sujet für eine Kurzgeschichte" – ein von der Presse gefeiertes dramaturgisches Glanzstück, das sie mit dem in Cannes zweifach preisgekrönten sowjetischen Regisseur Sergej Jutkewitsch drehte. Diese Zusammenarbeit sieht sie als schicksalhafte Gnade, für die sie noch jetzt dankbar sei. Jutkewitsch gab ihr die weibliche Hauptrolle der jungen Lehrerin Lika Mininowa, der Tschechow in unglücklicher, unerfüllter Liebe verfallen war – und das in der Situation eines künstlerischen Misserfolgs des Dichters.

Ihr Hang zur russischen Kunst und zur russischen Sprache ist auch mir zugutegekommen. Dadurch gelang mir ein Zufallstreffer, der mir die Bekanntschaft mit Madame Vlady verschafft hat. Ich wusste, dass sie die Sprache ihrer Eltern beherrscht – und so kam mir wieder einmal mein in sechs Moskau-Jahren erworbenes Alltagsrussisch zugute. Bei einer Pariser Film- und Fernseh-Gala habe ich die Gunst der Stunde genutzt und sie einfach auf Russisch angesprochen. Sie war sichtlich erstaunt und überrascht, aber nicht unangenehm berührt. Nachdem ich ihr mein Beziehungsgeflecht zu Moskau erklärt hatte, wurde sie zugänglich, versprach mir das erbetene Interview und gab mir gleich noch ihre private Telefonnummer dazu.

Sie hielt Wort und nach längerem Hin und Her am Sprachrohr klappte es schließlich. Nun sitze ich ihr gegenüber in ihrem von dichten Hecken und Sträuchern eingerahmten Garten Eden und habe mit Blick auf die Uhr noch die letzte Frage, woran sie denn gerade arbeitet.

„Ich habe jetzt mein drittes Buch abgeschlossen. Es ist mein erster Roman, der nun erscheinen wird. Er heißt ‚Der Sammler von Venedig'. Ich schreibe jetzt seit fünf Jahren. Gleichzeitig drehe ich eine amerikanische Serie fürs Fernsehen mit dem Titel ‚Das Gebirge der Diamanten'. Ich spiele darin eine sehr sympathische Person, eine Gouvernante, die sich für junge Oberprimaner einsetzt, die Helden der Serie. Mein nächstes wichtiges Projekt fürs Kino ist im kommenden Jahr die Rolle der Katharina von Russland. Ich habe das Glück, sie zu spielen – die große Katharina. Wir filmen in Moskau und Leningrad."

Die zweite Karriere

Ich registriere: Catherine Marina de Poliakoff-Baidaroff – so ihr Taufname – ist 1990 wieder für ein internationales Publikum vor den Kameras präsent. Das war nicht immer so. Sie hatte dem schnellen Leben und langsamen Sterben Wyssozkis einen Großteil ihrer Karriere geopfert und bekam dafür nach seinem Tod die eiskalte Geschäftsrechnung. Man hatte die einst umschwärmte First Lady des französischen Kinos vergessen und tat sich schwer, sie wieder in die Reihe der Gleichgesinnten aufzunehmen. Vergessen die Zeit, in der sie als Weltbürgerin der Leinwand bemerkenswerte Streifen auf Französisch, Deutsch, Russisch, Englisch und Italienisch ablieferte. Vergessen ihre Ausstrahlung, die Filmgurus wie einen Marco Ferreri und Orson Welles faszinierte. Und vergessen auch die Kombination von Ästhetik und Können, die mit dem Schweiz-Franzosen Jean-Luc Godard einen der einflussreichsten Filmregisseure zu einem Heiratsantrag hinriss – einem Ehe- und Filmangebot, das sie strikt ablehnte.

Ich spreche sie darauf an, frage, wie sie diese bittere Pille verkraftet hat. Stolz klingt durch, als die Vlady mit betonter Sachlichkeit erzählt, wie sie sich eine neue berufliche Zukunft geschaffen hat. Da auch ihr Publikum sie vergessen zu haben schien, baute sie sich eine neue Karriere auf. Marina Vlady wurde eine ernstzunehmende Schriftstellerin. Bis Mitte 2018 wurden es elf Bücher, von denen ihre Erinnerungen an Wyssozki es auf die Liste internationaler Erfolge brachte. Als es noch vor dem Zerfall der UdSSR in Millionenauflage erschien, war es im gesamten Sowjetland über Nacht vergriffen.

Zugleich engagierte sich die Autorin mit den schrecklichen psychologischen Erfahrungen ihres ausgegrenzten Ehemannes für jene am Rande der Gesellschaft, denen sie eine Stimme gab. Sie nannte sich selbst eine Frauenrechtlerin mit dem Anspruch, schon vor den 1968er-Protestrevolten an westeuropäischen Hochschulen eine „militante Feministin" gewesen zu sein, die sich für sexuelle Freiheit sowie das Recht auf Verhütung und Abtreibung eingesetzt habe.

Auch um das existenzielle Thema von Krieg und Frieden machte sie keinen ängstlichen Bogen. So hatte sie im Februar 1987 drei Tage lang auf einem internationalen Friedensforum in Moskau mitdebattiert, wie der angehäufte Berg an Nuklearwaffen auf unserem blauen Planeten reduziert werden könnte. Rund 1300 namhafte Persönlichkeiten verschiedenster Herkunft und Profession, politischer Überzeugung, religiöser Ausrichtung und ideologischer Weltanschauung suchten nach Gemeinsamkeiten, nach der Ähnlichkeit von Ansichten und dem Gleichklang von Positionen, nach machbaren Kompromissen, Plänen und Methoden, um abzurüsten und diesen Zustand zu zementieren.

Da saß die französische Filmdiva neben ihresgleichen wie Claudia Cardinale aus Italien, Hanna Schygulla aus der BRD, der Schweiz-Österreicherin Maria Schell und dem Hollywood-Kollegen Gregory Peck. Unter den Prominenten auch der britische Multikünstler Peter Ustinov, die Schweizer Dramatiker Friedrich Dürrenmatt und Max Frisch, der westdeutsche Industrielle Otto Wolf von Amerongen, die Schriftsteller Norman Mailer aus den USA und Stephan Hermlin aus der DDR, Russlands Scheich Paschazade, Sängerin und John-Lennon-Witwe Yoko Ono, der englische Physiker George Hutchinson, Guri Martschuk als Präsident der sowjetischen Wissenschafts-Akademie und sein DDR-Pendant Heinz Stiller, der Romancier Graham Greene aus Großbritannien, Susan Eisenhower als Enkelin des früheren US-Präsidenten, politische Koryphäen wie der SPD-Sicherheitsexperte Egon Bahr und natürlich der sowjetische Parteichef Michail Gorbatschow als Gastgeber.

Angesichts einer solch länderübergreifenden geballten personellen Verantwortung für das Schicksal der Welt war es – gelinde ausgedrückt – eine provokative Frechheit, als ein Radiomann des französischsprachigen Privatsenders „Europe 1" Marina Vlady im Interview vorwarf, sich mit der Teilnahme an diesem Forum zu einer „Komplizin" und „Geisel der sowjetischen Politik" zu machen. Sie wies den Vorwurf in ungewohnter Heftigkeit zurück als unverschämte Beleidigung aller Teilnehmer aus 80 Ländern und als Diskreditierung ihres gemeinsamen Anliegens. Hass, so formulierte sie dem Journalisten der „Europäischen Rundfunk- und Fernseh-AG" ins Mikrofon, sei ein schlechter Ratgeber, der lediglich zu Konfrontation und Unverständnis tauge. Und wörtlich: „*Man möge mich für beschränkt halten. Man möge erklären, dass ich die sowjetische Politik unterstütze. Das ist besser, als wenn meine Kinder in einem Weltkrieg sterben.*"

Dreieinhalb Jahre später sitze ich ihr gegenüber, darf mit ihr plaudern, kann sie befragen. Nein, ihre Teilnahme am Moskauer Friedensforum war kein Zufall. Sie hat sich mit der Wucht ihrer Popularität stets positioniert und in relevante gesellschaftliche wie auch politische Belange eingemischt, wenn sie etwas zu sagen hatte – ob als feministische Aktivistin für das selbstbestimmte Recht der Frau auf Abtreibung, als Streiterin gegen Ausgrenzung und Obdachlosigkeit oder als eklatante Gegnerin des französischen Algerienkrieges, wofür sie in ihrer Heimat von blindwütigen Nationalisten beschimpft und bedroht wurde.

Das scheue blonde Waldmädchen in romantischer Filmkulisse und ihre nun sehr erwachsene ehemalige Darstellerin, die sich vor den Problemen der Wirklichkeit nicht wegduckt, sondern sich für ihre Lösung mitverantwortlich fühlt – diese Kombination gefiel mir. Zugleich hatte ich das wohltuende Gefühl, in die Zauberwelt meiner von Kindesbeinen an verehrten „blonden Hexe" eingetaucht zu sein und ein interessantes Exklusiv-Interview im Kasten zu haben. Das freute mich für unsere Zuschauer und auch für mich selbst, denn damit hatte sich der einst ins Erwachsenen-Kino geschmuggelte Zwölfjährige einen persönlichen Wunsch erfüllt.

Das war mir zuvor schon mit dem Kinderschwarm von Marion vergönnt gewesen. Was für sie Jean Marais als Filmgraf von Monte Christo war, das war für mich Marina Vlady als blonde Filmhexe. Dass wir beide französische Weltstars sogar in schauspielerischer Gemeinsamkeit zu sehen bekamen, haben wir genossen. Jean Marais und Marina Vlady spielen im historischen Liebesdrama „Die Prinzessin von Cleve" die Hauptrollen. Sie überzeugt als Königstochter zwischen Vernunftehe und Leidenschaft, er als ihr Prinzgemahl, der sich zu Tode grämt wegen einer angeblichen Liebschaft seiner Frau mit dem Herzog von Nemours. Wo Jean Marais war, da war Frankreichs Meisterliterat Jean Cocteau nicht weit. Er hatte für den Filmklassiker von 1961 das Drehbuch geschrieben.

Hang zu Literatur und Naturzauber

Nun, im Juni 2020, da ich diese Zeilen formuliere, ist die Vlady gerade 82 geworden.

Damals, vor dreißig Jahren in Maisons-Laffitte, hat sie mir fünfzig Minuten ihres Lebens geschenkt. Als wir unsere Filmtechnik zusammenpackten, verschwand sie winkend im Hauseingang. Ich war erleichtert über die geglätteten Wogen unserer Verspätung, bedauere aber noch heute die verbummelten zehn Minuten, die auch nicht mehr kompensiert werden konnten, denn es war 16 Uhr und mein egoistischer Wunsch, der Taxi-Chauffeur möge sich ebenfalls verfahren und verspäten, erfüllte sich leider nicht. Oder Gott sei Dank nicht, denn ihr Flugzeug nach Malta zu Dreharbeiten hätte auch auf die Kinoberühmtheit Marina Vlady nicht gewartet. Beide Verspätungen – die unsrige und die ihre – hätten mich dann doppelt schuldig gesprochen. Und das zu einer Zeit, da sie nach gewagten Aufstiegen, risikoreichen Gratwanderungen, sensiblen Balanceakten und schmerzhaften Abstürzen erneut auf einem Gipfel der Beliebtheit angekommen war.

Namhafte Regisseure der alten Garde hatten sich wieder auf sie besonnen, hatten sie wieder im Kamerafokus, wussten: Aus der „Sphinx unter den Backfischen", aus der besten französischen Nachwuchsschauspielerin und dem in Cannes preisgekrönten Filmsternchen war im Charakterfach der Kinematografie eine gestandene Aktrice von Weltruf geworden. Mit, wie sie mir selbst gestanden hat, einem ewigen Hang zum Naturzauber der „blonden Hexe".

Pierre Richard

trieb als „großer Blonder" eine Kinogeneration
ins Lachkoma und ist Fan von Che Guevara

Das kann doch nicht wahr sein! Und es ist wahr – und ich habe es eigentlich geahnt. Irgendwas musste faul sein an seiner Ansage, ihn ausgerechnet hier am glitschigen Kai der Seine zu treffen. Eine kuriose Situation, die einem seiner dreißig urkomischen Filme entlehnt sein könnte. Die Rede ist von Pierre Richard, der als „großer Blonder mit dem schwarzen Schuh" mit einer zwerchfellstrapazierenden Leinwandposse über Nacht weltberühmt wurde und damit eine internationale Filmkarriere startete, die ihn in die Everest-Höhen cineastischen Ruhms klettern ließ.

Hier also an diesem ungemütlich wässrigen Ort will er uns ein Interview geben? Das kann wirklich nicht wahr sein! Ich stehe mit meinem Kameramann Wolfgang Groth an der Seine und blicke etwas hilflos auf den bewegungsträgen, in zwei Pariser Stadtufer eingezwängten Fluss, den mir der berühmte Spaßfranzose hier in der Nähe der Concorde-Brücke als Treffpunkt genannt hat. Bis ich ihn dazu bewegen konnte, war eine Menge Vorarbeit nötig. War sie vielleicht umsonst, denn er ist weit und breit nicht zu sehen, obwohl Ort und Zeit stimmen. Hat er uns veralbert? Gottlob nein, aber der Reihe nach.

Ein denkwürdiges Telefonat

Seit Anfang September 1988 war ich wochenlang fast täglich seiner Sekretärin Véronique Gillet in seinem Pariser Büro telefonisch auf die Nerven gegangen, um diesen Termin mit ihm zu bekommen – nicht zuletzt von der Neugier-Frage getrieben, ob der Lachmuskel-Athlet des Kintopps auch im wirklichen Leben ein Spaßvogel ist. Als seine Vorzimmerdame bei einer nicht nachlassenden Anrufserie eine hoffnungsvolle Mischung aus Mitleid und Anerkennung für meine Hartnäckigkeit spüren ließ, versuchte ich diese Sympathie auszunutzen, um etwas zu seinem Elternhaus zu erfahren und über diese familiäre Schiene vielleicht näher an ihn heranzukommen. Gut, dass ich damals das kurze, aber äußerst hilfreiche Telefongespräch mit einem überraschenden Ende protokolliert habe:

„Sagen Sie bitte, Madame Gillet, man erfährt darüber nichts in der Presse: Leben die Eltern von Pierre Richard eigentlich noch?"

„Der Vater ist gestorben und die Mutter wohnt 50 Kilometer von Paris in der Gemeinde Rambouillet."

„Hat er noch Geschwister?"

„Ja, eine Schwester."

„Wo könnte ich sie finden?"

„In Paris."

„Und wo genau?"

„Hier, in seinem Büro."

„Könnten Sie mir ihren Namen sagen?"

„Véronique Gillet."

„Sie??"

„Ja, ich."

„Darf ich Sie mal im Büro besuchen?"

„Morgen am frühen Vormittag ginge es."

Damit war eine wichtige personelle Verbindung geknüpft, ein verwandtschaftlicher Faden zu dem Filmstar. Anderntags stand ich in Schlips und Kragen zur vereinbarten Zeit in der vierten Etage der Rue Troyon 18 in Sichtweite des Arc de Triomphe. Das Büro war mit Plakaten seiner Leinwandstücke tapeziert. Darunter auch schüchterne Anfangswerke wie „Alexander, der Lebenskünstler", „Die Dirne und der Narr", „Teresa" und „Der Zerstreute". Daneben „Alfred, die Knallerbse" aus dem denkwürdigen Jahr 1972, in dem Pierre Richard als der „große Blonde" mit den unschuldigen blauen Augen in die Kinogeschichte einging dank einer phänomenal gespielten Agentenposse, über die ganz Europa Tränen lachte.

Der mit zerbrechlich dünner Statur sanftmütig und schüchtern ins Leben gebaute Geigenspieler François wird urplötzlich aus seinem beschaulichen, geregelten Musikerdasein herausgerissen und durch eine fatale Verwechslung ein von Agenten gejagter angeblicher Meisterspion. Durch das Zusammenspiel von witziger Geschichte und personellem Glücksgriff schuf Regisseur Yves Robert einen Klassiker, in dem der bislang wenig bekannte Künstler sein komödiantisches Talent voll ausspielen konnte. Damit war er auf die Rolle seines Lebens festgenagelt als zerstreuter, liebenswerter Träumer, dem die Boshaftigkeit einer bösen Welt nichts anhaben kann, auch wenn sie um ihn herum im Chaos von Kugelhagel und Massenschlägerei versinkt. Dass man ihm nach dem Leben trachtet, ihn attackiert, demütigt und missbraucht, scheint ihn nicht zu interessieren. Seine Aufmerksamkeit gilt nicht den irdischen Querelen und Aggressionen seiner um sich schlagenden Mitmenschen, sondern seiner Herzensdame Paulette, die im selben Kammerorchester die Harfe zupft und ihn, den Ersten Geiger, in stürmischer Leidenschaft verehrt, bewundert und liebt.

Der Stolperweg zum Zwerchfell-Akrobaten

Schon der kleine Pierre Richard wollte zum Film, aber keineswegs in eine scherzintensive Ecke. Sein Kindheitstraum war es, wie dazumal Johnny Weissmüller als erster Tarzan der Filmgeschichte den Wald und seine Tiere zu beherrschen und als Herr des Dschungels berühmt zu werden. Berühmt geworden ist er wirklich – und das mit seinem Normalmaß von 1,78 Meter Gott sei Dank nicht als Tarzan. Zu Weissmüllers Gardemaß von 1,91 Metern fehlten ihm 13 Zentimeter und fünf goldene Olympiamedaillen im Rekordschwimmen. Véronique Gillet plaudert aus dem Nähkästchen:

„Mein Bruder hat schon als Schulkind seine ausgeprägte Fähigkeit zum Gestikulieren und Grimassenschneiden entdeckt und sie zum Gaudi seiner Mitschüler kräftig eingesetzt. Ich habe mitgelacht und ihn bewundert. Er war ein Genie im Imitieren von Leuten, hat sofort ihre

charakteristischen Eigenheiten erkannt und sie in parodistischer Perfektion nachgeäfft. Dass er nach dem Abitur eine Schauspielschule absolvierte und es ihn zum Kabarett, Theater, Fernsehen, Film und sogar zur Oper zog, war für unseren Vater – einen angesehenen Industriellen – nicht gerade die Erfüllung seiner Wünsche. Wenigstens Wissenschaftler, Lehrer oder Advokat sollte er werden. Aber Pierre konnte nicht anders. Er sagt von sich selbst, dass er allein mit seinem linken Auge eine ganze Schulklasse zum Lachen bringen konnte. Dieses Naturtalent kam ihm dann in seinem Beruf reichlich zugute. Er muss die komischen Rollen nicht spielen, es ist sein Naturell."

Véronique verwaltet ihres Bruders Firma, gegründet im Juli 1974 als Produktionsgesellschaft „Fideline Films". Er betreibt sie als Generaldirektor in Zusammenarbeit mit seinem Freund Gérard Depardieu, bis heute einer der eigenwilligsten und bedeutendsten Charakterdarsteller der französischen Kinematografie.

Véronique zeigt auf großflächige knallbunte Filmplakate an den Wänden und kommentiert:

„Das Clown-Image des geigenden Superspions wird er nicht mehr los, was ihn mitunter sehr nervt. Anfangs hat er diese Rolle abgelehnt. Ausgerechnet er, der sich für Tennis und Jazz begeistert, aber nie für Spionageromane interessiert hat, sollte einen verkannten lächerlichen Top-Agenten mimen. Dann las er das Drehbuch, spielte zu Hause vor dem Spiegel einige Szenen durch und war der erste, der über Pierre Richard lachte. Die Paraderolle des sympathischen Tollpatsches war ihm auf den Leib geschneidert. Sie verhalf ihm zu einem furiosen Aufstieg und den nachfolgenden Produktionen zumindest zu Achtungserfolgen, bis es zu diesem Thema kaum mehr originelle Variationen gab."

Die Poster illustrieren ihre Worte, belegen die Fortsetzung der Pechvogel-Geschichte in Serie: „Der große Blonde kehrt zurück", „Der Blonde mit dem blauen Auge", „Der lange Blonde mit den roten Haaren", „Der große Blonde auf Freiersfüßen". Gedacht waren diese Streifen nicht zuletzt als Parodie auf die anschwellende Welle der James-Bond-Thriller – allerdings nicht mit der Lizenz zum Töten, sondern zum Totlachen. Véronique hatte mir eine Viertelstunde eingeräumt, es wurde eine volle Stunde, in der ich wichtige Personalien erfuhr.

Geboren wurde der Spross der wohlhabenden gutbürgerlichen Familie Defays am 16. August 1934 im nordfranzösischen Valenciennes mit fünf Vornamen, von denen er die ersten beiden zu seinem Künstlernamen machte: Pierre Richard Maurice Charles Léopold. Als wir ihm nachspürten, war er 54, sprühte vor Projektideen, stand im Zenit seiner Karriere und gehörte zu den erfolgreichsten europäischen Filmkomikern. Auch als Drehbuchautor und Regisseur hatte er sich einen Namen gemacht und seine Honorare standen denen eines Belmondo oder Alain Delon kaum nach.

Dass der Nobody plötzlich kometenhaft aus der Versenkung filmischer Mittelmäßigkeit auftauchte, war kein so großer Zufall. Pierre Richard füllte eine personelle Lücke, die in der Garde prominenter Spaßmacher des französischen Kinos entstanden war. Nachdem Fernandel, der filmische Don Camillo mit dem Pferdegebiss, an Lungenkrebs gestorben war, nahm der schiefnasige Bourvil seinen Platz ein. Als dessen Stern verblasste, eroberte der permanent unter Strom stehende aufgeregte Zappelphilipp Louis de Funès die europäische Leinwand, auf der er stets an der Grenze eines Nervenzusammenbruchs agierte. Als ihn ein sehr realer Herzinfarkt vorübergehend außer Dienst setzte, fürchteten die Franzosen um einen würdigen Nachfolger. Da kam der „große Blonde" angestolpert und der ungelenke Lockenschopf Pierre Richard avancierte im Handumdrehen zum neuen Liebling in der Katastrophenwelt zwerchfellstrapazierender Bildergeschichten, für die immer wieder Nachschub produziert wurde, nachdem der musizierende Agent ausgegeigt hatte.

Die Werbung dafür ziert in plakativer Vielfalt die Bürowände der „Fideline Films" im 17. Pariser Arrondissement. Bei einigen signalisiert schon das Etikett des Werkes, was in ihm steckt. So lese ich Titel wie „Ich weiß von nichts und sage alles", „Ein Tolpatsch auf Abwegen", „Eine Wolke zwischen den Zähnen", „Der Sanfte mit den schnellen Beinen", „Zwei Kamele auf einem Pferd", „Ich bin schüchtern, aber in Behandlung" und „Zwei irre Spaßvögel", womit Pierre Richard und Gérard Depardieu gemeint sind – ein depressiver Ex-Lehrer und ein grobgehobelter

Journalist, die auf der Suche nach einem entlaufenen Jungen sind, den jeder von ihnen für seinen Sohn hält – nicht ahnend, dass die Mutter des Jungen sie sehr eigennützig auf dessen Spur hetzt. Véronique meint es gut mit mir, holt Zeitungsausschnitte aus ihrem Pressearchiv. *„Pierre und Gérard"*, sagt sie, *„waren nicht nur Filmpartner, sondern sind enge Freunde, die auch im wahren Leben zusammenhalten. Im Kintopp haben sie gemeinsam so manche verrückten Abenteuer bestanden oder eben auch Chancen vermasselt."*

Das belegen weitere Erfolgskomödien mit beiden Stars. Sie gelangen Regisseur Francis Veber mit „Der Hornochse und sein Zugpferd" und „Les Fugitifs" von 1986, bekannt unter den deutschen Titeln „Die Flüchtigen" und „Zwei irre Typen auf der Flucht". In dieser mit Sozialkritik gespickten Gaunergeschichte ist die Situation unseres Helden wie immer zum Verzweifeln. Als Arbeitsloser überfällt er eine Bank und muss einsehen, dass er für den Coup eine viel zu ehrliche Haut ist, um sie für geklautes Geld zu Markte zu tragen. Pierre spiele diesen Unglücklichen so urkomisch hilflos, dass man ihm die Daumen drücken möchte, hatte Regisseur Veber geurteilt. Man sollte eigentlich über die Sache selbst heulen; aber wie man mit ihm bangen und sich gleichzeitig über die unfreiwillige Situationskomik amüsieren könne, das – meinte Veber – hinterlasse völlig gewollt in der Kombination von Tragik und Drolligszenen eine besinnliche Art von Nachdenklichkeit.

1975 jubelte die Presse über *„das komischste Liebespaar, das man je auf der Leinwand gesehen hat"*. Gespielt hat es der „lange Blonde" mit Jane Birkin in „Der Tolpatsch mit dem sechsten Sinn". Der beweist als ehrgeiziger Bankangestellter Pierre seine Liebe zur Friseurin Janet sogar mit einem verbotenen Griff in den Banksafe.

Mein Studium der Pressekritiken und Filmplakate ist beendet. Sie repräsentieren auf einen Blick die steile Karriere eines Superstars und zugleich eine ganze Epoche des französischen Films. Bevor ich mich von der sympathischen Véronique verabschiede, verspricht sie mir, sich bei ihrem berühmten Bruder für ein Fernsehinterview einzusetzen.

Ein Treffen auf schwankendem Parkett

Knapp vier Wochen später ruft Véronique an und teilt mir gleichermaßen Erfreuliches wie Verblüffendes mit. Ihr Bruder sei einverstanden und erwarte mich samt Kameramann am 10. 10. um 10.10 Uhr am rechten Ufer der Seine 200 Meter stromabwärts von der Concorde-Brücke gegenüber dem Parlamentsgebäude. Ich bin perplex und versuche, Konkreteres zu erfahren, aber Véronique bedauert, dass sie mir exakt dies ausrichten solle und nicht mehr. Voila! Dann schiebt sie verschmitzt hinterher: *„Gehen Sie einfach hin, dann werden Sie mehr wissen."* Sie zögert, dann noch ein Nachsatz: *„Er erwartet Sie auf der Seine." „Auf der Seine?" „Ja, das sagte er. Mehr nicht!"*

Nun stehe ich zur verabredeten Zeit am verabredeten Ort mit meinem Kollegen Wolfgang Groth, der mit geschulterter, einsatzbereiter Kamera ebenfalls geduldig und neugierig der Dinge harrt, die da in Gestalt von Pierre Richard kommen sollen. Es ist der 10. 10. Punkt 10.10 Uhr. Wir stehen wie angewurzelt stur und steif wie Wachfiguren am rechten Ufer der Seine 200 abgeschrittene Meter von der Concorde-Brücke entfernt gegenüber dem Palais Bourbon, dem Sitz der französischen Nationalversammlung. Zur Rechten der Eiffelturm, dessen Höhe etwa dem Stapel der jährlichen Verehrerpost von Pierre Richard entspricht. Von ihm selbst nichts zu sehen. Wird er wie einst Jesus übers Wasser zu uns wandeln oder in welcher Form wird der Meister spaßiger Überraschung uns erscheinen? Situationskomik wie in einem seiner lachmuskulösen Kintoppabenteuer.

Dann geht mir das berühmte Licht auf und erhellt blitzartig mein Gehirn. Denn vor uns wiegt sich auf den Wellen ein Hausboot mit dem in unübersehbaren Lettern bemalten Namen „Eintracht". Natürlich, Eintracht und Frieden stiften inmitten eines heillosen Chaos – das ist das Credo seiner Filmfigur! Noch hänge ich diesem Gedanken nach, da turnt er schon aufs Deck, winkt uns auf seinen Kahn und begrüßt mich leutselig, während mein Kameramann schon den Finger auf dem Auslöser hat. Nach bangem Warten ein furioser Start. Also ein Treffen auf schwankendem

Parkett. Fürwahr, schon sein Äußeres ist filmreif: sich kräuselnde kurzgeschorene Lockenpracht, giftgrüner Pulli, lila Socken, Barfußbeine, die in einer dunklen Trägerhose stecken.

Pierre freut sich über den mitgebrachten Berliner Spielzeugbären, den er in neckischem Herumalbern hin und her wiegt, worauf das knuddelige zottige Wappentier zu seinem Entzücken eine Altberliner Weise spielt. Es ergänzt seinen Zoo aus Stofftieren, wozu auch ein an der Kajütendecke schaukelnder Papagei gehört. Darunter ein Klavier, auf dem einige seiner Filmmelodien entstanden sind. Während seine Frau, die Showtänzerin Murielle Dubrulle, in der engen Kombüse einen Kaffee braut, zeigt uns der Kapitän sein Schiff, dessen Oberdeck mit viel Grün dekoriert ist. Uns begleitet seine Katze Toupi, die mit dem Pyrenäenhund Attila gut Freund ist. Ein mit sich und der Welt zufriedener Glückspilz, der zum sympathischsten Pechvogel des Kinos wurde, gefeiert in der Presse als „Champion der Zwerchfell-Massage". Dass er diesen Nimbus trotz einiger seriöser Charakterrollen

Der „große Blonde mit dem schwarzen Schuh" auf seinem Hausboot: „Der Mensch braucht das Lachen wie die Sonne." Foto: Marion Wahl

zwischendurch nicht mehr los wird, damit hat er sich wohl oder übel abgefunden. Und er hat dafür eine durchaus plausible Entschuldigung:

„Ich möchte mit beitragen zur moralischen Gesundung der Menschen. Bei mir passiert das auf lachende Weise. Die Leute sollen das Kino in besserer Laune verlassen – mit einem Optimismus, der nichts verkleistert und trotzdem nach vorn schauen lässt. Der Mensch braucht das Lachen wie die Sonne.“

Davon war er schon 1968 überzeugt, als er sein Filmdebüt mit „Alexander, der glückselige Träumer" gab. Darin spielt er mit viel hintersinnigem Humor einen lebenslustigen Großbauern, der nach dem Dahinscheiden seiner arbeitswütigen Frau monatelang Siesta hält, einem süßen Nichtstun verfällt, die Vorzüge von Faulheit und Müßiggang genießt und sich zum Ärger seiner Neider im Dorf mit den kleinen Freuden des Daseins begnügt. Dass Alexander im wahren Leben kein naiver Fantast ist, bewies er zuletzt mit einem überraschenden Wechsel ins Genre der Dokumentation.

Che Guevara in Eigenregie

Über diese neue Leidenschaft hinter der Kamera spricht er gern, öffnet Schubladen und kramt verschiedene Utensilien aus einem Wandschrank, darunter Kuba-Zigarren, Broschüren über Geschichte, Land und Leute der Karibikinsel, eine Ausgabe der „Granma", der Zeitung der kubanischen Kommunisten, und ein Foto, auf dem er und seine Frau mit Fidel Castro zu sehen sind. Dazu Bilder von Ernesto Che Guevara. *„Das"*, so erläutert er, *„sind Erinnerungen, die ich von einer Reportagereise kreuz und quer durch Kuba mitgebracht habe. Auf den Spuren von Che Guevara.“* So durchstreifte er auf eigene Faust zwischen Havanna und Santiago mehrere Monate lang die sozialistisch regierte Inselrepublik, sammelte Zeugnisse und befragte noch lebende Zeugen über den Commandante aus der Sierra Maestra, der an der Seite Castros mithalf beim Sturz der Batista-Diktatur und beim Aufbau eines neuen Staates, bis ihn im Oktober 1967 in Bolivien die Kugel eines bezahlten Söldners traf.

Der Hobbyfilmer interviewte in Eigenregie seine Tochter Hildita, seinen Jugendfreund Granado, den ehemaligen Mitkämpfer Orlando Rodriguez, den Ex-Arbeitskollegen Tiros Saenz, weitere Verwandte, Freunde und frühere Kampfgefährten. Pierre Richards Dokumentation ist nicht zuletzt ein Gegenstück zum Rufmord gewisser bürgerlicher Scharlatan-Blätter, die dem lateinamerikanischen Arzt und Revolutionär die finstersten Rollen andichteten – vom feigen, hinterhältigen Guerillero bis zum leichtsinnigen Abenteurer, gefährlichen Anarchisten, konfusen Trotzkisten und verbohrten Maoisten. Als ebenso falsch dokumentiert der Filmemacher das andere Extrem, das die Person Che Guevaras auf den Heldensockel eines fehlerlosen Heiligen hebt.

„Woher kommt dieses Interesse für Che Guevara?" Er zögert keine Sekunde mit der Antwort:

„Es sind Jugenderinnerungen, die sehr stark in mir ausgeprägt sind. Che Guevara ist für mich das Ideal des furchtlosen und kompromisslosen Kämpfers. Ich bewundere seine Aktionen. Sie waren darauf gerichtet mitzuhelfen bei der Befreiung Lateinamerikas von sozialer Ungerechtigkeit und vom amerikanischen Imperialismus, der in der damaligen Epoche besonders stark verankert war."

„Also sind Sie beeindruckt von der kubanischen Revolution?"

„Ja, ich bin begeistert. Mir ist erst mal so richtig bewusst geworden, dass Kuba nur einige hundert Kilometer von Miami entfernt ist … Es ist wirklich enorm, was Castro vor der Haustür der Vereinigten Staaten geleistet hat."

„Aber warum haben Sie freiwillig die Strapazen einer solch beschwerlichen Reportagereise auf den Spuren von Che Guevara auf sich genommen?"

„Für mich lag der Reiz dieser Arbeit vor allem darin, Motiven nachzuspüren und sie offenzulegen. Was hat diesen Mann bewegt und angetrieben?"

So entstand mit vielfältigen Antworten aus erster Hand ein warmherziges, aus eigener Tasche bezahltes Filmporträt, das mit dem Titel „Erzählt mir von Che" im französischen Fernsehen gezeigt wurde. Wohl mehr als Referenz an ihn und seine Popularität und weniger aus politischem Interesse an der Symbolfigur der Kubanischen Revolution, über die der französische Normalbürger so gut wie nichts weiß und vielleicht auch nichts wissen will und vielleicht auch nichts wissen soll. Deshalb lief die Reportage zu sehr später Stunde. Das ärgerte und erzürnte ihren Schöpfer, der partout nicht auf das Klischee des „großen Blonden" reduziert werden will. Deshalb wage ich es, die Messlatte für die nächste Frage extrem hochzulegen:

„Ich weiß, dass Sie sich sehr stark für die großen Probleme der Menschheit interessieren. Welches ist Ihrer Meinung nach heute das wichtigste?"

„Ich bin kein professioneller Politiker. Meine Meinung ist nicht diktiert von einem speziellen politischen Interesse und basiert nicht auf einer geistigen Analyse der Dinge. Es ist mehr eine Angelegenheit des Herzens. Und da ist es eben offensichtlich, dass ein sicherer Weltfrieden eine Sache von höchster Dringlichkeit ist. Denn ein Krieg konnte früher hundert- oder zweihunderttausend Menschen töten. Jetzt aber würden es auf einen Schlag hundert Millionen oder mehr sein. Das Problem ist also ernster geworden. Wenn es heute einen Weltkrieg geben würde, könnte man die Opfer nicht mehr zählen und die Folgen wären nicht mehr überschaubar."

Ein Hauch Nachdenklichkeit

Spätestens jetzt registriere ich im Stillen: Kein Knattermime mit selbstgefälliger Oberflächlichkeit, wie man nach dem amüsanten Konsum einiger seiner filmischen Gauklerstücke vermuten könnte. Kein primitiver, gedankenloser Possenreißer in einem weltfremden Elfenbeinturm des Erfolges, der ihm allen Anschein nach nicht zu Kopf gestiegen ist. Statt eines Klamaukfritzen ein begnadeter Erzkomödiant, dem Gleichgültigkeit gegenüber dem Ernst des Lebens und des Weltgeschehens fremd ist. Der „große Blonde" entpuppt sich als ein Schwergewicht der leichten Muse.

Er wünscht sich, dass die Zuschauer bei allen Lachnummern auch einen Hauch Nachdenklichkeit mit nach Hause nehmen. Pierre Richard fabuliert nicht nur über die Kunst des Komischen, sondern lässt auch keinen Zweifel daran, dass sein Filmporträt von Che Guevara kein zufälliger Ausrutscher war. Er würde ebenso gern Nelson Mandela porträtieren, offenbart er vor der Kamera. Auch er sei seiner tiefen Überzeugung im Kampf für ein freies Südafrika bis zur letzten Konsequenz treu geblieben. Das imponiere ihm, nötige ihm Respekt und Hochachtung ab.

Fluss-Nomade statt Schickeria-Gigolo

Wir steigen aus den Tiefen der Kajüte seinem Kahn aufs Dach, suchen uns an Deck einen sonnigen Winkel inmitten seines mit Blumenkästen geschmückten Schiffsgartens, der auch noch im Oktober vom sanften Pariser Klima zehrt. Ich möchte wissen, warum er sich statt einer Luxusvilla dieses Boot angeschafft hat. Deutlicher als vorher fällt mir nun sein ansteckendes Meckerlachen auf:

„Weil ich hier mitten in Paris bin und mich zugleich wie auf einem Angelkahn in der Bretagne fühlen kann. Es ist eine andere, freiere Lebensqualität als in einer Wohnung dieser Riesenstadt. In der Betonwelt von Paris lebt man anonym. Hier aber hat das Leben Gesichter und Namen, sind alle Bootsnachbarn Freunde. Man kennt sich, hilft sich, redet miteinander. Ich lebe wie in einem Dorf – und doch mitten in Paris. Ist das nicht herrlich?"

Dieses Gefühl beruht auf Gegenseitigkeit mit seinen Bootsnachbarn. Madame Fernande Anstett ist stolz, die Filmberühmtheit von nebenan als Freund zu haben. Sie besuchen sich, helfen sich, plaudern und feiern miteinander. Auch sie ist auf ihre Weise ein Original und hat eine besonders enge Beziehung zu Hausbooten. Denn auf einem wurde sie vor 72 Jahren geboren. Deshalb glaubt sie felsenfest, mit Seine-Wasser getauft zu sein. Ihr Kahn quillt über von Blumentöpfen und Andenken. Hier campiert sie

mit ihren drei Hunden, verehrt als Schutzheilige aller Boots-
kapitäne ringsum. Sie bedauert, dass im Juli und August, wenn
die Einheimischen den Touristenströmen Platz machen und der
Stadt entfliehen, auch viele Boote neben ihr den Kai verlassen
und ebenfalls in den Urlaub steuern. Auch Pierre Richard.

Er bestätigt es uns. Wenn es ihm hier zu langweilig wird
oder der sommerliche Touristentrubel eine erträgliche Lautstär-
ke übersteigt, lichtet er den Anker und schwimmt 190 Kilometer stromabwärts in Richtung Nordwesten nach Honfleur, wo
die Seine in den Ärmelkanal mündet und er ebenfalls einen Lie-
geplatz hat. Von Paris in die Normandie ohne Auto, Bus oder
Bahn. Ein wunderbares Vergnügen! Die Pariser Schickeria ver-
misst er nicht, da er sie weitgehend meidet und Smalltalk mit
dem Champagnerglas in der Rechten und einer „Pall Mall" in
der Linken nicht seine Welt ist. Das verbucht er als Verbrechen,
die Zeit totzuschlagen. Nein, ein Partylöwe sei er nie gewesen.
Und auch kein Jetset-Gigolo mit Vorführeffekt, wohl aber ein
Fluss-Nomade mit dem Luxusgefühl einer unbezahlbaren, herr-
lichen Freiheit.

Was er mir verschweigt, ist der noble Umstand, dass er vor
seiner Hausboot-Zeit mit seiner Familie in einem überdimensi-
onalen Landhaus vor den Toren der Hauptstadt gelebt hat. Nach
seinen zwölf Jahren auf dem Wasser ist er dann später auch wieder ins zivile Normalleben auf dem Festland zurückgekehrt und
hat sich im Nobelbezirk des 16. Pariser Arrondissements nieder-
gelassen. Auch Künstler-Nomaden suchen sich eben ein sonniges
Ruheplätzchen, wenn sie in die Jahre kommen.

Er schnippt mit den Hosenträgern, fährt sich durch den Wu-
schelkopf, klatscht übermütig in die Hände. Grund dazu hat er.
Der Superstar sitzt in Frankreich auf dem Pegasus seiner umwerfenden Komik ebenso fest im Sattel wie ein Jean-Paul Belmondo
auf dem Schlachtross seiner verwegenen Abenteuer. Was mich
an ihm immer wieder überrascht, ist im Kontrast zur ulkigen
Frohnatur seine hellwache Aufmerksamkeit für die großen Dinge dieser Welt. Dabei weist er im Gegensatz zu seinem Kollegen
Alain Delon den Verdacht weit von sich, ein politischer Mensch

zu sein oder sogar politische Ambitionen zu haben. Das Thema Abrüstung erledigt er mit einem verblüffenden Satz:
„Um die Gewehre aus der Hand zu legen, muss man sie zuerst aus den Köpfen entfernen."

Rastlosigkeit gegen das Älterwerden

Die uns zugebilligte Zeit mit ihm ist längst überschritten. Eine gnädig warme Herbstsonne hat uns eine Plauderei unter freiem Himmel erlaubt – an Deck seines „Eintracht"-Kahns an einer hölzernen Tischplatte mit gusseisernen Füßen inmitten schrulliger Dekorationen und buntblumiger Pflanzkästen. Eine schwimmende Insel bonbonfarbener Gemütlichkeit. Er schraubt sich aus seinem Gartenstuhl in die Senkrechte, begleitet uns durch einen Wald von Geranien, von denen ich nicht weiß, ob sie alle echt sind. Er schüttelt mir zum Abschied die Hand, als müssten Äpfel vom Baum fallen. Dann turnen wir über ein schmales Holzbrett vom Hausboot auf die Kaimauer, während er winkend in der Bootsluke verschwindet. Sein Domizil hat keine Hausnummer – so wie er generell keine Etikettierungen und Aufkleber mag. Und für Menschen schon gar nicht.

Das trifft auch für ihn selbst zu, wie er noch mit 85 Jahren beweist. Im Juli 2020 kam mit ihm der Schwank „Brutus gegen Cäsar" in die französischen Kinos. Zuvor hatte er in den Komödien „Die Sch'tis in Paris" und „Monsieur Pierre geht online" gezeigt, dass sein Repertoire an schelmischer Darstellungskunst längst nicht erschöpft ist, auch wenn sie nicht mehr das große internationale Publikum von damals erreicht.

Die Zuschauer konnten sich aber noch einmal köstlich amüsieren, als 2011 eine mit Tiefgang inszenierte pointengeladene und ideenreiche Burleske über eine Alten-WG die Kinosäle füllte. Schon der als Frage formulierte Titel deutete das gewagte, sensible Vorhaben mit unsicherem Ausgang an: „Und wenn wir alle zusammenziehen?" Hier konnte Richard seinem Affen noch einmal Zucker geben. Mit den anderen Promi-Senioren Jane Fonda, Geraldine Chaplin, Guy Bedos und dem Junggesellen Daniel Brühl streitet er über den Zahn der Zeit wie auch über Alters-Sex und Viagra, lamentiert über das Altwerden und lehnt sich vehement dagegen auf. Ein altersgereifter Pierre Richard spielt den alzheimerkranken Albert, der als Ehemann der Hollywood-Ikone Jane Fonda wider Willen in tollpatschige Situationen gerät und den schauspielerischen Drahtseilakt zwischen einem Lachen über groteske Hilflosigkeit und dem Respekt vor Altersblessuren mit viel Fingerspitzengefühl meistert.

Danach verfiel Richard 2012 erneut der publikumswirksamen Anziehungskraft seiner erfolgreichen Deppenfigur von einst mit dem treffenden Filmtitel „Der große Blonde kann's nicht lassen". Und weil seine Fans nicht genug davon bekamen, konnten sie ihren unermüdlichen Fettnapf-Helden mit dem unwiderstehlichen Eulenspiegel-Charme im Jahr darauf in der Posse „Der kleine Blonde mit dem weißen Schaf" belachen.

Damit konnte er sich wieder in seinem ureigenen Element tummeln, nachdem er mit ernsteren Rollen in „Die Rezepte eines verliebten Kochs" von 1996 und „Paris, Paris" von 2008 nur spärlichen Beifall einheimsen konnte. Es roch zu sehr nach Klamotte. Da rettete ihn dann gerade noch rechtzeitig vor dem pauschalen Verriss die eben erwähnte starbesetzte französisch-deutsche Koproduktion über die Altersheim-WG. Die Hardliner in der Schar seiner Bewunderer jubelten und abtrünnige Fans kehrten reumütig zurück und bedachten das Werk mit überraschendem Wohlwollen. Alle akzeptierten ihren Richard als gekonnten Grenzgänger zwischen ungewohnter Seriosität und gewohnter Situationskomik.

Pierre hat seine Rolle in diesem Film nicht gespielt, sondern gelebt. Denn vor dem Älterwerden, so hat er öffentlich eingestanden, habe er gehörig Angst – und hat angemerkt, dass er mit seinen 85 Lenzen ja schon längst alt sei. Vor dem Noch-Älterwerden sträubt er sich mit immer neuen Ideen eines Jungbrunnens wie seinem Weingut Château Bel Évêque in der südfranzösischen Stadt Gruissan. Vor der Angst des Vergreisens schützen ihn auch seine beiden Söhne, die als Duo „Blues Trottoir" musikalisch in die Fußstapfen des Vaters treten und damit sogar an seinem Filmschaffen beteiligt waren. So komponierten der Saxophonist Olivier und der Kontrabassist Christophe den Soundtrack für den 1997 von ihrem Vater produzierten Film „Droit dans le mur", zu übersetzen in diesem Falle wohl mit „Direkt vor die Wand".

Enkel Arthur ist Model und damit ebenfalls nicht allzu weit weg vom Showgeschäft. Auch er ist froh, dass der Großvater es nach einigen gescheiterten Ehen nun schon über zwanzig Jahre mit dem brasilianischen Model Ceyla Lacerda, aushält. Bei der Eroberung dieser Frau hat ihm sein unverwüstlicher Harlekin-Schalk geholfen, wie er freimütig bekannte: „*Wenn man nicht gerade das Gesicht von Alain Delon hat, kann Humor sehr hilfreich sein!*"

Charles Aznavour

kam als Napoleon des Chansons zu gleichem
Weltruhm wie seine geniale Mentorin Edith Piaf

Am 24. August 2017 kabelte die in Los Angeles versammelte Weltpresse eine Promi-Meldung mit Ausrufezeichen an ihre Heimatredaktionen. Die Schlagzeile hieß: „Französische Showlegende Charles Aznavour erhielt einen Stern auf dem ‚Walk of Fame' von Hollywood." Das war ungewöhnlich, denn die Ruhmessterne auf dem berühmtesten Gehweg Kaliforniens sind im Wesentlichen die hauseigene Domäne der Amerikaner und eine Nabelschau für die Größen ihrer Unterhaltungsindustrie. Wenn Ausnahmen gemacht wurden, dann meist mit Pop- und Rockstars aus dem englischsprachigen Ausland. Dass aber ein Chanson-Franzose im Herzen der Filmmetropole Los Angeles mit einem Stern verewigt wird, ist sensationell.

Andererseits ist Aznavour hier kein Fremder. Von seinen rund 80 Filmen entstanden nicht wenige in der Kinofabrik Hollywood. Dafür wurde ihm nun gut ein Jahr vor seinem Tod eine besondere Auszeichnung zuteil. Nachdem der rastlose Troubadour im Vorjahr eine Nordamerika-Tournee absolviert hatte, war er hier am Hollywood Boulevard im „Pantages Theatre" aufgetreten, einst Veranstaltungsort der Oscar-Verleihungen. Es wirkte wie eine zusätzliche Verbeugung vor dem 1,64 Meter kleinen und doch so übergroßen Mann aus Paris, dass seine Sternenplakette just hier einzementiert wurde vor dem Eingang dieses historischen Theaters, das nun eine Musikbühne ist. Nun war er also wieder da für eine ungewöhnliche Einweihungsfeier, auf der kein Geringerer die Laudatio hielt als Peter Bogdanovich, amerikanischer Schauspieler, Regisseur, Filmproduzent und Drehbuchautor. Er verneigte sich vor einem 93-jährigen Weltstar mit einer 70-jährigen Erfolgskarriere ohnegleichen.

Dass mir Charles Aznavour davon eine winzige Unze seiner Lebenszeit geschenkt hat, habe ich nie als Selbstverständlichkeit empfunden. An der Begegnung mit ihm möchte ich Sie gern teilhaben lassen. Deshalb versetzen Sie sich bitte mit mir ins Jahr 1987 und damit in meine Zeit als Frankreich-Korrespondent des DDR-Fernsehens. Natürlich hat das Ganze auch eine Vorgeschichte.

Le grand Charles

Die Spatzen pfiffen es von den Dächern. Die Radio- und Fernsehnachrichten brachten es als Spitzenmeldung. Die Zeitungen verkündeten es auf ihren Titelseiten. Die Litfasssäulen an der Seine informierten darüber in plakativer Großaufmachung. Schließlich wussten es alle und stürmten die Kassen des Pariser Kongresspalastes, um Karten für eine mehrwöchige Jahresend-Gala mit ihm zu ergattern. Schließlich war ihr weltberühmter Sohn nach langer Paris-Abstinenz wieder einmal in seiner Geburtsstadt und niemand wusste, ob er mit nunmehr 63 Jahren nicht vielleicht demnächst seine legendäre Karriere beenden würde.

Keiner und nicht einmal er selbst konnte damals die verwegene Ahnung haben, dass es ihn trotz mehrerer Abschiedstourneen immer wieder auf die große Bühne ziehen würde und er seinen letzten umjubelten Auftritt kurz vor seinem Tod mit begnadeten 94 Jahren in der japanischen Hafenstadt Osaka haben würde. Da hatte Charles Aznavour ein künstlerisches Erbe vorzulegen, das seinesgleichen sucht: weltweit rund 200 Millionen verkaufte Tonträger, 800 auf Platten verewigte Chansons und Schlager. Über tausend Lieder hat er selbst geschrieben, darunter für Edith Piaf, Maurice Chevalier, Eddie Constantine, Juliette Gréco, Nana Mouskouri und Gilbert Bécaud.

„Le grand Charles", wie ihn die Franzosen ehrfürchtig nennen, hatte sich für seine Landsleute nun also vom 29. September bis zum 8. November 1987 Zeit für ein ausführliches Gastspiel genommen. Kaum war die Ankündigung heraus, war die gut einmonatige Gala im großen Amphitheater des Kongresspalastes mit seinen über 3700 Sitzplätzen im Handumdrehen ausverkauft inklusive einiger noch zusätzlich erbettelter Stehplätze.

Der zum Chanson-König gekrönte Franzose armenischer Herkunft stand längst auf meiner Liste begehrter Interviewpartner aus der Kunst- und Kulturszene, aber den umtriebigen singenden Globetrotter jemals vor unsere Fernsehkamera zu bekommen, hatte ich mittlerweile aufgegeben. Nun sah ich eine Chance, obwohl da sicher einige Hürden zu überwinden waren. Ich wusste, dass sein Ruhm mittlerweile einen Schutzgürtel um ihn herum aufgebaut hatte wie bei einem Staatspräsidenten – und mit einem Staatsbegräbnis wurde er auch am Ende seiner 94 Jahre währenden Lebenslinie am 19. September 2018 beigesetzt. Ich habe im März 2005 selbst miterlebt, wie ihn eine motorisierte Polizeistaffel auf Promi-Tour durchs belgische Lüttich eskortiert hat.

Nachdem dort der Stargast mit seinem Privatjet eingeschwebt war, gab es schon vor den Toren des Forum-Showpalastes in der Rue du Pont d'Avroy ein Schwitzbad in der Menge, bei dem Bodyguards und ein Großaufgebot von Sicherheitsbeamten vergeblich versuchten, allzu aufdringliche Autogrammjäger auf Distanz zu halten. Aznavour wurde in der wallonischen Großstadt wie ein alter Bekannter gefeiert, obwohl er zur Präsentation seiner künftigen September-Vorstellung nur dürftige 35 Minuten blieb.

Der rastlose Fahrensmann in Sachen Musik hatte zwar ein großes Herz für sein Publikum, aber niemals Zeit. Er geizte bis zum Schluss mit jeder Lebensminute, die er mit seinen Liedern füllen wollte. Und nun dachte ich, dass diese zeitgeizige Berühmtheit uns einen Platz in ihrem knallvollen Terminkalender einräumen könnte. Andererseits hatte ich immer wieder von seiner Bodenhaftung gehört, die keine Hochnäsigkeit zuließ – von seiner Sympathie für den Mann auf der Straße mit einem Nerv für die kleinen Leute und ihr Milieu, aus dem er selbst kam und dem er viele seiner Lieder gewidmet hat. Nicht wenige davon erschienen auch bei der DDR-Plattenfirma Amiga, was ihm nicht verborgen geblieben sein dürfte. Vielleicht hatte ich auch bei ihm das Glück des Ostexoten unter der Schar von Westjournalisten, deren Andrang er gewöhnt und vielleicht sogar überdrüssig war. Ein TV-Mann aus Ostdeutschland hatte für ihn möglicherweise Seltenheitswert. Das war mein Bonus.

Auf Promi-Jagd: Bruchlandung und Neustart

Einen hoffnungsvollen Versuch hatte ich bereits in Genf gestartet, als ich zwischen zwei Terminen der sowjetisch-amerikanischen Abrüstungsverhandlungen mitbekam, dass die Uraufführung eines Films über die Schweizer UNO-Metropole bevorstand. Zur glanzvollen Premiere sollte auch Aznavour kommen, der in dem Stadtporträt einen Gesangspart übernommen hatte. Der Großmeister des Chansons, der zudem Ehrenbürger von Genf ist, hatte den Titelsong komponiert und sich damit auf eine bislang unbekannte Weise vorgestellt: als Liedermacher und Interpret für einen Dokumentarfilm.

Da ich als Frankreich-Korrespondent auch eine zweite Länderakkreditierung für die Schweiz besaß, bekam ich mit meiner Pressekarte problemlos eine Einladung und zudem noch eine VHS-Videokassette mit dem 45-Minuten-Kinostreifen. Es gab nur ein Problem: Ich war da, aber Aznavour nicht. Pech! Trotzdem genoss ich seinen Auftritt in „Genève", wie der französische Regisseur François Reichenbach seinen Streifen schlicht und einfach genannt hatte.

Die ersten Bilder zeigen, wie im Frühjahr plötzlich der Genfer See explodiert und mit einer 150 Meter hohen Wassersäule das imposante Wahrzeichen der Konferenzstadt modelliert. Dann schweben nicht nur die Verliebten in den Wolken, sondern auch die Politiker, deren stets wiederkehrendes Reiseziel dieses Zentrum internationaler Begegnungen ist. Aznavour besingt es, während er ebenfalls über den Wolken dem Häusermeer an der Rhone vor der spektakulären Naturkulisse des Mont Blanc entgegensegelt. Typisch für ihn als Song-Fabulierer ist, dass er mit dem philosophisch angehauchten Text poetisch, aber schnörkellos seinen Standpunkt ausdrückt: *„Ich akzeptiere im Disput der Zeit nur eine Entscheidung: die für das Leben, für das Glück."*

Er klettert aus dem Flugzeug und betritt heimatlichen Boden, denn hierher nach Genf hat der Chansonnier, Liedtexter, Komponist und Filmschauspieler seinen Wohnsitz verlagert, ist er vor dem einnehmenden Wesen des französischen Fiskus geflüchtet.

Der damit verbundene Fehltritt brachte ihm negative Schlagzeilen wegen eines Steuerskandals in Frankreich, an den sich danach am liebsten niemand mehr erinnern möchte. Während das Verfahren wegen Steuerhinterziehung 1980 im Sande verlief, war er drei Jahre zuvor mit einer Anklage wegen Verletzung der Zoll- und Devisenbestimmungen nicht so glimpflich davongekommen. Die Richter verurteilten ihn zu einer deftigen Geldstrafe von umgerechnet fast anderthalb Millionen Euro. Eine einjährige Haftstrafe wurde zur Bewährung ausgesetzt.

Viele Jahre später, Ende 2008, wird dem gebürtigen Franzosen als Kind von Einwanderern aus Armenien auch die armenische Staatsbürgerschaft verliehen – eine Voraussetzung dafür, dass er ein Jahr danach armenischer Botschafter in der Schweiz werden konnte und damit auch in der Lage war, das Land seiner Vorfahren am Genfer UNO-Sitz zu vertreten. Zudem wurde er Armeniens Repräsentant bei der UNICEF in Paris. Als Bürger und sogar Ehrenbürger von Genf ist er hier öfter als in seiner Geburtsstadt an der Seine. Erst 58 Jahre, nachdem er in Paris als Charles Aznavourian das Licht der Welt erblickte, erhielt er die amtliche Erlaubnis für seinen nur wenig geänderten berühmten Künstlernamen Aznavour.

Während ich enttäuscht über seine Abwesenheit bei der Filmpremiere in mein Genfer Standardhotel „Grand-Pré" zurückschlenderte, berichteten die Medien, dass er auf rastlosen Tourneen schon wieder Hallen und Arenen in aller Welt füllt. Daran erinnere ich mich nun, als in Paris der Sturm auf die Konzerttickets einsetzt und ich mir über vertrauliche Quellen Name und Telefonnummer seines Managers beschaffe. Herr Lewen Sayan hört sich meine Bitte in merklicher Gestresstheit an, verspricht mir aber, darüber mit dem Meister zu reden.

Ich hatte das Aznavour-Projekt über der Tagesarbeit fast schon zu den Akten gelegt, als Herr Sayan mich nach einer Woche anruft. Er teilt mir mit, dass Monsieur Aznavour versuchen werde, sich für ein Interview mit dem Ostfernsehen eine halbe Stunde abzuknapsen. Das ginge allerdings nur vor Beginn eines Konzertes im „Palais des Congrès" am 29. Oktober. Ich möge also

Punkt 18.30 Uhr in seiner Garderobe erscheinen und sie spätestens 19 Uhr verlassen, damit Monsieur Aznavour ebenso pünktlich seinen Auftritt um 19.30 beginnen könne. Er werde sich bemühen, diesen Termin zu halten. Herr Sayan merkte wohl, dass ich ihn durch einen wortreichen Dank für uns einzunehmen versuchte und fügte an: *„Bleiben Sie optimistisch. Ich versuche mein Bestes.“*

Vom schwierigen Werdegang eines Phänomens

Die lange Wartezeit hatte andererseits einen nicht zu unterschätzenden Vorteil. Neben unserer tagesaktuellen Berichterstattung aus Westeuropa nutzte ich nun jede freie Minute, um möglichst alles über den Troubadour des französischen Chansons zu erfahren. Ich wollte ihm maximal vorbereitet begegnen. So beließ ich es nicht bei jedweder Lektüre über den Franzosen-Armenier, sondern beschnüffelte auch in Paris alle Ecken, in denen er seine Kindheit und Jugend verbracht hat – vor allem im Studentenviertel Quartier Latin, wo er am 22. Mai 1924 als Charles Aznavourian in der Rue du Temple zur Welt kam. Als Kind bettelarmer armenischer Eltern, die 1915 aus ihrer Heimat geflohen waren, um dem türkischen Völkermord an den Armeniern im damaligen Osmanischen Reich zu entgehen. Erst 1947 wurden sie in Frankreich eingebürgert.

Der Vater war Textdichter und die Mutter Schauspielerin. Ihr mangelhaftes Französisch hinderte sie, ihre Berufe in bare Münze zu verwandeln. Der Patron hielt die Familie als Gastwirt über Wasser – und mit neun Jahren mussten Charles und seine ein Jahr jüngere Schwester Aid das kleine Bistro mitfinanzieren und das Existenzminimum sichern. Trotzdem wurde nicht Trübsal geblasen, sondern musiziert. Mutter und Schwester klimperten auf dem Klavier, der stimmbegabte Vater sang und Charles strich die Geige. Es wurde getanzt, gespielt, getrunken – oft auch in gemeinsamer Geselligkeit mit anderen Ausländern. Es waren meist schwermütige, melancholische Lieder, die Charles tief beeindruckten. Dass es nicht nur armenische, sondern auch französische und russische Balladen und Chansons waren, inspirierte den Jungen, seine Songs später in fünf Sprachen zu interpretieren. Darin beschrieb er diese Zeit der Armut trotz ständiger Sorge ums tägliche Brot als freie und glückliche Kindheit, in der er Musik inhalierte wie tägliche Mahlzeiten.

Gerade mal fünf war er bei seinem ersten öffentlichen Auftritt mit armenischen Volksliedern auf einem Emigrantenfest. Der Vater förderte seine künstlerischen Neigungen und Ambitionen und brachte ihn bei einer laienhaften Fortbildungsschule für Gesang und Schauspiel unter. Dank seines komödiantischen Talents konnte der Sprössling schon als Neunjähriger Kinderrollen wie die des Franzosenkönigs Heinrich IV. übernehmen und so ein paar Francs zum schmalen Familienbudget beisteuern. Mit 14 konzentrierte er sich auf die Musik, mit 17 begann er zu komponieren und zu texten, um dann als Interpret seiner Lieder durch die französische Provinz zu tingeln, allerdings mit mäßigem Erfolg. Fachleute beanstandeten ausgerechnet den Zustand seiner Stimme, mit der er sich später Weltruhm ersang. Sie sei kratzig, schwach und so fragil wie sein Körperbau. Dazu Gesichtszüge, die nicht nach Mitteleuropa gehörten.

Er war alles andere als ein Senkrechtstarter. Es dauerte geraume Zeit, bis sich die Allgemeinheit an seine etwas brüchige Stimme und seine äußerlich bescheidene Bühnenerscheinung gewöhnte. Sein Gesang wurde durch mangelnde Stimmbandvibration als eigentümlich fremd empfunden – und mit seiner filigranen Kleinheit von nur 1,64 Meter machte er auch nicht gerade die stattliche Figur eines präsidialen Ehrengardisten im Élysée-Palast. Die Gegensätze muteten geradezu grotesk an: Ein unscheinbares Männlein mit Fremdlingswirkung und dem überheblichen Anspruch auf öffentliche Anerkennung. Eine skeptische bis ablehnende Presse fand es anmaßend, sich mit einer nach ständiger Erkältung klingenden Stimme und einem zwergenhaften Aussehen vor ein Publikum zu treten, zu singen und noch Beifall zu erwarten. Nicht selten kam es vor, dass er ausgelacht, ausgebuht, ausgepfiffen wurde. Die Häme war groß. Es ging mehr bergab als bergauf.

Der so Gedemütigte blieb hartnäckig auf Kurs, pflegte weiterhin eine trotzige Eitelkeit, war aber auch Realist genug, um sich selbst zu gestehen, dass er „nicht besonders gut aussehe", eine „ausgefallene Stimme" habe und ein „Allerweltsgesicht" zur Schau trage. Das wurde auch nicht anders, als er sich seine auffällige Nase operieren ließ. Den unbeirrbaren Glauben an sich selbst und an seine Fähigkeiten verlor er dadurch nicht. Überzeugt vom richtigen Weg, schloss er seinen inneren Frieden mit sich und konstatierte: *„Ich habe mich an mich gewöhnt."*

Frankreich wird „aznavourisiert"

Die Ära von Zweifel und Ablehnung versank in einem glücklichen Zufall, als ihn Edith Piaf in einem drittklassigen Vorstadt-Café hörte. Sie ging auf ihn zu und befand: *„Ich mag, wie Sie singen. Sie beißen in die Worte, wie ich es auch tue."* Wie die zupackende Intensität an musikalischer Intonation sah die stimmgewaltige, aber ebenfalls kleinwüchsige Chansonette in dem schmächtigen, zerbrechlich wirkenden Jungen auch noch andere Parallelen zu ihrer eigenen Beschaffenheit und Biografie, die sie aus der Gosse und einem Bordell als ihrem kindlichen Zuhause zunächst zum Zirkus und Straßengesang führte. Sie glaubte, dass eine ähnliche Karriereleiter durch Ehrgeiz, Talent und Fleiß auch für Charles bereitstehen könnte. Für sie, die Burschikose, Ordinäre und zugleich Zartbesaitete, Einfühlsame war Aznavour „le petit Charles" und „mein kleines beklopptes Genie", das sie beschützen wollte.

Nach der schicksalglücklichen Begegnung mit der Chanson-Göttin war der herumvagabundierende Sänger als ihr ständiger Tourneebegleiter engagiert, wurde ihr Chauffeur, Sekretär, Kofferträger, Beleuchter, Beichtvater, Freund und Vertrauter und bald selbst Akteur mit kleineren Gesangseinlagen im Vorprogramm ihrer Gastspiele im In- und Ausland.

Immer drastischer fiel ihm auf, dass die exzentrische Diva vor sich selbst Schutz brauchte, denn die für ihr eigenes Leben selbst provozierten Gefahren ignorierte sie. Ihr triumphaler wie dramatischer Weg nach ganz oben zu den Nobeltheatern des Showgeschäfts und auf die Leinwand wurde begleitet von Alkohol- und Drogenexzessen, Entziehungskuren, Zusammenbrüchen, Operationen, Unfällen, dem Tod ihres Kindes und ihrer großen Liebe sowie einem suchtgetriebenen Männerverschleiß, in den sie auch den jungen Charles einbezog, was dieser allerdings stets bestritt. Er bewunderte seine Mentorin grenzenlos. Zugleich erschauerten ihn die traurigen Eskapaden, die sie als körperliches und geistiges Wrack im Alter von nur 47 Jahren dahinvegetieren und schließlich mit 57 sterben ließen.

Bevor Aznavour selbst zum gefeierten Bühnen- und Filmhelden wurde, hatte er dieses Schicksal als Warnung vor Augen, erlebte aber zugleich mit, wie seine Gönnerin und Förderin Weltruhm erlangte mit Chansons wie „La vie en rose", „Milord" und vor allem mit dem unnachahmlich vorgetragenen „Non, je ne regrette rien", mit dem sie trotzig alle Welt wissen ließ: „Nein, ich bereue nichts!"

Genervt von ihren exzentrischen Launen, Extravaganzen und ausgeflippten Auftritten, entließ er sich nach acht Jahren selbst aus ihren Diensten, blieb aber ewig ihr Verehrer, würdigte sie als großartigen, witzigen, hilfsbereiten Star mit kleinen Boshaftigkeiten und viel Humor – und vergaß ihr nie, dass sie ihn entdeckt und in schweren Anfangsjahren zu ihm gehalten hat. Seine Verehrung ging so weit, dass er auch nach ihrem Tod ein Duo mit ihr sang. Moderne Studiotechnik machte es möglich.

Nachdem Charles aus dem Schatten der Diva ins Rampenlicht getreten war, erreichte seine Person im Laufe der Jahre einen ihr ähnlich legendären Status. Seine Beliebtheit explodierte. Die heimische Presse, die seine Kariere gebremst hatte, verfiel nun ins andere Extrem und rühmte ihn mit der Schlagzeile: „Frankreich ist aznavourisiert". La France war sich einig, dass der Körperzwerg ein „Riese des internationalen Chansons" sei und zwei der einflussreichsten US-Medien, der Fernsehsender CNN und das „Time Magazine", kürten ihn gar zum größten Varietékünstler des 20. Jahrhunderts.

Er kennt kein Tabu-Thema

Nun also wollte das Volk der Franzosen seinem weltberühmten Landsmann im Kongresspalast huldigen. Und wir würden ihn dort sogar aus nächster Nähe kennenlernen, denn sein Manager hat den Termin bestätigt. So ziehe ich mit Kameramann Wolfgang Groth am späten Nachmittag des 29. Oktober 1987 zur Spielstätte. Von unserem Büro im Pariser Vorort Boulogne-Billancourt ist es ein Katzensprung durch den angrenzenden Waldpark des Bois de Boulogne bis zum Maillot-Platz. Herr Sayan hat Wort gehalten. Während an der Vorderfront bereits eine Besucherschar zum Haupteingang drängt, öffnet sich nach sorgfältiger Überprüfung unserer Presseausweise eine Hintertür. Der Weg zur Garderobe des Meisters ist frei. Wir betreten sie pünktlich eine Stunde vor Beginn seines Konzerts. Dreißig wertvolle Minuten sind uns zugebilligt.

Ich ärgere mich heute über TV- und Radiomoderatoren, die zur Aufwertung ihrer Sendung mit Superlativen wie „Weltstar" leichtsinnig um sich werfen. Er ist wirklich einer. Aznavour kennt die Welt und die Welt kennt ihn. Er will sein Publikum nicht betrügen, singt live und ohne textvorgestanzten Teleprompter – jeder Auftritt eine spannende Einmaligkeit, ein unverwechselbares Unikat. Er verachtet das längst übliche routinierte Playback des Einspiels von Liedern, wozu der Interpret nur noch die Lippen bewegen muss, um anschließend die Hand aufzuhalten. Das sieht ein Könner wie Aznavour als Schummelei am Publikum.

Der erste Anblick ist ernüchternd. Wir sehen den „Maître de chanson" nicht in der Glitzergarderobe eines ganz Großen seiner Zunft, sondern im karierten Alltagshemd und nichtssagend grauer Hose. Er steht vor einem mit Glühbirnen eingerahmten Garderobenspiegel und liest seelenruhig Briefe, die zuhauf zwischen Schminknäpfen, Pinseln und Puderdosen verstreut sind. Stapelweise Fanpost, wie sie jeden Tag eintrifft, obwohl seine Anschrift nicht gerade auf dem Marktplatz verkündet wird. Nachdem er unser *„Bonsoir Monsieur"* ebenso höflich erwidert hat,

Sein Erfolgsrezept: „Ich erzähle einfach über das Leben, wie es ist."
Waschkörbeweise Briefe bestätigen es ihm. Er liest sie noch in der Garderobe,
schöpft auch daraus Anregungen. Foto: Marion Wahl

spreche ich ihn darauf an, frage, wer ihm bei der Bewältigung
der Briefberge hilft und verweise auf seine Zeitknappheit. Er sagt
schlicht und einfach: *„Ich beantworte sie alle, wenn die Adressen le-*
serlich sind." Wovon lässt er sich leiten bei den Aussagen seiner
Lieder? Er muss nicht grübeln, hat die Erwiderung sofort parat:

„Ich erzähle einfach über das Leben, wie es ist. Mit all seinen Höhen
und Tiefen, Freuden und Verzweiflungen, Triumphen und Unglücken.
Ich versuche ohne jegliche Distanz das auszudrücken, was die Menschen
empfinden, was sie glücklich macht und bedrückt. Ich fühle mich als ihr
Begleiter, der ihr Dasein registriert."

„Gibt es Themen für Sie, die Vorrang haben?"

„Ja, vielleicht sogenannte Tabu-Themen, die früher gerade wegen ihres
Wegschweigens doppelt brisant waren. Wer hat schon Chansons über und
für die Homosexuellen geschrieben? Oder zum Drogenproblem in seiner
krassen Verderbtheit und Widerlichkeit? Ich bin auch nicht der Meinung,
dass der Missbrauch von Alkohol etwas Lächerliches ist. Ich glaube, dass

auf unseren Straßen ständig Gefahren lauern. Zu all diesen Auswüchsen und krankhaften Wucherungen habe ich ernsthafte Chansons gemacht. Nicht für ein spezielles Publikum, sondern für alle. Ich schreibe sie meistens selbst, damit sie zuerst durch meinen Kopf und erst dann über meine Zunge gehen. Dann kann ich sie auch mit Lust und Verstand singen."
Dabei hat er auch vor eigenen Niederlagen nicht haltgemacht, hat sie in Noten und Texte umgesetzt, hat persönliche Fehler und schmerzhafte Tiefschläge wie den Tod seines Sohnes Patrick in Liedern verarbeitet. So entstand auch nach seinem Steuerskandal in Frankreich der Titel „Mes emmerdes" –„Meine Nervensägen".

Mut zur unbequemen Wahrheit

Besonders bitter ist seine harte Anklage gegenüber einer einst geliebten Frau, die nach fünf Jahren Ehe in dumpfe Gleichgültigkeit versinkt und zu einem antifemininen Wrack ruinöser Nachlässigkeit verkommt. Das als skandalös empfundene Chanson wurde berühmt und verfemt und sagt mit seinem Titel schon alles: „Tu t'laisses aller" – in der wörtlichen Deutsch-Fassung „Du lässt Dich gehn". Ein Protestlied der unpolitischen Art, das bei seiner Premiere 1960 einige Radiosender boykottierten und selbsternannte Sittenwächter als anstößig, obszön und frauenfeindlich empfanden, weil sie das Anliegen des Chansoniers nicht verstanden oder verstehen wollten – weder seine wachrüttelnde Kampfansage an ein Abgleiten in würdelose Mann-Frau-Routine noch seinen eindringlichen Appell, dass Liebe jeden Tag neu erworben und verteidigt sein will.

Um dies seiner heruntergekommenen Ehefrau begreiflich zu machen, hat sich der tief enttäuschte Gatte Mut angetrunken. Nur mit dieser Alkoholwut getraut er sich zu sagen, dass er die Nase von ihr gestrichen voll habe und was sie an Charakter und Aussehen verändern möge, um wieder das Mädchen zu werden, das ihn einst glücklich gemacht habe. So wirft er ihr in unverblümter Derbheit und mit schockierend drastischen Worten vor:

„Mit Deiner schlampigen Figur
gehst Du mir gegen die Natur.
Mir fällt bei Dir nichts andres ein
als Tag und Nacht nur brav zu sein.
Seit Wochen lieg ich neben Dir
und fühle gar nichts neben mir.
Nur Dein Geschwätz so leer und dumm.
Ich habe Angst, das bringt mich um.
Ja, früher warst Du lieb und schön,
Du lässt Dich gehn, Du lässt Dich gehn."

Dass die mit solcherart herben Vorwürfen angegriffene Damenwelt empört zurückschlug, war nur logisch und deshalb vorhersehbar. Verblüffend nur, dass die Retterinnen der Frauenehre keine Französinnen waren, sondern Deutsche, genauer gesagt Bundesdeutsche: Friedel Hensch und Hildegard Knef. Auch die Deutsch-Italienerin Caterina Valente fühlte sich angesprochen. Sie revanchierten sich mit ihren Versionen, in denen sie den Verfall von früherem Kavaliersbenehmen und Männerstolz aufs Korn nahmen: gockelhaftes Fremdgebaren, Doppelkinn, Bierbauch, Angebermanieren, Modemuffligkeit, Bequemlichkeit, kränkelnde Wehleidigkeit, ungepflegtes Strähnenhaar, Eitelkeit und ähnliche männliche Sünden der Entfremdung von Tisch und Bett der Angetrauten.

Diese Antwortlieder konnten mit dem Original nicht mithalten. Sie wurden beim breiten Publikum mehr oder weniger als beleidigte Rechtfertigung denn als glaubwürdige Attacke empfunden. Zudem war Aznavours anklagende Interpretation mit stimmlicher Inbrunst so phänomenal, dass sein Klagelied im Laufe der Zeit zum unschlagbaren Klassiker wurde, dessen Text und Melodie dem breiten Publikum ins Ohr gingen und bis heute dortblieben:

„Du bildest Dir doch wohl nicht ein,
Du könntest reizvoll für mich sein.
Mit Deinen unbedeckten Knien,
wenn Deine Strümpfe Wasser ziehn.

Du läufst im Morgenrock herum,
ziehst Dich zum Essen nicht mal um.
Dein Haar, da baumeln kreuz und quer
die Lockenwickler hin und her.
Und schiefe Hacken obendrein,
wie fiel ich nur auf so was rein.
Vor meinen Freunden gibst Du an
und stellst mich hin als Hampelmann.
Das bringt mich nachts sogar im Traum
im tiefen Schlaf noch auf den Baum.
Ich hab gedacht, Du hast mich lieb,
als ich für immer bei Dir blieb.
Wenn Du nur still wärst, das wär schön,
Du lässt Dich gehn, Du lässt Dich gehn."

Nachdem der von Frust gebeutelte Ehegatte seine Botschaft abgeladen hat, erinnert er sie an das Glück alter Zeiten und empfiehlt ihr:

„An meinem Herzen, dass wär schön,
da lass Dich gehn, da lass Dich gehn."

Der provokante Songtext beschäftigte Publikum und Musikwelt. Es dauerte nicht allzu lange, bis aus Acht und Bann gegen das Lied Bewunderung wurde für die Courage seines Interpreten zur unbequemen Wahrheit. 37 Jahre nach dem Original gab es 1997 unter demselben Titel „Du lässt dich gehn" einen aktualisierten Nachschlag von Udo Lindenberg, in dem er auch die massenweise Konsumsucht von TV-Trivialsendungen kritisierte. Es war zweifelsohne auch eine Referenz an den Autor der Urfassung, der mit ebenso viel Courage unliebsame Probleme wie Altern, Tod und Einsamkeit thematisierte und damit Inhalte ins französische Chanson brachte, wie es sie zuvor in diesem Genre noch nie gegeben hat. Kein erhobener Zeigefinger eines Moralisten, sondern die helfende Verarbeitung von Beobachtungen und Erfahrungen mitten aus dem Leben inklusive seines eigenen Daseins mit wachem Blick auf die Ausgestoßenen und Randgruppen der Gesellschaft. Mut zum Hinschauen von einem Mann, bei dessen einstiger Armut viele weggesehen haben.

Der Familienmensch

Wer ihn je im Rampenlicht der Bühnenspots in personeller Einsamkeit nur mit einem Mikrofon und ohne ablenkenden dekorativen Firlefanz erleben durfte, wird das Phänomen Aznavour so bald nicht aus dem Kopf bekommen. Die Faszination seiner Marathon-Konzerte besteht in der ungewöhnlichen, undefinierbaren Klangfarbe und zarten Intensität seiner kehligen, eigenartig vibrierenden Stimme, kombiniert mit einer Repertoire-Mischung der Gegensätze, einem mentalen Mix aus Lust und Laster, Sehnsucht und Resignation, Lebenshunger und Melancholie, Banalität und Poesie, Verzweiflung und Leidenschaft, Toleranz und Aggressivität.

Da Aznavour bei unserer Begegnung betonte, seine Liedtexte beruhten ausschließlich auf eigenem Erleben, liegt die Vermutung nahe, dass seine Song-Schelte an die Weiblichkeit im persönlichen Ehefrust entstanden ist, zumal sie in der Ich-Form geschrieben ist. Erhärtet wird diese Annahme durch die aufschlussreiche Tatsache, dass er sich just im Erscheinungsjahr des Liedes von seiner zweiten Ehefrau, der Pariserin Evelyne Plessis, scheiden ließ. Sieben Jahre danach feierte er im „Flamingo Hotel" von Las Vegas eine glamouröse Hochzeit mit der zwanzig Jahre jüngeren Schwedin Ulla Thorsell.

Ein gerahmtes Foto von ihr entdecke ich auf seinem Garderobentisch. Sie schenkte ihm drei Kinder und blieb 51 Jahre bis zu seinem Ende am 1. Oktober 2018 an seiner Seite.

Ein Blick auf meine Armbanduhr verrät mir, dass wir nur noch wenige Minuten haben. Er signalisiert uns das seinerseits, indem er zum Wasserglas greift und Stimmübungen beginnt. Dann unterbricht er und akzeptiert noch eine Frage:

„Welches Ihrer Lieder mögen Sie am meisten?"
„Das ist wie mit meinen Kindern. Ich liebe sie alle und bringe es nicht übers Herz, eines zu bevorzugen."

Das dürfte ihm wahrlich schwerfallen bei seinen sechs Kindern aus drei Ehen. Er ist 63 Jahre und 200-facher Plattenmillionär. Will heißen: Er hat rund 200 Millionen Platten verkauft! Womit sich die Frage aufdrängt, warum er jetzt nicht in ruhiger Zufriedenheit alle Fünfe gerade sein lässt, die Beine hochlegt und sein Restleben genießt. Das, so meint er, tue er ja immerfort. Er genieße sein Glück – und Arbeit sei ein Teil davon. Eine intakte Familie, gute Freunde, eine solide Gesundheit und Arbeit, die er in bester Qualität abliefern wolle – das sei – so wörtlich – *„das Ideal des Glücks"*. Das also, so vergewissere ich mich, sei substanziell in seinem Leben? Er nickt und fügt an:
„Man darf kein gleichgültiges, belangloses Dasein führen. Man muss mit beiden Beinen auf der Erde stehen."

Warum er Gerechtigkeit für sein Armenien will

Diese Bodenhaftung hat er auch seiner armenischen Heimat gegenüber bewiesen, wie und wo und wann immer es ging. Nie vergessen hat er das schwere Los seiner Eltern, die sich 1915 vor dem Massenmord an den Armeniern im ausländischen Exil in Sicherheit bringen mussten. Am 22. März 2005 habe ich auf einer Pressekonferenz im belgischen Lüttich einen beeindruckenden Schwur von ihm gehört: *„Ich werde meine Heimat so lange unterstützen, bis der damalige Genozid durch die Türken anerkannt wird."* Der Künstler beschuldigte Deutschland, es hätte den Völkermord während des Ersten Weltkrieges verhindern können, da die Türken seine Alliierten gewesen seien.
   Es brauchte gut 11 Jahre, bis der Deutsche Bundestag sich im Juni 2016 dazu durchringen konnte, Vertreibungen und Massaker an den Armeniern und anderen christlichen Minderheiten des

einstigen Osmanischen Reichs als Völkermord zu brandmarken und eine entsprechende Resolution zu beschließen. Der türkische Präsident Erdogan tobte, drohte der Bundesrepublik mit ernsten Folgen und die Merkel-Regierung ließ eilfertig wissen, sie müsse ja nicht derselben Meinung wie das Parlament sein. Ergo sieht sie es wie die offizielle Türkei, die sich als Nachfolgestaat des Osmanischen Reichs bis heute weigert, das Massaker als Völkermord anzuerkennen.

Aznavour, der sich selbst als Franzose mit armenischen Wurzeln bezeichnete, widmete den damaligen armenischen Auswanderern und allen vor Krieg und Vernichtung Fliehenden sein Chanson „Les émigrants", was als „Der Immigrant" auch eingedeutscht wurde. Darin heißt es:

„Was glaubst du denn, wie kamen sie her?
Sie kamen her, mit Händen nackt und Taschen leer,
zu bestellen kargen Boden,
zu malochen und zu roden."
Und an anderer Stelle:
„Was meinst du denn, wie hielten sie durch?
Sie hielten durch, um ihren Kindern ohne Furcht
mit Willen und Entschlossenheit ein besseres Leben zu bereiten,
der Immigrant,
die Fremden im Land."

Für das Lied erhielt sein Schöpfer ein Dreivierteljahr vor unserer Begegnung vom Präsidenten des französischen Senats, Alain Poher, den Antirassismus-Preis. *„Nachträglichen Glückwunsch, Monsieur Aznavour!"* Er dankt und sagt: *„Man muss einfach die Gleichheit der Rassen begreifen und verstehen, dass man sich gegenseitig akzeptieren und respektieren muss."*

Damit endet unser Treffen, für dessen Überlänge ich ihn beim Abschied um Entschuldigung bitte. Er lächelt verständnisvoll und nimmt den ersten Kleiderbügel vom Garderobenhaken. Ein filzgrauer Anzug, daneben ein dunkles Flanellhemd und ein Seidenschal. Den lässt er weg, wenn er manchmal sogar mit Hosenträgern auf die Bühne geht. Glanz und Gloria hat ein Aznavour nicht nötig. Er und seine Lieder leben bei aller Formulierungskunst von einer für alle verständlichen Einfachheit, Direktheit, Volksverbundenheit. So ist auch sein Outfit gestrickt. Es passt zu seiner unscheinbaren Figur, die auf der Bühne zu einer den Raum füllenden Persönlichkeit anschwillt.

Bis zu seinem Auftritt bleiben noch zwanzig Minuten. Ich staune über seine freundliche und ruhige Gelassenheit, deren seelische und gesundheitliche Wirkung sich bei tausendfachen Auftritten rund um den Globus bewährt haben. Bevor wir gehen müssen, bitte ich ihn um ein Autogramm auf meiner mitgebrachten Plattentasche, deren Inhalt aus einem Extrakt seiner schönsten Lieder besteht. Er gewährt die Bitte mit der ihm eigenen souveränen Freundlichkeit und gibt mir den Stift zurück, der vier Worte auf der Folienhülle hinterlassen hat: *„In Freundschaft Charles Aznavour."* Er ist die Ruhe in Person, wenngleich ihm wohl gerade noch Zeit zum Umziehen bleibt. Seine Konzertkluft hängt griffbereit neben dem Garderobenspiegel.

Ein Plattenmultimillionär mit Samariter-Nerv

Wo immer Aznavour in der Welt unterwegs war, hat er seine Urheimat zwar aus den Augen, aber nie aus dem Sinn verloren. Er selbst spielte und sang ein Jahr nach unserem Treffen bis zur Erschöpfung, als sein erdbebengeschütteltes Armenien dringend lebenswichtige Unterstützung brauchte. Im Dezember 1988 vibrierte nahe der Stadt Spitak die Erde mit einer Wucht, deren verheerende Folgen in die Annalen einging. Etwa 25 000 Menschen starben, mehr als 12 000 wurden verletzt, bis zu einer Million wurden obdachlos. Er spendete die Erlöse ganzer Gastspiele, gründete ein Hilfskomitee der Künstler, besuchte das Land. Ein Mann, der in jeder Hinsicht weiß, wo er herkommt und hingehört.

Seine humanitären Aktionen waren weitgefächert, reichten von einem gemeinsamen Auftritt mit Liza Minnelli zugunsten der Aids-Forschung bis zu einem Rot-Kreuz-Konzert mit der Popgruppe „Gipsy Kings" für Überschwemmungsopfer in Südfrankreich. In seinen Memoiren verrät er, dass ihn sein turbulentes Leben mit gravierenden Enttäuschungen und enormen Erfolgen geprägt hat. Unter dem Strich folgt er der Lehrmeisterin Piaf mit seinem Fazit: *„Wenn ich noch einmal neu beginnen könnte, würde ich wieder alles genauso machen."* Die Quittung dafür waren Preise und Auszeichnungen en masse. Vom Grand-Prix-Kristallstern der französischen „Académie du Cinéma" über den niederländischen Edison Award bis zum amerikanischen Country Music Award. Verehrer gaben ihm den Beinamen „französischer Sinatra" und „Napoleon des Chansons". Ein Napoleon, der die Welt mit derselben Energie eroberte wie der berühmte Korse – im Unterschied zu ihm allerdings mit den friedensstiftenden Waffen seiner Lieder und statt der Demütigung eines Waterloo siegreich bis zum Schluss und geschmückt mit Lorbeer-Titeln wie „Offizier der französischen Ehrenlegion" und „Offizier des belgischen Leopoldsorden".

Ein Denkmal braucht er nicht, das hat er sich selbst gesetzt. Nicht nur als Schöpfer eigener Evergreens und als weltgewandter Charmeur und Grandseigneur auf der Showbühne, sondern auch als Schauspieler, der für seine Filme oft auch noch den Soundtrack beisteuerte. Werke mit ihm als Partner wurden zeitlose Kinoklassiker wie Truffauts „Schießen Sie auf den Pianisten", Chabrols „Die Phantome des Hutmachers" oder Schlöndorffs Oscar-prämierte Verfilmung der „Blechtrommel". Während ihm seine Ausflüge in die Bilderwelt der Leinwand aber so ziemlich egal waren, bedeuteten ihm seine Lieder alles.

Aznavour hätte nie eine eigene Verlagsgesellschaft mit sich selbst als Präsidenten gegründet, wäre er nicht von der Zukunft des Chansons überzeugt gewesen. Er glaube, so sagte er mir, dass dieses anspruchsvolle Genre weiterhin allen modernen Musikrichtungen trotzen werde – nicht als Massenerscheinung, sondern als individuelle Kunstform der Besinnlichkeit. Ihre Popularität aber, so denke ich, war immer schon entscheidend abhängig von der Stärke ihrer Interpreten. Und der letzte ganz Große dieser Zunft war nach dem Tod eines Gilbert Bécaud, Jacques Brel, George Brassens und Serge Gainsbourg der unverwüstliche Musik-Dino Charles Aznavour. Weil Armenier angeblich besonders lange leben, wollte er hundert werden. Er hat es mit 94 fast geschafft. Experten meinen, mit Aznavour ende das klassische französische Chanson.

Was bleibt, ist personenkultartige Ehrfurcht

Der Kameraspot ist erloschen, Filmkassetten und Tontechnik sind verstaut, unsere Gerätschaften sind gebündelt. Wir sind abmarschbereit. Schnell noch ein *„Merci beaucoup" und viel Erfolg für den Konzertabend*. Ich verlasse betont langsam die Garderobe, um Zeit zu schinden für einen letzten Eindruck. Erst jetzt, nachdem die Spannung abfällt, bemerke ich, wie spartanisch, bescheiden, ja anspruchslos das Zimmer eingerichtet ist. Schreibtisch, Stuhl, Spiegel, Telefon, Kleiderhaken, ein Keyboard, an der Wand ein Wust angezweckter Zettel mit für ihn sicher substanziellen Informationen. Ansonsten kahle Flächen in Dunkelrosa und Gelb. Eine Beschränkung auf das Allerwesentliche.

Er hat uns vergessen, führt jetzt nur noch Zwiesprache mit seinem Spiegelbild. Dabei stimmt er sich ein, summt Melodien bekannter Lieder, die offensichtlich zum Konzertauftakt des Abends gedacht sind. Vielleicht sind auch einige seiner Welterfolge dabei wie „La Mama", „Esperanza" oder „Bohème".

Dann stehen wir im weit verzweigten Treppenhaus des Kongresspalastes, ordnen unsere Sachen und Eindrücke und warten schuldbewusst auf unseren vom Haus zugeteilten Begleiter. Denn wir haben unser Zeitlimit weit überzogen, weshalb unser Aufpasser wohl gegangen ist. Hoffentlich nicht allzu erzürnt, was Gottlob zutrifft. Ich bedanke mich bei ihm, dass er unser überlanges Treffen nicht rigoros abgebrochen hat, bitte um Entschuldigung und Nachsicht und stoße auf Verständnis. Das Erlebnis Aznavour ist passé. Was bleibt, ist neben wertvoll gewordenen Filmrollen eine – ich gestehe es unumwunden – personenkultartige Ehrfurcht vor dem lütten, schmalbrüstigen Mann mit der übergroßen Lebensleistung eines Musik-Herkules.

Während wir hinter der Bühne dem Ausgang zustreben, hören wir seine einfühlsame, raukehlige und sanft-rostige Stimme im aufflackernden Beifall des beginnenden Konzerts. Wir haben einen Künstler kennengelernt, der für sein Metier, für sein Anliegen, für seinen Beruf und seine Berufung brennt. Es wird sicher auch an diesem Abend nur wenige Minuten dauern, bis er mit diesem Brand auch sein Publikum ansteckt, indem er zündelt, bis der Funke von ihm bis in die letzte Reihe des großen Amphitheaters überspringt.

Welche Hymnen an die Liebe wird er am heutigen Abend singen – und welche Problemlieder? Was plant er nach dieser Weihnachts-Gala? Wo wird er das bevorstehende Fest verbringen? Vielleicht in seinem Haus an der Südspitze des Genfer Sees oder vielleicht in seiner Landhausvilla in Saint-Tropez? Dort, an der Côte d'Azur, ist er 31 Jahre später gestorben. Aber nur körperlich.

Friedrich Dürrenmatt

war Europas Spötter und Dramatiker mit Literaturbezug zu einem Richter und seinem Henker

„Friedrich Dürrenmatt war neben Bertold Brecht der wichtigste Dramatiker deutscher Sprache nach dem Zweiten Weltkrieg." Literaturexperten in aller Welt teilen diese Ansicht der Theaterwissenschaftlerin und Journalistin Petra Kohse, die Werk und Wirken des Schweizers in der *Berliner Zeitung* vom 5. Januar 2021 in einem ganzseitigen Artikel würdigte. Er galt dem 100. Geburtstag des Weltliteraten, den Printmedien, Funk und Fernsehen mit Extra-Kolumnen und Sondersendungen ehrten – so, wie der deutsch-österreichisch-schweizerische TV-Kanal *3 SAT,* der an einem „Dürrenmatt-Abend" mit „Justiz", „Das Versprechen" und „Der Besuch der alten Dame" gleich drei seiner Romanverfilmungen ins Programm genommen hatte.

Mein Geburtstagsgeschenk für den Jubilar ist dieses Buchkapitel. Damit möchte ich ihm zugleich dafür danken, dass er mir an einem unvergesslichen Nachmittag ein Stück seiner Lebenszeit geschenkt hat. Auf dem Weg zu ihm hatte ich mir noch einmal seinen mit hintergründiger Ironie gespickten Krimi-Klassiker „Der Richter und sein Henker" vorgenommen.

Als die morgendliche Herbstsonne durchs Dickicht brach, beschien sie einen Toten. An der Twannbachschlucht, wo die Straße aus einem dichten Waldabschnitt des Schweizer Jura hervortritt, fand am Morgen des 3. November 1948 der Polizist Alphons Clenin den Polizeileutnant von Bern, Ulrich Schmied, mit durchschossenen Schläfen. Die gesetzeshütende Staatsmacht der Landeshauptstadt mausetot in einem blauen Mercedes am Straßenrand! Diese Ungeheuerlichkeit reißt das abgelegene, verschnarchte Tessenbergdorf Lamboing schlagartig aus seinem Dauerschlaf.

Mit dieser dramatischen Situation beginnt eine verzwickte Tätersuche, beschrieben in einem Krimi seltener Güte, der in aller Welt mit einer Zwei-Millionen-Auflage erschien und mehrfach verfilmt wurde.

Ich war gespannt, ob es den im Roman so detailliert skizzierten Tatort nur in der Fantasie des Autors Friedrich Dürrenmatt oder tatsächlich in der Realität gibt. Ich fand die Stelle exakt wie im Buch beschrieben – zwischen dem Ortseingangsschild von Lamboing und einem an die Straßenböschung geduckten Restaurant mit dem einfallslosen Namen „Schlucht". Die spannende Handlung hatte der Schriftsteller in dichterischer Freiheit schon 1950 in acht Fortsetzungen für das Blatt „Schweizerischer Beobachter" zu Papier gebracht, um sich mit dem damals noch kärglichen Honorar das tägliche Brot leisten zu können. Die überarbeitete Buchausgabe vom Richter und seinem Henker wurde ein Welterfolg. Damit war die Reihe der internationalen Bestseller eröffnet, die schon 1981 in nicht weniger als 30 Bänden erschienen und Dürrenmatt zu einem der erfolgreichsten deutschsprachigen Dramatiker, Dramaturgen und Romanciers des 20. Jahrhunderts werden ließen.

Für Montag, den 19. September 1988, bin ich mit ihm nach langwierigem Hin und Her zum Interview verabredet.

Am Vortag rollt unser Büro-„Audi" mit mir und meiner Filmcrew nach Dreharbeiten in Genf über die Nationalstraße „N5" – jener Trasse, auf der die Romanfigur des braven Dorfpolizisten den Ermordeten einst im Nervenfieber zum Kommissariat chauffiert hat. Nachdem wir in Lamboing die zum Buch vorhandene Identität des Tatortes vorgefunden haben, fahren wir nun am Bieler See entlang, auf dessen Uferstraße nach Süden wir schon nach 20 Kilometern das französischsprachige Neuchâtel erreichen, zu Deutsch Neuenburg, Hauptstadt des gleichnamigen schweizerischen Kantons.

Der reizvolle Flecken Erde am Nordufer des Neuenburger Sees ist bekannt als Anbauort eines guten Weines und als Wohn- und Arbeitsort des berühmten Mitbürgers Dürrenmatt, der sich hier und in aller Welt nicht nur als Theaterstück- und Buchschreiber einen Namen gemacht hat, sondern auch als Maler und gesellschaftskritischer Feingeist mit einem schier unerschöpflichen

Repertoire an beißendem Spott, hintersinnigem Witz und deftigem Sarkasmus. Ihm gelang es, das Kernproblem seiner Zeit mit einem umwerfenden Satz auf den berühmten Punkt zu bringen: *„Die Welt ist eine Pulverfabrik, in der das Rauchen nicht verboten ist."* Bis heute ein Bonmot ohne Verfallsdatum.

Während Kameramann Wolfgang Groth am Steuer sitzt, blättere ich noch einmal meinen Fragenkatalog fürs Interview durch und überdenke das breite Spektrum an literarischem Wissen, das man bei einem Dichter-Universum der Gattung Dürrenmatt parat haben muss. Neben der täglichen politaktuellen Arbeit unseres Pariser Fernsehbüros habe ich mich wochenlang in jeder freien Minute auf diese Begegnung vorbereitet, habe rundum in Ost und West recherchiert und noch einmal ein Maximalpensum seiner Werke studiert und konspektiert – darunter weitere Krimis wie „Der Verdacht" und insbesondere „Das Versprechen", mehrfach verfilmt und mit dem Titel „Es geschah am helllichten Tag" in der Version mit Heinz Rühmann und Gert Fröbe als Klassiker in die Filmgeschichte eingegangen. Zu meiner Erstmals- und Nochmals-Lektüre gehörten ebenso seine brisanten und bizarren Bühnenstücke „Der Meteor", „Der Besuch der alten Dame" und „Die Physiker", mit denen er sich in die Weltrangliste der Literaten hineingeschrieben hat. Und nicht zuletzt außergewöhnliche Erzählungen wie „Die Panne", mit der er das Kunststück fertiggebracht hat, es auch als Hörspiel, Theaterkomödie und Fernsehspiel zu variieren.

Durchforstet habe ich natürlich auch Archivbestände von gedruckten Endlosbetrachtungen über den Meisterpoeten und sein Werk. Selbst der im Westen als „Literatur-Papst" verehrte Marcel Reich-Ranicki – bekannt für seine fast psychopathisch masochistische Lust an schmerzhafter Kritik – ringt sich Bewunderung ab. Er nennt Dürrenmatt in der *Frankfurter Allgemeinen Zeitung* vom 30. 11. 1985 einen *„weltberühmten Nichtnobelpreisträger"*, der zu den *„unverwechselbaren Figuren der europäischen Literatur nach 1945"* gehöre. Er sei ein *„Prediger mit Pfiff"* und ein *„professioneller Prophet, dem es gefällt, Schreckliches zu verkünden, und dem es gelingt, dabei niemandem die Laune zu verderben"*. Seltenes weihevolles Lob aus höchst berufenem Munde.

Anlauf mit Hindernissen

Inzwischen ist es Abend geworden. Die 125-Kilometer-Strecke von Genf liegt hinter uns. Wir haben uns im erstbesten Hotel in Neuchâtel einquartiert, stärken uns und besprechen den nächsten Tag.

Bei aller Euphorie über die endlich gelungene Absprache mit Dürrenmatt hatte ich geknurrt, dass er uns erst 14.30 Uhr empfangen kann, womit wir in zeitliche Schwierigkeiten kamen. Denn noch am selben Tag müssen wir nach Paris weiterziehen, um anderntags fit zu sein für den nächsten Ausritt zum Europäischen Parlament nach Straßburg und endlich mal wieder eigene Betten zu fühlen. Und als Kraftfahrer im Nebenberuf sollte man schließlich ausgeschlafen sein. Denn die morgen zu bewältigende Strecke Neuchâtel–Paris und die übermorgen anstehende Distanz Paris – Straßburg fordern das annähernd gleiche Fahrpensum von jeweils 500 Kilometern. So gesehen finde ich nun den Nachmittagstermin ganz passabel, der uns ein wenig Zeit zum Ausruhen gibt – und mir zusätzlich die Chance, mich von einem gemeinen Schnupfen noch etwas auszukurieren.

Niemand in Berlin hätte uns mit Vorwürfen traktiert, wenn der Beitrag ins Wasser des Neustädter Sees gefallen wäre, denn er war nicht Pflicht, sondern Kür, ein selbst gestellter Auftrag für unser außenpolitisches Magazin *Objektiv*. Redaktionsleiter Paul Rummel und Moderator Ulrich Makosch hatten einen Nerv auch für solche Beiträge mit kultureller Westprominenz, die zudem eine beachtliche Zuschauerresonanz auslösten.

Das Problem bestand nur darin, dass ich nicht einfach aus meiner Tagesarbeit ausbrechen konnte, um wegen eines gesonderten Dürrenmatt-Sujets – obwohl eine kostbare Rarität – von Paris in die Schweiz zu preschen. Die Berichterstattung über die Aktualitäten hatte Vorrang. So übte ich mich immer wieder in der Kunst, den Zeitpunkt des Treffens mit einem außergewöhnlichen Interview-Partner in Einklang zu bringen mit den Terminen der großen Politik – in diesem Fall einen selten freien

Kalenderplatz des viel beschäftigten Dürrenmatt in die Reihe zu bekommen mit den Terminen in Genf, die von UNO-Ausschuss-Tagungen bis zu Abrüstungsverhandlungen ein randvolles Programm umfassten. Nicht auszudenken, wenn – was öfter vorkam – in Genf ein plötzliches Zusatzereignis unsere Heimreise verzögert und damit unseren vereinbarten Unterwegs-Treff verhindert hätte. Ein Eklat der Sonderklasse. Das war oft mein Albtraum und mein Risiko – und es wundert mich heute noch, dass immer alles gut ging.

Dabei denke ich mit Hochachtung an die Leistungen meiner über die Jahre wechselnden Kameramänner Eberhard Güldner, Wolfgang Groth, Horst Rudolph und Helmut Kessner, die oft unter extremem Zeitdruck sich einer plötzlich vorgefundenen Situation anpassen und aus dem Stand improvisieren mussten. Wenn beide Frauen im Büro beschäftigt waren und keine von ihnen bei der Produktion helfen konnte, hatte sich mein Kamera-Partner – während ich das Interview vorbereitete – gleichzeitig um Bild, Ton und Licht zu kümmern.

So waren unsere Nebenbei-Produktionen mit schillernden Persönlichkeiten der westeuropäischen Kunst- und Kulturszene jedesmal ein Drahtseilakt mit dem Risiko eines plötzlichen Absturzes. Das aber durfte auch jetzt schon deshalb nicht passieren, weil ich viel zu lange um das Treffen mit dem kauzigen Meisterpoeten gekämpft und dabei viel Enttäuschung in Kauf genommen hatte.

Dazu gehört auch eine arrogante Abfuhr von Charlotte Kerr, einer Schauspielerin, Regisseurin und Filmproduzentin, mit der Dürrenmatt in zweiter Ehe verheiratet war. Als ich ihr am Telefon höflich meine Bitte vortrug, meinte sie, ich möge mir erst einmal ihr vier Jahre zuvor gefilmtes „Porträt eines Planeten" über ihren Mann ansehen. Dann könne ich untertänigst noch mal anfragen.

Um drei Ecken bekam ich eines Tages heraus, dass sie für einige Tage nach Griechenland musste. Ich rief flugs an und hatte ihn persönlich am Rohr. *„Nein"*, wehrte er in seiner behäbig langsamen Sprechweise ab, *„nein, das Wochenende 17. und 18.*

September geht überhaupt nicht. Sonnabend und Sonntag sind meine großen Arbeitstage." Dann das erlösende Wort: *„Sagen wir mal am Montag, ja, das geht."* Damit war der 19. September festgezurrt. Und Datum und Ort auch: 14.30 Uhr bei ihm zu Hause im „Chemin du Pertuis-du-Sault 76", versehen mit einem Hinweis des Hausherrn: *„Sie müssen da zu mir heraufsteigen, weil der Weg den Berg hochgeht."*

Das war eine Top-Information, denn den schmalen, steilen Geröllpfad hätte ich nie gelten lassen als Zugang zum Anwesen eines Weltmeisters der Literatur. Dass er sich den Wolken näher als seine Mitbürger im Tal eingerichtet hat – diese äußerliche Ortswahl schien mir symptomatisch auch für seine innere Position. Denn der produktive streitbare Philosoph und brillante Schreiber versucht, sich über Zeit und Raum und alle Ideologien und Klassen zu erheben, um unbeeinflusst, unabhängig, unbestechlich seine Umgebung und die Welt feinsinnig, hintersinnig und scharfsinnig zu analysieren. Nachdem er auf der Suche nach Wahrheit und Klarheit die Felsen seiner Gedanken hin- und hergewälzt hat, lässt er diese Welt dann auf seine satirische Weise mit erschreckend brutalen Metaphern ihren verkrüppelten Zustand wissen. Wer diesen der Gesellschaft vorgehaltenen Zerrspiegel aushält, wird Dürrenmatts oft schwarzhumorig überspitztes Abbild der Wirklichkeit mit Interesse, Selbstbesinnung und Dank für die vielen Kerzen der Erleuchtung zur Kenntnis nehmen.

Abgrundböses als Verlockung des Kapitals

Zur sarkastischen Perfektion gebracht hat Dürrenmatt die wahnwitzige Überhöhung gesellschaftlicher Kapital-Realität mit scherenschnittartig deutlichen Konturen in seinem bitterbösen Drama „Der Besuch der alten Dame". Die in der Ferne steinreich gewordene Claire Zachanassian kehrt in ihren Heimatort St. Güllen zurück und verlässt sich bei einem höchst privaten Rachefeldzug auf die Alleskäuflichkeit einer Kapitalwelt. Das funktioniert mit teuflischem Erfolg, denn eine ganze Stadt lässt sich nach anfänglicher Entrüstung für einen Milliarden-Scheck dazu verleiten, in einer gemeinsamen Aktion ihren einstigen Geliebten zu ermorden, der sie in jungen Jahren schändlich belogen und betrogen hat. Der Bürgermeister, der sich zunächst am meisten empört hat, führt das Exekutionskommando an. Claire verlässt die Richtstätte mit dem Rachestolz einer bewältigten Vergangenheit, mit der Verachtung für das Gesindel ihrer früheren Mitbürger und mit der Bestätigung: Moral und Gewissen sind käuflich und auch Gesetze lassen sich zurechtbiegen, wenn genug Geld dafür fließt. Alles ist möglich, wenn die Summe nur hoch genug ist. Gerechtigkeit durch ein Verbrechen. Pervers bis in jede Pore des gesellschaftlichen Korpus. Eine blutige Verlockung des Kapitals.

Das diabolisch Deprimierende an dieser Fabel ist, dass man sich die Absurdität des Geschehens durch den logischen Ablauf der Handlung durchaus in der Realität vorstellen kann. Nicht zuletzt deshalb war die 1956 erstmals auf die Bühne gebrachte Satire eine Sensation, kam ins Kino und ins Fernsehen. So, wie das schrullige amerikanische Schriftsteller-Faktotum Truman Capote mit „Kaltblütig" ein neues Genre des Tatsachenromans erfunden hat, schuf der schweizerische Herkules des Wortes die literarische Stilneuheit einer gesellschaftskritischen, von Tragik durchwobenen rabenschwarzen Groteske mit satirischem Krimi-Touch. Der Genre-Anachronismus einer karikaturenhaften Tragi-Komödie wurde damit zu seiner ureigenen schriftstellerischen Domäne.

Sie reiht sich ein in den vielschichtigen Fundus von Dramen, Prosa- und Lyrik-Werken, in denen das Paradoxe im Verbund mit dem Absurden Triumphe feiert und damit dem normalerweise denkenden Lebewesen Mensch eine mögliche Unmöglichkeit seiner Wirklichkeit präsentiert wird. Ob er in der Lage ist, dieses Zerrbild nicht als Fantasterei, sondern als seine eigene verrückte Realität zu erkennen, wagte der Pessimist Dürrenmatt immer wieder zu bezweifeln. Der heutige Zustand der Welt mit ihrer kaputten Wirklichkeit bestätigt es ihm. Was der Meisterschreiber der Allgemeinheit über mehr als 45 Jahre an Theaterdichtung und Spannungsliteratur geschenkt hat, schwimmt heute immer mehr in der seichten Flüchtigkeit unserer Digitalwelt davon. Es trifft aber mit den weiter gewachsenen Ängsten, Ungewissheiten, Zweifeln und Unsicherheiten noch intensiver den warnenden Nerv eines Dürrenmatt, der sich Zeit seines Lebens vor menschlicher Ignoranz, Dummheit und Aggressivität fürchtete. Zu Recht, wie sich in fast zeitloser Erkenntnis herausstellt. Dürrenmatt hat die Frage umgetrieben: Ist der denkende Mensch auch zum Nachdenken fähig? Das müsste er heute umso mehr bei den untrüglichen Hinweisen des Literaten über den hilflos-katastrophalen Zustand der Erde. Ihre Bewohner, höre ich ihn sagen, müssten da doch weidlich ins Grübeln kommen. Müssten!

Die unglaubliche Schmollphase eines Weltliteraten

Wir haben uns mithilfe der Stadtkarte am Bahnhof vorbei an den steil nach oben führenden Bergpfad herangepirscht. Er soll uns zu Dürrenmatts Wohn- und Arbeitsdomizil bringen. Zur Linken ansteigender Wald, zur Rechten der Neuenburger See. Dann erklimmen wir im motorisierten Schneckentempo und im Staub der Autoreifen Meter für Meter den steinigen Weg, im Kofferraum Filmkamera, Tongerät, Lichtkoffer und Stative. Wir, das sind mit mir Kameramann Wolfgang Groth, seine Frau Evelyn als Aufnahmeleiterin sowie meine Marion als – wie es offiziell im Arbeitsvertrag heißt – „Assistentin des Korrespondenten". Zudem sind beide Frauen in Stress-Situationen „Mädchen für alles" in unserem Viererteam. Es wurde wieder einmal in voller Besetzung in Genf gebraucht, weil wir auf mehreren Parallel-Hochzeiten der aktuellen Politik tanzen mussten. Nun haben wir auf der Rückreise nach Paris den geplanten Zwischenstopp eingelegt, um uns und allen Dürrenmatt-Lesern einen lang gehegten Wunsch zu erfüllen.

Ich trete das Bremspedal. Endlich eine Hausnummer! Die 76. Also richtig! Das Glück einer Parknische im Grünen. Vor uns ein blättergetarnter Eingang an einer Hauswand in Hanglage.

Eine Frau öffnet die Pforte, stellt sich als seine Sekretärin Frau Tannwälder vor und ist erschrocken: *„Sie kommen zu viert?"* Auch der Meister begrüßt uns – gelinde ausgedrückt – mit verhaltener Freude. Offensichtlich ist er verärgert über meine Frechheit, statt zu zweit in doppelter Besetzung bei ihm einzufallen. Ein gezielter Boxhieb oberhalb der Gürtellinie und trotzdem ein Tiefschlag für mich, ein Schlag auf mein schlechtes Gewissen, das ich ohnehin schon im Vorfeld hatte. Fertiggebracht habe ich es trotzdem nicht, meinen Mitstreiterinnen das Erlebnis Dürrenmatt vorzuenthalten.

Die Quittung bekomme ich jetzt. Der siegreiche Matador in der Arena der literarischen Weltklasse geht – gemäß seiner filigranen Denkart – nicht mit dem Säbel auf mich los, sondern mit dem Florett. Es schmerzt trotzdem, denn er trifft wunde Stellen. Ich fasse es nicht: Der große Dürrenmatt schmollt. Er schmollt auf Deutsch. Schon das zeigt seine verinnerlichte Oppositionshaltung, die er zumindest sprachlich sogar zu seinem Wohnort hat, denn im östlich dem Juragebirge vorgelagerten Neuchâtel spricht man Französisch. Aber nicht ein Dürrenmatt, der sich auch hier nicht einordnet, wie er sich überhaupt in keine Schublade stecken lässt. Ja, er spricht und schreibt Deutsch, aber das hört sich bei ihm eher an wie das Aneinanderreihen langgezogener Vokabeln, das ich „Deutscheln" nennen würde. Dieses gemütlich-gamächlich-bedächtige „Deutscheln" steht im krassen Widerspruch zu seiner Gottesgabe einer blitzgescheiten Auffassung mit ebensolch geschwinder Beurteilung, die sich wiederum vor überschneller Aburteilung hütet. Eine beneidenswerte Gabe.

Er ist jetzt 67. Eine etwas füllige Gestalt mit einem breitflächigen, leicht teigigen Gesicht, das von einer großgläsrigen Viereckbrille mit auffallend dunklem Rahmen beherrscht wird. Ein weißfasriger Haarkranz gibt eine bis in den Hinterkopf gezogene Denkerstirn frei, die nun in Falten liegt. Er empfängt uns in saloppchicer Tagesgarderobe. Hellkariertes Sakko, dunkle Weste über weißem Hemd, das mit offenem Kragen auf eine Krawatte verzichtet.

Ich stelle uns in aller Form vor und bedanke mich für die Möglichkeit dieses Treffens. Er gibt auch den Damen die Hand, würdigt sie danach aber kaum mehr eines Blickes. Nicht der alleinige

Ausdruck seines Ärgers, denn er bittet mich, ihm die Fragen des Interviews mitzuteilen. Ich entgegne ihm bass erstaunt, dass dies doch in der westlichen Pressepraxis nicht üblich sei. Er besteht darauf, was ich nunmehr als Schikane deute, sage mir aber, dass man solch launische Willkür einer Berühmtheit wie ihm zugestehen müsse – habe ich doch auch kapriziöse Überheblichkeiten bei DDR-Künstlern wie dem allseits verehrten Schauspieler Eberhard Esche erlebt, der sich bei einer Heine-Rezitation über mangelnde Presse-Aufmerksamkeit beschwerte und uns gleichzeitig deren Mitschnitt verbieten wollte.

Also sehe ich es gelassen und sage Herrn Dürrenmatt eine meiner beabsichtigten Fragen, die sich auf eine doppelsinnige Stelle in einem seiner Theaterstücke bezieht und die ich gern näher erklärt haben möchte. Er behauptet sofort, dass er dies so nicht geschrieben habe. Ich bin sicher, dieses Zitat akribisch notiert zu haben und nenne ihm Buchausgabe, Erscheinungsjahr, Verlag und Seitenzahl. Er scheint verblüfft, taucht in eine monströse Regalwand seiner Bücherwelt ein, sucht und findet. Seine Stirnfalten glätten sich. Er beanstandet ein falsch gesetztes Komma, was ihm wohl selbst lächerlich vorkommt, und scheint besänftigt. Er registriert mit offensichtlichem Wohlwollen, wie intensiv ich mich mit seinem Schaffen auseinandersetze, zumal alle seine Hauptwerke auch im DDR-Verlag „Volk und Welt" erschienen sind. Ich schiebe nach, dass im nächsten Jahr seine Novelle „Der Auftrag" hinzukommt. Er wird schlagartig zugänglich und verzichtet auf die Bekanntgabe weiterer Fragen zum Interview, das ich schon in Gefahr gesehen habe. Der Meister des Dramas beherrscht also auch das Genre der undramatischen Deeskalation.

Über die Wichtigkeit eines geräuschlosen Bleistifts

Auch von mir fällt die Spannung ab und ich sage mir: Er ist sogar für westliche Obrigkeiten ein respektloser sozial- und moralkritischer Provokateur; also warum sollte er es nicht erst recht für mich sein als ein für ihn kleiner DDR-Journalist. Er kredenzt uns allen einen Espresso, der – gemessen an der Menge arabischer Kaffeebohnen – kaum zu überbieten ist. Ab jetzt genieße ich die Sternstunde dieses Treffens und den phänomenalen Ausblick auf den See und die Alpen, die heute nur durch einen leichten Dunstschleier als Silhouette am Horizont zu erkennen sind.

Dürrenmatt mag Tiere. Ich vermisse seinen berühmten weißen Kakadu Lulu, den ich auf Fotos bewundert habe. Dafür begrüßt uns nun das Prachtexemplar eines Schäferhundes, dessen Fell sein Herrchen liebevoll grault. Kaum ist mir das Wort „Herrchen" entschlüpft, wiederholt er es mit brachialer komödiantischer Wollust. Nun erlebe ich in einer privaten Live-Vorstellung den spöttelnden Stegreif-Fabulierer: *„Herrchen! Das ist so schön typisch Deutsch. Wenn schon nicht Herr, dann wenigstens Herrchen. Das ist gut. Bitte untertänigst um Verzeihung, mein Herrchen. Wunderbar!"* Er sonnt sich in der Entdeckung dieser sprachlichen Köstlichkeit. Sein Schmunzeln verrät diebische Freude. Ich frage ihn, was er

Dem Meister über die Schulter geschaut: Der Kreativgeist an seiner Viermeter-Werkbank. Sein Gesamtwerk aus Drama und Prosa umfasst 30 Bände. Foto: Marion Wahl

von dem verbalen Paradoxon „Herrin" hält. Im alten Rom war das sogar die offizielle Anrede für Kaiserin Messalina. Sie war „Herrin" über Leben und Tod. Das gefällt ihm. Auch die deutsche Sprache, so meint er, treibe bisweilen drollige Blüten und die sollte man ruhig pflücken.

Mein Kugelschreiber ist zur Seite gelegt. Später werde ich ihn noch einmal um einige Buchsignaturen bitten, will ihn aber jetzt nicht überfordern. Es ist ein imposanter Anblick, wie er da in ausladender barocker Leibesfülle hinter seiner Werkbank thront. Eine beeindruckende physische Präsenz. Das hat seine naturgewollte Logik, denn ein solcher Geist braucht Platz im Körper. Und dieser Platz ist hausgemacht. Der Meistererzähler und Schöpfer von Welttheater ist kein Kostverächter, sondern ein sinnenfreudiger Genussmensch, ein orgiastischer Schlemmer und bekennender Wein-Gourmet, ein Falstaff und Bacchus, ein lustvoller Anhänger von Völlerei, der trinkt und prasst und raucht. Diese lasterhafte Unmäßigkeit, die auch sein Schreiben prägt, sprengte geflissentlich manch normales Körpermaß, das er auch mit seinem Hometrainer nicht ausgleichen konnte. Das hat ihm eine schwere Zuckerkrankheit eingebracht, mit 48 einen Herzinfarkt beschert und mit 69 wird er an Herzversagen sterben. Die Freuden des Daseins sind ihm das wohl allemal wert gewesen.

Der Bann ist endgültig gebrochen. Ich begreife nun im Plauderton noch besser, worin die Eigenheit des Genies Dürrenmatt besteht. Ich erlebe auch außerhalb von Buchseiten den durchgeistigten, unbequemen Gedankenkoloss, der Endgültiges nicht zulässt, sondern mit unbändiger Entdeckerlust alles in Bewegung sieht, der zweifelt, verzweifelt und doch auf Besserung hofft, weil er nicht aufgegeben hat, an die Kraft des Verstandes zu glauben.

Er durchdenkt die Welt mit der Besessenheit eines Zeitzeugen, der sich von der Nachkommenschaft nicht vorwerfen lassen will, zum Gang der Zivilisation in die gesellschaftliche Unordnung degenerierter fremdmanipulierter Wesen geschwiegen zu haben. Die vielfältigen Ergebnisse bündelt er, der arbeitswütige Berserker, zu einem Konzentrat von Erkenntnissen. Da darf in diesem Labyrinth der Gedankengänge nichts ungenutzt hängen bleiben, muss alles aufgearbeitet und auf das Wesen der Dinge reduziert werden. Er schickt nichts in den Reißwolf einer voreingenommenen Ablehnung, prüft alles auf verwertbare Spuren der Vernunft. Dass er seine Warnungen in den verschiedensten literarischen Formen in aller Überdeutlichkeit und unübersehbaren Wiederholung festhält, gibt dem Unruhegeist innere Ruhe und Befriedigung, füllt ihn aus, beweist ihm seine eigene Nützlichkeit, die ihm zudem zuhauf bestätigt wird. Dabei über den Dingen zu schweben, scheint ihm der beste Schutz vor der Gefahr, sich durch Lobhudelei oder klingende Münze korrumpieren zu lassen.

Dazu passt die Höhenlage seines imposanten, von der gemeinen Zivilisation im Tal entrückten Anwesens über den Dächern der Stadt. Wohnhausstufen in Hanglage. Der weiß gekalkte Betonkomplex schmiegt sich mit seinen Flachdächern in einer ungewöhnlichen Architektur von übereinander gestapelten Kastengebäuden an einen sanft ausschwingenden, üppig begrünten Berg, der erst weit unten im Neuendorfer See verschwindet. Ähnlich den Rängen eines Amphitheaters ist den Berg hinauf stufenweise ein Flachbau auf den anderen gesetzt. Wohnstatt, Urlaubsdomizil, Atelier, Denk- und Arbeitsfabrik. Und er ein Einsiedler, ein Eremit, der hier oben schwer erreichbar und doch ins Stadtleben eingebunden bodenständig und zugleich abgehoben, volksnah und zugleich isoliert sein Tagewerk verrichten kann – gefeit gegen störendes nachbarschaftliches Klopfen an der Haustür und Verführungen zur Artikulation von Parteilichkeiten. Denn was er wohlüberlegt kundtun möchte, das lässt er die Welt wissen in Form seiner parabelhaften Poesie, die zeitlos scheint. Der in sich verschachtelte Stufenbau, so erklärt der Hausherr, war nicht beabsichtigt, als er hier 1952 in einen bungalowähnlichen Neubau einzog – damals mit seiner Frau Lotti, drei Kindern, einem Dienstmädchen und einer Katze. Als nach dem Riesenerfolg vom „Besuch der alten Dame" die Geldquellen reichlicher sprudelten, ließ er zwei weitere Häuser auf das erste draufsatteln. So entstand ein Dreigeschosser, der sich etappenweise den Berghang hinaufzieht und die steinerne Nacktheit der Terrassen mit der Farbigkeit gärtnerischer Florakultur verbindet.

Es ist nicht die einzige Ungewöhnlichkeit, die uns begegnet. Ich hatte erfahren, dass er all seine Manuskripte – darunter zwanzig Bühnenstücke – nicht per maschineller Tastatur geschrieben hat, sondern in mühsamer Handarbeit. Warum, möchte ich von ihm wissen. Ein einziger verblüffender Satz gibt Aufschluss: *„Ein Bleistift ist so herrlich geräuschlos.“* Diese verwunderliche Auskunft kann ich einordnen, als er hinzufügt: *„Ich liebe es, nachts zu schreiben.“*

Der Mensch als Raubaffe

Die Nachtarbeit erledigt er an einem vier Meter langen wuchtigen Schreibtisch, hinter dem er sich nun verschanzt. Eine untrügliche Aufforderung, jetzt mit dem Interview zu beginnen. Es wird 40 ausufernde Minuten dauern. Verständlich, dass ich nur das Allerwesentlichste wiedergeben kann – in gekürzter Form, aber Sinn und Zusammenhänge wahrend. Dürrenmatt spricht in bedächtiger Langsamkeit, als würde er seinem gemütvollen Schweizer Deutsch-Dialekt mit Wohlgefallen selbst zuhören.

„Was treibt Sie zum Schreiben?“

„Ich glaube, sich klar zu werden über die Welt, in der wir leben. Auch über das Weltall, über unser Weltbild. Und das zu formen, das ist die Aufgabe, die ich für mich habe. Ich muss also, sagen wir mal, selber bei mir Ordnung schaffen, indem ich schreibe. Das ist der Kosmos in mir, den ich gehen muss, um überhaupt schreiben zu können.“

„Wie hell oder wie schwarz sehen Sie die Zukunft für diese Welt?“

„Was das politische Schicksal des Planeten betrifft, weiß ich nicht, ob wir das Wort ‚Ewigkeit‘ so ohne Weiteres gebrauchen können. Es kann plötzlich zu Ende sein … Das, was uns noch übrigbleibt, ist, nicht an die Ewigkeit zu denken, sondern überhaupt zu denken … Ich empfinde einfach keine Bewunderung für einen Dolch. Der Krieg ist nicht mehr das Gleiche wie früher … Krieg ist heute ein Atomkrieg. Man soll

es eigentlich auch nicht Krieg nennen. Das ist eine Menschheitsvernichtung, Völkermord. Also man soll nicht das Wort ‚Krieg‘ missbrauchen, Krieg ist für mich in der besten Form auf dem Fußballplatz. Also diese Sportarten haben sich ja eigentlich entwickelt anstelle des Krieges." Er lacht kurz auf und fährt fort: „Also im Grunde ist es ein ungeheures Armutszeugnis, dass es solche Probleme wie Krieg und Frieden – also Krieg – heute noch gibt. Das sollte schon längst abgeschafft sein aus dem Denken angesichts der Weltlage."

„In Ihrer Kriminalnovelle ‚Der Auftrag‘ lassen Sie den mörderischen Polyphem die Philosophie der nuklearen Abschreckung verteidigen…"

„In Amerika bedeutet sicher das Aufrüsten etwas ganz anderes als für die Russen. Für die Russen ist es eine ungeheure Last für das Volk. Es hat dann zu wenig Konsumgüter. Ich kenne das. Für Amerika ist es die einzige Art, wie der Staat die Wirtschaft subventionieren kann. Zu subventionieren sind Waffen. Und die Waffen haben wieder das an und für sich Teuflische, dass sie veralten … Jedes Waffensystem ist nach einigen Jahren veraltet und dann muss man neue Furcht kreieren … Und wenn wir das Gleichgewicht des Schreckens wollen, kommt die Forderung, jetzt müssten also die Heere auch gleichgerüstet werden … Es ist dann wie ein Dominostein, der gefallen ist."

„Was halten Sie vom amerikanischen SDI-Projekt eines atomaren Schutzschildes im Weltraum?"

„Ich glaube nicht, dass jemand glaubt, dass das zu verwirklichen ist. Ich glaube, Gorbatschow hat das begriffen. Das ist ein Traum von einem Schauspieler – Reagan ist hauptsächlich Schauspieler – und ein typischer Sicherheitstraum von reichen Ländern, die sich mit Schutz umgeben wollen. Aber gegen Atomwaffen gibt es halt keinen Schutz. Da kommen immer welche durch. Dieses Wettrüsten hat etwas Teuflisches an sich…Ich meine, es ist einfach der Ausdruck eines falschen Denkens … Amerika ist immer für mich der weniger zu berechnende Faktor als zum Beispiel die Sowjetunion."

„Welche Alternative haben Sie anzubieten?"

„Der Friede ist eine Sache der praktischen Vernunft. Ohne Frieden wird sich die Menschheit selber zerstören. Das war die Idee von Kant. Also muss ich – wenn ich nicht nur noch einen Friedhof haben will – praktisch Frieden stiften. Es geht nicht anders."

„Wie definieren Sie die beiden Gesellschaftsmodelle Sozialismus und Kapitalismus?"

„Der Sozialismus ist natürlich eine intellektuelle Konzeption."

„Und Kapitalismus?"

„Für mich ist Kapitalismus lustigerweise kein System, sondern die natürliche Einrichtung, wie der Mensch als Egoist und als Raubtier, als Raubaffe oder was sie wollen – wie sich der in einer Welt einrichtet, sagen wir mal in einem natürlichen Biotop der Menschheit. Das kann man mit Kapitalismus beschreiben. Und dass das natürlich nicht ewig so weitergeht, das ist klar – da bin ich mit Marx einig…"

Vom „tapferen Einzelathleten", der das Menschsein durchhält

Als ich mich nach geschlagenen 40 Minuten bedanke und Wolfgang die Kamera ausschaltet, ist der Motor der Arbeitsmaschine Dürrenmatt warm gelaufen. Er winkt uns, ihm zu folgen. Sein unmerklich schlurfender Schritt ist der leidigen Tatsache geschuldet, dass er im Alter von zwölf Jahren eine leichte Kinderlähmung bekam. Dürrenmatt, der ein miserabler Schüler war, zeigt uns nun eine Etage tiefer sein Atelier mit Ölgemälden und Staffeleien. Er lässt uns die Resultate seiner Pinsel-Kreativität nach Herzenslust filmen. Ein Privileg der Sonderklasse, hat er doch stets die intimen Orte seines Schaffens vertraulich behandelt.

Die malerische Kunst aus der Werkstatt Dürrenmatt erhält zehn Jahre nach seinem Tod in seinem ersten, nun umgebauten Haus eine Heimstatt, die im Herbst 2000 als „Centre Dürrenmatt" eröffnet wird. Die ständige öffentliche Ausstellung neben dem Botanischen Garten ist heute eng gekoppelt mit der Nationalbibliothek und dem Literaturarchiv der Schweiz.

Noch vor dem Schreiben begann der studierte Theologe, Philosoph und Literat zu malen und zu zeichnen, eine mit Talent verknüpfte Neigung, die er sein Leben lang verspürt hat. Ergo ist es wenig verwunderlich, dass der frühere Grafiker später einige seiner Werke eigenhändig illustrierte und sogar ganze

Bühnenbilder zu seinen Stücken in eigener Manufaktur schuf. So verschmolzen Bleistift, Feder, Pinsel und Farben zu einer produktiven Einheit – wie eben auch Bühne, Film und Fernsehen als Projektionsflächen seiner Werke. Vielleicht hat der Sohn eines Emmentaler Dorfpfarrers seine politisch-literarische Begabung weniger vom protestantischen Vater als vielmehr von Opa Ulrich geerbt, denn der war Politiker und Dichter in einem. Von beiden aber hat er wohl seinen beinahe fanatischen Gerechtigkeitssinn. Der Mann aus dem mittelständischen Bürgertum fand schon bald die Gretchenfrage für sein Leben und Wirken: Wie behauptet sich ein edler Mensch in einem apokalyptischen Chaos der Heuchelei und der Macht? Sein Held ist – wie er selbst formuliert – *„der tapfere Einzelathlet, der die Menschenrolle anstandsvoll durchhält"* in einer Welt, die ihn drangsaliert und manipuliert.

Dürrenmatts radikale Weltanschauung ist die der hemmungslosen Skepsis und Verunsicherung in einem sowohl unüberschaubaren als auch undurchschaubaren Dasein, das als Status quo akzeptiert werden müsse, ohne daran zu verzweifeln. Das formuliert er in seinem Buch „Theaterprobleme" als erschreckend exzessive Erkenntnis: Die Welt sei für ihn ein Ungeheuer und Rätsel an Unheil, das zwar hinzunehmen sei, vor dem aber keineswegs kapituliert werden dürfe. Folgerichtig sieht er das Individuum in einem Labyrinth, in dem es hoffnungslos herumirre, ohne einen Ausweg zu finden. Deshalb bleibe ihm nur die einzig ehrenvolle Chance, diese unabänderliche Situation mit Würde und Anstand durchzustehen. Damit traf er messerscharf den Zeitgeist, polarisierte aber die Gesellschaft mit einer ätzenden Bissigkeit, deren Giftpfeile alle Substanzen emotionaler Bitternis hatten: Hohn und Spott, Ironie und Sarkasmus, Bosheit und Zynismus.

Der unausgezeichnete Ausgezeichnete

Der Fahrensmann durch die Weiten des intellektuellen Sinnierens, der Radikaldenker und Wortjongleur ist zutiefst allergisch gegen jegliches Unrecht, was er in bitteren Sarkasmen geißelt. Sein Zorn richtet sich gegen Zeitgenossen, die mit rücksichtslosem ICH den sensiblen Mitmenschen zerstören. Dieser Kapitalismus-systemeigenen Auslese im täglichen Kampf des Stärkeren gegen den Schwächeren setzt er den unermüdlichen literarisch verbrämten Appell nach einer humanistischen Gesellschaft entgegen. Indem er darüber warnend meditiert, beschreibt er die Opfer und die Fingerabdrücke auf der Seele ihrer Mörder. In die Eiterbeulen der Gesellschaft zu stechen, bereitet ihm das eklige, unappetitliche Vergnügen einer Drecksarbeit, die aber erledigt werden muss, bevor die Inhalte der Eiterbeulen die Menschen erledigen.

Dass er bei all dieser harten Kapitalismus-Kritik in der Bundesrepublik hohes Ansehen genießt, erstaunt mich. Weniger verwundert bin ich, dass er dort trotzdem nie ausgezeichnet wurde. Das trieb in der *FAZ* vom 30. 11. 1985 sogar einen Reich-Ranicki auf die höchsten Barrikaden der Empörung, weil der poesievolle Lästergott *„nicht einmal den bereits fünfunddreißigfach verliehenen Georg-Büchner-Preis"* erhalten hat. Die Buch-Institution Reich-Ranicki schäumte: *„Die Akademien in Stockholm und Darmstadt – sie sollten sich schämen."* Er macht sie verantwortlich für den unausgezeichneten ausgezeichneten Meisterschreiber.

In einer Rezension über den Roman „Justiz" spricht der Literatur-Scharfrichter der westdeutschen Nation von *„vorzüglicher Prosa"*, in der sich *„Geist und Nonsens, Kunst und Kolportage, Weisheit und Amüsement"* die Waage halten. Er bescheinigt Dürrenmatt eine *„beneidenswerte Beobachtungsgabe"*. Es sei *„eine Lust zu lesen"*, zumal der Autor in diesem Werk die Fabel seines Prosastücks „Die Panne" umkehre. Während sich darin Juristen bemühen, einen Unschuldigen der Schuld zu überführen, soll im Roman „Justiz" einem Schuldigen die Unschuld nachgewiesen werden. Typisch Dürrenmatt: Auch das Unmögliche wird möglich und das Undenkbare denkbar, wenn Macht, Ziel und Geld die Mittel heiligen und damit eine unheilige Liaison eingehen.

Der Tübinger Literaturprofessor Walter Jens, Präsident der Westberliner Akademie der Künste, nennt Dürrenmatt den *„nach dem Tode des unvergleichlichen Brecht bedeutendsten Dramatiker deutscher Sprache"*.

Die Eidgenossen haben ihrem berühmten Sohn für sein Lebenswerk gegeben, was ihm Nobelpreisverleiher verwehrt haben: höchste Ehre und Anerkennung, ausgedrückt mit dem „Großen Schillerpreis". Dass er durch persönliche Egoismen nicht ganz unbefleckt ist, weiß der prominenteste Bürger von Neuchâtel sicher selbst. Er hat seine erste Frau Lotti Geissler so total in sein Literatur-Reich eingemeindet, dass für ihre eigene Selbstverwirklichung als Schauspielerin scheinbar kein Platz mehr blieb. Als nach Jahrzehnten des Ehefrusts ein Suizid scheiterte, steigerte sie die Menge ihrer Realitätsverdränger an Cognac und Whisky, Psychopharmaka und Schlaftabletten. Damit gelang schließlich die Flucht aus einer für sie unerträglichen Wirklichkeit, die nur durch ihren Mann in Übergröße ausgefüllt war. Mitte Januar 1983 fand er sie bewegungslos im Bett.

Knapp acht Jahre später folgt er ihr. Er wählt seine letzte irdische Ewigkeits-Bleibe auf symbolische Art. Dürrenmatt lässt seine Asche auf seinem Anwesen unter derselben Trauerbuche verstreuen, die schon Lotti als Grabstätte gewählt hatte. Vielleicht eine Geste der Reue und Liebe über den Tod hinaus. Ganz der Poet Friedrich, der Große.

Mahner und Richter, aber kein Henker

Der beleibte Hausherr hat es sich bequem gemacht. In lässiger Pose sitzt er mir gegenüber und schwärmt in seelenruhiger Verklärtheit von der ihn umgebenden grünen Oase. Kaum vorstellbar, dass unter dieser Ruhe ausstrahlenden körperlichen Oberfläche ein Vulkan an Energie brodelt. Da versteckt sich ein Unruhegeist, der geradezu nach der Erforschung realer Widersprüche lechzt, um sie in karikaturhafter Überzeichnung auf seinem Arbeitsfeld Papier gründlich auszuschlachten.

Ein aggressiver Moralapostel mit dem gemütlichen Tonfall eines Urschweizers, der aber nicht predigt, sondern vorführt und an den Pranger stellt, der seine Giftpfeile mit der Treffsicherheit eines Wilhelm Tell abfeuert, der sich aber auch manchmal wie ein Don Quichotte fühlt, der einen aussichtslosen Kampf gegen Windmühlenflügel führt. Solch resignative Züge blitzen auf, wenn er über die hochgerüstete Zerstörerpotenz weltpolitischer Kampfhähne meditiert.

Dürrenmatt fühlt sich als Mahner und Richter, aber nicht als Henker. Seine Gedanken liegen ständig auf der Lauer, springen alles an, was wie individuelles oder gesellschaftliches Unrecht aussieht, krallen sich fest und lassen die Beute erst wieder los, wenn er sie in einem Buch oder Theaterstück erledigt hat. Gedruckte und gespielte Lebensweisheiten. Welch selbstauferlegte Quälerei muss es für den älteren Herrn sein, nachts mit geschwächtem Auge und spitzem Bleistift Wort für Wort und Seite für Seite Erkenntnisse zum Zustand der Außenwelt in epische Wirkung umzusetzen.

Von seiner dialektischen Besessenheit zeugt, dass er seine Manuskripte selbst nach Uraufführungen noch zehn bis fünfzehn Mal überarbeitet hat. Im Endergebnis schwankt er oft zwischen Zweifel und Optimismus. So auch in seinem Meisterkrimi „Das Versprechen" über die Jagd nach einem Kindesmörder – mehrfach verfilmt unter dem Titel „Es geschah am helllichten Tag". Während im Film Kommissar Matthäi den Mörder fasst, wartet er in der Original-Buchfassung vergeblich auf den inzwischen durch einen Autounfall ums Leben gekommenen Verbrecher. Glückliche Lösung oder Katastrophe – beide Möglichkeiten lässt Dürrenmatt gelten, weil er das wahre, vielschichtige Leben nicht verbiegen will. Er offenbart eine überzeugende Fähigkeit zur psychologischen Tiefenauslotung menschlicher Charaktere und bleibt zugleich ein ewiger Zweifler, der Ermittler und moralischer Ordnungshüter sein will, aber kein Henker.

Zum Schluss die Friedenspfeife

Ich werfe einen Blick auf die Uhr, die ich bisher völlig ignoriert habe, und erschrecke. Wir hätten längst gehen müssen. Aus der genehmigten einen Stunde sind vier geworden. Ein ganzer Nachmittag. Ich entschuldige mich. Er winkt ab, fragt mich nach meinem Geburtsjahr. Dann verschwindet er im Keller, taucht schnaufend vom Treppensteigen wieder auf und entkorkt eine Flasche Weißen aus der Schatzkiste Neuenburger Weine, die in 2000 Jahren von den Winzern der Region zu Bestmarken hochgekeltert wurden. Der Gourmet Dürrenmatt schenkt ein. Ich glaube es nicht: ein Tropfen meines Geburtsjahrgangs 1945. Er freut sich über meinen Versuch eines originellen Dankes: *„Nach diesem Schluck, Herr Dürrenmatt, fühle ich mich wie neugeboren."* Nun raucht er mit mir die Friedenspfeife, denke ich. Ein günstiger Moment, um ihn um eine Gabe für den Berliner Solidaritätsbasar der Presseleute zu bitten. So erzähle ich ihm, dass alljährlich DDR-Journalisten auf dem Alexanderplatz Kostbarkeiten ihrer Zunft feilbieten, um mit dem Erlös benachteiligten und verfolgten Berufskollegen vor allem in der Dritten Welt zu helfen. Ich frage ihn vorsichtig, ob er mir dafür nicht eine schriftstellerische Kleinigkeit mitgeben könnte. Die Vorsicht war nicht nötig und statt einer Kleinigkeit wird es eine Kostbarkeit. Er kramt in den unergründlichen Tiefen seines gewaltigen Schreibtisches. Dann fördert er aus einer Schublade ein handgeschriebenes Manuskript zutage. Es ist, wie er mir erklärt, der Vorspruch zu einer Fernsehaufzeichnung seines Stückes „Die Physiker".

Die skurrile Komödie, die 1961 auf dem Höhepunkt des Kalten Krieges zwischen Ost und West zur Zeit des Berliner Mauerbaus entstand, hatte bei ihrer Premiere am 21. Februar 1962 im Züricher Schauspielhaus einen solch durchschlagenden Erfolg, dass die Uraufführung an den folgenden zwei Tagen wiederholt werden musste. In der Theatersaison 1962/63 ging die aberwitzige Farce im deutschsprachigen Raum rund 1600-mal über die Bühne. Sie gilt als eines der meistgespielten Stücke in deutschen Theatern.

In einer grotesken Parodie auf die Verantwortung der Wissenschaftler für den Fortbestand der Menschheit wird eine psychiatrische Anstalt zum Schauplatz des Absurden. Der Physiker Möbius ist ins Irrenhaus geflohen, um Wirtschaftsbossen, Militärs und Politikern zu entgehen. Alle sind scharf auf seine Weltformel zur Aufhebung der Schwerkraft, von der die weitere Existenz der Menschheit abhängt. Die Besitzerin der Irrenanstalt – die einzig wirklich Verrückte – kann die Formel stehlen und profitabel vermarkten. Ein Geniestreich eruptiver Eskalation von realem Wahnsinn.

Das Werk war in den 1960er Jahren meiner Oberschulzeit Pflichtlektüre – und wurde es dann in den Achtzigern auch in der Bundesrepublik.

Der Verfasser signiert seinen Prolog zum Drama, bestätigt damit die Echtheit des Dokuments, drückt es mir in die Hand und deutet auf den letzten Satz, den er auf das Irrenhaus seiner Groteske bezieht: *„Sorgen wir dafür, dass es ein Haus der Vernunft wird."* Dieses Anliegen hat der Literatur- und Theatermann stets als über allen Häuptern schwebendes Damoklesschwert apostrophiert. Das Thema eines durchaus realistischen Nuklearkonflikts zwischen Ost und West hat ihn ein Leben lang begleitet, seine vorhersehbaren apokalyptischen Folgen hat er in vielfacher Form verarbeitet.

Ich lasse das wertvolle Original mit schonender Vorsicht in meine Aktentasche gleiten – neben seinen Roman „Der Richter und sein Henker", in den er mir *„mit freundlichen Grüßen"* eine Widmung geschrieben hat. Dann verabschiede ich mich mit respektvollem Dank von einem literarischen Recken, in dessen Gedanken-Ozean ich zumindest oberflächlich eintauchen durfte. Sein Manuskript wurde auf dem Ostberliner Soli-Basar vom Vertreter eines Kunstmuseums für einen erklecklichen Batzen Geld ersteigert. Er ging in die große Schatulle kollegialer Unterstützung für hilfsbedürftige Journalisten in aller Welt.

Ich bin überzeugt: Die Geistesblitze des Vor- und Nachdenkers könnten noch heute die gesellschaftliche Tristesse sich wegduckender Gleichgültigkeit, medialer Leichtgläubigkeit, inhaltsleerer

Lebensverschwendung und ellbogenbrutaler Gewinnsucht erhellen, so denn massenhafter Bedarf danach besteht. Und eben daran zweifle ich seit geraumen Jahren, sodass es mich in das schwarzhumorige Gedanken-Universum eines Friedrich Dürrenmatt katapultiert.

Das Filmmaterial, das wir nun im Auto verstauen, ist als belichtete Seltenheit ein wertvolles Zeitzeugnis. Ich rangiere unsere Karosse aus ihrem grünen Parkversteck und wir zuckeln und holpern den Bergpfad hinunter zu den Gestaden des Neuenburger Sees. Vor uns liegen 500 Kilometer Fahrstrecke und fünf bis sechs Stunden Fahrzeit nach Paris. Sie reichen nicht, um zumindest einen Teil meiner Eindrücke zu verdauen.

Milva

glänzte als Pop-Diva und Schauspiel-Ikone,
bis sie in einen Strudel der Selbstzerstörung stürzte

Im selbstkritischen Klartext gesprochen war es ein rüder Überfall, den ich auch mit jahrelangem Abstand zu damals nicht gut-
heiße. Wohl aber das Ergebnis.

Der Weg zum Drehort war diesmal angenehm kurz. Das Musiktheater Châtelet war nur wenige Kilometer und einige Fahr-
minuten entfernt von unserem Fernsehbüro im Pariser Vorort
Boulogne-Billancourt. Es war ein ungemütlich kaltwindiger,
dunkelschattiger Vorwintertag, an dem wir über die Uferstraße an der Seine zum Objekt unserer Hoffnungen rollten. Der
Himmel war so fest mit grauwolkigen Brettern vernagelt, dass
die Sonne nicht die geringste Chance bekam und sich in ihren
total weggesperrten Zustand fügen musste. Deshalb verschoben
wir eine Außenaufnahme des imposanten Kuppelbaus auf him-
melblaue, sonnigere Stunden, um seine reich verzierte Fassade
mit den hohen Bogenfenstern ins bessere Licht zu setzen. Vor
allem aber drängte uns der Termin für ein Treffen mit der Büh-
nen-Berühmtheit Milva, von dem sie selbst noch nichts wusste.

Im Pariser Theaterplan für das kommende Jahr 1987 hatte ich
gelesen, dass eine der Sensationen die Premiere einer viereinhalb-
stündigen Neufassung von Bertold Brechts „Dreigroschenoper"
sein würde, in Szene gesetzt von Georgio Strehler, einem namhaften italienischen Theaterregisseur. Als eine der Mitwirkenden wurde Milva genannt. Sie stand schon eine geraume Weile
auf der Personalliste meiner journalistischen Begehrlichkeiten,
war uns aber immer wieder entwischt. Wenn wir mal zur tagesaktuellen Berichterstattung in Italien aufkreuzten und hoff-
ten, sie in ihrer Heimat treffen zu können, war sie gerade dort,
wo wir nicht waren.

Nun aber absolvierte sie tagtäglich, wie ich erfuhr, eine Gene-
ralprobe zum Brecht-Stück, in dem sie die Seeräuber-Jenny spielte.
Mehrfach hatte ich den Regisseur um ein Interview mit ihr vor,

179

nach oder während der Probe ersucht. Ich wartete stets vergeblich auf eine Antwort. Entweder meine Bitte hatte ihn erst gar nicht erreicht oder er wollte keinen seiner Mitwirkenden bevorzugen, was vielleicht unnötig böses Blut bei den anderen geschaffen hätte. Das war verständlich, half mir aber nicht. Die Chance war greifbar nahe, zerbröselte aber am Widerstand des Chefs. Was tun? In solchen Situationen waren Ideen gefragt, mitunter auch ein gewagter Einfall oder eine vertretbare kleine Notlüge, die der Herrgott seinem ehemaligen Messdiener vielleicht als lässliche Sünde würde durchgehen lassen.Unser Bestreben musste es sein, auf irgendeine Weise während ihrer Proben ins Haus zu gelangen. Waren wir einmal drin, würde sich schon eine Möglichkeit finden, die Aktrice zu treffen. Also musste ein unverfänglicher Grund her, um mit Filmtechnik eingelassen zu werden – ein Grund, der nichts mit der „Dreigroschenoper" und erst recht nichts mit Milva zu tun hatte, aber einleuchtend war. Also grub ich eifrig in den Archiven des Châtelet-Theaters nach wertvollem Material und fand Gold.

Der größte Musentempel an der Seine wurde im April 1862 feierlich eingeweiht in der hochwohllöblichen Anwesenheit ihrer Majestät Kaiserin Eugénie de Montijo, die als Ehefrau Napoleons III. Frankreich als seine letzte Monarchin regierte. Da das Kalenderblatt den Monat November anno 1986 zeigte, war es also nicht mal mehr ein halbes Jahr bis zum 125. Jahrestag der Eröffnung des Festspielhauses. Also beantragte ich anlässlich dieses bevorstehenden Jubiläums bei der Presseabteilung Dreharbeiten, um das Theater in einem Fernsehbeitrag vorzustellen. Der Antrag wurde sofort genehmigt. Der Weg ins Ungewisse einer Milva-Bekanntschaft war frei.

Wie immer mein Plan ausgehen würde – ich klopfte mir wie der Film-Egon von der Olsenbande selbst auf die Schulter und fand den Plan wie er „genial", „todsicher" und „mächtig gewaltig". Ich hoffte nur, dass es mir nicht wie Egon Olsen mit seinen „raffinierten Tricks" erging, die allesamt im Chaos endeten. Aber das Risiko wollte ich eingehen, weil ich einfach daran glaubte, dass die Diva uns verstehen würde und vielleicht auch ein wenig geschmeichelt wäre.

Das ungewisse Warten auf eine gewisse Ikone

Zunächst war keine Gefahr im Verzug, denn auf unseren offiziellen Antrag und die offizielle Bestätigung hin wurden wir auch offiziell eingelassen. Nun folgte der illegale Teil, unbemerkt bis zu Milvas Garderobe vorzudringen. An meiner Seite Kameramann Eberhard Güldner, ein Meister seines Faches, der aber spektakuläre Aktionen verabscheute, was ich durchaus verstand. Schließlich wollten und sollten wir uns als DDR-Fernsehen von der Skrupellosigkeit und Rücksichtslosigkeit westlicher Paparazzi distanzieren, die eine Prinzessin Diana noch beim Todeskampf im Autowrack des Pariser Alma-Tunnels im Fokus gehabt haben sollen.

In diesem Falle konnte ich den Ansatz zum Paparazzitum mit reinem Gewissen rechtfertigen, zumal es eine Softvariante war. Der journalistische Überfall brachte keine horrenden Geldsummen für Promi-Bilder und alle von mir bemühten Verantwortlichen hatten mich verraten, hatten mir am Telefon fest versprochen, sich bei der berühmten Italienerin für meine Bitte um ein Interview starkzumachen und mir schnellstmöglich Bescheid zu geben. Da dieses „schnellstmöglich" nun schon zwei lange ergebnislose Wochen dauerte, redete ich mir die Berechtigung ein, das Heft nun selbst in die Hand zu nehmen. Außerdem sei zu meiner moralischen Rechtfertigung vermerkt, dass ich die als Vorwand benutzte Reportage zum Theater-Jubiläum später nachgeholt habe.

So war ich denn mit harmloser List und Tücke, mit ein wenig Glück und meinem Presseausweis bis zu einer Garderobe vorgedrungen, auf deren Tür ich den in handschriftlicher Akkuratesse überdeutlich akzentuierten Namen „Milva" buchstabierte. Zuvor hatte ich Pforten passiert mit den Namen „Heltau" und „Sukowa". Auch die waren mir ein Begriff und ebenfalls im Programmheft zu Bertold Brechts „Dreigroschenoper" nachzulesen. Dort war unter der Rubrik „Darsteller" annonciert, dass der Wiener Burgschauspieler Michael Heltau den Gaunerboss Mackie Messer gibt und seine heimlich angeheiratete Frau Polly von der westdeutschen Filmbekanntheit Barbara Sukowa verkörpert wird.

Sie wurde im selben Jahr 1986 für ihre beeindruckende Darstellung der Rosa Luxemburg in Margarethe von Trottas gleichnamigem Film als beste Darstellerin sowohl bei den Internationalen Filmfestspielen von Cannes ausgezeichnet als auch mit dem bundesdeutschen Filmpreis in Gold geehrt. Die Dirnenrolle der Seeräuber-Jenny war in der Pariser Aufführung der italienischen Sängerin Milva vorbehalten.

Auf sie warten wir nun. Dreharbeiten während der künftigen Abendvorstellungen, so wurde mir mitgeteilt, werden verboten sein. Die Premiere stand bevor, die Zeit drängte also, und ich wollte nicht länger auf die Nudel geschoben werden. Wenn es uns schon nicht möglich war, bei den Proben dabei zu sein, so wollte ich also zumindest eine unverhoffte Begegnung mit Milva versuchen, denn sie umgab das besondere Flair einer künstlerischen Vielseitigkeit, die ihr weltweite Anerkennung eingebracht hatte. Aber sie kommt nicht. Schon gut zwei Stunden lungern wir nun schon vor ihrer verschlossenen Garderobe herum und ich habe viel Zeit, über sie, die Brecht-Aufführung und meine Interviewfragen nachzudenken.

Das Stück mit Musik von Kurt Weill war schon 1928 im Berliner Theater am Schiffbauerdamm uraufgeführt worden. Nun soll es unter der Regie des Brecht-Spezialisten Georgio Strehler in einer von vornherein viel beachteten Neuinszenierung mit Künstlern aus fünf Ländern im „Théâtre musical de Paris" eine neuartige Inszenierung erleben. Der Ort war gut gewählt, ist doch die altehrwürdige, 1862 eröffnete Bühne an der Place Chatelet mit Opern, Konzerten und interessant gestalteten Neuauflagen klassischer Stücke berühmt geworden. Auch auf der Pressekonferenz von Strehler hatte ich versucht, Milva vor die Kamera zu bekommen. Vorsichtshalber war sie gar nicht erst erschienen.

Ein Filmporträt über die schöne Südländerin oder zumindest eine Mikrofon-Plauderei hatte ich – wie gesagt – schon lange vor, denn ich bewunderte seit jeher die konsequente Eigenwilligkeit, mit der sich die international gefeierte Künstlerin sowohl der Filmeinseitigkeit als auch den üblichen musikalischen Schablonen entzieht und sich quer durch alle Genres unterschiedlichster Stilrichtungen singt. Sie arbeitete ebenso zusammen mit dem Erfinder des Sirtaki, dem griechischen Komponisten Mikis Theodorakis, wie mit dem Pionier des „Happy Partysound", dem deutschen Orchesterchef James Last, und dem Begründer des „Tango Nuevo", dem grandiosen argentinischen Bandoneon-Spieler Astor Piazzolla. Und sie glänzte mit Schlagern in den deutschen Hitparaden ebenso wie mit Piaf-Liedern im legendären Pariser „Olympia".

Die italienische Rothaar-Schönheit sang sich quer durch alle Musikgenres, integrierte unterschiedliche Stilrichtungen, trat in Musicals, Bühnenshows und Opern auf, begeisterte mit Vokalexperimenten und Volksliedern des Komponisten Luciano Berio auf diversen Alben und mit Konzerten klassischer Stücke an der Santory Hall in Tokio, der Mailänder Scala oder der Londoner Royal Albert Hall. Später gastiert sie an der Deutschen Oper in Westberlin wie auch im Friedrichstadtpalast in Ostberlin. Sie macht eine Neuauflage des klassischen Tangos populär und wird für ihre grandiose Interpretation der Stücke von Bertold Brecht und seinem Leib- und Magenkomponisten Kurt Weill gefeiert. Sie brilliert in ihrem satirischen Ballett „Die sieben Todsünden der Kleinbürger" und präsentiert ihre Songs in einer einfühlsamen Weise, die ihr eine weltweite Reputation beschert.

Nun erwarten wir sie auf gut Glück in diesem altehrwürdigen Gemäuer. Das im italienischen Stil gebaute Haus im Herzen von Paris atmet Geschichte. Es entstand in den Jahren um 1860 mit der imposanten Kapazität von 2000 Zuschauerplätzen und wurde in der Neuzeit in die UNESCO-Liste des Weltkulturerbes aufgenommen. Der freskengeschmückte Musentempel empfing Weltberühmtheiten wie die Tanz- und Showkönigin Josephine Baker, die „Grande dame de la chanson" Juliette Gréco und den Musical-Meister Cole Porter. Große Komponisten wie Peter Tschaikowski, Gustav Mahler und Richard Strauss schwangen hier den Taktstock. Und auf der Châtelet-Bühne wurde auch Igor Strawinskys Ballett „Petruschka" uraufgeführt.

In diese großen Fußstapfen tritt nun also der italienische Theaterregisseur Giorgio Strehler. Dass der renommierte Brechtkenner

Milva in seine Pariser Neuinszenierung der „Dreigroschenoper" eingebunden hat, ist kein Zufall. Sie war 26 und hatte erste Anfangserfolge, als er sie 1965 an sein „Piccolo Teatro" in Mailand holte. Strehler, der als Brecht-Spezialist von Format gilt, förderte und forderte sie, sodass sie sechs Jahre nach ihrem Theater-Einstieg mit ihrer Langspielplatte „Milva canta Brecht" den deutschen Großmeister des epischen Theaters nach Italien brachte und zugleich internationales Aufsehen erregte. Der Grundstein für eine Weltkarriere war gelegt. Seither gilt sie als ideale Brecht-Interpretin gemeinsam mit Lotte Lenya, der Frau des Brecht-Komponisten Kurt Weill, und der DDR-Chansonette Gisela May, die Brechts „Friedenslied" sogar im New Yorker UNO-Gebäude vortragen durfte.

Das Geheimnis der feuerroten Haare

Ich verriegle den Fluss meiner Gedanken, denn als ich meine Waghalsigkeit fast schon bereue und zum Rückzug blasen will, kommt sie. Nicht wie auf den Schnappschüssen von kunterbunten Illustrierten mit Riesenhut und großer Brille, denn hier im Theater muss sie ihr Gesicht nicht vor einer sie bedrängenden Presse verstecken. Hier, in ihrem Musentempel, ist sie sicher vor Presseverfolgung, hat sie die Geborgenheit der Intimität. Dass ihr auch hier die Presse auflauert, erfasst sie mit einem ungläubigen Blick. Als ihr Schritt stockt, ist der Moment der Wahrheit da, den ich natürlich befürchtet und einkalkuliert habe.

Nun wird es sich also zeigen, ob unsere Beharrlichkeit gnädiges Verständnis findet oder ob die Dame von Welt zetert und uns in hohem Bogen rauswirft. In diesem Fall wäre zu hoffen, dass sie nicht noch Sicherheitsbeamte holt und uns wegen Hausfriedensbruchs belangt. Das wäre ihr nicht zu verdenken, denn wegen dieser frechen Überrumpelung wäre ihre allseits bekannte impulsive Neigung zu temperamentvollen Gemütsausbrüchen der italienischen Art vollauf berechtigt.

Ein reuevolles, schuldbewusstes Gesicht muss ich nicht aufsetzen, denn ich habe wirklich eins. Deshalb klingt es wohl auch sehr ehrlich, als ich uns vorstelle und mich für die unpassende Störung nach ihrer sicherlich anstrengenden Theaterprobe entschuldige. Aber ich hätte, so werbe ich um Verständnis, alle legalen Wege für ein Treffen mit ihr versucht und ein Interview sei im Prinzip auch schon zugesagt, weshalb wir hier schon ewig ausharren. Dann gehe ich mit aller gebotenen Vorsicht zum Angriff über und sage im höflichsten Französisch, dessen ich fähig bin, dass es meiner Ansicht nach nicht allzu vermessen sei, fürs Ostfernsehen um ein Interview zu bitten, nachdem das DDR-Level „Amiga" schon seit fünf Jahren Platten von ihr herausbringt.

Das scheint sie endgültig zu überzeugen. Der befürchtete Vulkanausbruch bleibt aus. Kein Vesuv, kein Zorn, keine Unwirschheit. Das Gegenteil tritt ein. Sie scheint einerseits gerührt von so viel praktizierter Hartnäckigkeit und andererseits verblüfft über so viel offen zugegebene Frechheit. Vielleicht ist sie auch ein wenig geschmeichelt, dass es einem Fernsehteam wert ist, sie so außergewöhnlich geduldig zu belagern und dabei das Risiko einer Anzeige oder zumindest einer Absage in Kauf zu nehmen. Oder hat sie sich resignativ der Situation ausgeliefert, um nach harter Arbeit einfach Ruhe zu haben?

Das Ergebnis ist dasselbe. Sie schließt die Tür auf, winkt uns in ihre Garderobe. Geschafft! Im doppelten Sinne des Wortes. Der Anlauf ist geschafft und ich bin es auch. Aber heilfroh, dass es so glimpflich abgelaufen ist. Denn auch auf den Showbühnen der Welt hat die exotische Schönheit Beifallsstürme ausgelöst nicht nur durch ihre faszinierend glutvolle Stimme mit dem betont rollenden „R", sondern auch durch ihre unnachahmliche Fähigkeit, aus leisen, sanften Tönen heraus urplötzlich zu einem Feuerwerk an Gestik, Mimik und Rhythmus zu explodieren. Jetzt nichts von alledem. Nur Sanftmut.

Die Person, der die Presse eine „atemberaubende Virtuosität" bescheinigt, ist sichtlich erschöpft von den Proben. Was mir ein freimütiges Geständnis ins Gedächtnis ruft, das ich einmal von der scheinbar nimmermüden Powerfrau gehört habe: Sie sei *„vor jedem Auftritt ein wahres Nervenbündel und danach leer, müde und kaputt"*. Das scheint auch für die Proben zuzutreffen, die sie als vorweggenommene Vorstellung ansieht. Volle Hingabe und keine Schonung! Sie schiebt mir freundlich und interviewergeben einen wackligen Stuhl zu. Dann überrascht sie mich durch eine uneitle Lockerheit. Sie dreht sich zum neonbeleuchteten Garderobenspiegel und schminkt sich ab, entfernt Bänder und Kämme aus ihrer feuerroten dichten Haarpracht, die sie für ihre Rolle hochgesteckt hat und die nun über ihre Schultern nahezu hüftlang herunterquillt. Die, so sagt sie mir mit leicht belustigter Stimme, habe sie seit ihrem 19. Lebensjahr, als sie ihre Friseurin dazu überredet habe. Da ihre Umgebung und auch sie selbst diese Farbe besser fand als ihre naturdunklen Haare, habe sie das Rot intensiver nachkolorieren lassen und es bis heute beibehalten.

Auf dem Garderobentisch liegt ihre Silberkette mit Kreuz, die privat und auf der Bühne nicht wegzudenken ist, die sie aber als gespielte Prostituierte nicht tragen will. Ich habe Zeit, sie in ehrfürchtiger Ruhe zu mustern. Auf sexy schlanker Figur ein schwarzes Zipfelkleid mit halblangen Ärmeln, die durchsichtig sind wie der etwas frivol wirkende Ausschnitt ihres Dekolletés, das den Busenansatz durchschimmern lässt. Klar, dass eine Spelunken-Jenny oder Seeräuber-Jenny kein Ballkleid trägt! Und dann eben das unverkennbare wallende intensiv kolorierte Rothaar, ohne das eine Milva nicht denkbar wäre. „La Rossa" – „die Rote" nennen sie ihre italienischen Landsleute in Doppeldeutigkeit zu ihrer auffallend roten Mähne und ihrer roten Gesinnung. Auch diese sozialistische Linksorientiertheit verbindet sie mit Brecht.

In Milva hatte die Presse ihrer Heimat ein Promi-Medium, an dem sie ihre Fantasie auslassen konnte. Auch ihr zweiter Spitzname war treffend gewählt. „La Pantera di Goro" – „Die Pantherin von Goro" in Anspielung auf ihre geschmeidigen Show-Bewegungen, die Sprungbereitschaft zu symbolisieren scheinen, und auf eine italienische Kleinstadt. Hier in Goro an der nördlichen Adriaküste wurde sie am 17. Juli 1939 in das faschistische Regime von Diktator Mussolini hineingeboren. Ihre Kindheitserlebnisse der Kriegs- und Nachkriegszeit könnten ausschlaggebend für ihre linke Einstellung gewesen sein. Angeblich war dem Gemeindebeamten der Name Maria-Ilva Biolcati zu lang, sodass er ihn im Taufregister als „Maria Ilva" eintrug, woraus später das Kürzel Milva wurde.

Duell zwischen „Pantherin" und „Tigerin"

„Die Pantherin" war das konträre Pendant zum Titel „Tigre di Cremona" – „Tigerin von Cremona", mit dem die Medien ganz bewusst und konfrontativ Milvas Rivalin Mina bedachten. Charakterisiert werden sollte damit ihre stets angriffsbereite Kämpfernatur als Feministin mit Bezug auf die Hauptstadt Cremona ihrer Geburtsregion Lombardei.

Milva und Mina. Beide Italienerinnen vereint ein glamouröses Drama. Sie hatten als Schlagersternchen 1961 beim San-Remo-Festival als erbitterte Konkurrentinnen hart um den Sieg gerungen, aber keiner war er vergönnt. Allerdings wurde Milva Vize-Champion vor der unwesentlich älteren Mina, die auf dem undankbaren dritten Platz landete. Sie revanchierte sich ein Jahr später mit dem Riesenhit „Heißer Sand". Nachdem sie damit weltweit eine Million Platten verkauft hatte, erreichte die zur Höchstform aufgelaufene Mina mit einer Flut von Neuerscheinungen 25-mal die Spitze der italienischen Albumcharts.

Während es jedoch Ende der 1970er langsam ruhiger um die einst als „Primadonna des italienischen Pop" umschwärmte Sängerin wurde, befand sich die Karriere von Milva immer steiler im Aufwind. Und während Mina ihren internationalen Top-Hit mit der düsteren Geschichte vom heißen Sand, dem verlorenen Land, dem Leben in Gefahr, dem schwarzen Tino und seinem beseitigten Rivalen Rokko mit solch außergewöhnlichem Erfolg nicht wiederholen konnte, kreierte Milva ein buntes Kaleidoskop an kritischen, nachdenklichen und zugleich trotzig vitalen Liedern. Herausragend ihr auch auf Deutsch gesungenes „Hurra!

Wir leben noch!" mit der Hintergründigkeit und dem Unterton von unschlagbarem Optimismus und existenziellen Fragen:

„Wie stark ist der Mensch? Wie stark? Wie viel Ängste,
wie viel Druck kann er ertragen?
Ist er überhaupt so stark, wie er oft glaubt? Wer kann das sagen?
Hurra! Wir leben noch! Was mussten wir nicht alles überstehn?
Und leben noch! Was ließen wir nicht über uns ergehn?
Der blaue Fleck
auf unsrer Seele geht schon wieder weg.
Wir leben noch. Hurra, wir leben noch!
Nach jeder Ebbe kommt doch eine Flut.
Wir leben noch, gibt uns denn dies Gefühl nicht neuen Mut
und Zuversicht.
So selbstverständlich ist das nicht.
Wir leben noch!"

Innige Liebe zu Brecht

Nach diesem weltentrückten gedanklichen Höhenflug bringt mich ein leichtes Räuspern meines Kameramannes wieder auf den Boden der Tatsachen. Ich sitze in Milvas Theatergarderobe und sie ist gesprächsbereit. Was ihr am Herzen liegt, ist die Korrektur eines von ihr befürchteten snobistischen Öffentlichkeitsbildes. Sie stellt noch vor meiner ersten Frage klar, dass sie das Wort „Diva" hasst, denn sie stolziere nicht in exaltiert abgehobener Selbstverliebtheit durch die Welt, sondern arbeite statt eines solchen Gehabes hart für ein bestmögliches Niveau all ihrer Darbietungen – und da vor allem mit viel Kraft und Ehrgeiz am Brecht'schen Prosa- und Lyrik-Erbe, dessen Interpretation absolute Perfektion verdient habe. Milva und Brecht! Warum ist sie von den Werken des Dramatikers so fasziniert, ist sie ihm nahezu verfallen? Sie sinniert: *„Ja, warum?"* Dann gibt sie sich selbst die Antwort:

„Weil ich mit Georgio Strehler vor mehr als 21 Jahren begonnen habe und er mich damals zum ersten Mal bat, Chansons von Brecht und Weill zu singen wie beispielsweise ‚Surabaya Johnny‘ oder ‚Seeräuber Jenny‘. Danach haben wir viel zusammen gemacht und er hat mir gesagt: Ja, Du kannst Brecht singen. Nachdem ich mit Chansons in Italien begonnen habe, bin ich dann praktisch gemeinsam mit Gisela May und Lotte Lenya, als sie noch lebte, eine der europäischen Brecht-Interpretinnen geworden. In der DDR stehen wir mit dem Berliner Ensemble in Verbindung. Ich wurde oft eingeladen, aber wir haben bisher nie so die rechte Form gefunden. Aber jetzt hat man mich gebeten, im nächsten Jahr für die 750-Jahrfeier von Berlin – für dieses große Jubiläum – vier Abende zu geben in Berlin in der DDR. Und ich hoffe, dass ich diesmal wirklich kommen kann.“

Ich registriere, dass es wohl doch nicht allein meine Überredungskunst war, weshalb sie uns statt eines Rauswurfs eine Audienz gewährt hat. Offensichtlich war der Türöffner das Schlüsselwort „DDR-Fernsehen“. Das schien bei ihr Assoziationen zu geplanten Bühnen- und Fernsehauftritten in Ostberlin zu wecken.

Zu Hause lief das Interview im TV-Jahresendprogramm 1986/87 und scheuchte Milva-Verehrer und Freunde des Chansons auf.

Geständnis der Powerfrau Milva: „Vor jedem Auftritt ein Nervenbündel und danach ausgebrannt, müde und kaputt.“ Foto: Marion Wahl

Es gab Anfragen für Ticket-Reservierungen im Vorverkauf, den es eigentlich noch gar nicht gab. Die voreiligen Kartenbewerber wurden nicht enttäuscht. Milvas hoffnungsvolle Andeutung wurde zur Gewissheit. Sie kam und sang zum Berlin-Jubiläum im Palast der Republik – und ein Jahr später folgte am selben Ort ein zweitägiges Gastspiel, von dem Funk und Fernsehen im Oktober 1988 ein Showkonzert der Extraklasse sendeten.

Ich möchte wissen, welche ihrer Songs sie am meisten mag. Sie weicht aus. Sie schätze Lieder, die nicht mit Worten überfrachtet sind, dafür mit viel zupackendem Symbolgehalt. Also, so vermute ich, gehöre dazu auf jeden Fall ihr Erfolgstitel „Hurra, Wir leben noch!" Sie nickt zustimmend und ich hake nach: *„Gibt es außerdem weitere Dauerbrenner, die typisch sind für Milva und die ebenfalls bei Konzerten nicht fehlen sollten?"* Sie überlegt laut:

„Ja, Titel wie ‚Wenn der Wind sich dreht' und ‚Mut zum Risiko'. Das sind Lieder, die das Publikum sofort gefangen nehmen. Also die richtigen Einsteiger für einen Chansonabend. Da muss dann aber anschließend die Abwechslung das reizvollste Moment sein, müssen sich diese Lieder mit ruhigen, gedankentiefen Songs abwechseln. Beispielsweise die an den Theater-Star Gustaf Gründgens gerichtete nachdenkliche musikalische Frage ‚Wer will das nicht, geliebt sein?'"

„Und Sie, liebe Milva?" Ich hätte mir am liebsten noch nachträglich den Mund zugehalten, aber die Frage ist raus, ist mir unwiderruflich entschlüpft. Die Reaktion ist ein kirschmundrotes Lächeln des Verzeihens für die ungehörige Neugierfrage eines Journalisten, der damit ans Türchen eines Tresors klopft, in dem Herzensangelegenheiten wohlverwahrt bleiben sollten. Ursprünglich wollte sie davon nie mehr preisgeben als ohnehin bekannte Fakten, die als Bestandteil ihrer Biografie nicht zu verheimlichen waren. Letzten Endes aber gab es immer häufiger Schlagzeilen mit unliebsamen Geschichten, die sie selbst erzählt hat, weil sie mit ihrem tristen Privatleben selbst nicht mehr fertig wurde und deshalb immer offener damit umging. Sie ließ zur Freude der Presse mehr aus sich heraus, als sie jemals wollte. Summa summarum ergeben die Fakten das traurige Bild einer unerfüllten Liebessehnsucht mit einer arg ramponierten Seele.

Der hohe Preis für gesundheitlichen Raubbau

Das Unglück begann für die Zwanzigjährige mit dem doppelt so alten Fernsehregisseur Maurizio Corgnati, den sie als ihren Förderer aus Dankbarkeit für seine väterliche Unterstützung heiratet, der ihr die Flucht aus familiärer Enge in die stets von ihr geliebte persönliche Freiheit ermöglicht, den sie aber schließlich nach zehn Jahren für einen anderen, jüngeren verlässt. Zum Scheitern verurteilt ist auch diese Beziehung mit dem Schauspieler Mario Piave, der sich mit 39 Jahren das Leben nimmt. Diesen Schritt weg von Corgnati bereut sie später bitterlich, bezeichnet ihn als den eklatanten Fehler einer „irrationalen Leidenschaft", durch den sie sich, ihren ersten Mann und die gemeinsame Tochter Martina unglücklich gemacht habe.

Dann beginnt sie eine 15 Jahre während Liaison mit Professor Massimo Gallerani, einem Philosophie-Dozenten und Dramaturgen, mit dem sie endlich die wahre Liebe gefunden zu haben glaubt. Bis er sie mit einer jüngeren Italienerin betrügt und sie in Verzweiflung und Lethargie stürzt.

Es folgt eine vierjährige im wahrsten Wortsinne todunglückliche Romanze mit dem Schauspieler Luigi Pistilli, den sie später vorgibt nie wirklich geliebt zu haben. Seine künstlerische Heimat war ebenfalls das „Piccolo Teatro" in Mailand, das er nach einer Schauspielausbildung verließ, um sieben Jahre später eine steile Karriere in den Italo-Western von Starregisseur Sergio Leone zu starten. Das katapultierte ihn an die Seite der Superstars Clint Eastwood, Franco Nero, Klaus Kinski, Lee van Cleef und Jean-Louis Trintignant. Zudem galt er in seiner Heimat Italien als einer der renommiertesten Theatermimen, dem die Kritik wie seiner Intimfreundin Milva eine überragende Darstellungskompetenz in der „Dreigroschenoper" bescheinigte. Das hätte ein zusätzliches Bindeglied zwischen beiden Künstlern sein können, wurde aber eher zu einem Epilog für ihre Trennung. Als über Pistilli dann noch Misserfolge auf der Bühne hereinbrachen, nahm eine Tragödie ihren Lauf, wie sie kein Western hätte an perverser Dramatik überbieten können. Er erhängte sich in einem Kleiderschrank.

Schließlich gibt sie Anfang 2000 während einer gefeierten Deutschland-Tournee mit dem Programm „Best of Milva" bekannt, dass sie und ihr neuer Lebensgefährte, der Wissenschaftler und Universitätsdozent Roberto Bertozzi, heiraten werden. Gut drei Jahre danach überrascht sie ihre Fangemeinde mit der gegenteiligen Information. Dass es zwischen ihr und dem Germanistik-Professor keine Hochzeit geben werde, liege an ihrer unsteten Arbeit. Man habe sich immer seltener gesehen, was die engen Herzensbande zerrissen habe. Kurz vor ihrem 62. Geburtstag erklärt sie am 14. Juni 2001 in einem *Stern*-Interview, sie könnte *„nie mehr mit einem Mann zusammenleben"*. Dazu habe sie *„viel zu lange selbstbestimmt gelebt"* und diese dauernde Nähe würde sie ermüden. Dann fügt sie an: *„Aber ich gebe zu, dass ich nicht frei bin von gewissen Bedürfnissen und erotischen Träumen."*

Dass sie sich mit dem rücksichtslosen Verzicht auf Ruhe, Familie und Gesundheit emporgesungen hat zum umjubelten Film- und Bühnenstar, hat einen enormen gesundheitlichen Preis gefordert, den auch keine noch so hochdotierten Ehrungen kompensieren können. Weder Gold- und Platinplatten noch das gesamtdeutsche Bundesverdienstkreuz 1. Klasse, der italienische Ehrentitel „Kommandeur des Verdienstordens" oder die französischen Auszeichnungen als „Ritter der Ehrenlegion" und „Offizier des Ordre des Arts et des Lettres".

Ein ausufernder Tablettenkonsum, der den Raubbau an Körper und Geist, Versagensfrust und Dauerdruck heilen soll, schädigt ihre Stimmbänder, die in zehn Operationen wieder einigermaßen hergestellt werden. Als immer höhere Wellen persönlicher Probleme über ihr zusammenschlagen, stürzt sie in eine tiefe Schlucht von Depressionen, hangelt sie sich am Rand psychischer und physischer Zusammenbrüche entlang, fällt sie in ein ozeantiefes Burn-out. Aber sie ertrinkt nicht, bleibt am Leben.

Die Selbstrettung

Die Chansonette „Bella Rossa" ist geradewegs auf die Katastrophe zugesteuert und ist dicht am Untergang vorbeigeschrammt. Erfolgsdruck, Versagensängste, Solodasein, Seelenpein, Serienstress und Schicksalsschläge waren als geballte Ladung eine massive Schubkraft in Richtung Abgrund. Das Teuflische: Gerade der exzessive Tablettenkonsum, der ihre Probleme dämpfen sollte, hätte über kurz oder lang die persönliche Apokalypse ausgelöst. Es wäre nur eine Frage der Zeit gewesen. Als mindestens ebenso schlimmen Fehler nennt Milva später das Manko an Liebe gegenüber ihrer Tochter. Spät, aber nicht zu spät bringt sie ihr Gewissen und die Beziehung in Ordnung. Sie knüpft zu ihrer lange vernachlässigten Martina, einer anerkannten Kunstkritikerin, den zerrissenen Faden. Der wird so eng, dass die Tochter im Jahr 2018 beim Schlagerfestival von San Remo die Auszeichnung für das Lebenswerk ihrer berühmten Mutter entgegennimmt.

Dieser Charakterzug, fähig zu sein zur Einsicht und offen für neue Schritte, hat ihr von Anfang an Respekt und Zuneigung gebracht. Damit eroberte sie sich auch als Künstlerin immer wieder unbekanntes Terrain. So erscheint 1965, fünf Jahre nach ihrem ersten Plattenvertrag, das Album „Canti della liberta" mit Freiheits-, Friedens- und Protestliedern. Für eine damals noch recht einseitig auf Schlager festgelegte Sängerin ein ungewöhnlich mutiger Schritt. Ein politisches und soziales Engagement, das aus der musikalischen Themenwelt von Herz und Schmerz ausbrach und sukzessive Eingang fand in ihr weitgefächertes Lieder-Repertoire, in dem auch existenzielle Menschheitsprobleme ihren Platz haben.

Was denkt sie, damit bewirken zu können – beispielsweise in diesem Jahr 1986, da in Ost- und Westeuropa amerikanische und sowjetische Atomraketen aufgestellt werden, Gorbatschow „Glasnost" und „Perestroika" fordert, Schwedens Ministerpräsident Palme erschossen wird und sich auf dem Globus despotische Folter- und Mord-Diktaturen breitmachen wie die des chilenischen Junta-Generals Pinochet und die des südafrikanischen

Apartheid-Chefs Botha? Sie antwortet nicht wie bisher sofort, sondern horcht in sich hinein, schüttelt ihre rote Löwenmähne, setzt dann bedächtig ein Wort vors andere, als wollte sie es in Stein hauen lassen:

„Nun, die Künstler können keine bessere Welt erschaffen. Sie können lediglich einen kleinen Beitrag dazu leisten. Ich habe mich entschieden, gewisse Dinge zu machen und zu anderen Dingen Nein zu sagen. So zum Beispiel niemals in Chile zu singen, niemals in Südafrika zu singen. Das sind die kleinen Entscheidungen. Ich habe mich entschlossen, das zu tun und zugleich an bestimmten Theatern bestimmte Chansons zu singen, auch das ist ein kleiner Beitrag. Und wenn es alle so machen, dann können vielleicht auch die Künstler etwas zum Großen und Ganzen beitragen."

Es spricht für Milvas Klugheit, Lebenserfahrung und Realismus, dass sie in unserem Interview den politischen Einfluss der obersten Künstlerloge nicht überbewertet. Nicht ohne Grund fügt sie ihrem Bekenntnis an die verändernde Kraft der Gemeinschaft eine Einschränkung an:

„Es gibt Künstler, die sehr viel geben … Aber schließlich sind es die Regierungen, welche die Macht haben und diese Welt verändern müssen."

Wie schwarze Klaviertasten zu weißen wurden

Als Mikrofon und Kamera außer Reichweite sind, bemerkt die Frontfrau des Chansons mehr zu sich selbst als zu mir fast im Flüsterton: *„Wissen Sie, manchmal bin ich müde."* Ob sie das, frage ich, auf ihre nicht abreißende Serie von Auftritten beziehe oder auf ihr pausenloses Engagement für Recht und Freiheit. *„Beides"*, sagt sie lächelnd, *„aber eben nur manchmal."*

Sie könnte sich ein Schloss kaufen und die Zugbrücke hochziehen. Oder eine Burg und sich im Elfenbeinturm verkriechen. Für eine Milva undenkbar. Ihre Rastlosigkeit ist bekannt. Ebenso ihr Bestreben, auf allen Tasten des Klaviers zu spielen. Heute sind es die weißen, die ihr Leben bestimmen, früher waren es die schwarzen. Denn ihr Zuhause war weder ein Schloss noch eine Burg, ihr Anfangsleben keine Party, sondern bitterer Broterwerb. Da der Vater, ein Fischhändler, durch einen Autounfall und geschäftliches Pech pleitegeht, verliert die Familie nahezu ihr gesamtes Hab und Gut. Weil die Mutter als Schneiderin es nicht allein schafft, das Existenzminimum zu sichern, muss die 16-jährige Tochter das Überleben mitfinanzieren. Da sie schon als Kind bei verschiedensten Feierlichkeiten und in der Kirche durch ihre außergewöhnliche Stimme aufgefallen war, sieht sie im Gesang eine Chance. Sie tingelt zumeist an Sonntagen – begleitet von ihrer Schwester – unter dem Künstlernamen Sabrina mit gängigen Schnulzen in Tanzschuppen, Bars und Nachtclubs. Da hat sie noch dunkle Haare, die sie zu einem toupierten Dutt hochsteckt. Bei einem landesweiten Song-Wettbewerb des Radiosenders RAI gewinnt sie gegen 7600 Mitbewerber und kann ein Stipendium für eine Gesangsausbildung ergattern. Mit 23 Jahren wird sie von der strengen italienischen Kritikervereinigung zur „Sängerin des Jahres" gekürt.

Italiens Regie-Ass Giorgio Strehler begreift ihre Begabung und in seinem „Piccolo Teatro" geht es dann rasant bergauf. Brecht-Lieder bringen ihr eine zusätzlich neue Fan-Gemeinde. Sie genießt nun auch einen wohlwollenden Ruf in intellektuellen Kreisen. Strehler erklärt die faszinierende Wirkung ihrer Brecht-Interpretation nicht nur mit ihrer ausdrucksstarken rauchigen Altstimme, sondern auch damit, dass sie „aus jenen Schichten stammt, die in diesen Liedern besungen werden".

Nicht alle sehen das so. Sie wird angefeindet. Denn sie singt auch politische Folklore, Protest- und Arbeiterlieder sowie Evergreens der italienischen Widerstandsbewegung wie das Partisanenlied „Bella ciao", das zur Hymne von Antifaschisten, Sozialdemokraten und Kommunisten wurde. Und sie produziert mit Chansons und Balladen des gesellschaftskritischen griechischen Komponisten Mikis Theodorakis ein Album, das in Bundesdeutschland unter dem Titel „Von Tag zu Tag" ein Top-Hit wird und ihr im Verbund mit zwei weiteren ähnlichen Maxi-Scheiben dreimal Chart-Gold in Griechenland bringt.

Weil sie sich ungeniert und couragiert als überzeugte Sozialistin präsentiert, wird sie von erzkonservativen und rechten Kräften attackiert. Die Angriffe erreichen das Gegenteil, stärken ihre im Volk verankerte Autorität als standhafte Verteidigerin humaner Werte und als Streiterin für jedermanns Recht auf Gerechtigkeit. Sie erhöhen nicht zuletzt die Glaubwürdigkeit ihrer Lieder als Ausdruck ihrer Gesinnung. Um sich mit ihren Inhalten identifizieren zu können, hat sie sich stets intensiv mit ihren Schöpfern beraten. Andere sehen in ihr eine hingebungsvolle Revolutions-Romantikerin und hoffnungslose Weltverbesserin. Weder manipulative Böswilligkeiten noch unreale Verklärtheiten können an ihrem Nimbus der musikalischen Perfektion und textlichen Ehrlichkeit kratzen.

Nicht nur das Gros der Italiener liebt „Bella Milva", sondern auch ein begeistertes Publikum in Deutschland, Griechenland, Frankreich, Spanien, Japan und Südamerika. Zudem beweist sie beachtliches darstellerisches Talent in acht Filmen, darunter im preisüberhäuften Fantasy-Drama „Der Himmel über Berlin" von Wim Wenders und in Werner Herzogs „Gesualdo – Tod für fünf Stimmen". Ihre große Leidenschaft aber bleibt das Theater, ihre Liebe gilt den Stücken von Brecht, der Musik von Weill und Eisler. Rund ein halbes Hundert Dramen hat der deutsche Weltmeister des epischen Theaters geschaffen. Sein Bravourstück, die „Dreigroschenoper", entstand vor fast 60 Jahren. Wie verstaubt ist inzwischen ihr Inhalt, wie aktuell noch ihr Wert? Sieht die Brecht-Verehrerin Milva noch Bezüge zum Heute?

„Also ich denke, dass dieses gewaltige Werk von Brecht, die Dreigroschenoper, eine enorme satirische Kraft hat, die noch sehr aktuell ist in der heutigen Welt, in der wir leben. Eine Welt, die unterschiedliche Konflikte hat. Da ist der Polizeichef zwar nicht mehr unbedingt der Freund des Chefbanditen, aber es gibt andere Probleme, die sich sehr eng an den Sinn und Inhalt dieses Stückes anlehnen. Nahezu in der halben Welt gibt es heute Krieg. Es ist eine sehr komplizierte Welt geworden. Es ist nicht mehr dieselbe historische Situation wie damals und doch gibt es Ähnlichkeiten. So ist es jedem überlassen, mit dem Kopf von heute die Situation von gestern zu durchdenken und Vergleiche zu ziehen."

Ich merke, dass Sie dieses Plädoyer für die Aktualität Brecht'-scher Gedankentiefe auch als ihr Schlusswort betrachten möchte. Meinen Dank nimmt sie schon im Stehen entgegen. Nun ist sie es, die sich höflichkeitshalber zu einer Entschuldigung verpflichtet fühlt. Sie müsse sich, so ihr Abschiedswort, noch auf ein abendliches Konzert vorbereiten.

Während Eberhard die Kameratechnik einpackt, bedanke ich mich für die Freundlichkeit, mit der sie uns trotz unseres Überfalls ein wertvolles Stück ihrer Zeit abgegeben hat. Dann durchqueren wir die Theaterpforte beim Rückmarsch wesentlich erleichterter als beim Anmarsch. Die kostbare Bilderfracht samt Technik ist glücklich im Kofferraum verstaut und während wir retour ins Büro am Pariser Stadtrand rollen, hänge ich noch den letzten mit ihr gewechselten Worten nach.

Vom Luxus finanzieller Freiheit

Auch nach unserem Treffen habe ich jeden ihrer Schritte verfolgt. Sie führten sie nach mancher Ansage für eine Absage immer wieder mit neuem Elan zurück auf die Bühne und zu Neuentdeckungen im Theater- und Musikbereich. Dazu gehörte im August 2008 ein Konzert, das sie gemeinsam mit der spanischen Opernsängerin Montserrat Caballé und dem deutschen Musical-Star Angelika Milster auf dem Theaterplatz in Dresden gab. Als ich Details erfuhr, musste ich leicht schmunzeln, hieß die Veranstaltung doch wirklich „Diva Maxima". Also hatte Milva mit fast 70 Jahren aufgehört, sich gegen den Titel „Diva" zu wehren, den sie noch in unserem Interview entrüstet abgelehnt hatte.

Nur ein Jahr später, im Sommer 2009, beim österreichischen Reichenau-Festival erneut eine Premiere: Ihre in deutscher Sprache famos gespielte Rolle der Milliardärin Claire Zachanassian, die in Dürrenmatts Theaterstück „Der Besuch der alten Dame" beweist, dass in der Welt des Kapitals sowohl der Mensch als auch ein Mord käuflich ist.

Das Phänomen Milva brachte es fertig, mit zunehmendem Alter jünger zu werden und die Schlagerbranche mit Titeln zu überraschen, die rockiger und poppiger waren als früher. Kein Wunder, hatte sie doch mit Udo Jürgens, Peter Maffay, Roland Kaiser und Udo Lindenberg auch neue Musikpartner und Songschreiber gefunden.

Sie lief noch einmal zur Höchstform auf und bestätigte damit, was die *Neue Hannoversche Zeitung* über sie geschrieben hatte: „*Verglichen mit der Ausstrahlung dieser Persönlichkeit haben Liza Minelli oder Barbra Streisand die Faszination eines Stückes Styropor.*"

Getreu ihrem gesungenen Motto „Ich weiß, was ich will" hat sie es sich zum Prinzip gemacht, entweder hundert Prozent zu geben oder lieber zu schweigen. So hat sie mit derselben Intensität ihr Lieblingsthema „Freiheit und Gerechtigkeit" selbst in die Schlagerhitparaden hineingeschmuggelt und sie wochenlang politisiert. Mit einem Erfolgstitel, dessen Text sie vor TV-Kameras mit solch inbrünstiger Leidenschaft nicht schlechthin vortrug, sondern in Szene setzte, als wäre es ihre zentrale Botschaft an die Welt, die sie damit wachrütteln will:

„Freiheit in meiner Sprache heißt Libertá.
Gibt es ein schön'res Wort als Libertá!?
Doch nicht nur in Italien – überall, wo Menschen leben,
stehst Du an erster Stelle: Libertá!"

Zugleich erlaubt ihr in diesen fortgeschrittenen Jahren ihr finanzieller Wohlstand den Luxus der Unabhängigkeit, durch den das bettelarme Mädchen von einst nicht mehr auf kommerzielle Einspielergebnisse ihrer Platten angewiesen ist. Umso dankbarer ist sie, dass ihr auch ein lange vernachlässigtes Herzensprojekt gelingt: Auf einem Album und der CD „Mia bella Napoli" setzt sie neue Akzente der Interpretation neapolitanischer Volksweisen. Nach stets anspruchsvollen, aktuell akzentuierten Texten nun ein tiefer Griff in den historischen Schatzkasten typischer heimatlicher Klänge. Folklore, die sie mit uritalienischem Flair in unverfälschter Art präsentiert, ohne dass ihre romantische

Klangfarbe in rosaroten Kitsch abgleitet. Diesen Balanceakt beherrscht nur eine Milva, die sich an diesen Liedern schon mit Hingabe als Kind ausprobiert hat.

Mit der Zunahme ihrer Jahresringe reduziert sie die mühevollen Auslandsreisen und konzentriert sich mehr und mehr auf die Bühnen und Konzertsäle in ihrem Italien. Sie hält zwar in facettenhafter Vielfalt Brecht die Treue, ist zugleich aber auch fasziniert von anderen hochdramatischen Literaturklassikern wie Frank Wedekinds Skandalstück „Lulu", das dem deutschen Dramatiker, Satriker und Schauspieler nach seinem Erscheinen 1913 gleich drei Gerichtsverfahren einbrachte. Die wilhelminische Oberklasse der Kaiserzeit fühlte sich frontal angegriffen und entlarvt in ihrer Scheinmoral und Menschenverachtung, ihrem Obrigkeitsdünkel und Untertanengeist. Der Stoff war ganz nach dem künstlerischen Geschmack von Milva, ist er doch ein Plädoyer für die menschliche Selbstbestimmung und gegen die Ausbeutung der Frau, symbolisiert durch das traurige wie grausame Schicksal des Straßenmädchens Lulu, das ihr ein skrupelloser Ehemann eingebrockt hat. Milva spielt sie gleich an mehreren italienischen Theatern.

Das meisterte sie mit über 50 Jahren mit scheinbarer Leichtigkeit. Auch mit 64 schien ihr eine Theater-Tournee durch ihr Heimatland keine Mühe zu bereiten – diesmal in der Rolle des Käpt'n Hook in der Oper „Peter Uncino", die ihr nach Motiven von „Peter Pan" passgerecht zu ihrem immer noch ungezügelten Temperament auf den Leib geschneidert wurde. Dann, zu ihrem 65. Geburtstag, sorgte in Italien die CD „Milva canta Merini" für eine Sensation und landete auch auf gesamtdeutschen Ladentischen. Die Diva wagte sich damit an Texte der Poetin Alda Merini heran, die in Italien eine literarische Instanz ist und schon zweimal für den Literatur-Nobelpreis nominiert war.

Zwischen solch markanten Stationen ist für sie auch in der zweiten Hälfte ihrer Karriere der Begriff „Pause" ein Fremdwort, wechseln Theatervorstellungen mit Liederabenden, Fernsehauftritte mit Klassik-Konzerten, Plattenaufnahmen mit Chanson-Galas, Opernaufführungen mit Ausflügen in die Pop- und Schlagerszene, die allerdings immer seltener werden.

Abschied und Wiederkehr

Milva kokettiert mit mehreren Rücktrittsankündigungen. Dann aber ist mit 71 endgültig Schluss. Nach 52 Jahren in einer knallharten Showbranche, in der sie 173 Alben in verschiedenen Sprachen besungen hat. Die Zeiten sind unwiderruflich vorbei, da sie wie in Mailand einen rund einstündigen Bühnenmonolog zum „Tagebuch einer Ermordeten" gemeistert hat. Sie werde auch keine Interviews mehr geben, erklärt sie. Wir hatten Glück und bekamen eins, aber das eben nur unter ungewöhnlichen Umständen.

Wie „La Rossa" auf der Bühne war, so tritt sie auch von ihr ab: Mit einer Grandezza-Geste feierlichen Abschieds. Sie gibt im September 2010 ihren Rückzug aus der Öffentlichkeit bekannt. Auf ihrer Internetseite konkretisiert sie, dass sie aus gesundheitlichen Gründen nicht mehr auftreten werde. *„Ich habe"*, so schreibt sie, *„mein Metier würdevoll und wohl auch gut gemacht."* Aber sie sei nicht mehr in der Lage, es *„auf die beste Art und Weise auszuüben"*.

Da ist wieder ihr *„Entweder-ganz-oder-gar-nicht"*! Diesmal allerdings mit schwerwiegender Endzeitwirkung. Dieselbe Elle konsequenter Entscheidungen, die sie bisher nur an Einzelvorhaben angelegt hat, nimmt sie nun auch als Maßstab für ihre Karriere. Halbe Sachen macht sie nicht, sondern nur „Best of Milva" mit Gütezeichen. Das, so signalisiert sie, geht leider nicht mehr auf der großen Bühne, wohl aber noch im Mailänder Plattenstudio. Und so entstehen noch ein Album mit Liedern des italienischen Komponisten Franco Battiato und eine Single auf Deutsch mit den Titeln „Wie die Möwe Jonathan" und „Der Mensch, der dich liebt".

Dann die Überraschung. Gut anderthalb Jahre nach ihrem selbstbestimmten Ausstieg wird sie rückfällig. Am 18. Mai 2012 hat sie als erklärte Ruheständlerin einen Deutschland-Auftritt in der Fernsehsendung „Im Tal der Loreley – 10 Jahre Welterbe". Sie präsentiert ihre beiden neuen Lieder vor den Kameras des SWR unter freiem Himmel am Ufer des Rheins. Sie erscheint in einem von makellosem Weiß dominierten Outfit: zur dunklen Langhose eine das Gesamtbild bestimmende weiße Bluse mit

Riesenkragen und Riesenschleife, die aber noch genügend Platz lässt für eine ebenfalls weiße Perlenkette, deren kleines Pendant sie auch am Handgelenk trägt. Eleganz pur.

Ihr Äußeres strahlt Lebenszugewandtheit aus – und ihre musikalische Neuvorstellung Nachdenklichkeit, wie man sie von ihr gewohnt ist. Eine getragene Melodie, die ihrer Stimme mit viel Geige und Klavier den nötigen Auslauf lässt – und ein poesievoller Text, von dem sie wie gewohnt jedes Wort in nahezu übertriebener Weise akzentuiert:

„Wenn ich der Frühling wär,
würd der November dann auch meine Flügel erreichen …"

Was in diesem Song „Der Mensch, der Dich liebt" noch melancholisch verschlüsselt ist, wird in der Ballade von der Möwe Jonathan beim Namen genannt: die Liebe, nach der eine Milva ihr Leben lang gesucht hat und dabei eine kranke Seele bekommen hat. Deshalb bedarf es bei diesem Sehnsuchtslied sicher nicht so sehr ihrer Schauspielkunst, denn sie singt ihr eigenes Leben:

„Fängt mein Herz zu fliegen an,
das Paradies kennt weder Raum noch Zeit,
das Paradies ist Liebe und Vollkommenheit …"

Sie singt es nicht im Rampenlicht einer Konzerthalle in San Remo, sondern im Sonnenlicht einer Open-Air-Bühne am Fuße des Loreley-Felsens. Dass sie, wie der nette Moderator bemerkt, der Loreley sowohl mit ihrer Haarpracht als auch mit ihrer Stimme Konkurrenz mache, empfinde ich als originelles Kompliment. Es bedarf allerdings – will man ehrlich sein – einer kleinen Einschränkung. Nach Milvas eigener Aussage war nachlassende Textkonzentration einer ihrer Beweggründe, nie mehr auftreten zu wollen. Nun hat sie sich doch noch einmal dazu überreden lassen, muss aber mit sich selbst einen unangenehmen Kompromiss eingehen. Sie stellt die für sie ungewöhnliche Bedingung, nicht wie üblich live zu singen, sondern ein Voll-Playback zu nutzen, bei dem sie zum eingespielten Titel den Gesang nur imitiert. Das kostet sie Überwindung, denn das ist nicht ihre Art. Ihr ist der Kompromiss nicht egal, den Leuten schon, denn sie hören ja trotzdem ihre faszinierende Stimme. Und allein, dass die legendäre Diva leibhaftig vor ihnen steht, ist ein Erlebnis. Dass sie es ihrem Publikum immer noch gönnt, ist ein Kraftakt, der ihr jede technische Ton-Trickserei der Welt verzeiht.

Die Politisierung einer Schunkelsendung

Bereits zweieinhalb Monate vorher war sie statt auf einer Naturbühne an einem für sie noch ungewöhnlicheren Ort aufgetreten. Am 3. März 2012 war sie zu Gast bei Andy Borg im „Musikantenstadl". Dass es eine 72-Jährige ist, die da auf einer von Blumengestecken und Flackerflammen umrahmten Stadlbühne der Wiener Neustadt steht, konnte ich kaum glauben. Dass ihr Lebensbaum tatsächlich diese Anzahl von Ringen erreicht hat, ist nur beim genauen Hinsehen an ihren Händen erkennbar, mit denen sie das Mikrofon hält. Ihre Gesamterscheinung ist umwerfend! Außer weißem Hosenanzug und weißen Schuhen sind ihre schmückenden Accessoires modisch bunt: das Armband, die Ohrgehänge und auch die Halskette, die nicht mehr ein Kreuz an feinen Silberfäden trägt, sondern eine Kollektion von Steinperlen verschiedener Farbe, Größe und Form.

Hätte es noch eines Beweises bedurft, dass ihr Können nicht nur Ländergrenzen überschreitet, sondern auch Sendergrenzen und Genregrenzen, dann war das dieser Auftritt. Das Unglaubliche war, dass nicht sie sich dem Volksmusikstil der Sendung angepasst hat, sondern umgekehrt. Inmitten einer Schunkelsendung mit schenkelklatschender Volkstümlichkeit und hohem Spaßfaktor erklangen plötzlich revolutionäre Freiheitstöne und Mutmacherparolen als Lebenshilfe für schwere Zeiten. Und dass ein folklorebegeistertes Publikum diesen Stilbruch nicht nur akzeptiert, sondern stürmisch beklatscht und der Chansonette huldigt –

das ist schon phänomenal. Nachdem die Italienerin musikalische Lyrik präsentiert hat, stimmt sie die zwei Hymnen an, die für ihre Haltung zum sowohl privaten als auch gesellschaftlichen Leben symptomatisch sind.

Als sie ihr „Hurra! Wir leben noch!" in die Menge schleudert, wird in Stammtischfröhlichkeit frenetisch mitgeklatscht. Verständlich! Ein packender Rhythmus, bei dem jeder mitmuss! Ich habe nur gehofft, dass inhaltsschwere Textworte akustisch verstanden werden. Aber vielleicht ist das auch egal, weil jeder diesen zum Schlager gewordenen Aufruf zum Lebensoptimismus längst kennt:

„Wie stark ist der Mensch? Wie stark?
In der Not hilft weder Zorn noch lamentieren.
Wer aus lauter Wut verzagt und nichts mehr tut, der wird verlieren."

Niemandem im Publikum ist zu verübeln, wenn er nicht weiß, dass Milva den gesungenen Aufruf zum Durchhalten in schweren Tagen auch an sich selbst gerichtet hat. In der Tat, was hat sie an privaten Rückschlägen nicht alles überstanden! Und ob der von ihr besungene blaue Fleck auf ihrer Seele heute weg ist, weiß nur sie allein. Gottlob gelang es ihr, rechtzeitig von Bord der mit Tabletten- und Alkoholfracht beladenen Titanic zu springen und den helfenden Rettungsring bei ihrer Tochter zu finden, obwohl sie sogar Selbstmorde geliebter Menschen zu ertragen hatte. Sie selbst widerstand der Versuchung eines eigenen Freitodes.

Dann – typisch Milva! – wechselt sie bei ihrem Auftritt in die gesellschaftliche, politisch angehauchte Sphäre, reckt sie wie eh und je in theatralischer Geste die Arme hoch und stößt sie zum Rhythmus ihres Liedes immer wieder in die Luft, als wolle sie unterstreichen, dass sie sich damit identifiziert:

„Freiheit in meiner Sprache heißt Libertá.
Gibt es ein schön'res Wort als Libertá!?
Doch nicht nur in Italien – überall, wo Menschen leben,
stehst Du an erster Stelle: Libertá!"

Damit hat die italienische Stimmartistin selbst noch bei ihren letzten Auftritten in Deutschland ihre Ewigkeitsbotschaften von Stärke und Freiheit verkündet – und das in einer Blasmusik-Sendung der Volkstümlichkeit. Muss das sein? Ja, denn wäre es nicht so, wäre Milva nicht Milva.

In Memoriam: Dalida und andere – berühmt und tot

Viele schafften Milvas Kraftakt nicht und wurden Opfer exzessiver Popkarrieren

Milva bezwang die Dämonen ihres Erfolgs und feierte diesen Sieg mit ihrem Top-Hit „Hurra, wir leben noch". Es ist ihr trotziger Befreiungsschrei. Sie hat ihn an der Spitze von Hitparaden triumphierend in die Welt gerufen, weil sie sich noch rechtzeitig gegen eine schleichende Selbstzerstörung und die Gedankenfinsternis von Selbstmord retten konnte – im Unterschied zu ihrer sechs Jahre älteren französischen Kollegin Dalida, mit der sie so viel Gleiches verbindet.

Die Gemeinsamkeiten beschränken sich nicht auf die Äußerlichkeit von knisternd erotischer Exotenschönheit und auch nicht darauf, dass die Französin Dalida ebenfalls italienischer Abstammung ist und ihren Durchbruch auch im Pariser „Olympia" feierte. Verblüffend ist ebenso die beiderseitige Ähnlichkeit in der rasanten Art einer erklommenen steilen Erfolgsleiter und im leidenschaftlichen, gestenreichen Gesangsstil, der weit über das gemeinsame rollende „R" hinausgeht. Und gleichermaßen bedrückend ist, dass ihr Erfolgsrausch jenseits der Bühne in öder Tristesse versackte. Dieser trostlose Zustand zwischen Massenjubel und Einsamkeit war bei Dalida noch drastischer ausgeprägt. Dafür steht ein extrem dramatisches Leben und Leiden bis hin zur Todessehnsucht. Dafür muss ein böses Schicksal die Büchse der Pandora sehr weit geöffnet haben.

Auf den ersten Blick erscheint die persönliche Tragödie der schönen, anbetungswürdigen Italienerin Dalida unverständlich, denn die als Maria Ilva Biolcati in Kairo geborene Sängerin und Schauspielerin wurde weltweit hofiert und beruflich von Glück und Erfolg verwöhnt – zuerst als „Miss Ägypten" und dann als „Königin der Disco und Jukebox". Sie verkaufte weltweit 150 Millionen Tonträger, wurde mit Gold- und Platinscheiben überhäuft und mit der Rarität einer Diamant-Schallplatte geehrt.

Wenngleich ihr Repertoire weniger facettenreich als das von Milva war, gelangen ihr vornehmlich im Schlagergeschäft Welthits in Serie. Auf ihr Plattenkonto gehen Nostalgie-Klassiker wie „Come prima", „Ciao, ciao bambina" oder der Jahrhundert-Seller „Am Tag als der Regen kam", der auch in Deutschland Ost und West im Handumdrehen an die Spitze der Hitparaden stürmte und sich in der BRD ein halbes Jahr lang in der Chart-Zehnergruppe der Besten hielt. Was für Milva der Tango, war für Dalida der Flamenco. Zog es Milva mehr auf die soliden Bretter, die die Welt des Chansons bedeuteten, bevorzugte Dalida die Glitzerwelt der Revuebühne.

Dalidas Schlager, Lieder und Chansons sind voll von Melancholie, Kummer und Trauer. Sie erzählen variationsreich von enttäuschtem Vertrauen und abgewiesener Leidenschaft, von schmerzhaftem Abschied und gieriger Sehnsucht nach Liebe und Geborgenheit – immer wiederkehrende Themen, die sie magisch anzogen, weil sie die eigene Lebenslast widerspiegeln, die ihrem Künstlerruhm konträr zuwiderlief. Ihre wichtigsten privaten Lebensstationen muten an wie eine Sammlung düsterer Bilder, an der sie selbst fleißig mitgemalt hat. Vier Selbstmorde begleiten ihren Weg, der letzte ist ihr eigener.

Das Leben und Sterben der Dalida

Der Anfang vom Ende beginnt bereits, als sie 28-jährig in Paris ihren Entdecker und Protagonisten Lucien Morisse heiratet, aber schon wenige Monate später den jüngeren Maler Jean Sobieski bevorzugt. Noch im selben Jahr trennt Dalida sich auch von ihm. Nur sechs Jahre später erschießt sich ihr neuer Freund, der italienische Komponist und Sänger Luigi Tenco, weil er mit ihr gemeinsam beim San-Remo-Liederfestival vom Finale ausgeschlossen wird. Daraufhin legt sie in tiefster Niedergeschlagenheit und Depression Hand an sich selbst, aber der Suizidversuch scheitert.

Nachdem sie die Krise durch eine Psychotherapie überwunden hat, wird der Schriftsteller Arnaud Desjardins ihr neuer Lebensgefährte. Als sie erfährt, dass ihr Ex-Mann Morisse ebenfalls den Freitod gewählt hat, ist sie erneut gefangen in einem Käfig aus Verzweiflung, Schwermut, Hilflosigkeit und Resignation. Dem versucht sie zu entkommen mit dem nächsten Mann an ihrer Seite, dem Maler und Sänger Richard Chanfray, mit dem sie vor ihren Problemen auf die Mittelmeerinsel Korsika flieht. Doch die Probleme ziehen mit und so trennt sie sich von ihm. Zwei Jahre später begeht auch er Selbstmord. Im selben Jahr entscheidet sich Dalida für eine Abtreibung. Die Ärzte teilen ihr daraufhin mit, dass sie keine Kinder mehr bekommen kann.

Diesmal gelingt es ihr nicht mehr, aus der Spirale von Selbstzweifeln herauszufinden. Damit versiegt ihr Lebensquell endgültig. Die große Dalida wird am Nachmittag des 3. Mai 1987 im Alter von 54 Jahren in ihrem Pariser Haus auf dem Montmartre leblos aufgefunden. Im Polizeireport steht als Ursache der in wenige Worte gepresste ärztliche Befund: Tod durch eine Überdosis an Schlafmitteln. Sie entschuldigt ihre Tat in einem Abschiedsbrief mit einem Satz: *„Das Leben ist mir unerträglich – vergebt mir."*

Auch sie ein Weltstar, der für den Mega-Dauererfolg einen unverhältnismäßig hohen Tribut entrichten musste: ein Lebens-Chaos mit einem sehr vorzeitigen Ende. Professionelle Serienerfolge im Rampenlicht eines unerbittlich harten Showgeschäftes mit permanentem Erfolgsdruck waren noch zu verkraften, zusätzliche schwerste private Schicksalsschläge nicht mehr. Sie zermürbten und erdrückten eine starke Frau, die nicht stark genug war, Extremen standzuhalten und Auswege zu finden. Sie war nicht die einzige.

Die Selbstzerstörer und das magische Todesalter 27

Die traurige Bilanz hat weltbekannte Namen: Die als Hippie-Ikone verehrte Folksängerin **Janis Joplin** ging an einer Überdosis Heroin zugrunde. Das Blues-Wunder **Amy Winehouse** starb an Alkoholvergiftung. Die als „The Voice" gefeierte Soul- und Pop-Sängerin **Whitney Houston** ertrank unter Drogeneinfluss in der Badewanne. **Cass Elliot**, die Frontfrau der Hippie-Band „The Mamas and the Papas", die mit „Monday Monday" und „California Dreamin" Klassiker schuf, starb mit 32 Jahren an einem Dauermix von Crash-Diäten, Drogen und Alkohol. Film-Ikone, Show- und Songstar **Marilyn Monroe** war gerade einmal 36, als ein Übermaß an Medikamenten ihre Probleme beseitigten – und sie gleich mit.

Die Gallionsfigur des französischen „Nouvelle-Vague"-Kinos, **Jean Seberg**, berühmt geworden durch den Filmbestseller „Bonjour Tristesse", nahm nach Drogen- und Alkoholexzessen ein tödliches Maß an Schlaftabletten. Die US-Amerikanerin starb, nachdem sie während einer diskriminierenden Medienkampagne gegen einen angeblichen afroamerikanischen Liebhaber der staatsfeindlichen Black-Panther-Bewegung ein Baby auf die Welt gebracht hatte. Es strafte die Presse durch seine helle Haut Lügen, starb aber durch die zu frühe Angstgeburt. Die Mutter folgte ihrem Kind mit erst 40 Jahren.

In der Männerwelt der Popkultur wütete der Sensenmann mit Pharmaka, Rauschgift und Alkohol noch verheerender. Da fanden glanzvolle Helden ein glanzloses vorzeitiges Ende, um danach bei ihren Fans im Ruhmestempel von Walhalla Ewigkeitsstatus zu erlangen. Mit 27 Jahren starben gleich drei weltbekannte Musik-Größen: Gitarrenlegende **Jimi Hendrix** an zu viel Schlaftabletten und die Frontmänner der amerikanischen Rockbands „Nirvana" und „The Doors", **Kurt Cobain** und **Jim Morrison**, an Heroin. Cobain hatte sich in seinem Haus in Seattle eine Heroin-Spritze verpasst und mit einem Selbstlader in den Kopf geschossen. Ebenfalls mit 27 erhängte sich der depressiv gewordene Ex-Star von Spielbergs Science-Fiction-Serie „SeaQuest", **Jonathan Brandis**.

Die 27 scheint überhaupt eine magische Todeszahl zu sein. Auch Rock- und Blues-Genie **Janis Joplin** war erst 27 Lenze, als sie sich aus dem Leben kiffte. Und ebenfalls mit 27 verabschiedete sich die chronisch drogen- und alkoholabhängige Soul- und Jazz-Sängerin **Amy Winehouse** mit 4,16 Promille in den Adern. Der Gitarrist der „Rolling Stones", **Brian Jones**, ertrank mit 27 in seinem Swimmingpool im Drogen- und Promillerausch. Sein Nachfolger **Ron Wood** war nicht minder drogenkrank.

Auch die bundesdeutsche Chanson- und Schlagersängerin **Alexandra**, die mit ihrer dunklen, rauchigen Stimme begeisterte, reiht sich ein in die makabre Todesliste der mit 27 Jahren gestorbenen Popstars. Dass sie ihre glanzvoll begonnene verheißungsvolle Karriere so jung beenden musste, war allerdings keinen Rauschmitteln geschuldet, sondern einem tragischen Autounfall.

Und auch der zornige Film-Jüngling **James Dean** – vergöttert schon zu Lebzeiten – war clean, als er an einer Highway-Kreuzung bei Los Angeles in seinem Porsche bei Tempo 140 mit einem Gegenfahrzeug kollidierte und mit 24 die magische Todeszahl von 27 noch unterbot. Da Hollywood-Chronist Kenneth Anger aber die Gepflogenheiten der bonbonfarbigen flittrigen Traumfabrik bestens kannte, wagte er am 8. Februar 2011 zum fiktiven 80. Geburtstag des mit Sturmfrisur und Jeans ausgestatteten Zelluloid-Gottes die boshafte Prognose: *„Früher oder später wäre er sowieso an Alkohol, Drogen und Disziplinlosigkeit zugrunde gegangen."*

Der Bassist der oberkultigen britischen Punkband „Sexpistols", **Sid Vicious**, brachte den traurigen Rekord fertig, sein verkokstes Dasein durch Heroin mit nur 21 Jahren zu beenden – und das auf extrem tragische Weise. Der bis zur Bewusstlosigkeit zugedröhnte Musiker war neben seiner erstochenen Freundin Nancy in einem New Yorker Hotelzimmer gefunden worden und konnte sich an nichts mehr erinnern. Seine Freilassung auf Kaution feierte er gemeinsam mit Freunden und gab sich dabei den sogenannten goldenen Schuss.

Nur zehn Jahre älter wurde der Engländer **Steve Clark**, den das britische „Classic Rock Magazine" auf Platz 11 der „100 wildesten Gitarrenhelden" wählte. Mit 31 Jahren wurde er Opfer eines tödlichen Cocktails aus Alkohol und Valium.

Nur ein Jahr mehr vergönnt war dem Schlagzeuger der Rockgruppe „Led Zeppelin", **John Bonham**. Er erstickte mit 32 Jahren im Promille-Vollsuff an seinem Erbrochenen. Damit endete die zwölfjährige Karriere der legendären Briten-Band. Sie zählt mit 300 Millionen verkaufter Alben zu den erfolgreichsten Gruppen überhaupt, schrieb von 1968 bis 1980 Musikgeschichte und ließ sich durch ihre wagemutigen Experimente, Drogen- und Alkoholorgien nicht übertreffen. John Bonham, der von den Lesern des Musikjournals „Rolling Stone" 2011 zum „Besten Drummer aller Zeiten" gewählt wurde, war schon kurz vor seinem Tod im Juni 1980 bei einem Konzert in Nürnberg auf offener Bühne volltrunken vom Schemel gekippt. Seine Kollegen wussten, dass er jeden Tag im Alkohol versank.

Der Amerikaner **Prince**, Multi-Genius des Rock, Pop, Jazz, Soul und Blues und „Purple Rain"-Kreateur, beendete sein bewegtes Dasein mit 57 durch ein explosives Quantum an Schmerzmitteln. Sein noch berühmterer Landsmann **Michael Jackson**, angebetet als „King of Pop", schied mit 50 aus dem Leben durch eine Überdosis des Narkotikums Propofol. Nur 33 wurde **Bon Scott**, der Sänger der australischen Rock-Formation AC/DC, deren Welttournee „Highway to Hell" in einer Kino-Dokumentation verewigt wurde. Scott erlag einer Leberzirrhose, verursacht durch permanent hemmungslosen Alkoholmissbrauch.

Mit 37 verabschiedet sich der Sänger der australischen Rockband INXS, **Michael Hutchence**, in den Selbstmord. Am 22. November 1997 erhängt er sich in einem Hotelzimmer des „Ritz-Carlton" in Sydney. In seinem Blut findet der Arzt eine Mischung aus Wodka, Bier, Champagner, Kokain und das Antidepressivum Prozac, bekannt auch als Fluoxetin. Seine Ex-Freundin, die australisch-britische Pop-Prinzessin **Kylie Minogue**, traf es tief. Ihren eigenen Umgang mit Alkohol sieht sie entspannt. Dem britischen Tagesblatt „The Guardian" sagte sie im November 2020, sie könne es kaum erwarten, sich in einem Restaurant zu betrinken, sobald die Corona-Vorschriften lockerer seien. Eigentlich sei sie keine Person, die besonders viel Alkohol konsumiere. Aber die derzeitige Gesundheitskrise habe in ihr den Wunsch geweckt, endlich wieder mal auszugehen und es richtig krachen zu lassen.

Nicht einmal 40 wurde auch der Mitbegründer der US-Band „Beach Boys", **Dennis Wilson**. Er war 39, als er im Yachthafen von Los Angeles ertrank – mit Alkohol, Valium und Kokain im Blut.

Einen ähnlichen Mix fanden die Ärzte auch bei Österreichs Rock-Rapper **Falco**, der in diesem Duselzustand mit 40 Lenzen bei einem Autounfall zu Tode kam.

Nicht wenige Größen der Musikgeschichte stürzte die Langzeitwirkung einer teuflischen Gewohnheitssucht ins Verderben. Da wurde der notorisch ständige Griff zur Flasche und zum weißen Pulver nach und nach zu einer Ansammlung von Nägeln, mit denen das Schicksal langsam, aber sicher den Sarg zimmerte.

So war es vermutlich auch beim Jahrhundert-Rocker **Elvis Presley**, als er nach permanent schwerem Medikamentenmissbrauch mit nur 42 Jahren im Badezimmer seiner Memphis-Villa „Graceland" zusammenbrach.

Der Komponist und Sänger der britischen Rockband „Queen", **Freddie Mercury**, wurde nur wenig älter. Der Mann mit der enormen Bühnenpräsenz, dem mit „Bohemian Rhapsody" – einer seiner Kult-Hymnen – ein filmisches Denkmal gesetzt wurde, war Kokain-Konsument, was den körperlichen Verfall durch seine AIDS-Krankheit beschleunigte. Als ich in Sansibar-Stadt vor seinem Geburtshaus stand, erfuhr ich, dass noch andere Gebäude in der Altstadt „Stone Town" diese Ehre für sich beanspruchen. Freddie Mercury starb mit 45 Jahren.

Nicht weniger tragisch ist das Schicksal des britischen Rockhelden **David Bowie**. Er verschied kurz nach seinem 69. Geburtstag an Leberkrebs. Experten nahmen an, dass sein übermäßiger Konsum an Alkohol und Kokain den Krebs erst ausgelöst und dann in seiner Entwicklung beschleunigt hat.

Ähnlich erging es dem Rock-Veteran **Little Richard**, der im Mai 2020 an Knochenkrebs starb. Der gelernte Adventisten-Pastor aus Georgia – berühmt geworden durch sein „Tutti Frutti" – inszenierte schrille Bühnenshows mit hämmerndem Klavierspiel und Kreischtönen, die er meist im Alkohol- und Drogentaumel zelebrierte. Experten halten es für möglich, dass sein Körper durch die anhaltenden Promille- und Kokain-Exzesse durch und durch vergiftet wurde. Sie staunen, dass er noch bis ins Alter von 87 durchgehalten hat.

In die Rubrik alkoholischer Selbstzerstörung gehört auch der nur 42 Jahre gewordene russische Volkssänger und Liederpoet **Wladimir Wyssozki**, über den ich im Kapitel zu Marina Vlady berichte.

Die Matadoren deutscher Zunge

Es scheint fast, als wäre das Leben der Rock- und Popikonen zwischen Erfolgsgipfeln, genialer Selbstdarstellung und Rauschmitteltiefen eine kaum zu bewältigende Zumutung, den Druck des Showbusiness und die Normalität des Daseins in Einklang zu bringen. Allzu viele haben auf diesem schwankenden Drahtseil das Gleichgewicht verloren und sind abgestürzt. Und je höher das Seil gespannt war, je tiefer sind sie gefallen und umso härter war der Aufschlag.

Ergo traf es besonders zahlreich die Weltmeister der Musikbranche, aber mitunter auch Bezwinger nationaler Everest-Höhen. So wurde denn auch Bundesdeutschlands König der Samtstimme **Roy Black** alias Gerhard Höllerich zur tragischen Depressiv-Figur. Er starb mit 48 Jahren in seiner bayerischen Fischerhütte offiziell an Herzversagen. Ob − wie einer seiner Manager glaubt − der Totenschein gefälscht wurde oder nicht, ob die Selbstmordvermutungen ihm nahestehender Freunde richtig sind oder nicht, ob die von der „Bild"-Zeitung behaupteten drei Promille im Blut stimmen oder nicht − allemal belegt ist, dass der ohnehin herzkranke „Ganz in Weiß"-Star den Presserummel und Geschäftsstress, seine extreme Auf- und Ab-Popularität und die damit verbundenen privaten Probleme und Depressionen mit Alkoholexzessen zu kompensieren versuchte. Nicht weniger dramatisch war die innere Zerrissenheit des Sängers im Spannungsfeld zwischen hochgelobten Schmusesongs und geschmähten

Edelschnulzen, die er als begeisterter Rock'n'Roller zum Teil selbst verachtete, ihm aber Ruhm und Millionen brachten. Mit 63 Jahren stürzte der ebenfalls gefeierte bayerische Schlagerschönling **Rex Gildo** aus einem Fenster seiner Münchener Wohnung in den Tod. Bis heute ist nicht restlos geklärt, ob es Selbstmord war oder ein Sturz im Tabletten- und Alkoholrausch. Aufgebaut wurde Ludwig Franz Hirtreiter vom talentierten Normalmenschen zur umjubelten Teenager-Kunstfigur, die mit dem Markenzeichen eines „Fiesta-Mexicana"-Frauenschwarms ihre Homosexualität zu verheimlichen hatte. Diese Selbstverleugnung und seine Doppelrolle sowie eine schwindelerregende Solokarriere mit anschließender Degradierung zum Schunkelsänger für Volksfeste, Jahrmärkte und Einkaufshallen verkraftete er nicht. Niemand hatte ihm gesagt, dass die Marke Rex Gildo ihr Verfallsdatum erreicht hatte. Pharmaka- und Promilledrogen schienen der Ausweg aus dem Dilemma.

Dass Gegenteiliges mit Bravour möglich ist, dass der Balanceakt auf dem Drahtseil auch trefflich gelingen kann, zeigte **Peter Kraus**, der mit Rex Gildo rivalisierte und in meiner Teen- und Twenzeit zum Idol einer ganzen Generation wurde. Der „deutsche Elvis" meisterte Karriere- und Lebenskrisen im harten Westkommerz und steht noch heute mit 81 ab und zu auf der Showbühne. Der gebürtige Österreicher ist Rock- und Romantik-Sänger, Schauspieler, Entertainer, Drehbuchautor, Plattenproduzent, Maler, Hobbyrennfahrer und Selbstvermarkter. Er war flexibel und stark genug, sich nicht wie seine Kollegen Roy und Rex in ein kapitalraffendes Schizophren-Schema pressen zu lassen. Dass ihn mit seinem ersten Top-Seller „Sugar Baby" noch heute das Image eines Schluckauf-Sängers verfolgt, sieht er mit der ihm eigenen freundlichen Gelassenheit und gesunden Distanz, die vielen seiner Berufskollegen fehlt. Drogen und Alkohol kamen bei dem Fitnessfreak nicht vor, wohl aber Sex. Schließlich wurde ihm, wie er selbst gestand, ausschweifende Erotik als Promi-Subjekt der Begierde regelrecht aufgedrängt. Der „Morgenpost Online" gestand er am 27. 2. 2012: *„Sex war unsere große Droge."*

Der DDR-analoge Teenie-Schwarm **Frank Schöbel** berauscht sich vor allem an der Droge Beifall. Noch heute mit 78 Lenzen konsumiert der fußball- und radsportverrückte Musiksportler diese Art von Stoff auf ostdeutschen Bühnen mit der Energie eines Power- und Vollblutmusikers und bekennt, dass es die einzige Droge ist, nach der er süchtig ist. Selbst für ihn, der zu Zeiten der DDR-Ära in den Westen reisen durfte, wäre bei den rigorosen Grenzkontrollen die Mitnahme von Schluck- oder Schnupfstoff schwierig gewesen − wenn er es denn nötig gehabt hätte. Zu Hause jedenfalls wäre er in fürchterlichen Ärger gestolpert, denn Rauschgift war in der DDR kein Thema und für für private Zwecke sowieso verboten.

Mal genascht am weißen Pulvertütchen haben die im Wendejahr 1989 geborenen Zwillinge **Bill und Tom Kaulitz** von der Band „**Tokio-Hotel**", die mit einer internationalen Fangemeinde und weltweit veröffentlichten Songs zu den erfolgreichsten deutschen Popgruppen gehört. Die erst 31-jährigen Magdeburger, die auch in ihrer Wahlheimat Los Angeles Triumphe feiern, galten als drogenresistent − bis zum 29. September 2009, als Tom Kaulitz dem Promi-Blatt „Gala" beichtete: *„Es kam schon mal vor, dass wir aus Langeweile hardcoremässig getrunken, gekifft und Pillen eingeworfen haben."* Dies sei nun aber aus und vorbei. Und dabei blieb es. Bruder Bill bekannte frühere Sex- und Drogeneskapaden in seiner Anfang 2021 erschienenen Autobiografie „Career Suicide" − zu gut Deutsch „Karriere-Suizid".

Deutschlands Altrocker **Peter Maffay** hat nicht gekokst, dafür aber dieses Manko durch Promille-Liter kompensiert. Der heute 71-jährige Deutsch-Rumäne lieferte sich ein schweres Duell mit König Alkohol. Er sei, konstatierte er selbstkritisch, daran fast kaputt gegangen. Früher habe er täglich drei Flaschen Whisky und 70 bis 80 Zigaretten verbraucht. Eine Gottlob falsche Krebsdiagnose habe ihn veranlasst, sein Leben komplett umzustellen. Er habe Alkohol stets als Treibstoff gesehen, um den Motor am Laufen zu halten, dann aber erkannt, dass der Sprit ihn verbrenne. Seither ist nicht Schluss mit Lustig, aber mit Schnaps-Orgien.

Sein Bruder im Musik-Geiste, **Udo Lindenberg**, sieht das nicht so eng. Der Panikrocker verulkte pressewirksam ein Eierlikörchen als sein Lieblingsgetränk, machte aber immer wieder Schlagzeilen mit harten Drinks. Obwohl der gebürtige Westfale des öfteren wissen ließ, er habe keinen Bock auf Nadel und Pülverchen, entschlüpfte ihm Mitte 2019 bei einem RTL-Interview das Eingeständnis, er nehme weiterhin gezielt „Drogen unbekannter Herkunft". Die, so meinte er, wären harmlos für ihn, weil er mittlerweile ein wohlgesittetes Leben führe. Sein Geheimnis seien Vegan-Ernährung und Joggen. Selbst treueste Fans reagierten verstört. Hallo, hallöchen! Der 73-jährige Udo kokst also weiter, nachdem er vorher kategorisch erklärt hatte, Rauschpulver sei für ihn Schnee von gestern und Drogen und Sauferei brächten nichts. Kiffen und gesund leben – wie, so fragt man, passt das zusammen? Also, Udo, solltest Du Dir statt eines Likörchen mal wieder schärfere Sachen genehmigen, lass das Auto stehen und nimm lieber den Sonderzug nach Pankow!

Der Westberliner **Knud Kuntze** hatte zunächst Glück, als er in den 1960er Jahren Bassist der Beat-Gruppe „**The Lords**" wurde. Dann hatte er Pech, als er bei einem Busunfall während einer Tournee sein rechtes Bein verlor. Damit musste er die Band verlassen, die mit Erfolgen wie „Poor Boy" gerade erst bekannt wurde. Es folgte eine schmerzlindernde Therapie mit Alkohol und Drogen. Als RIAS-Moderator von „Schlager der Woche" und „Evergreens à Go-Go" wurde „Lord Knut" mit spitzer Lästerzunge und hohen Einschaltquoten zum kultigen Radiomann. Auch ich habe damals mit Tonband im Standby-Modus keine seiner Oldie-Ausgaben am Samstag früh verpasst. 1987 wurde er vom RIAS entlassen wegen sexistischer und zu schnoddriger Sprüche sowie einem explodierenden Drogenkonsum. Seine ehemalige Band tourt mit wechselnder Besetzung noch immer durch die Lande und wurde im Januar 2019 vom „Rekord-Institut für Deutschland" als „Dienstälteste Rockband der Welt" geehrt.

Im April 1998 wurde der Deutsch-Amerikaner **Rob Pilatus**, einer der beiden Tänzer der Münchener Disco-Gruppe „**Milli Vanilli**", in seinem Hotelzimmer tot aufgefunden. Todesursache war übermäßiger Alkohol- und Drogenkonsum. Zuvor war die Glitzertruppe mit einem Riesenskandal als Mogelpackung aufgeflogen, weil herauskam, dass die Bühnenstars nur Statisten waren und nicht selbst sangen, sondern Doubles hinter der Bühne. Die darauf folgende Pressehäme und Publikumsbeschimpfung inklusive aberkannter Trophäen überlebte Rob Pilatus nicht und ertrank mit 33 Jahren in einer Sturmflut von Alkohol und Drogen.

Bei „**Boney M.**", der vorherigen Show-Formation von Produzent Frank Farian, wurde ein ähnlicher Etikettenschwindel betrieben. Den Gesang des extravaganten niederländischen Tanzkünstlers **Bobby Farrell** doubelte Farian, der früher selbst Schlagersänger war, mit einer Bandaufnahme seiner Stimme und degradierte damit den Solokünstler zu einem Sänger ohne eigenen Ton. Als das bekannt wurde, war das für ihn nicht sonderlich erfreulich. Leadsängerin Liz Mitchell beklagte, dass ihr Partner lächerlich gemacht worden sei, was er offensichtlich nicht verkraftet habe. 1981 verließ er die Gruppe. Als er im Dezember 2010 bei einer Konzerttournee durch Russland mit 61 Jahren starb, stand auf dem Totenschein als offizielle Ursache Herzversagen. Nie ganz verwunden habe er, meinten Insider, seine abgestürzte Karriere bei „Boney M.", die mit der einzigartigen Mischung von Karibikflair und Disco-Sound Welthits kreierte wie „Daddy Cool" oder „Rivers of Babylon" und mit über 150 Millionen verkaufter Tonträger Musikgeschichte schrieb.

„*Der Teufel hat den Schnaps gemacht, um uns zu verderben*" hat **Udo Jürgens** einst gesungen, nachdem der verteufelte Schnaps ihn selbst fast verdorben hätte. Der erfolgreichste Sänger deutscher Zunge mit über tausend selbstverfassten Titeln balancierte zehn Jahre lang am Rande zum chronischen Alkoholiker. Das Denkmal schwankte, aber fiel nicht. Der österreichische Sänger, Texter und Komponist, dessen Lieder auch Sammy Davis junior, Bing Crosby und Shirley Bassey interpretierten, offenbarte als 68-Jähriger am 16. November 2002 der *Süddeutschen Zeitung*:

„*Vor jedem Auftritt trank ich zwei Flaschen Wodka und rauchte 40 Zigaretten. Ich habe damals gesoffen, ausnahmslos. Wir haben schon zum Frühstück angefangen, aber Frühstück war immer erst um zwei*

Uhr nachmittags … Wir sind jede Nacht voll ins Bett gefallen. Ich befand mich in einem Strudel des pausenlosen Abenteuers. Aber natürlich hat mich das völlig fertig gemacht." Er sei zwar umgeben gewesen von *„spritzenden, rauchenden, kiffenden, sniffenden Leuten"*, aber er habe keine Drogen nehmen wollen. Nach einem lebensbedrohlichen Zusammenbruch schaffte er mit 34 den Absprung. Das erlaubte ihm, noch mit 80 ausverkaufte Säle zu rocken, bis ihm ein Herzanfall das Mikrofon aus der Hand nahm.

Auch Depressivzustände von Künstlern mit dem Griff zum Whiskyglas oder zur Pulvertüte bedeuten nicht automatisch den Anfang vom Ende. Bei manchen lassen sich Verfall und Tod durch erfahrene Mediziner zumindest noch etwas hinauszögern, wie es beim Westberliner Multitalent **Harald Juhnke** der Fall war. Der begnadete Sänger, Entertainer und Schauspieler, der sein Publikum nach schweren Alkoholabstürzen immer wieder zurückeroberte, landete in einem Pflegeheim und mit 75 Jahren auf dem Friedhof. Damit war die Alternativ-Frage beantwortet, die er in seinem Song „Barfuß oder Lackschuh" gestellt hatte: „Alles oder nichts!?" In trotziger Direktheit beschrieb der Urberliner mit dem Zille-Charme den Kompass seines alkoholgetränkten Lebensweges im eingedeutschten US-Hit „My way". Darin bekannte er offenherzig, dass er oft am Abgrund stand, in den er schließlich hineinfiel.

Nina Hagen hatte das Glück der mutigen Neinsagerin. Die ost- und dann west- und dann gesamtdeutsche schrille Sirene sammelte frühzeitig unliebsame Erfahrungen mit Rauschgift. Die sogenannte Mutter des Deutsch-Punk war LSD-süchtig. Diese Verirrung ins Reich der Todeskandidaten hat sie nach eigener Aussage aus panischer Angst vor tödlicher Gewöhnung und Selbstzerstörung schnell beendet. Dass sie einst zur westlichen Punk-Lady und Vorreiterin der Neuen Deutschen Welle werden würde, konnten wir Anfang der 1970er Jahre nicht ahnen, als sie in unserem TV-Jugendmagazin *rund* mit ihrer Gruppe **„Automobil"** und komödiantischem Talent den Stimmungspegel hochschraubte. Ich sehe sie immer noch im Adlershofer

Studio den vergessenen Farbfilm beklagen. Damit wurde sie in der DDR groß und begeistert noch heute ihre Fans, wobei ihr damaliger Auftritt in drogenlosem Zustand über die Bühne ging. Wie sieht es bei den klassischen deutschen Rockbands aus? Lichtgestalt im Dunkel ihrer Ausschweifungen ist der Drogenverächter, Antialkoholiker und Nichtraucher **Farin Urlaub**, Sänger und Gitarrist des international erfolgreichen Berliner Punkrock-Trios „**Die Ärzte**". Im August 2012 sagte „Chefarzt" Urlaub der „Süddeutschen Zeitung": *„Ich habe noch nie in meinem Leben Alkohol getrunken, außer einmal einen Schluck, weil ich eine Wette verloren hatte. Ich will das gar nicht propagieren. Aber es findet nicht statt in meiner Welt."* Der Glanz dieser mönchfrommen Enthaltsamkeit erhellte schließlich auch die dunkle Seite von „Ärzte"-Schlagzeuger **Bela B.**, der die Punk- und Rockszene früher rauschhaft ausgelebt hat und nun wissen ließ, dass er keine Drogen mehr nehme und mit dem Promillebecher sehr maßvoll umgehe.

Gemessen am Rocker-Standard von Sex and Drugs wirkt auch die äußerst rauschgiftbescheidene berufliche Biografie der weltweit erfolgreichen Rockband „**Scorpions**" geradezu asketisch. Deshalb hatte die Gruppe um **Klaus Meine** in ihren fünfzig Bühnenjahren auch gesundheitlich Rückenwind, der durch ihr „Wind of Change" zum Orkan wurde. Für die Drogensauberkeit der Band aus Hannover spricht auch, dass Star-Gitarrist Michael Schenker wegen Alkohol- und Rauschgiftproblemen nur zeitweise in der Band geduldet wurde. Einmal mehr ein Beleg dafür, dass es für eine Rockband besonders schwer war, dem Branchen-Image von Saufen und Kiffen zu widerstehen und die Ausnahme von der Suchtregel zu sein.

Das gelang der Düsseldorfer Kultband „**Tote Hosen**" nicht. Ihr war Alkohol auf die Dauer zu einseitig. Ein Schnappschuss zeigt ihren Sänger **Campino**, wie er sich ein weißes Pulver in einem gerollten Geldschein in die Nase zieht. Auch zum Feuerwasser hatte er ein lockeres Verhältnis: *„Kein Alkohol ist auch keine Lösung!"* So warf es ihn denn auch am 15. Oktober 1990 vor 2000 Fans in Zürich auf die Bühnenbretter. Und Schlagzeuger **Wölli** konnte seine Trommelstöcke nicht mehr halten. Es half auch nichts, als zwei Kollegen sie ihm in kollegialer Barmherzigkeit an den Händen festbinden wollten. Der verzweifelte Versuch eines Konzertes musste nach zwanzig Minuten abgebrochen werden. Da war Campino 27 Jahre. Zwanzig Jahre später kamen Erleuchtung und Einsicht. Heute mit 58 schwört er auf Abstinenz und seine neue Formel: *„Es ist kein Verrat, nüchtern auf die Bühne zu gehen"*.

Für die DDR-Bands war es schon deshalb kein Verrat am Way-of-Live-Stil von „Sex and drugs and rock and roll", weil es im sozialistischen Gesundheitsstaat der Arbeiter und Bauern nicht einmal in snobistischen Künstlerkreisen ein Drogen-Milieu westlicher Prägung gab. Auch habe ich nie von Schwarzmärkten gehört. Cannabis, Speed, Ecstasy, LSD, Kokain, Crack und Heroin waren schlichtweg Fremdworte. Deshalb auch wirkten die Konzerte der Ostberlin-Rocker „**Puhdys**" gegenüber ausgeflippten Auftritten westdeutscher Kollegen geradezu kinderbrav. Sie waren drogen-steril und weitgehend promille-keimfrei.

Sänger-Gitarrist **Dieter „Maschine" Birr** hat in Interviews der Neuzeit erklärt, was er mir schon 1974 bei einer feuchtfröhlichen Nachfeier zu unserer mit „Puhdys"-Auftritt bestückten *rund*-Sendung sagte: Nach drei oder vier Bier sei seine Zunge wie gelähmt und schon deshalb höre er vorher auf. Dass da Drogen erst recht keine Chance haben, versteht sich von selbst. Auch ohne sie verkaufte die Ostband schon zu ihrer DDR-Zeit weltweit fast 20 Millionen Alben. Erst als alle Bandmitglieder über 70 waren, gingen sie 2016 in die schon besungene Rocker-Rente, wohl wissend: Im drogenfreien Zustand gibt es eine reale Chance, alt wie ein Baum zu werden.

Diese Lebensweisheit beherzigten auch andere namhafte Ost-Formationen wie "**City**", „**Kreis**", „**Karussell**", „**Silly**" oder „**Karat**". Ich habe nie von rauschgiftbenebelten Ausschweifungen gehört.

Drogenspritzen auf Kinderspielplätzen

Differenzierter als das Drogen-Thema ist das Ost-West-Bild in Sachen Alkohol. Da er weder in der DDR noch in der BRD verboten war, wurde hüben wie drüben ordentlich gebechert und so gab es auch in der Ostrepublik nicht wenige Alkoholkranke. Sie wie auch Medikamentenabhängige wurden in der Suchthilfe von Polikliniken behandelt. Zugleich etablierten sich in Berlin-Brandenburg unter Schirmherrschaft des staatlichen Gesundheitswesens gemeinsam mit der Evangelischen Kirche Selbsthilfegruppen. Dabei ging es nicht um Junkies, Grasinhalieren und Jointsmoken. Dieses für den Deutsch-Osten gesellschaftliche Novum hat die Alt-BRD ins Einheitsdeutschland mitgebracht. Es ist davon heute stärker geprägt denn je – und das in Großstädten in einer besonders makabren Art.

So berichtete das Nachrichtenmagazin *Focus* am 20.1.2018: Eltern schlagen Alarm, weil vier Kleinkinder auf einem Spielplatz im Berliner Stadtteil Neukölln benutzte Drogeninstrumente gefunden haben. Der Berliner *Tagesspiegel* vom 26.9.2019 informierte: Die vierjährige Lara trat auf einem Spielplatz in eine Heroin-Spritze. Andere Blätter berichteten von leeren Marihuana-Tütchen.

Bereits 2016 war auf diese skandalösen Abartigkeiten verwiesen worden. Der Amtsschimmel wieherte und handelte – nicht etwa mit der Beseitigung des absurden Zustandes, sondern mit Warnschildern und einer Meldestelle für Spritzen-Funde. Es wird also weiter gefixt, gekokst, geschnupft, gehascht, gekifft und gespritzt – und das in landesweiter Dimension.

Als häufigstes Rauschgift inhaliert wird Cannabis – meist in Form von Marihuana und Haschisch. Bekanntschaft gemacht haben damit schon 35 Prozent der 18- bis 25-Jährigen und 9 Prozent der 12- bis 17-Jährigen, wie die Bundeszentrale für gesundheitliche Aufklärung im Oktober 2020 mitteilte. Cannabis gilt als gefährliche Einstiegsdroge in harte Rauschmittel, die im Musikgeschäft weit verbreitet und in der Rotlicht- und Rockerszene an der Tagesordnung sind.

Das schockierende Ende des Dean Reed

Um Einseitigkeit zu vermeiden, sei die Frage gestellt: Wie war es nun bei DDR-Showgrößen mit den vertrackten Extremen von Höhenflug, Absturz und demolierter Psyche? Ja, es stimmt, dass in der Ostrepublik kein profitorientiertes Musikgeschäft existierte und damit bewusst hochgepeitschte Karrieren mit großer Fallrate und tieftraurigen Tragödien à la Roy Black und Rex Gildo nicht vorstellbar waren. Mir sind als Vize-Hauptabteilungsleiter des DDR-Jugendfernsehens und *rund*-Moderator nicht wenige Schlager- und Rockstars begegnet. Sie wären froh gewesen, wie ihr Kollege Frank Schöbel oder die „Puhdys" nicht nur Reisefreiheit ins sozialistische Ausland zu haben, sondern auch Auftritte im Westen. Natürlich! Sie hätten sich auch dort gern bewiesen, fühlten sich eingeengt. Nur allzu verständlich! Andererseits habe ich nie wahrgenommen, dass jemand Angst hatte vor einem jähen schimpflichen Aus seiner Karriere oder gezittert hat vor dem Hohn der Presse.

Nun wäre aber die pauschale Schlussfolgerung fatal, Depression und Freitod eines Showstars habe es deshalb in der DDR nicht geben können. Gerade weil es ihn gab – und das in einer einmaligen personellen Größenordnung – machte er weltweit Schlagzeilen. Das ist möglich, wenn man Dean Reed heißt, als Film- und Popkünstler international Furore macht, dann als sozialistischer DDR-Amerikaner grenzenlose Unterstützung und Bewunderung genießt und sich plötzlich Weltschmerz, Berufsschmerz und Privatschmerz zu einem scheinbar nicht zu entwirrenden Problemknäuel verfilzen. Da kann jegliches Unheil passieren. Und das passierte denn auch.

Der überaus attraktive Top-Star war 47, als er seinen Lebensfaden mit eigener Hand durchtrennte. Am 13. Juni 1986 fand man ihn mit aufgeschnittenen Pulsadern und einer Überdosis Schlaftabletten im Zeuthener See am südöstlichen Stadtrand von Berlin. Die Ursachen dafür liegen wesentlich tiefer und sind weitaus komplexer als die Gründe für das bedauerliche Ende eines Roy Black und Rex Gildo.

Einst stürmte der charismatische, blendend naturgestaltete Farmersohn aus Colorado als rockiger Sonnyboy die US-Charts, hatte in Südamerika mehr kommerzielle Plattenerfolge als Elvis Presley, glänzte auf zuschauerprallen Tourneen, füllte bei ausverkauften Live-Konzerten große Sportstadien, musste mit Polizeiaufgeboten vor allzu aufdringlichen Autogrammjägern geschützt werden, hatte in Argentinien eine eigene Fernsehshow, spielte in amerikanischen TV-Filmen und später auch in Italo-Western an der Seite von Yul Brynner.

Als er vehement gegen Massenarmut, soziales Elend und Rassenwahn in Lateinamerika auf die Barrikaden und ins Gefängnis ging, begann sein politisches Engagement, das immer stärker Teil seines Lebens wurde, ihn immer wieder hinter Gitter brachte und ins Exil trieb. Eine weltweite Solidaritätsbewegung erzwang 1978 seine Freilassung aus einer Einzelzelle in Minnesota nach einem lebensbedrohlichen Hungerstreik. Er betrachtete sich als Patriot, Künstler, Botschafter und Vertreter eines moralisch sauberen Amerika, das US-Verbrechen wie den Vietnamkrieg verurteilte. Treffen mit Kubas Revolutionsmythen Fidel Castro und Che Guevara sowie mit Palästinenser-Chef Jassir Arafat machten den einst recht unbedarften Country- und Rocksänger zum bekennenden Marxisten, zu dessen Konsequenzen nicht nur das Wort, sondern die eigene engagierte Tat an Brennpunkten des Weltgeschehens gehörte.

Nach einer aufsehenerregenden Karriere in der Sowjetunion, bei der sich Reeds Platten millionenfach verkauften, lebte er ab 1973 in der DDR, die er bis zuletzt als seine politische Wahlheimat ansah. Seine Fernsehheimat war unser Jugendmagazin *rund*, in dessen Sendungen wir ihn des Öfteren begrüßen konnten. Ich habe nie einen Popstar erlebt, der sein musikalisches Anliegen von Frieden und Völkerverständigung mit solch überschäumendem Temperament vortrug wie er. Da bebte unser Studio. Das war „Völker, hört die Signale" in mitreißendem Rockformat. Die „New York Times" nannte ihn den „Johnny Cash des Kommunismus".

Mit dem langsamen Niedergang der DDR kommt in den 1980er-Jahren auch die Ernüchterung für das Phänomen Dean

Reed. Sein Massenpublikum, das ihn verehrt, glaubt vielfach nicht mehr an die von ihm besungenen Ideale, von denen sich die DDR-Alltagsrealität immer weiter entfernt. Umso mehr wird seine haltlose Begeisterung für Frieden und Freiheit als Pathos empfunden. Damenwelt und Fangemeinde, die ihn als Sänger und Film-Cowboy anhimmeln, tauschen seinen musikalischen Sozialismus gegen die moderne Popkultur des Westens.

Der frühere Wildwest-Ami verliert den Gänsehaut-Nimbus des mit einem Hauch von Abenteuer umwehten sympathischen Gitarren-Tramps, der für viele die Aureole eines revolutionären Romantikers und sozialistischen Faustkämpfers für Gerechtigkeit hatte. Er gerät als Mann, der immer auf Glaubwürdigkeit bedacht war, in den Ruf eines wirklichkeitsfremden Sozialisten. Er fühlt sich missverstanden, ungerecht behandelt und mit seinen Träumen und Hoffnungen allein gelassen. Die Folgen sind verheerend.

Die Plattenverkäufe sinken rapide, das letzte Album floppt. Seine Kino-Eigenproduktion „Sing, Cowboy, sing" läuft sogar in der BRD, wird aber von der Kritik als Klamauk und missglückter Versuch einer Western-Parodie verrissen. Ein siebenter DDR-Spielfilm bleibt aus. Ein US-Filmprojekt über das Schicksal der Indianer platzt. Glitzernde DDR-Auftritte auf großer Bühne schrumpfen zu Gelegenheitskonzerten auf dem Regionalparkett von Kulturhäusern. Da hilft auch eine Personality-Show im Palast der Republik nicht mehr. Das Trostpflaster ist zu klein, um die Wunden zu heilen.

Die Konfettipresse des Deutschwestens konstatiert mit süffisanter Genugtuung, dass der „rote Elvis" wohl nun ausgesungen habe und der „Genosse Cowboy" die roten Socken ausziehen und sein Lasso in die Ecke legen müsse. Für diese Art von Ostkarriere habe er dummerweise seine Ranch in Texas gegen ein Seegrundstück bei Berlin getauscht, den Jubel des Madison Square Garden in New York gegen den Applaus im Arbeiterklubhaus Bitterfeld – und den Erfolg in den amerikanischen Billboard-Charts gegen Auftritte in der FDJ-Jugendsendung *rund*.

Zugleich scheint Dean begriffen zu haben, dass er für die DDR-Spitze auch DAS Vorzeigebeispiel für einen gewendeten

West–Superstar ist, der sich gegen den Kapitalismus und für den Sozialismus entschieden hat. Nein, ein Aushängeschild wollte er beileibe nicht sein. Eher ein Mitbestimmer, der vorprescht und der Welt zeigt, wo's lang geht. Aber auch da hapert es. Denn auch in politischer Hinsicht drehte sich der Planet Erde nicht immer linksherum, wie es der Idealist und Weltverbesserer immer wünschte und wofür er sich auch bei seinen Reisen nach Nahost, Nord- und Südamerika stets nach besten Kräften ins Zeug gelegt hatte. So unterstützte er in Chile mit einer Reihe von Konzerten den Wahlkampf des sozialistischen Spitzenkandidaten Salvador Allende, der später als Präsident des Andenlandes am 11. September 1973 beim faschistischen Militärputsch starb. Dean Reed muss das als persönliche Niederlage empfunden haben.

Wie oft hatte er mit emporgestreckter Faust und voller Überzeugung das chilenische Kampflied „Venceremos" angestimmt, hatte es zu seiner ureigenen symbolischen Hymne für die sozialistische Weltbewegung gemacht. Plötzlich stimmte es nicht mehr, dieses „Venceremos" – „Wir werden siegen". Dass bei dem Umsturz auch noch sein Heimatland USA nachweislich die Hand im Spiel hatte, war für ihn sicherlich ein zusätzliches Trauma. Das – so denke ich – versuchte er mit dem von ihm selbst inszenierten Spielfilm „El Cantor" zu verarbeiten. Eine Hommage an Victor Jara. Der TV-Streifen dokumentiert das Leben des über Chile hinaus verehrten Volkssängers und Theatermannes. Ihn hatte Dean selbst kennengelernt, bevor ihn die Junta unter ihrem Mordsgeneral Pinochet foltern und ermorden ließ. Zuerst wurden ihm die Hände zerschlagen, damit er nicht mehr Gitarre spielen konnte, dann wurde er mit über vierzig Schüssen hingerichtet.

Die von Reed gespielte Hauptfigur des Sängers „El Cantor" war nicht die einzige Charakterrolle, die sein einzementiertes Rocker- und Cowboy-Klischee durchlöchern und sein Darsteller-Talent zeigen sollte. Das gelang in den Literaturverfilmungen „Aus dem Leben eines Taugenichts" nach Joseph von Eichendorff und „Kit & Co." nach Jack London. Bei diesen Dreharbeiten stimmte zumindest die Künstlerwelt des Dean Reed noch.

Die späteren Enttäuschungen in Beruf und Politik münden in ein depressives Gefühlschaos, das durch ein unglückliches Privatleben mit seiner dritten Frau Renate Blume vervollständigt wird. Sie brachte aus ihrer Heirat mit Regisseur Frank Beyer den Sohn Alexander mit in die Ehe, den Dean adoptierte. Er hat mit seiner zweiten Frau Wiebke die bei ihr lebende Tochter Natasha. Seinen späteren Aussagen zufolge ist Renate sowohl eifersüchtig auf sein Kind als auch auf seine Ex-Frau, mit der er ebenfalls fünf Jahre verheiratet war. Mit zunehmender Verbitterung greift er immer öfter zur Flasche. Unmittelbar nach einem besonders explosiven Ehestreit kommt es zur Katastrophe, die einige BRD-Gazetten sofort der Stasi anlasten.

Ich sehe noch das entsetzte Gesicht von Ursula Ragwitz vor mir. Ich kannte die Abteilungsleiterin für Kultur beim Zentralkomitee der SED noch von meiner fernsehjugendlichen „rund"-Zeit her. Sie nahm mich nach der Vernissage einer Gemäldeausstellung ostdeutscher Künstler im Pariser DDR-Kulturzentrum zur Seite und flüsterte mir zu: *„Es ist etwas Fürchterliches passiert. Dean Reed hat sich umgebracht."* Auf meine Frage nach den Gründen meinte sie, dass dabei wohl sehr persönliche und familiäre Motive mit im Spiel seien. Ich war ebenfalls konsterniert, hatte ich ihn in unserer Redaktionsstube des Jugendfernsehens und vor unseren Live-Kameras doch nur als kraftvollen Strahlemann und als lichtgestaltiges Energiebündel erlebt.

Während sich Verschwörungs- und Mordtheorien in hemmungslosen Spekulationen übertreffen, erklärt ein 15-seitiger Abschiedsbrief die wahren Hintergründe und Ursachen. Er liegt bei Eberhard Fensch, der im ZK der SED für Rundfunk und Fernsehen zuständig ist und für den politischen Showman Dean Reed zum vertrauensvollen Ansprechpartner wurde. Er nennt ihn seinen „Freund und Genossen", an den er nun auch diesen letzten handgeschriebenen Brief schickt. Darin stellt er wörtlich klar: *„Mein Tod hat nichts mit Politik zu tun, aber ich kann keinen Weg finden aus meinen Problemen."* Er klagt, seine Frau quäle ihn schon jahrelang mit Eifersucht, Demütigung und Missachtung seines Könnens. Ausdrücklich lässt er wissen, dass er bei allen

Rückschlägen an eine sozialistische Ordnung glaubt. Dem sind auch seine letzten Zeilen gewidmet, die er in seinem angelernten Deutsch zu Papier bringt: *„Meine Grüße auch an Erich – Ich bin nicht mit alles einverstanden, aber Sozialismus ist noch nicht erwachsen. Es ist die einzigste Lösung für die Hauptprobleme für die Menschheit der Welt."*

Selbst dieser Brief hat eine dramatische Geschichte. Er bleibt auf Anweisung Honeckers unter Verschluss, weil seine Ehefrau nicht mit den Anschuldigungen belastet werden soll. In den Wirren der Wende wird das Original nach Eberhard Fenschs eigener Aussage von Unbekannten aus dem Panzerschrank des Innenministeriums gestohlen und an die kurzlebige Nachwende-Wochenzeitung *Das Blatt* verhökert, die es 1990 publiziert. Ganze 14 Jahre später, im Juli 2004, veröffentlicht die *Bild*-Zeitung das Dokument erneut, das ihr angeblich als Kopie zugespielt wurde. Es wird als sensationelle Enthüllung angepriesen, als großes Geheimnis, das nun endlich gelüftet sei.

Prompt thematisieren es auch andere Printmedien wie *Tagesspiegel, Berliner Morgenpost, Hamburger Abendblatt* oder die *Berliner Zeitung*, die zumindest auf bereits erschienene Informationen verweist. Dem eigentlichen Briefempfänger Fensch bleibt ein Duplikat, mit dem er wenigstens isolierte, einseitig ausgekoppelte Zitate und bruchstückhafte Wiedergaben korrigieren oder in den Zusammenhang des gesamten Schreibens stellen kann.

Damit endet das hollywoodreife Drama des Dean Reed, über dessen Leben und Sterben sein kinoberühmter Landsmann Tom Hanks tatsächlich einen Hollywood-Spielfilm mit sich selbst in der Hauptrolle produzieren wollte. Nach diversen Recherchen und Vorarbeiten von immerhin zehn Jahren erklärte er plötzlich, das Projekt aufzugeben. Fensch betrauerte seinen Freund als einen dem DDR-System zugewandten Polit-Amerikaner mit ausgeprägtem Showtalent, großem Gerechtigkeitssinn und endloser Hilfsbereitschaft. Sein DDR-Publikum erinnert sich an ihn als einen revolutionär-exotischen Rock- und Filmaktivisten, dessen charismatische Ausstrahlung eine Art Symbiose war zwischen John F. Kennedy, James Dean und Che Guevara.

Das Drama des Kurt Demmler

Er war ein Großer des deutschen Polit- und Volkssongs, dessen DDR-Stern im Einheitsdeutschland unterging, der deshalb aber weder kiffte noch soff und sich trotzdem eine Schlinge um den Hals legte. Kurt Demmler war in der Ostrepublik der Inbegriff des lyrisch-kritischen Liedsängers und produktiven Liedermachers. Er schrieb in 25 Jahren 10 000 Rock-, Song- und Schlagertexte – für sich und eine Ost-West-Prominentenschar, für die Namen stehen wie Veronika Fischer, Frank Schöbel, Nina Hagen, Katja Ebstein, Daliah Lavi sowie die Gruppen Puhdys, Karat und Schikora.

Ich erlebte den studierten Facharzt für Allgemeinmedizin vor einem begeisterten jungen Publikum in unserer *rund*-Arena und im Berliner Oktoberklub, seinem geistigen Zuhause. Er beherrschte inhaltstiefe Wortspiele ebenso wie die breite Klaviatur der Musikgenres vom Kampf- und Liebeslied bis zu Balladeund Rocktönen. Von der Obrigkeit mit Preisen überhäuft und zugleich argwöhnisch beäugt, bewegten sich Leben und Schaffen des schöpferischen Kreativgeistes zwischen Nationalpreis und Auftrittssperre, Kunstpreis und Zensur, Goldener Amiga-Schallplatte und Rundfunk-Hausverbot.

Noch im Wendeherbst 1989 sang der Politpoet, gegürtet mit Gitarre, bei der Berliner Alex-Massendemonstration sein Spottlied auf die Stasi-Überwachung. Danach häuften sich musikalische Misserfolge, leerten sich die Konzertsäle, verließen ihn seine Musiker, wurde es still um den erfolgsverwöhnten, einst gefeierten und dann gefeuerten Star. Noch hielten ihn die Tantiemen seiner gespielten Lieder über Wasser, das ihm aber langsam bis zum Hals stand. Freunde sprachen vom Abdriften in die geistige Isolation, in die innere Einsamkeit und Zerrissenheit.

Die einst selbstbewusste, tonangebende, kraftvolle, unüberhörbare Stimme der DDR-Liederbewegung wurde zunehmend schwächer. Sie verstummte schließlich ganz, als Kurt Demmler sich am Dienstagmorgen des 3. Februar 2009 mit seinem Gürtel am Fensterkreuz seiner Zelle in Moabit erhängte. Es war der Tag der Zeugenaussage in einem Gerichtsprozess, in dem er wegen sexuellen Missbrauchs von Kindern angeklagt war. Das Vorurteil hatten voreilige Medien schon gesprochen. Da Demmler bereits kurz nach der Wende ein Strafverfahren in gleicher Sache am Hals hatte, war die Sachlage für sie klar: Kindeslüsternheit. Demmler war 65, als er sich das Leben nahm.

Sie fielen, standen aber wieder auf

Hinfallen im Giftrausch muss nicht tödlich sein, aber liegen bleiben. Selbst einige der ganz Großen im globalen Musik- und Showzirkus haben bewiesen, dass es möglich ist, den Giftbecher an sich vorübergehen zu lassen oder nicht mehr zu füllen.

Dass es **Bob Dylan** – Gottvater der Popkultur und Schöpfer von „Blowin' in the Wind" – spät, aber nicht zu spät, gelungen ist, aus einem Gefängnis selbstmörderischer Heroinsucht auszubrechen, ist ein respektabler Beweis von Willenskraft. Der hyperproduktive Lyrik-Poet, zweifache Ehrendoktor und Oscar-Gewinner, der als erster Musiker und Songdichter noch mit 74 Jahren den Nobelpreis für Literatur erhielt, gab selbst zu, in früheren Jahren nicht nur Drogen- und Alkoholprobleme, sondern auch Selbstmordgedanken gehabt zu haben.

Das einflussreiche internationale Musikmagazin „Rolling Stone" setzte den Pop-Guru auf Platz 1 der 100 besten Songtexter aller Zeiten, gab ihm hinter den „Beatles" Rang zwei in der Phalanx der 100 größten Musiker und die siebente Stelle in der Liste der 100 besten Sänger. Der für seine Protestsongs gegen das Establishment bekannte „Einstein der Popmusik", wie ihn die Presse taufte, hätte sicher auch einen Oscar in der Kategorie „Entzugserfolg" bekommen, wenn es sie denn gäbe. Dass er 2021 im 80. Lebensjahr gemeinsam mit Hollywoodliebling George Clooney Grishams Baseball-Roman „Calico Joe" verfilmen will, nötigt zusätzliche Hochachtung ab.

Zu den Weltstars, die es nach einem schmerzhaften Tabletten-, Drogen- und Alkoholentzug geschafft haben, gehört auch der amerikanische Country-Sänger **Johnny Cash**. Der „Ring-of-Fire"-Gitarrenzauberer starb mit 71 Jahren an einer Erkrankung des Nervensystems.

Im selben Alter und in Vorbereitung einer Tournee befindet sich im Oktober 2020 sein ebenso berühmter Landsmann **Bruce „The Boss" Springsteen**. Auch er besiegte die einem exzessiven Lebensstil geschuldeten Depressionen, verzichtete aber mit Blick auf seinen drogen- und alkoholzerstörten Vater auf Rauschmittel und ließ sich von einem Therapeuten helfen. In seiner Autobiografie „Born to Run" gesteht der Oscar-Preisträger Suizidabsichten, obwohl er mit 130 Millionen verkaufter Alben und CDs zu den kommerziell erfolgreichsten Barden der Rockgeschichte gehört. Im Juli 2012 ging ein aufschlussreiches Zitat von ihm durch die Presse: *„Bei allen Künstlern kommt irgendwann der Zeitpunkt, an dem sie sich selbst hassen und unter anderem auch daran denken, ihr Leben zu beenden. Die Selbstauslöschung beginnt aber meistens schon auf der Bühne. Man nimmt zum Beispiel Drogen, die einen alles vergessen lassen. Aber gerade das kann einen noch mehr zerstören."*

Diese Erfahrung machte auch der amerikanische Schock-Rocker **Alice Cooper**, der eine regelrechte Gier nach Alkohol entwickelte. Nach einem erfolgreichen Entzug verarbeitete er seine Ängste musikalisch gemeinsam mit Elton Johns Textschreiber und kam vom Regen in die Traufe. **Bernie Taupin** war ebenfalls alkoholkrank und nahm zudem noch Drogen. Die böse Ironie des Schicksals wollte es, dass sich der clean gewordene Cooper bei ihm mit dem Kokain-Bazillus infizierte. Heute ist der 72-jährige Altrocker sauber und veröffentlichte 2019 sogar noch ein Album.

Dass der US-Bandleader **Jerry Lee Lewis** 85 ist, hätten nicht einmal die größten Optimisten unter seiner weltweiten Fangemeinde erwartet. Kaum ein anderes Rockerleben ist so gezeichnet von Drogen, Alkohol, Sex, Gewalt, Finanzpleiten und Schuldenbergen wie das von einem chaotischen Country-Cowboy und Rock-Rebellen, dessen ständiger Begleiter Krankheit und Tod waren. Ein Sohn und die vierte Ehefrau ertranken, die fünfte Gattin wurde Opfer einer Overkill-Dosis Heroin, ein weiterer Sohn, der sein Musikpartner war, starb in einem Auto-wrack. Er selbst jagte versehentlich einem Mitglied seiner Band eine Kugel in die Brust, was aber glimpflich ausging. Nachdem er sich mit eigener Hand aus dem Sumpf gezogen hatte, feierte er das siebente Mal Hochzeit, wofür er sich die Ex-Frau seines Cousins aussuchte.

Aus den tödlichen Suchtzwängen befreien konnte sich auch eine Reihe britischer Pop-Götter. Dem zweifachen Oscar-Preis-träger **Elton John** nutzte auch sein Reichtum aus 300 Millionen verkauften Tonträgern nichts, als er sich 1987 wegen seines Dro-genkonsums einer gefährlichen Kehlkopfoperation stellen muss-te. In seinen wilden Jahren, so beichtete der Megastar, habe er die Wirkung seiner Joints mit Whisky aufgepoppt. 16 Jahre soll die Drogensklaverei angehalten haben. Sein gelungener Entzug gestattete dem nunmehr 73-Jährigen das Projekt einer letzten dreijährigen Welttournee.

Landsmann **Ozzy Osbourne** war in eine hoffnungslose 40-jäh-rige Abhängigkeit zu Drogen und Alkohol verstrickt, bevor er sich davon befreien konnte. Nachdem er 1994 eine ganze Flasche des Schmerzmittels Codein in sich hineingeschüttet hatte, drohte ein Lungenkollaps. Osbourne, mit Beinamen „Prince of Dark-ness", sah sich, ähnlich wie sein „Stones"-Kollege Richards, als medizinisches Überlebenswunder. Vor einem Jahrzehnt konnte er die Dämonen besiegen. Entgegen aller Prognosen eines Rück-falles lieferte der 68-jährige Frontmann der „**Black-Sabbath**"-Formation im Februar 2017 ein Konzert ab, das später in einer aufgezeichneten Kinofassung um die Welt ging.

Auch dem Oscar-dekorierten Briten **Phil Collins** gelang es, sich von der Flasche zu trennen.

Der Multi-Musikant **Sting** gilt mit seiner Genre- und Stil-vielfalt von Rock und Pop, Jazz und Brecht-Lyrik, Chanson und sinfonischer Klassik als Kunst-Intellektueller, was zwei Ehren-doktor-Titel bestätigen. Der Sohn eines englischen Milchmanns mag Alkohol, konnte aber mit Drogen nichts anfangen, erzählte er im Juli 2007 der britischen Musikzeitschrift *Mojo*. Er sei dank-bar, dass ihm in den 1980er Jahren Kokain nicht bekommen sei.

Wörtlich: *„Ich hatte das Glück, dass ich davon nicht so viel in meinen Körper hinein bekommen habe, weil es immer meine Nebenhöhlen verstopft hat."* Daraufhin habe er nie wieder gekokst. Ansonsten hätte es 2005 wohl kaum seine legendäre US-Tournee gegeben mit 181 Konzerten und zwei Millionen Besuchern.

Rock- und Pop-Röhre **Rod Stewart** trank nach eigener Aussage wohldosiert und nie bis zum Umfallen. Trotzdem ließ sich der Brite mit der markanten Reibeisenstimme und Strubbelfrisur im Juli 2020 von einem Redakteur des Senders „BBC Arts Radio" entlocken, er habe viele seiner Hits in Alkohol-angetörntem Zustand geschrieben. Prompt rauschte es im Blätterwald und die Yellow Press meldete, das Geheimnis hinter Stewarts musikalischen Erfolgen heiße Alkohol.

Warum sollte **Robbie Williams** eine Ausnahme sein? Die Platten und CDs des ehemaligen Sängers der englischen Boygroup „Take That" gingen weltweit mehr als 77 Millionen Mal über die Ladentische. Seine Erfolgsstraße ist gepflastert mit Alkoholeskapaden, Drogen-Abstürzen, Klinikbehandlungen, Sex und Prügeleien. Heute, mit 46, kann er sich seinen vier Kindern gegenüber rühmen, seit fast zwanzig Jahren trocken zu sein, auf harte Drogen zu verzichten und ins Nichtraucher-Abteil seines Lebens gewechselt zu sein. Trotzdem – so bekannte er – überfallen ihn immer noch Suchtattacken, die dem Kampf mit einem Eisbären gleichen würden.

Auch die anderen **„Take-That"-Mitglieder** hatten Suchtprobleme. Gitarrist **Mark Owen**, der als Saubermann der Band galt, beichtete als 38-Jähriger im November 2010 dem britischen Magazin „Radio Times", er sei zehn Jahre lang dem Alkohol verfallen gewesen und habe erst durch eine Entzugstherapie aus diesem Loch herausgefunden. Durch die gesundheitliche Reanimation aller wurde es möglich, dass sich die wiedervereinigte Gruppe mit ihrem Ex-Frontmann Robbie Williams im Mai 2020 unter Corona-Schutzregeln zu einem Online-Konzert zusammenfand.

Den Band-Patron der britischen **„Animals"**, **Eric Burdon**, hatte es besonders schwer getroffen. Noch im Schlepptaufieber seines Welthits „House of the Rising Sun" – berühmt als ins Deutsche übersetztes „Es steht ein Haus in New Orleans" – rutschte der Alkohol- und Heroin-angeschlagene Sänger 1970 nach dem Drogentod seines Freundes Jimi Hendrix völlig in den Sumpf der giftigen Alleströster. Die Presse verspottete Eric Burdon als „Eric Bourbon" nach der gleichnamigen US-Whisky-Marke. Der doppelt Gedemütigte lebte daraufhin einige Jahre lang seine Sucht jenseits aller Bildflächen in exzesshafter Intensität aus, arbeitete sich dann auf einem schmalen Pfad zwischen Tod und Leben zurück ins Dasein und feierte im Oktober 2019 im Pariser „Olympia" mit 79 Jahren seine endgültige Auferstehung. Nicht der Einzige, der – und das sogar noch mit Glanz und Gloria – gerade noch die Kurve bekam.

Der Bassist der US-Teenie-Formation „**The Monkees**", **Peter Tork**, glitt in die Drogenszene ab, fing sich aber und konnte noch eine erfolgreiche Solokarriere starten. Die 1965 in Los Angeles gegründete Band, die unter ihren weiblichen Fans für Ohnmachtsanfälle und kollektive Kreischkonzerte sorgte, antwortete auf Journalistenfragen zu Drogen den ihnen vom Management eingeschärften Satz: *„Wir trinken Coca-Cola."* 75 Millionen verkaufte Platten ließen das glauben.

Der kanadische Gitarren-Rocker **Bryan Adams** war als 15-Jähriger mit Alkohol und Drogen auf dem „Highway to Hell". Er habe zwar nie Heroin genommen, aber alles andere, was verfügbar gewesen sei, sagte er im November 2019 der britischen Tageszeitung *The Guardian*. Nach einer Haftstrafe, die ihn geläutert habe, unterschrieb er seinen ersten Plattenvertrag und startete eine 40-jährige steile Karriere mit über 100 Millionen verkaufter Tonträger – darunter Klassiker wie „Summer of 69" und „Heaven" – sowie dem Kunststück, 1983 in 30 Ländern zugleich mit Nummer-1-Hits zu glänzen. Der Rock-Veteran steht mit über 60 immer noch auf der Bühne und nimmt als Veganer auf Konzert-Tour seinen persönlichen Koch mit.

Dass die amerikanischen „**Backstreet Boys**" als erfolgreichste Boygroup der Welt keine Kinder von Traurigkeit waren, ist ein offenes Geheimnis. Ihr blonder Sonnyboy **Nick Carter** verriet dem US-Magazin *People* im Februar 2009 als damals 29-Jähriger, dass er mit 19 nur um Haaresbreite am Drogentod vorbeigeschrammt sei. Seine jahrelange Drogen- und Alkoholsucht habe er damals schlagartig beendet, als ihm eine Erkrankung des Herzmuskels diagnostiziert worden sei. Ein mögliches Todesurteil, wenn es bei Whisky und Wodka bleibt. Seine Reaktion: *„Ich will nicht sterben. Ich will nicht diese Person sein, über die die Leute lesen und denken: Es ist traurig, dass er nicht aufhören konnte und sich selbst umbrachte."* Seitdem, so sagte der heute 40-Jährige im Interview, sei er statt in die Kneipe ins Fitness-Studio gegangen, ernähre er sich gesund und habe dem Alkohol abgeschworen. Den Lohn dafür teilt er sich mit seinen anderen vier „Backstreet"-Jungen: weltweit mehr als 130 Millionen verkaufte Tonträger.

Abgründe tun sich auf beim Blick in die Musik-, Skandal- und Saufkarriere des Rocksängers und Drummers **Tommy Lee**, Ex-Ehemann von US-Busenwunder **Pamela Anderson**, die an der Seite von „Knight-Rider" **David Hasselhoff** – ebenfalls kein Alkohol-Verächter – in der TV-Erfolgsserie „Baywatch" berühmt wurde. Sie rannte ihrem mehrfach verhafteten Tommy davon, als er sich immer mehr in die nicht so rühmliche Rolle eines Trunkenheits-Schlägers hineinsteigerte. Womit seine Schauergeschichte längst nicht endete, sondern eine noch größere Dimension erreichte im Rahmen seiner US-Hardrock-Formation, der sogenannten Heavy-Metal-Band mit Schwermetallklang und dem exzentrischen Namen „**Mötley Crüe**" – zu sprechen „Matli Kru". Der Zungenbrecher ist gedacht als originelle Verhohnepipelung des englischen Begriffs „Motley Crew", was so viel heißt wie „bunter Haufen".

In der Tat waren die vier Kalifornier nicht nur ein bunter, sondern auch ein ziemlich schräger Haufen mit gefährlichen Ess- und Trinkgewohnheiten in Form von Drogen und Alkohol. Vorturner Tommy und Zweitsänger **Vince** hatten sich neben Unmengen von hochprozentigen Getränken auf Kokain spezialisiert. Gitarrist **Mick** war den Tabletten verfallen und Bassist **Nikki** spritzte sich Heroin in solchen Mengen, dass er einmal dicht an der Schwelle zum Jenseits stand und sie ein zweites Mal bereits überschritten hatte. Deshalb wollte ihn sein Londoner Heroin-Verkäufer schon in einem Müllcontainer entsorgen. Ärzte holten ihn aus einem klinischen Tod durch Adrenalinstöße zurück ins Diesseits und in eine dreitägige Bewusstlosigkeit. Währenddessen hatte die Presse schon sein Ableben verkündet. Kurz darauf musste sie sich revidieren mit der Schlagzeile: „*Am 23. 12. 1987 stirbt Nikki Sixx von Mötley Crüe – für zwei Minuten.*" Zuvor schon hatte der Musiker seinen „Porsche" an einem Telefonmasten in alle Einzelteile zerlegt.

Die Wende brachte nach diesen Todesritten eine Absage ihrer Manager für eine Europa-Tour, weil sie ihre Truppe nicht mit Leichensäcken begleiten wollten. Für das Rocker-Team war es höchste Zeit für eine Entzugstherapie. Die Belohnung waren neue Hits und ein Stern auf dem „Hollywood Walk of Fame". Im Juli 2015 streute sich der heute 58-jährige Tommy Lee rückblickend Asche aufs Haupt und schwor, harten Alkohol und harte Drogen nie mehr anzurühren.

Auch andere Super-Rocker schafften die mühselige Abkehr vom sicheren Verderben. Der kanadische „**Crazy-Horse**"-Frontmann **Neil Young** watete 40 Jahre seines Lebens im Alkohol und erstickte nahezu am Marihuana, bevor er 2011 nach einer Hirnblutung und lebensbedrohlichen Operation sein Dasein wieder in normale Bahnen lenken konnte.

Das gelang auch **Brian Wilson**, Sänger der „**Beach Boys**" und einer der bedeutendsten Komponisten und Musikproduzenten der 1960er- und 1970er-Jahre. Allerdings ist er heute mit 78 nach eigenem Bekunden immer noch gezeichnet vom Surfen auf extrem hohen Drogenwellen, verbunden mit Depressionen, Schizophrenie-Schäden und Psychopharmaka-Kuren. Seine Reue verbindet er mit Abstinenz-Appellen an die Jugend.

Alkoholexzesse, Steuerbetrug, Prügeleien, Gerichtsprozesse, Welterfolge und Senkrechtabstürze – das waren lebensbestimmende Prämissen des Briten **Les Humphries**, einem genialen wie mental kaputten Songschreiber, Komponisten und Vater des Pop-Chorgesangs. Als Chef seiner gleichnamigen internationalen Multikulti-Truppe produzierte er im Hippie-Gospel-Stil

Single-Hits wie „Mexico", „Mama Loo" und „Kansas City". Er verkaufte 40 Millionen Singles, schmückte sich mit zehn Goldenen Schallplatten, scheffelte Dollar-Millionen und starb mit 67, von der Presse beschrieben als Einsiedler mit einsamer Alkoholseligkeit. Zuvor noch hatte er seine eigene Todesmeldung in die Welt gesetzt und sie – als bereits Nachrufe veröffentlicht waren – als ein *„großes Missverständnis"* dementiert. **Jürgen Drews**, der den „Les Humphries Singers" angehörte, charakterisierte das Leben des Exzentrikers als *„voll mit Sex, Drogen und Rock'n'Roll"*. Das bestätigte die ebenfalls international erfolgreiche Sängerin und Schauspielerin **Dunja Rajter**, die sich nach vier Jahren von Les Humphries scheiden ließ. In ihren Memoiren „Nur nicht aus Liebe weinen" berichtet die gebürtige Kroatin über eine Ehe voller Gewalt und Drogen.

Der britische Jungstar **Ed Sheeran** bekannte, er sei einem Drogen-Desaster durch eine Auszeit und die Hilfe seiner Freundin entkommen.

Sein US-Kollege, das künstlerische Multitalent **Justin Timberlake**, rauchte schon mit 13 Jahren Marihuana, wie er in seiner 2018 veröffentlichten Autobiografie gestand. Bereits im Juli 2006 hatte er dem US-Musikmagazin *Observer Music Monthly* seinen Rauschgift-Missbrauch gebeichtet: *„Ich habe schon viel zu viele Drogen genommen"*. Nach gescheiterten Beziehungen mit Britney Spears und Cameron Diaz kam der frühere Boyband-Star nach der Hochzeit mit Schauspielerkollegin Jessica Biel und der Geburt eines gemeinsamen Sohnes zu innerer Ruhe. Die wird allerdings getrübt durch seine ADHS-Krankheit, die sich in einer Hyperaktivität des Gehirns äußert – dem sogenannten Zappelphilipp-Syndrom, unter dem auch Soulsänger Lionel Richie leidet.

Der Erfinder des Latino-Rock, **Carlos Santana**, verabscheut synthetische Drogen, befürwortete aber im „Playboy"-Interview vom Juni 2019 die Freigabe von Cannabis und offenbarte, er gönne sich auch mit über 70 hin und wieder etwas Haschisch. Der gebürtige Mexikaner erinnerte sich, im Drogenrausch des Woodstock-Festivals 1969 habe sich der Hals seiner Gitarre *„wie eine Schlange"* gewunden.

Als der kernige Branchen-Kodex von „Sex, Drugs and Rock'n'Roll" von 400 000 Teilnehmern des Woodstock-Festivals 1969 bis zum Exzess ausgelebt wurde, signalisierte die freizügige Hippie-Massenorgie mit dem Slogan „Love and Peace" zugleich ihren friedfertigen Charakter.

Dieses Credo hatte vorher bereits der Friedensaktivist, Oscar-Gewinner und Ober-Beatle **John Lennon** mit der Sängerin und Menschenrechtsaktivistin Yoko Ono auf eigentümliche Weise zelebriert. Denn nach ihrer Hochzeit zeigten sich beide der Presse im Hilton-Hotel von Amsterdam pyjama-verhüllt im Bett und wollten dies als „Happening für den Weltfrieden" und gegen den Vietnamkrieg verstanden wissen. Kurz danach entstand bei einem weiteren sogenannten Bed-In der Song „Give Peace a Chance", der zur ersten Solo-Single eines Beatles wurde. Unter's Volk gebracht war damit die Botschaft von „Liebe und Frieden" vom Chef selbst, der sich zugleich seinen Pilzkopf mit Drogen vollstopfte.

Schützenhilfe bekam er dafür vom akademischen Rauschgift-Guru Timothy Leary, der ihn mit dem von der Presse aufgeklebten Etikett „LSD-Papst" oft begleitete, wenn er nicht gerade inhaftiert war. Als amerikanischer Psychologie-Professor mit Hippie-Touch vertrat er die Auffassung, der regelmäßige Verzehr von bewusstseinsverändernden Substanzen könnte die Fülle des menschlichen Wesens voll ausschöpfen. Nachdem er in seine Drogen-Experimente Studenten einbezogen hatte, wurde er aus der altehrwürdigen Harvard Universität ausgeschlossen. Als der „LSD-Prophet" im Wettrennen um den kalifornischen Gouverneurs-Posten antrat, schrieb Lennon für ihn den Wahlkampf-Song „Come Together".

Das Liverpooler Musikgenie soll schon als junger Mann eineinhalb Jahre und später fast zwei Jahre im Dauerrausch verbracht haben. Neben Yoko Ono und genialen Ideen für Welthits in Serie waren Marihuana, LSD, Kokain und Heroin seine Begleiter. Bekanntlich aber brachten den erst 40-Jährigen nicht Drogen ins Grab, sondern Pistolenkugeln des Amerikaners David Chapman, der dafür lebenslang hinter Gittern sitzt.

Was bleibt, ist ein enormes musikalisches Erbe, das von verschiedenen Quellen auf über 600 Millionen bis rund eine Milliarde an verkauften Tonträgern geschätzt wird. Damit sind die „Beatles" die erfolgreichste Band der Musikgeschichte. Auch sie hat mit ihrem Vorturner Lennon darauf geachtet, dass „Sex, Drugs and Rock'n'Roll" als traditionsreiches Markenlogo für die harte musikalische Pop Art nicht zur Weichei-Variante verkommt.

Mit nur einem einzigen Lied schaffte es der Amerikaner **Scott McKenzie**, Musikgeschichte zu schreiben, eine ganze Junggeneration zu prägen und einen noch heute aktuellen weltweiten Klassiker zu kreieren. Der in Florida geborene Gitarrist und Sänger, der in den 1970er-Jahren mit Drogen und Depressionen zu kämpfen hatte, landete mit „San Francisco" einen Hit, der sich über 70 Millionen Mal verkaufte und zur Hymne der Hippie-Kultur avancierte. Geschrieben wurde der Song in 20 Minuten von McKenzies Freund **John Phillips**, Chef der Gruppe „**The Mamas and the Papas**", Kultband der Flower-Power-Zeit der sogenannten Blumenkinder vom Sommer 1967. Deren Motto „Liebe, Spaß und Drogen" ging auch an den beiden Musikern nicht spurlos vorüber. Letztendlich gelang ihnen die Flucht aus einer sich immer schneller drehenden Abwärtsspirale. Trotzdem führte ein exzessiver Lebensstil zur Auflösung der Band nach nur drei Jahren.

Den Kraftakt eines Entzuges hatte auch die umschwärmte britische Popgruppe „**Bee Gees**" durchzustehen. Die Brüder **Barry, Maurice und Robin Gibb** wurden in ihrer Karriere-Achterbahn als „erfolgreichste Familienband der Welt" in Permanenz von Drogen- und Alkoholorgien begleitet, konnten sich aber weitgehend in die Normalität retten.

Soul-König **Ray Charles** schien hoffnungslos einem Mix aus Alkohol, Marihuana und Heroin verfallen, konnte aber mit einer Entziehungskur geheilt werden.

Das Wunder einer Wiederauferstehung vollbrachte der singende Rock-Gitarrist **Eric Clapton**, der sich zu schlimmsten Zeiten allein für Heroin ein Wochenbudget von 16 000 Dollar genehmigte. Er konnte oft nur im Liegen spielen und war drei Jahre lang kaum fähig, das Haus zu verlassen. Nachdem er ohnmächtig auf der Bühne zusammengebrochen war und den Drogenkonsum aufgeben musste, fürchtete er, ohne Aufputschmittel musikalisch erledigt zu sein. Nicht vorstellbar, dass der Brite es trotzdem schaffte, 17-mal den begehrten US-Musikpreis „Grammy" zu gewinnen und mit über 130 Millionen verkaufter Tonträger einer der erfolgreichsten Künstler aller Zeiten zu werden. Jetzt ist er seit über 30 Jahren nüchtern. Nach einer konsequenten Abkehr vom Rauschgift gründete Clapton 1997 eine Reha-Klinik für Alkohol- und Drogenabhängige. Nach zwei Welttourneen kündigte der mittlerweile 75-Jährige für 2021 eine Mammut-Tournee quer durch Europa an.

Jede Menge Kokain geschnupft hat 15 Jahre lang auch Frontmann **Graham Nash** von der England-Gruppe „**The Hollies**". „*Eine echt böse Droge, die einsam macht*", sagte er im Juli 2016 dem *Tagesspiegel* und bekannte: „*Ich wünschte, das Zeug niemals geschnupft zu haben.*" Schicksale wie das des Amerikaners **David Crosby** hätten ihn dann abgeschreckt. Der Veteran der Folk- und Country-Rocker „**The Byrds**" hatte wegen seiner Drogendelikte fast ein Jahr hinter Gittern verbracht und war aus der Band geflogen, weil er nicht mehr singen konnte. Auf die Frage, welche Droge am besten beim Songschreiben helfe, gestand Hollie-Sänger Nash: „*Marihuana. Es ließ mich diese unmittelbare Nahsicht verlassen und eine Totale einnehmen. Gott, damals hab ich 20 Joints am Tag durchgezogen, heute vielleicht noch einen pro Monat.*"

Auch Hollywood mixte kräftig mit am Giftcocktail. Oscargewinner **Frank Sinatra** hatte mit seinem Song „My way" der Welt erklärt, dass er kein Kostverächter ist. Er frönte lebenslang einem exzessiven Alkohol- und Nikotin-Laster unter seinem deutlich artikulierten Motto: „*Ich bin für alles zu haben, was einen durch die Nacht bringt, sei es ein Gebet, Tranquilizer oder eine Flasche Jack Daniel's.*" Da mischte er auch schon mal Drogen in den Becher.

Übertroffen wurde er nur noch von seinem Film-, Song- und Saufkumpel **Dean Martin**, der immer mal wieder auf die Bühne torkelte, was seinen Cowboy-Nimbus in allen Sätteln eher noch erhöhte. Dem kettenrauchenden Publikumsliebling wird die zweifelhafte Erkenntnis nachgesagt, man sei erst betrunken, wenn man sich auch noch im Liegen festhalten müsse. Dean Martin und ein Drink in der Hand waren eine feste Größe, ein Markenzeichen. Der Unfalltod seines Sohnes verstärkte seine Alkohol-Abhängigkeit, zu der sich das Schmerz- und Betäubungsmittel „Percodan" gesellte. Das alles stürzte ihn in depressiv-apathische Zustände, aus denen ihn auch eine Entziehungskur nicht mehr herausholen konnte. Bei einer USA-Tournee musste der angeschlagene Superstar durch Liza Minelli ersetzt werden, weil eine Unmenge von Gin ihn handlungsunfähig gemacht hatte. Der Tod seines Freundes Sammy Davis junior ließ den Las-Vegas-Helden schließlich endgültig zum lethargischen Wrack verkommen. Die letzten Fotos zeigten der Welt den einstigen Strahlemann mit der Strahlestimme in desolater Verfassung an einem Bar-Tresen, seiner wirklichen Heimat. Als Alzheimer und Lungenkrebs dazu kamen, war der gebürtige Italiener am Ende. Dass sein Körper bis zum 78. Lebensjahr durchhielt, nannten Ärzte ein medizinisches Wunder.

Kumpel **Sammy Davis junior** wurde nur 64. Der tanzende, filmende, parodierende, musizierende, singende und moderierende Alleskönner aus einer amerikanischen Varieté-Familie hatte ebenfalls ein verhängnisvolles inniges Verhältnis zu Flasche und Zigarette, unterschätzte einen schweren gesundheitlichen Zusammenbruch und musste sich einem tückischen Kehlkopfkrebs ergeben.

Frank Sinatra, Dean Martin und Sammy Davis junior waren enge Freunde – und zugleich der harte Kern einer Clique von Prominenten, die im Las Vegas der 1980er Jahre durch nächtliche Kneipenbummel und ausufernde Zechgelage zusätzliche Berühmtheit erlangte. Die Konfettipresse freute es – und es hatte Vorteile für beide Seiten. Es brachte höhere Zuschauer- und Leserquoten – und vor allem für das Hollywood-Dreigestirn permanente Aufmerksamkeit, auch wenn mal ein Film floppte. Man wusste sich zu helfen, auch wenn die Alkoholschwemme die Gesundheit aufweichte.

Die Saubermänner der Rock- und Popwelt

Rock und Pop und Drogen scheinen fast Synonyme zu sein. Gibt es in der westlichen Welt überhaupt Popper und Rocker, die nicht kiffen, sich nicht high spritzen oder kaputtsaufen? Doch, es gibt sie – solche, die noch aufrecht stehen können, einige Aufrechte, die Whiskyglas und Spritzennadel noch nicht unter den Tisch gefegt haben – oder gar unter die Erde. Lichtgestalten dieser Saubermänner sind vier Engländer der vielgerühmten Rockformation „**Slade**", die völlig aus dem Rahmen harter Bandagen fällt und Drogen ausdrücklich verabscheut – dies umso überraschender, weil ihr Genre der Glamour- und Hardrock ist. Die einzige Sünde, derer sich „Slade" beim Auftritt in unserer Jugendsendung *rund* schuldig machte, war Kaugummi im Mundwinkel.

Am 2. Juli 2017 gab Gitarrist **Dave Hill** dem Bonner *General-Anzeiger* einen Einblick ins Verhaltensmuster:

„Das Wichtigste ist, bevor du auf die Bühne steigst, dass du genügend trinkst – aber nur Wasser. Du schwitzt, und ich bewege mich viel auf der Bühne. Das wichtigste Prinzip ist: Trink keinen Alkohol, wenn du arbeiten musst – also vor einer Show. Du kannst nach dem Auftritt einen Drink nehmen, aber nicht davor – da sind wir streng."

Auf die Frage, wie viel Sex, Drogen und Rock'n'Roll eine Tour begleiten, antwortete Hill:

„Ich will ehrlich sein: Es gab immer Sex – aber das ist Jahre her. Als wir jung waren. Rock'n'Roll ja, Drogen nie. Das ist etwas, das wir sehr streng gehandhabt haben: keine Drogen. Weil wir erlebt haben, was die mit Menschen angestellt haben, die wir kannten. Viele von damals sind heute nicht mehr unter uns. Wir sind Slade: Drogen helfen uns nicht. Unsere Songs funktionieren auch ohne Drogen. Und es sind die Langzeitfolgen, die Drogen so gefährlich machen."

Weniger für solch lobenswerte Einsichten als vielmehr für musikalische Verdienste wurde den „Slade"-Rockern die Ehrendoktorwürde der Universität ihrer Heimatstadt Wolverhampton verliehen. Zu Recht, denn kaum eine andere Band verkaufte in den 1970er-Jahren mehr Singles.

Die seltene Auszeichnung einer Ehrendoktor-Würde bekam auch Briten-Star **Billy Ocean**, vor dem sich die Akademiker der Uni von Westminster verneigten. Statt auf den Pfeifenrauch von Crack setzt er auf den Weihrauch christlicher Werte und auf Familie, ist dreifacher Vater und seit 42 Jahren glücklich verheiratet. So ist es kein Wunder, dass ein topfiter Billy Ocean auch mit 70 noch einmal mit seinem neuen Studioalbum „One World" durchstartet. Unser *rund*-Musikredakteur Siegmar Leistner war ein guter Rechercheur. Nie hätte er auch nur den Ansatz eines Versuchs gemacht, den exotischen Popstar mit Karibikblut in den Adern für die Sendung zu engagieren, wenn es auch nur den leisesten Verdacht von Drogen- oder Alkoholabhängigkeit gegeben hätte.

Das war auch so bei der britischen Disco-Soulband „**Hot Chocolate**". Sie hätte bei Drogenverdacht auch der Buckingham-Palast nicht eingeladen, auf der Hochzeit von Prinz Charles und Lady Diana zu spielen. So geschehen am 29. Juli 1981. Der auf Jamaika geborene Bandleader **Errol Brown** glänzte später mit einer Solokarriere und starb mit 71 an Leberkrebs. Seine Gruppe tourt noch heute mit ihrem Erfolgsrepertoire durch die Welt.

Ganz oben in der Saubermann-Kategorie stehen auch der Erfolgsinterpret des Welthits „Eloise", **Barry Ryan**, und das Musikgenie **Stevie Wonder**, Vater mit neun Kindern von sechs Frauen. Sie hatten, sagen sie, mit Drogen nie was im Sinn. Bisher habe ich keinen Widerspruch vernommen.

Vorbild ist nicht minder der drogenresistente Deutsch-Brite und „Yesterday Man" **Chris Andrews**, der auch noch andere Gassenhauer wie „Pretty Belinda" unters Volk brachte.

Dass es ohne künstliche Bewusstseinserweiterung geht, bewies auch der Ire **Gilbert O'Sullivan** mit seinem Knaller „Get down".

Mit der totalen Alkohol- und Rauschgiftabstinenz des Soul-Genies **Lionel Richie** hat es die wohl einmalige Bewandtnis, dass ein Weltstar von der Drogenkrankheit durch eine andere Krankheit abgehalten wird. Der Showman, der für seinen Song „Say You, Say Me" den Oscar bekam, leidet am sogenannten Zappelphilipp-Syndrom. Dessen Ursache ist das krankhaft übersteigerte Minderwertigkeitsgefühl, er bekomme nicht genügend Aufmerksamkeit. Die aus diesem Defizit resultierende Hyperaktivität hält das Gehirn ständig auf Trab, sodass es nie durch Aufputschmittel angekurbelt werden muss. Diese Extrem-Kreativität hat dem heute 71-Jährigen einen Verkaufsboom von rund 100 Millionen Alben beschert.

Ein besonderer Fall ist auch **Roy Orbison**. Es gehört zu den Ungerechtigkeiten des Lebens, dass der amerikanische Songwriter, Pop-, Rock- und Country-Star als einer der Cleansten seiner drogenverseuchten Branche nur 52 Jahre wurde. Der stets sonnenbebrillte Melancholiker, dessen Rhythmushit „Pretty Woman" um die Welt ging, erlag einem Herzversagen. Er sei, verlautete aus seinem Umfeld, nie depressiv oder haschsüchtig gewesen.

Den Clean-Status beanspruchte auch **Ian Gillan** als Sänger der Hardrock-Formation „**Deep-Purple**", die den Ruf als lauteste Band der Welt hat. Viel Bier und Whisky habe es gegeben, aber keine Drogen. In einem Interview mit den Münchener *Nachrichten* stellte der Brite sich und seiner Band im März 2015 ein Sauberkeitszeugnis aus und gestand eine Cannabis-Zigarette, aber nicht mehr. Bei „Deep Purple" habe niemand Drogen konsumiert.

Aus keiner Oldie-Show wegzudenken sind die Briten-Rocker „**The Searchers**", die in den 1960er-Jahren mit „Needles and Pins" und „Sweets for My Sweet" die Gipfel der Hitparaden erklommen, noch bis zu ihrer Auflösung 2019 auf Tour gingen und mitunter bis zu 250 Konzerte im Jahr gaben. Dabei geholfen hat ihnen ein konsequentes „Nein" zu Giftpillen und Weißpulver.

Der „Singing Ranger" der englischsprachigen Musikszene, **Hank Snow**, liebte zwar den wilden Westen, nicht aber wilde Partys. Der über einen Drogenverdacht erhabene Kanadier wurde als Country-Sänger mit seriösem Lebenswandel in die „Country Music Hall of Fame" in Nashville, Tennessee, aufgenommen.

Dem Drogensog widerstanden hat ebenfalls der südafrikanische Keyboarder **Manfred Mann** mit seiner Beatband, die als verlässliche Institution im britischen Pop-Zirkus schon in den 1960er Jahren mit Megasellern wie „Ha! Ha! Said the Clown" oder „Pretty Flamingo" Welthits landete. Der nunmehr 80-jährige

Rock-Intellektuelle hatte mit seiner neuen Gruppe „**Manfred Mann's Earth Band**" für Mai 2021 eine Deutschland-Tour angekündigt. Mit Drogenverbot für alle.

Diese Konsequenz bestimmte auch die Konzerte der „**Tremeloes**". Allein von ihrem Hit „Silence is golden" verkauften die vier Engländer weltweit über eine Million Singles. Da konnte die US-Disco-Band „**Village People**" von Glück sprechen. Denn sie behielt ihr weitgehend drogenunbeschädigtes Image, weil ihr Frontmann **Victor Willis** wegen Drogenexzessen erst vor Gericht und im Gefängnis landete, nachdem er die Gruppe verlassen hatte. Ihr „In the Navy" wurde auf dem internationalen Musikmarkt ein Volltreffer. Das gelang nicht mit dem Song „Go West", den die „**Pet Shop Boys**" später zum Welthit machten. Das mit Elektropop groß gewordene britische Gesangsduo hatte mit Rauschmitteln ebenfalls nichts am Hut.

Zur Avantgarde der Aufrechten gehören auch softige Popgruppen von Weltformat.

Die berühmteste ist zugleich die makelloseste. Bei „**ABBA**" gab es Gruppenzwist und Scheidungen, aber mitnichten Skandale und scharfe Zudröhnware. Dass Gitarrist **Björn** als Jüngling mal ein paar Joints probiert hat, fällt unter jugendliche Entdeckerneugier, zumal er schnell wieder davon weg war. So kam es nur in musikalischer Hinsicht zu einem „Waterloo", das der Schweden-Gruppe 1974 den Song-Contest-Sieg bescherte – und anschließend Serienhits mit Ohrwurm-Qualität. Hätten sie den Spartentrend vom gefixten oder geschnupften Kreativrausch mitgemacht, wäre es fraglich gewesen, ob sie mit 400 Millionen verkaufter Platten und CDs in den Olymp der erfolgreichsten Musikformationen aller Zeiten aufgestiegen wären. Auch nach Karriere-Ende blieben sie standhaft gegenüber den Verlockungen von Jetset und Highlife, ließen sich nicht auf Promi-Partys herumreichen und auch nicht mit einem Dollarbatzen von einer Milliarde für die Reanimation des Quartetts mit einer Welttournee von hundert Konzerten ködern. Das zeugt von Charakter, genügend Eigenkapital und der Klugheit, sich den „**ABBA**"-Nimbus nicht zerstören zu lassen.

Als wir in der *rund*-Redaktion die Schotten-Band **„Middle of the Road"** kennenlernten, waren wir angetan von ihrer offenen, zugänglichen Art. Es roch nicht im Entferntesten nach Drogen und im Gepäck hatten sie zwar ihren Riesenhit „Sacramento", aber keine Flaschen mit Hochprozentigem. Das blieb auch so, als Leadsängerin **Sally Carr** später eine Solokarriere startete.

Denselben Eindruck hinterließ die Fünfer-Formation **„The Rubettes"** aus London. Auch sie machte auf uns einen fast biederen Eindruck. Kurz nach ihrer 1973 erfolgten Gründung schmetterte sie in der Live-Arena unserer Erfurter „rund"-Sendung ihren Welthit „Sugar Baby Love". Dass nicht nur die Schirmmützen als ihr Markenzeichen weiß waren, sondern dass sie auch eine weiße Weste hatten, bestätigte sich auch im Laufe ihrer Karriere.

Gespalten ist die Einschätzung zu **„Simon & Garfunkel"**, dem Folk-Duo der sanften Gitarrenklänge, das „Mrs. Robinson" zum Film-Songklassiker machte. Während **Paul Simon** mit BLÜTENweißer Weste dasteht, hat Schulfreund **Art Garfunkel** eine mit Marihuana-Pulverschnee bekleckerte SCHNEEweiße Weste, denn er stand mehrfach wegen Drogenbesitzes vor Gericht.

Musisch leicht wie ihre „Mademoiselle Ninette" war auch der skandalfreie und drogenharmlose Lebensstil der liberianischen Musikgruppe **„Soulful Dynamics"**, die in Deutschland ansässig wurde und auch heute noch in veränderter Besetzung auftritt.

Im Vergleich zur exzessiven Tagesordnung des Alkohol- und Drogenkonsums von Wildrockern wirken Weltstars des profanen Schlagers, die sich vor stressigen Auftritten als Druckenthemmer mal einen kräftigen Whisky genehmigen, wie harmlose Gelegenheitskunden an der Hausbar des Promi-Lebens. Die meisten von ihnen sind sauber geblieben und erreichten locker das Rentenalter – allen voran die Briten.

Der einstige Chartstürmer **Tony Christie** hat nun mit 77 seinen Abschied von der Bühne angekündigt und der bekennende Christ **Cliff Richard** sowie Frauenliebling **Tom Jones** stehen noch mit 80 im Rampenlicht. Vor vier Jahren habe ich den charismatischen „Sexbomb"-Waliser mit 76 Jahren beim Open-Air-Konzert in der Zitadelle Berlin-Spandau bewundert. Nachdem der

„Tiger" von einst mit einer erstaunlich ungebrochenen Stimmkraft seiner Bariton-Röhre „Delilah" besungen hatte, rief er in die begeisterte Menge: „*Yea, ich kann's noch!*" Auch im Zenit seiner wilden Bühnenjahre mit fankreischenden Ekstase-Auftritten hat er nach eigenem Bekunden nie eine Droge angerührt, dafür aber Wein und Bier geschätzt.

Der drogen- und alkoholsaubere „King of Romance" **Engelbert** hat es jüngst noch einmal mit 84 und seinem unverwüstlichen Welthit „Release Me" mit Vollplayback in einer TV-Show versucht. Er hätte lieber mit 76 aufhören sollen, nachdem er beim Song Contest 2012 in Baku auf dem vorletzten Platz gelandet war. Auf jeden Fall hat auch er es verstanden, als asketischer Senkrechtstarter auch senkrecht zu bleiben. Andere hat es umgeworfen.

Die Sauberfrauen des Rock- und Pop-Olymp

Doch, es gibt sie, die Rockerdamen von Welt, die weder feste noch flüssige Rauschmittel als Treibstoff für musikalische Höhenflüge brauchen und damit aus dem Rahmen des Üblichen fallen. Eine starke Vertreterin dieser Frauenriege ist **Tina Turner**. Die US-Schweizerin stemmte den Kraftakt ihres Lebens mit Charakter und Willensstärke. Auch sie bekam die zerstörerische Wucht von Drogen zu spüren – allerdings durch die gewaltsame Hand ihres rauschgiftsüchtigen Mannes **Ike Turner**, mit dem sie als erfolgreiches Pop-Duo auftrat. Sie trennte sich von dem Schläger, der später an einer Überdosis Kokain starb. Ihr Mut wurde belohnt mit dem Glück einer märchenhaften Solokarriere, die sie mit Sex and Rock'n'Roll, aber ohne Drugs zu einer der weltweit erfolgreichsten Sängerinnen machte – mit über 180 Millionen in alle Welt verkauften Tonträgern. Mitte 2009 verabschiedete sie sich mit 69 von der Bühne.

Als **Suzi Quatro** in Ostberlin unsere *rund*-Sendung beehrte, waren ihre blauen Augen glasklar, ungetrübte Fenster zu einem

Innenleben ohne jegliche Aufputschkost von Chemie oder Phar-
mazie. Amerikas „Queen of Rock" ist Nichtraucherin, Antial-
koholikerin, Joggerin, frönt dem Yoga-Kult und schwitzt im
Fitnessstudio. Hasch in jeder Form ist für sie tabu. Nach einem
Auftritt genehmigt sie sich ein Glas kühlen Chardonnay, um –
wie sie sagt – „runterzukommen". Derzeit plant die 70-Jährige
mit ihrer Band elf Deutschland-Konzerte für 2021, bei denen
ihr „Can the Can" nicht fehlen wird. Sie orientiert sich an ihrem Vater Arthur, der sein letztes Konzert mit 89 gegeben hat.

Die Primadonna der Latino-Rhytmen, **Jennifer Lopez**, steht
auf Botox-Spritzen, aber verachtet Drogen-Spritzen und Alkohol.
Im Oktober 2012 eröffnete sie der Illustrierten *Stern: „Liebe ist
meine Droge. Ich rauche nicht. Ich trinke nicht. Ich bin nur süchtig nach
Liebe".* Und die lebte sie nach drei gescheiterten Ehen mit dem 18
Jahre jüngeren Tänzer Casper Smart aus. Als es nach fünf Jahren
zu Ende war, blieb sie weiterhin alkohol-resistent und gab dafür
der britischen Zeitung *The Independent* Anfang 2016 eine simple
Begründung: *„Es schmeckt mir nicht. Das wäre Geldverschwendung.
Ich habe auch noch nie Drogen genommen."* Konträr dazu spielt die
Sängerin und Schauspielerin mit der lupenreinen Weste die sa-
distische kolumbianische Drogenbaronin Griselda Blancon in einem bereits angekündigten Kinofilm.

Nie Drogen, dafür Rotwein und ein Whisky als Betthup-
ferl. Das ist das Rezept der Britin **Bonnie Tyler**, die im März
2019 gegenüber der Tageszeitung *Südkurier* das Geheimnis um
ihre rauchige Erfolgsstimme lüftete. Es sei ein Märchen, dass
sie beim Zähneputzen mit Whisky gurgele. Vielmehr sei ihre
Stimmlage das Resultat einer missglückten Operation. Trotzdem halten sich Behauptungen, die „Lost-in-France"-Sängerin
sei beim Eurovision Song Contest 2013 in Malmö angetütert gewesen. Das dementierte sie und präsentierte 2019 mit 67 Jahren
ein weiteres Album.

Die Kolumbianerin **Shakira** steht mit ihrem Namen und
Image für eine Anti-Drogen-Welt. Beides sah sie Mitte 2020
verunglimpft durch ein Berliner Rapper-Duo, das in einem
nach ihr benannten Titel „kolumbianisches Koks wie Shakira"

besingt und sie zudem auf dem Platten-Cover als Drogenkonsumentin erscheinen lässt. Die 43-jährige Pop-Lady, die Klage einreichte, hatte mehrfach wissen lassen, dass sie wenig Alkohol trinke und es bei Cocktails belasse. Auch als 2017 ihre den Latino-Pop mitprägende Stimme versagte und sie in eine tiefe Lebenskrise rutschte, griff sie nicht zum Feuerwasser, sondern zum heiligen Wasser der französischen Wallfahrtstätte Lourdes. Das Wunder ihrer wiedergewonnenen Stimme vollbrachte dann aber eine Operation.

US-Berufskollegin **Katy Perry** gestand im Juni 2017 Suizidgedanken in tiefer Depression, als ein gesteigerter beruflicher Druck parallel lief mit der Trennung vom britischen Schauspieler **Orlando Bloom**, dem in früheren Jahren Drogen, Glücksspiel, Frauen und Alkohol in reichlichen Mengen nachgesagt wurden. Zuvor hatte sie sich vom drogenabhängigen Komödianten **Russell Brand** scheiden lassen. Sie selbst beteuerte, Rotwein zu mögen, aber mit den familiär abschreckenden Beispielen vor Augen nie harte Drogen genommen zu haben. Schließlich Ende gut, alles gut: Im August 2020 wurden Katy und Orlando wiedervereinigte Eltern ihrer gemeinsamen Tochter Daisy. Und an der Karriere gab's auch nichts zu mäkeln: Mit ihren gerade mal 36 Lenzen hat die Popdame bereits über 126 Millionen Tonträger unter die Leute gebracht.

Resistent gegen schmutzigen Schnee und hochprozentige Wässerchen ist auch die in aller Welt mit ikonischer Verehrung bedachte britische Showkönigin **Shirley Bassey**. Mit dem Lied „Goldfinger" und zwei weiteren Titelmelodien von James-Bond-Filmen hat sie sich nicht nur in der Kinogeschichte verewigt, sondern auch die Spitzen der Charts mitbestimmt. Sie steht im Guinness-Buch als erfolgreichste englische Sängerin. Von der britischen Queen wurde sie zur „Dame" geadelt – dem weiblichen Pendant zum „Sir" – und von Frankreichs Staatspräsident wurde sie als erste Sängerin zum „Ritter der französischen Ehrenlegion" ernannt. Obwohl ihr turbulentes, glamouröses Leben immer wieder von Trauer und Tragik heimgesucht wurde, hat sie ihre Schmerzen nicht mit Rauschmitteln betäubt, zumal sie hautnah mit warnenden Beispielen konfrontiert wurde. Ihr erster Mann, der homosexuell war, starb an einer explosiven Dosis Drogen, ihre jüngere Tochter Samantha beging mit 21 Jahren Selbstmord und das Zerwürfnis mit ihrem Sohn Mark renkte sich erst in späteren Jahren wieder ein. Ihren Halt fand sie bei Tochter Sharon, drei Enkeln und einer Urenkelin. Auch ohne Drogen hat die Tochter einer Engländerin und eines Nigerianers ihren kapriziösen und extravaganten Stil ausgelebt – bis hin zu diamantbesetzten Gummistiefeln. Noch mit 83 steht sie als attraktive Kurven-Diva auf der Bühne, hat nur wenig vom tiefdunklen Timbre ihrer Stimme eingebüßt und inspiriert Kritiker immer noch zu Lobeshymnen. Wen wunderte es, dass sie am 6. November 2020 ein neues Album auf den Markt brachte.

Die multikulturelle Musik-Ikone **Cher** – über 100 Millionen verkaufte Tonträger – verirrte sich aus Neugier in einige Drogenexperimente, an denen sie aber nach eigenem Bekunden keinen Spaß hatte und damit den Abstecher in die verführerische wie krankhafte Zone des Junkie-High-Live konsequent abbrach. Dass die paradiesvogelhafte extravagante Glitzer-Diva – bekannt auch als femininer Teil des Duos „**Sonny and Cher**" – für Frisör, Perücken und Gesichtsmakellosigkeit eben mal so 80 000 Dollar hinblättert, mag erstaunen, wird aber von US-Musiklegende **Dolly Parton** locker überboten. Sie ist mit Ausgaben von satten 600 000 Dollar für Schönheitsoperationen die berühmteste Kunstfigur der internationalen weiblichen Popszene – und mit ebenfalls mehr als 100 Millionen verkaufter Alben die erfolgreichste Country-Sängerin der Welt. Die neunfache Grammy-Gewinnerin ließ sich nie zu Alkohol- oder Drogenmissbrauch verleiten, war aber im engen Umfeld damit konfrontiert. Mit ärztlicher Hilfe versuchte sie, ihrer schwer rauschgiftsüchtigen Nichte **Tever Parton** zu helfen, die schließlich aber mit 36 Jahren an einer Überdosis starb. Die sozial engagierte wasserstoffblonde Natur- und Tierschützerin geht auch mit 75 Jahren immer noch auf Konzertreise und schläft nicht in Luxus-Hotels, sondern im Tour-Bus.

Wie clean sind die anderen Rock- und Pop-Ladys?

Patentochter der Sauberfrau Dolly Parton ist der Jungstar **Miley Cyrus**. Als die vegan lebende US-Rockerin ihr siebentes Album „Plastic Hearts" vorstellte, bekannte sie einen Rückfall in ihre Alkoholsucht während der Corona-Pandemie. Zuvor hatte sie im November 2013 während ihrer Dankesrede für die Trophäe der „MTV Europe Music Awards" demonstrativ einen Joint angezündet.

Bleibt zu hoffen, dass der 28jährigen Sängerin das leidvolle Desaster erspart bleibt, das eine **Diana Ross** durchlitten hat. Sie gilt als „Entertainerin des Jahrhunderts" und erfolgreichste Sängerin der US-Musikgeschichte. In einer Filmbiografie verkörperte sie die an Alkohol und Heroin zugrunde gegangene amerikanische Jazzsängerin **Billie Holiday** – ein Schicksal, das sie selbst fast ereilt hätte. Nach dem finanziellen Desaster einer US-Tournee und einer schmerzhaften Scheidung im Jahr 2000 folgte die Flucht in Alkohol und Tabletten. Erst durch eine Entziehungskur in der Reha-Klinik von Malibu konnte die fünffache Mutter und frühere Frontfrau des weltbekannten Girl-Trios „**Supremes**" ihre märchenhafte Solokarriere fortsetzen. Noch mit 70 füllte die afroamerikanische Soul- und Disco-Queen Konzertsäle in aller Welt und hofft mit ihren nunmehr 76 auf eine Nach-Corona-Zeit in Las Vegas.

Noch vor **Madonna**, die schon mal Marihuana raucht, und **Lady Gaga**, die sich musikalisch mitunter von Drogen inspirieren lässt, war **Grace Jones** da. Früher Junkie, heute Vorbild für Allein-Entziehende. Die Model-Amazone, Sängerin, Schauspielerin und Performerin dominierte als Gesamtkunstwerk mit skurrilen Outfits, Bodypainting und prägnanter Dunkelstimme die internationale Disco-Ära der 1980er und 90er Jahre. Sie vernaschte als Bond-Girl den 007-Geheimagenten Roger Moore und war berüchtigt für ihre wilden New Yorker Clubnächte mit reichlich hochprozentigen Fröhlichmachern und Bettgeschichten. Letzteres gibt sie zu, den übermäßigen Konsum von Rauschmitteln bestreitet sie in ihren 2015 erschienenen Memoiren. Die

Pastorentochter aus Jamaica steht als nunmehr 72-Jährige immer noch auf der Bühne, hat randvolle Terminkalender und gibt sich alkohol-trocken und drogen-geläutert.

US-Popstar **Pink**, mit über 70 Millionen verkaufter Singles eine der erfolgreichsten Solo-Rockerinnen der Gegenwart, hat schon als Teenager den Kick gesucht mit Ecstasy, Crystal Meth, LSD und Heroin. Dazu kamen in ihrer Karriere Partyexzesse, Zigaretten und Alkohol. Nachdem sie nach einem extremen Drogen-Alkoholmix am Rande zum Jenseits stand, versuchte sie eine Kehrtwende, die der heute 41-Jährigen schließlich mit der Geburt ihrer Tochter gelang.

Schon mit drei Jahren wurde **Britney Spears** auf Erfolg getrimmt. Die als Pop-Prinzessin gefeierte und als psychisch instabil und suchtkrank geschmähte US-Sängerin ist nach jahrelangen massiven Alkohol- und Drogenproblemen mit 38 Jahren endlich nicht mehr in Reha-Kliniken zu Hause, sondern seit Herbst 2020 auf ihrem 85 000 Quadratmeter großen Anwesen in Thousand Oaks bei Los Angeles. Sie selbst sieht sich als gesund und glücklich, steht aber seit über zwölf Jahren unter ihres Vaters Vormundschaft, die mittlerweile durch Gerichtsentscheid gelockert wurde.

Rock-Gitarristin **Courtney Love**, Witwe von Nirvana-Frontmann und Heroin-Selbstmörder **Kurt Cobain**, fand erst nach mehreren Drogen-Entzugskuren zu einem halbwegs normalen Dasein zurück. Ihre Band-Bassistin **Kristen Pfaff** starb an einer Überdosis Heroin.

Wenn US-Popkönigin **Beyoncé** und ihr Ehemann, der **Rapper „Jay-Z"**, feiern, fließt ein Amazonas an Alkohol. Den höchsten Pegel erreichte er 2013, als sie auf einem fünftägigen Segeltörn diverse Wässerchen wie Wodka, Cognac und Luxus-Champagner im Wert von 24 000 Euro als Bordverpflegung mitnahmen. Am besten geschmeckt hat wohl Champagner des Fabrikats „Armand de Brignac", denn um den Nachschub zu sichern, hat der Hip-Hop-Musiker gleich die gesamte französische Marke aufgekauft. Das kann er sich leisten, denn er ist laut US-Magazin *Forbes* der erste Rap-Milliardär. Seine Frau kann da mit

440 Millionen Dollar nicht mithalten, schlägt ihn dafür aber im Wettbewerb um verkaufte Tonträger mit über 200 Millionen um fast das doppelte.

Rihanna ist ein besonderer Fall. Die bei den „American Awards" zur „Musik-Ikone" gekrönte Sängerin aus Barbados hat als Pop-und Dance-Star mit Karibik-Sound und als Kosmetik- und Mode-Unternehmerin Maßstäbe gesetzt. Sie ist mit erst 31 Jahren und 600 Millionen Dollar laut *Forbes* die weltweit reichste Musikerin. Und mit unglaublichen 250 Millionen verkaufter Tonträger und neun Grammys kürte sie das New Yorker *Billboard*-Magazin zur „Künstlerin des Jahrzehnts". Das *Forbes*- und *TIME*-Magazin nahmen sie in die Liste der einflussreichsten Personen auf und permanente Nummer 1-Hits verschafften ihr Einträge im Guinness-Buch der Rekorde. Ihre Kindheit war geprägt von der Drogenabhängigkeit ihres Vaters und ihre Liaison mit dem Hip-Hopp-Star **Chris Brown** war bestimmt von Gewaltattacken des kokain- und ecstasysüchtigen Schlägers. Nach der Trennung und einem fulminanten Neustart brachten sie wilde Partys, Marihuana, Alkohol, Erschöpfung und Zusammenbrüche zeitweise ins Krankenhaus. Heute gehört die sozial engagierte singende und schauspielernde Fashion-, Werbe- und Stilikone zu den erfolgreichsten Künstlerinnen aller Zeiten.

Die amerikanische Sängerin, Songschreiberin, Produzentin und Schauspielerin **Christina Aguilera** wurde mit Musikpreisen überhäuft, für ihr soziales und humanistisches Wirken geehrt und zur UNO-Botschafterin des Welternährungsprogramms ernannt. Damit glückte ihr ein Absprung vom Image einer Skandalnudel, die noch 2011 mit Party-Exzessen, Sex-Orgien und hemmungslosem Alkohol-Konsum Schlagzeilen gemacht hatte. Nach sechsjähriger Pause meldete sie sich Mitte 2018 mit ihrem neuen Album „Liberation" zurück und bekam 2019 ihre eigene Show in Las Vegas.

Die Drogenwelt der Hardrocker

Mehr als bizarr wirkt angesichts dieses unterschiedlich intensiven Drogen-Lebensstils der großen Rock-Ladys die drogenverseuchte Mentalverfassung der männlichen Rockbands, die in der Weltliga spielen. Wohl keine von ihnen kommt auf und hinter der Bühne ohne Aufputschmittel aus. Angefangen mit **„Bill Haley and his Comets"**, den Schöpfern von „Rock Around the Clock" und Pionieren des Rock'n'Roll, bis zu den **„Rolling Stones"**, deren Welttourneen stets von Eskapaden und Drogenexzessen begleitet wurden. Von einer dieser Touren kam die erfahrene US-Starfotografin Annie Leibovitz alkohol- und drogenkrank zurück.

Es geschahen aber auch Positiv-Überraschungen. Als der heute 77-jährige extrovertierte „Stones"-Frontman **Mick Jagger** den familiären Status eines Opas erreichte, schwor er mit Erfolg dem Nasenpulver und Feuerwasser ab. Vielleicht hat er damit endlich die musikalisch gesuchte „Satisfaction"-Befriedigung gefunden.

Anders sein Sandkastenfreund, der permanent zugedröhnte, kettenrauchende Gitarrist **Keith Richards**, der den Koks-Trip zu seinem Alltag machte. Von ihm ist der Satz überliefert, er betrachte seinen Körper als Labor. Folgerichtig zog er sich alles rein, was der Schwarzmarkt an flüssigen und festen Rauschgiften hergab. Dass er wegen Heroinbesitzes verurteilt ist, mehrfach totgesagt wurde und Ärzte sein Alter von 76 für eine Sensation halten, empfindet der Skandal-Rocker als Kompliment – und sein drogenverwüstetes Knittergesicht als interessante Landschaft. Der damalige US-Präsident Bill Clinton war überzeugt, Richards sei außer Kakerlaken die einzige Lebensform, die einen Atomkrieg überstehen könne. Was keiner für möglich gehalten hatte, trat ein, als er sich 2006 bei einem Sturz im Drogen-Delirium schwere Schädelverletzungen zuzog und mithilfe der Ärzte seine Joint-Karriere beendete. Nach eigener Schilderung hatte ihn in einer Tournee-Pause auf den Fidschi-Inseln ein kräftiger Heroin-Wind auf die Palme gebracht. Da sah er keine andere Lösung seiner Rückkehr zur Erde als den freien Fall.

Wenn Amerikas Hardrocker von „**Guns N' Roses**" auf Tournee gingen, säumten ihren Weg durch einen Sumpf von Drogen und Alkohol meist Schlägereien, Saaltrümmer sowie krankenhausreife Fans und Bandmitglieder. Am 20.9.2018 publizierte die Webseite *uDiscover* der Firma „Universal Music" eine pikanten Auswahl schwerer Entgleisungen. Für die sorgte zuverlässig Frontmann **Axl Rose**, einer der besten und zugleich umstrittensten Sänger der Rockgeschichte. Weil er in St. Louis vor zwanzigtausend Fans vorzeitig ein Konzert im neuen Riverport-Amphitheater abbrach, zerstörte eine wütende Menge das teure Sound-Equipment der Gruppe bei einem Proteststurm, den erst einige Polizei-Hundertschaften beenden konnten. Für das Olympiastadion von Montreal bekam die Band Hausverbot, nachdem wegen Konzertabbruchs rund 2000 empörte Randalierer einen Schaden von einer halben Millionen Dollar angerichtet hatten. Bizarr auch die Einzelschicksale, für die nur das von **Slash** stehen soll. Der Gitarrist litt an einer „langen, albtraumhaften Heroin-Besessenheit" mit Verfolgungswahn. Der ließ ihn in Arizona vor vermeintlichen schwerbewaffneten Feinden fliehen, weshalb er als lebendes Schutzschild ein Hausmädchen kaperte. Dass die Aggressiv-Rocker in die „Rock and Roll Hall of Fame" aufgenommen wurden, hat weniger mit ihrem Beinamen „gefährlichste Band der Welt" zu tun als mit 100 Millionen verkaufter Alben und Bestseller wie „Knocking On Heaven's Door".

Die schottische Boygroup „**Bay City Rollers**" hatte in den 1970er Jahren mit 100 Millionen verkaufter Platten und Welthits wie „Bye Bye Baby" die Spitzen der Charts gepachtet und schwamm auf einer Woge von Teenie-Massenhysterie, die sich durch die wüsten Drogen-, Sex- und Alkohol-Eskapaden von Sänger **Les McKeown** eher noch zu ikonischer Verehrung steigerte. Gitarrist **Eric Faulkner** wäre nach einer Überdosis Schlaftabletten fast im Jenseits gelandet und Keyboarder **Alan Longmuir** verließ die Band nach einem Selbstmordversuch. Im Oktober 2015 konnte das Musikmagazin *Rolling Stone* verkünden: „*Die Bay City Rollers sind nach 40 Jahren zurück auf Welttournee – nach Drogen, Depressionen und einigen schlimmen Abstürzen.*"

Die Briten der Rockformation „**The Sweet**" steckten in massiven Alkoholproblemen. Sie hatten den Gesundheitszustand von Frontmann **Brian Connolly** so stark ramponiert, dass er die Gruppe verlassen musste.

Schlimmer noch erging es Landsmann **Boy George**, der als eigenwilliger Liedsänger der Pop-Formation „**Culture Club**", als Paradiesvogel mit schrillen Outfits und als weltweit bekannte Schwulen-Ikone massenhaft Kokain und Heroin in sich hineinschaufelte. Er habe fünf Jahre in einer „*chemischen Wolke*" zugebracht und sein „*halbes Hirn und die halbe Persönlichkeit*" an Drogen verschwendet, gestand er im August 2008 dem britischen *Q Magazine*. Sein Fazit: „*Dieses Mal bin ich wirklich clean. Ich will nicht sterben.*"

Wenn es nicht so ernst wäre, könnte gelacht werden. Der heute 42-jährige britische Rockmusiker **Peter „Pete" Doherty** gründete im August 2004 die Punkband „**Babyshambles**" als Pendant zu seiner Independent-Rock-Formation „**Libertines**", weil die ihn wegen seiner Drogen-Eskapaden zeitweilig rausgeworfen hatte. Der Frontman beider Gruppen war ständig im Gefängnis oder in einer Entzugsklinik. Er soll Crack, Kokain, Heroin und Cannabis wie Lebensmittel verbraucht haben. Seine Ex-Freundin, das britische Topmodel **Kate Moss**, hatte nach angeblich überwundener Alkohol- und Drogensucht 2005 mit einem Eklat für Aufsehen gesorgt. Sie wurde heimlich gefilmt, als sie weißes Pulver an die Band verteilte und es sich auch selbst in die Nase zog. Die Bilder sorgten für Furore in der britischen Tageszeitung *Daily Mirror*. Entgegen düsterer Prophezeiungen erhöhte der Kokain-Skandal Kates Bekanntheitsgrad und katapultierte sie nach einer gelungenen Entziehungskur endgültig ins Spitzenteam der bestbezahlten Models.

Der Fall Lady Gaga

Manche Plattenmillionäre reden darüber, manche nicht – andere über sie reden, wenn sie gefunden werden. Milva redete darüber. Sie machte ihr Dilemma öffentlich. Das tat nach langem Zögern auch Lady Gaga. Am 20. September 2020 überraschte sie mit einer erschütternden Beichte. In einem Interview für den US-Sender CBS gestand die erst 34 Jahre alte Pop-Diva permanente Selbstmordgedanken. Dem Journalisten Lee Cowan sagte sie über die physischen und psychischen Langzeitschäden, mit denen sie im Star-Rummel ihres Musikgeschäfts gekämpft hat: *„Ich habe es gehasst, berühmt zu sein. Ich habe es gehasst, ein Star zu sein. Ich fühlte mich ausgelaugt und verbraucht."* Es sei eine unerträgliche Last, immer nur als Bühnenfigur wahrgenommen zu werden. Selbst im Supermarkt hätten ihr aufdringliche Fans ein Smartphone vors Gesicht gehalten. Sie empfinde in solchen Situationen Panik und Schmerzen am ganzen Körper. Originalton: *„Es ist, als wäre ich ein Objekt und keine Person."* Jahrelang sei sie in ihrem Haus unter ständiger Beobachtung gewesen, damit sie sich nichts antue. Lee Cowan fragte: *„Dachten Sie an Suizid?"* *„Ja, jeden Tag."* Mittlerweile ginge es ihr wieder besser, da sich verschiedene Menschen um sie gekümmert hätten.

Lady Gaga und Milva haben es geschafft, den magischen Kreis von Ruhm und Elend zu durchbrechen – ihre Kolleginnen Dalida und Amy Winehouse nicht.

Sie alle eint über den Tod hinaus die Unsterblichkeit einer immensen Popularität, die sie zu Kultfiguren macht und in der „Rock and Roll Hall of Fame" in Cleveland verewigt.

Nachdenken über den „branchenüblichen Tod"

Die dunkle Kehrseite der Goldmedaille von Ruhm und Geld zu erhellen, gilt in den Hochglanz-Magazinen, Plapper-Postillen und Konfetti-Journalen als höchst anstößig, unschicklich und unpassend – und in Groschenblättern geradezu als Angriff auf die Welt von Kapital und Marktwirtschaft, in der jeder Star seinen Marktwert und sein Verfallsdatum hat. Da für ein tiefgründiges Nachstochern zwischen diesen Buchdeckeln nicht der rechte Platz ist, sei dazu wenigstens eine Randnotiz gestattet. Kenner der Materie sprechen vom „branchenüblichen Tod", eine zynische Umschreibung für die zweifelhafte Behauptung, Ruhm verdoppele das Sterberisiko. Ist das wirklich eine zwanghafte Logik? Ein TV-Bierwerbespruch heißt: „Wie das Land, so das Jever." Umso mehr gilt: „Wie das Land, so der Mensch" oder „Wie die Gesellschaft, so der Mensch." Marx hat es auf den berühmten Punkt gebracht: Der Mensch ist das „Ensemble der gesellschaftliche Verhältnisse". Ergo gilt sein Sinnen und Trachten in einer kapitalregierten Gesellschaft der Alleskäuflichkeit auch dem Allesmöglichmacher Kapital. Prinzip: „Hast du was, bist du was!" Und hast du mehr als die andern, bist du auch mehr als die andern. Und hast du mächtig viel, hast du auch Macht, Macht über die andern. Die Rohstoffe für die Luxusbauten des Lebens heißen Kies und Kohle – und für ein tierisch glamouröses Dasein Kröten und Mäuse. Also ran an den Speck, mit dem man Mäuse fängt – und der ist in der Showbranche besonders dick.

So ein Mäusefänger hat auch einen bürgerliche Namen. Bei **Elvis** hieß er **Colonel Tom Parker**. Aber auch er wurde nicht als skrupelloser Profitjäger oder windiger Manager geboren, sondern dazu erzogen im Streben nach Münze und Kohle, nach Zaster, Moos und Mammon im Maximalformat. Also wurde ein Elvis in das Räderwerk einer immer profitableren Maschine der Geldverwertung eingespannt, die am Laufen gehalten und deshalb geschmiert werden musste. Die letzte Ölung galt dann dem kaputten Goldjungen auf dem Sterbebett. Ein krankes System, das kranke Menschen zeugt. In heutigen „entfesselten Märkten" heftiger denn je, weshalb es selbst schon deutsche Elite-Politiker „Turbokapitalismus", „Heuschreckenkapitalismus" oder „Raubtierkapitalismus" nennen.

Ein Vorkämpfer dafür war ein gewisser **Tom Parker**, dem ein Gouverneur von Louisiana wegen seiner für ihn erfolgreich geführten Wahlkampagne den Ehrentitel „Colonel" verliehen hatte. Er verinnerlichte schon in den 1950er Jahren die Philosophie der Kapitalvermehrung. Da zog er mit einer bescheidenen Habe als armseliger Wanderarbeiter durch die amerikanischen Lande und scheute keine noch so miesen Tricks, um einen Cent in einen Dollar zu verwandeln. Mit diesen Erfahrungen lernte er als Selfmademan sein späteres Handwerk des gnadenlosen Geldscheffelns.

Der Überlieferung nach soll der gewitzte Schlauberger in diesen Lehrjahren Spatzen gelb angemalt haben, um sie als Kanarienvögel zu verhökern. Und als Schausteller in einer Jahrmarkttruppe verkohlte er sein Publikum mit einer Attraktion, die als „Colonel Parkers tanzende Hühner" weitererzählt wurde. Danach hatte er einige Exemplare des Federviehs in seinem Käfig auf eine gut getarnte Kochplatte gestellt, die er unter Strom setzte. Die fußgequälten Hühner hüpften und flatterten hin und her, gackerten und krakeelten zu einem eingespielten Musikstück und die Leute jubelten über den angeblichen Tanz der Hühner. Dass sich Parker mit einer Kombination von Trickbetrug und Marktgeschick mit Erfolg selbst promotete, sprach sich herum und machte ihn berühmt. Bis zum Elvis-Manager war es nur noch ein kleiner Schritt. Er trieb den „King" zu Höchstleistungen und in den körperlichen Ruin.

Elvis wurde 42 Jahre, sein Manager 87. Mehr als doppelt so alt. Der König war tot, es lebe der Kaiser! Und der lebte das Leben in vollen Zügen. Daran änderte auch ein Richter nichts, der drei Jahre nach Presleys Tod die Geschäftsbeziehungen zwischen ihm und dem „Colonel" untersuchen ließ und zu dem Schluss kam: Parkers Managementpraktiken waren unethisch. Er hatte dem Megastar eine Managerprovision von 25 % auf alle Platten- und Film-Tantiemen abverlangt sowie eine 50-prozentige Gewinnbeteiligung aufs Auge gedrückt.

Nach dem Dahinscheiden seines Goldesels befasste sich der clevere Kommerz-Gaukler auch weiterhin mit Geldscheffeln als persönlicher Berater des Milliardärs Barron Hilton, dem Erben der berühmten Hotelkette. Allerdings gab es einen Platz auf Erden, an dem das Talent des trick- und geldreichen Geschäftsmannes versagte, anderen das Geld aus der Tasche zu ziehen: das Spielkasino. Durch eine krankhafte Leidenschaft zum Glücksspiel verschleuderte er sein riesiges Vermögen. Als ihn Anfang 1997 ein tödlicher Schlaganfall traf, verfügte er gerade mal über eine Million Dollar. Mit ihm verlor die Welt des Kapitals einen Magier der Geldvermehrung – und damit einen typischen Vertreter ihres Systems.

Ein unspektakuläres Fazit

Ikarus Elvis ist nicht der einzige Weltstar, der von der Sonnenglut eines immensen permanenten Erfolgsdrucks verbrannt wurde. Natürlich ist die Ursache für Selbstzerstörung meist komplexer. Was oft dazukommt, ist eine verhängnisvolle Verquickung von Misserfolgen und Öffentlichkeitsabkehr, von daraus resultierender Enttäuschung und Depression, von Kommerzproblemen, Charakterschwächen und schicksalgebeutelten privaten Tiefschlägen.

Zudem ist es die Paradestrecke einer bestimmten medialen Spezies, Stars unter Berufung auf die Pressefreiheit zum psychischen Pflegefall zu machen. Es ist keine neue Praxis einer Rinnstein-Presse mit dem dazugehörenden Gossenjournalismus, die Volksweisheit „Je höher man steigt, je tiefer ist der Fall" mit Vorverurteilungen und rufmordender Schlagzeilenwucht an ausgelaugten, gestrauchelten, nicht mehr angesagten Stars zu praktizieren und ihren Sturz vom Sockel mit Häme und pikanten Details zu begleiten, wenn nicht gar durch fleißige Paparazzi-Arbeit einzuleiten – in treuer Pflichterfüllung des anderen geflügelten Wortes „Heute noch auf stolzen Rossen, morgen durch die Brust geschossen".

Das erledigt die Geier-Presse dann mit dem gewünschten Kollateralerfolg gestiegener Auflagen – und das nicht selten an einem Opfer, dem sie jüngst noch Lorbeerkränze gewunden hat. Eine Britney Spears oder ein Eric Burdon könnten darüber

Sammelbände schreiben. „Wer den Schaden hat, braucht für den Spott nicht zu sorgen!" Das mag für die private Ebene harmlos klingen; in der breiten Öffentlichkeit kann es tödlich sein.

Ein besonders ausgeprägtes Phänomen des geistigen und körperlichen Verschleißes findet sich im Rocker-Milieu – und mit Extremwirkung bei den Hardlinern im sogenannten Heavy Metal-Stil. Bei ihnen ist oft die Unnormalität eines dekadenten Lebensstils zur Normalität geworden. Er huldigt einem alkohol- und rauschgiftabhängigen Sklavendasein, das mit „Sex, Drugs und Rock'n'roll" einem Insider-Ehrenkodex verpflichtet scheint. Sich bis zur Selbstaufgabe in musikalisch und physisch enthemmte Rausch-Sphären hoch zu beamen, sich darin zügellos auszutoben und das Publikum auf diesen Trip mitzunehmen, ist bei Power-Rockern wohl das ungeschriebene Gesetz ihrer Bühnenpräsenz und ihr Helden-Image. Die verheerenden Folgen sind meist Material- und Gesundheitsschäden und ein frühes Verfallsdatum der Marktware Mensch.

Unser Schnüffel-Streifzug auf Drogensuche quer durch die Musikwelt lässt ebenso unspektakulär auch den Schluss zu: Am saubersten ist mit einigen Ausnahmen das Image der vergleichsweise brav wirkenden Schlagerbranche. Schon gefährlicher sieht es in der Glitzerwelt der Show- und Pop-Szene aus.

Berühmten Selbstzerstörern bleibt der zweifelhafte Trost ihrer Unsterblichkeit, deren Glanz umso heller strahlt, je jünger die Opfer sind. Wohl denen im musikalischen Kunstgewerbe, die gesegnet sind mit einer festgefügten Fangemeinde, die in guten wie schlechten Zeiten zu ihnen hält. Ist der Glorienschein einer Kultfigur groß genug, kratzt kaum jemand mehr daran herum – und das erst recht nicht, wenn sie in Madame Tussauds Wachsfigurenkabinett, auf dem „Walk of Fame" oder in der „Rock and Roll Hall of Fame" zu zeitlosem Ruhm gelangt ist. Das gilt auch für Dalida, die sich mit 54 Jahren ebenfalls viel zu früh ins Totenregister der Suizid-Stars eingereiht hat.

Auch eine Milva ist zu solch zeitlosem Ruhm gelangt – mit dem erfreulichen Unterschied, dass sie ihr Dasein bis zu ihrem natürlichen Ende am 24. April 2021 mit gut 81 Jahren noch voll und ganz ausleben konnte.

Jorge Amado

schrieb sich als größter Romancier Brasiliens und
Anwalt der Gestrandeten in die Weltliteratur

Der Witz bestand darin, dass ich ihn 8000 Kilometer entfernt von Paris in seiner brasilianischen Heimatstadt Salvador de Bahia gesucht habe, um ihn schließlich gleich nebenan zu finden. Ich hatte gelesen, Jorge Amado habe als einer der bedeutendsten lateinamerikanischen Schriftsteller des 20. Jahrhunderts schon zu Lebzeiten ein eigenes Museum bekommen. Die Hafenstadt am Atlantik hat ihn 1987 mit der Einrichtung eines „Jorge Amado House" geehrt, womit für mich feststand: Nun habe ich eine Anlaufstelle, um ihn endlich als einen meiner langersehnten Favoriten für ein Fernsehporträt zielsicher aufspüren zu können. Dachte ich und musste mich mal wieder weit weg vom selbstgebastelten Wunschdenken enttäuschenden Zwängen des Lebens fügen. Trotz hartnäckiger Telefonrecherchen in Übersee hatte die ermüdende Serie der Auskünfte zwar verschiedene Texte und Tonlagen, aber immer wieder denselben Inhalt: Tut uns sehr leid, aber Herr Amado ist auswärts. Wo, das dürfen wir leider ohne seine Erlaubnis nicht mitteilen. Da auch Kontakte mit seinen Verlagen nichts brachten, musste ich mir auf den Spuren des berühmten Brasilianers neue Schleichwege einfallen lassen.

Ich hatte unverhofftes Glück beim Herumhören im französischen Verein der Auslandskorrespondenten, dessen Mitglied ich war. Ich klopfte aufs Geradewohl auf den Busch und heraus kroch die Andeutung einer brauchbaren Information. Jemand wollte gehört haben, der Meister habe hier im Kunst- und Kulturmekka eine Stadtwohnung, in der er die heimischen tropischen Sommertemperaturen von Dezember bis Februar überbrücke, weil ihm das Schreiben im angenehmen Samtwinter von Paris leichter falle. Ergo könnte es sein, dass er nun, im Dezember 1987, wieder mal in der Stadt sei.

Damit hatte ich aber noch keine Adresse. Die bekam ich bei einem Pressetreff mit Frankreichs Kulturminister Francois

Léotard aus dessen Umfeld mit der Bitte um strikte Diskretion. Also auf zum Quai des Célestins im 4. Arrondissement am rechten Ufer der Seine!

Erst mit 27 Jahren war ich in die schriftstellerischen Gefilde des Brasilianers Jorge Amado eingetaucht, hatte mit viel Vergnügen seinen Roman „Dona Flor und ihre zwei Ehemänner" gelesen. Damit hatte er sich wie sein chilenischer Freund Pablo Neruda in die Weltliteratur hineingeschrieben. Selbst schärfste Kritiker lobten die höchst ergötzliche Geschichte über eine anmutige Kochkünstlerin und ihre Gattenwahl entweder für einen untugendhaften, aber lebenslustigen und leidenschaftlichen Liebhaber oder für einen soliden, aber pedantischen und langweiligen Apotheker. Die Entscheidung zwischen den zwei unterschiedlichen Lebenskonzepten fällt zugunsten eines lockeren, ungezwungenen Miteinanders der einfachen Leute. Aus dieser mit hintergründiger Ironie gespickten Fabel wurde 1976 einer der erfolgreichsten brasilianischen Filme und der Stoff für ein Musical und eine Fernsehserie.

Ein Mann mit Kreuz

Je mehr ich mich mit dem Autor, seiner Biografie und seinen Werken beschäftigte, umso mehr interessierte mich auch seine ungewöhnliche Persönlichkeit. Ich bewunderte seine trotz sozialer Armseligkeit vor Lebensenergie strotzenden literarischen Figuren, den federleichten Schreibstil, die Ausdrucksvielfalt, den feinsinnigen Schalk und nicht minder einen burlesken, derben Humor und bissigen Spott, mit denen er auch politische wie kriminelle Scharlatane überzog. Und ich verehre ihn noch heute ob der unbestechlichen Gradlinigkeit seines Charakters auf einem kurvenreichen und steinigen Lebensweg.

Als konsequenter Anwalt der gesellschaftlichen Außenseiter kroch er vor den Obristen eines volksfernen Machtgipfels nicht zu Kreuze, verzweifelte nicht am schreienden Unrecht einer Militärdiktatur, hielt ihr unbeirrt die Breitseite seiner Argumente und Ansichten entgegen und ließ sich nicht dazu zwingen, seine proletarische Gesinnung zu verleugnen – erst recht nicht, als er als Kommunist und Vaterlandsverräter beschimpft und verunglimpft wurde und seine Bücher auf dem Scheiterhaufen landeten. Er hatte wie ein Nelson Mandela den Mut, mit jeglicher Konsequenz zu seiner humanistischen Überzeugung zu stehen, sich dafür demütigen, einsperren und außer Landes jagen zu lassen. Und er hatte die Souveränität und Courage, seine Irrtümer zu begreifen, sich zu revidieren, neue Wege zu gehen und dann in demokratischer Zeit zwar in einem angenehmen Ambiente zu leben, aber den Verlockungen eines abgehobenen, korrumpierenden Luxusdaseins zu widerstehen und seiner Verankerung im Volk treu zu bleiben. Das hat er auch damit versinnbildlicht, dass er von der Einsamkeit einer abgelegenen Vorort-Villa in der Casa do Rio Vermelho am feinsandigen Strand der Atlantikküste in das quirlige Leben der Innenstadt von Bahia gezogen ist. Amado blieb ein einfacher Mann des Volkes, sah sich nie als schriftstellernder Intellektueller. Obwohl er der brasilianischen Literatur-Akademie angehörte, war er unter den Weltklasse-Autoren der wohl unakademischste. Daran änderten auch nationale und weltweite Ehrungen nichts, darunter der wichtigste Literaturpreis im portugiesischen Sprachraum und die vom französischen Staatspräsidenten verliehene Auszeichnung als „Kommandeur der Ehrenlegion".

Das alles imponierte mir in höchstem Maße. Wie muss man beschaffen sein, um so zu sein oder so zu werden? Die Antwort darauf von ihm selbst zu bekommen, dieser Gedanke wurde zu einem selbst gestellten Auftrag. Ich war nun fest entschlossen, die Spur zu ihm nicht mehr zu verlieren. Leider sah es zunächst nach dem Gegenteil aus, denn wohl stimmte die Wohnadresse, nicht aber seine Anwesenheit. Nichts deutete darauf hin, dass er hier derzeit Station machte. Davon zeugte auch ein leerer Briefkasten, der seine Daseinsberechtigung nun wenigstens durch einen Zettel von mir bekam. Darauf stand die inständige Bitte nach einem Interview. Schließlich mit herzlichen Grüßen – „cordialement"- Name und Anschrift in der vagen Hoffnung, er würde sie vielleicht für eine Antwort benutzen. Dann fuhr ich mit nicht allzu viel Optimismus zurück ins Büro in unserer Avenue Pierre Grenier im nahen Vorort Boulogne-Billancourt.

Ein Dachstübchen als Werkstatt für Weltliteratur

Es ist wie ein vorweihnachtliches Geschenk, das mir da ins Haus schneit. Nach gut einer Woche erhalte ich mitten im arbeitsgefüllten tagesaktuellen Geschäft mit ungläubigem Frohlocken die postalische Überraschung seiner eigenhändigen schriftlichen Zustimmung.

Schon einen Tag später genieße ich den Augenblick, ihm gegenüberzustehen. Ich gratuliere nachträglich zum 75. Geburtstag. Trotz seines reifen Alters wirkt die untersetzte, stämmige Erscheinung des produktiven Literaten auch körperlich fit. Im wettergegerbten, gleichmäßigen Gesicht mit dem grau melierten, kurz gestutzten Oberlippenbart und den dichten Augenbrauen irritieren nur die etwas müden Pupillen und die kleinen aufgeschwemmten Hautwülste darunter. In dieser Kombination unschwer zu deuten nicht als schlaffe Tränensäcke, sondern als untrügliche Zeichen angestrengter Nachtarbeit. Im farblichen Kontrast zu seinem hellroten Frotteehemd steht sein weiß gewordener welliger Haarschopf, dessen immer noch dichte Locken beiderseits des Scheitels von einer einst üppigen Mähne zeugen.

Das Arbeitsstübchen liegt dicht unter der Dachschräge, durch deren Fenster das fahle Licht eines grautristen Pariser Winterhimmels ins spartanisch möblierte Innere dringt. Hierher, so bestätigt er die Vermutung, hierher flüchtet er mitunter, wenn in seinem Salvador de Bahia der Hauch des Ozeans keine lindernde Kühle mehr bringt und das backofenheiße Pflaster Hitzeblasen schlägt. Ansonsten aber lasse ihn sein Salvador nicht los, reise mit ihm. Er ist verwachsen mit dem stark afrikanisch geprägten

Ort und seinen Leuten in dieser südamerikanischen Tropenmetropole, die nach São Paulo und Rio de Janeiro die drittgrößte Stadt Brasiliens ist – und der Schauplatz der meisten seiner 35 Romane. In etwa 50 Sprachen wurden sie übersetzt und in 52 Ländern publiziert. In einer Auflage von weltweit über 80 Millionen Exemplaren.

Als ich ihm einen Begrüßungsstrauß in die Arme lege, reicht er ihn mit der Geste eines Rosenkavaliers an seine herbeigerufene Frau Zélia weiter, einer vier Jahre jüngeren Schriftstellerin, mit der er in zweiter Ehe seit 1945 verheiratet ist. Er ist stolz auf sie, die Tochter des italienischen Anarchisten Ernesto Gattai, gelernte Fotografin, die an der Pariser Sorbonne Literatur studierte und über befreundete Bücherschreiber den Dichter Amado kennenlernte. Damals schon hatte er als Höhepunkt seiner frühen Schaffensperiode mit „Herren des Strandes" einen großen

Gastgeschenk zu Amados 75. Geburtstag: eine im Ostberliner Verlag „Volk und Welt" erschienene Neuauflage seines Romans „Tocaia Grande". Er revanchiert sich mit der brasilianischen Ausgabe. Foto: Marion Wahl

Wurf gelandet. Sein Publikum war gerührt und erschüttert vom Schicksalsdrama verwaister Straßenjungen, die in einer Ruine am Strand von Bahia hausen, sich hoffnungslos in den schmutzigen Fallstricken ihrer Armut verheddern und keinerlei Licht am Ende ihrer Tunnelexistenz sehen. Deshalb sichern sie sich ihr täglich Brot als Diebesbande mit dem stolzen Namen „Herren des Strandes" und nehmen in Kauf, dass die meisten von ihnen später mit der Logik ihres aufgezwungenen sinnentleerten Dahinstolperns endgültig im Rinnstein der Zivilisation landen und zum verachteten Abschaum der Bettler und Kriminellen gehören.

Amado skizziert in erbarmungsloser Härte und zugleich väterlichem Mitgefühl einen täglich neu zu gewinnenden Überlebenskampf, der eher ein grausames, nutzloses Dahinvegetieren ist, aber − typisch für ihn − von seinen Protagonisten allem Unbill zum Trotz mit bunter, übermütiger Ausgelassenheit bis zum Exzess ausgelebt wird. Keine Schwarz-Weiß-Malerei, denn einige der jungen Überlebenskünstler finden einen Ausweg, auch wenn er nur wie beim Bandenchef Pedro Bala an die Seite streikender Arbeiter führt. Amado fühlt seiner reicharmen Kapital- und Wegwerfgesellschaft den Puls, registriert die Fieberkurve ihrer widersprüchlichen Entwicklung. Seine Schreibmaschine ist für ihn folgerichtig das Skalpell, mit dem er die Körperschaft eines ungerechten Systems seziert.

Schreiben, bis das Leben die Grenze setzt

Ich mustere die äußerst sparsam eingerichtete beengte Mansardenstube eines Weltmeisters der schreibenden Zunft. Gemütlichkeit und Wohlbehagen strahlt sie nicht gerade aus. An kahlen, schmucklosen Wänden nur einige Regale mit Büchern, latinoornamentverzierten Porzellanvasen und Porträtfotos seiner drei Kinder. Sohn João Jorge Amado und seine jüngere Schwester Paloma Amado Costa wandeln ebenfalls auf literarischen Pfaden − mit respektablem Erfolg, aber ohne den Anspruch, in die übermächtigen Fußstapfen ihres Vaters treten zu wollen. Eulália Dalila Amado – eine Tochter aus erster Ehe – verstarb schon im frühen Alter von nur 14 Jahren.

Alles im Zimmer atmet sterile asketische Genügsamkeit, ist arrangiert für einen kleinen Haushalt von zwei Seelen, wurde effektiv eingerichtet fürs Essen, Trinken, Schlafen und Schreiben. An der Seite unter dem spitzwinklig abfallenden Dach ein Tisch mit zwei Stühlen. Mein Kameramann Wolfgang Groth hat Mühe, einen geeigneten Platz zu finden, um den Hausherrn vor einem angemessenen Hintergrund ins rechte Bild zu setzen. Zudem ist das Zwielicht von Dachfenster und Deckenspots nicht gerade sehr filmtauglich und muss kompensiert werden durch ein Halogenlicht, das mein Kollege nun auf die Kamera pflanzt.

Aber wozu unbedingt ein attraktiver Background, wenn einer der interessantesten Menschen der Welt vor dem Objektiv sitzt. So bitte ich meinen Gastgeber, auf engstem Raum einfach zwei Stühle gegenüberstellen zu dürfen. Es ist unsere Interview-Ecke, unser Mini-Fernsehstudio. Während dieser improvisierten Vorbereitung bleibt mein Blick an einer Schreibmaschine hängen. Er scheint meine Gedanken zu erraten und erwidert sie mit einem warmen, lebensweisen Lächeln:

„Wären Sie eine halbe Stunde früher gekommen, hätten Sie mich bei der Arbeit an einem neuen Roman angetroffen. Wissen Sie, ich würde schon gern einfach mal nur spazieren gehen, herumreisen und Freunde besuchen – zum Beispiel in Berlin. Ich würde auch gern in andere Länder fahren, denn ich werde ja viel eingeladen. Aber das Buch will es anders. Der Schriftsteller opfert sich für sein Buch, er kann nicht anders."

Er sagt es mit der freundlichen Gelassenheit und bestimmten Selbstsicherheit, die keinerlei Widerspruch duldet, weil er wider besseres Wissen nicht anders kann als Pausenlos-Arbeiter zu sein. Er kommt meiner Frage zuvor, ob denn auch für einen engagierten, kreativen Wortarbeiter die Farbigkeit und Reichhaltigkeit des Lebens, die er selbst so plastisch veranschaulicht, nur aus Schreiben bestehen muss. Seine Antwort hat einen väterlichen Ton, als wolle er mir mit gütiger Nachsicht etwas erklären, das ich ja doch nicht verstehen würde. Deshalb wohl verzichtet er auf lange, unnütze Tiraden, sondern begnügt sich mit aphorismenhafter Philosophie:

„Meine Liebe und mein Schreiben werden nicht aufhören, bis das Leben selbst die Grenze setzt. Wenn man wie ich Schriftsteller mit Leib und Seele ist, kann man das Denken nicht abstellen – und wenn ich denke, muss ich schreiben. So ist das!"

„Was motiviert Sie dazu?"

„Mein Land ist, wie sie wissen, sehr arm und zugleich sehr reich, ungeheuer reich. Nur ist es ein Reichtum für sehr wenige Personen. Der größte Teil der fast 150 Millionen Brasilianer, Millionen und Abermillionen, sind sehr arme Leute. Es herrscht eine sehr große Misere und das zwingt einen Schriftsteller dazu, für sie und ihre Rechte in ihrem eigenen Mutterland zu kämpfen … Meine Arbeit ist immer auf die Freiheit gerichtet, gegen Unterdrückung, für Gerechtigkeit, gegen das Elend, gegen alle Vorurteile, insbesondere gegen die elendesten davon, die Rassenvorurteile."

Er schweigt einen Moment und setzt nach: *„Die Doktrin der Überlegenheit einer Rasse über die andere – das ist dieselbe monströse Idee wie die im Faschismus und Nazismus."*

Amados Stimme ist verhalten geblieben, hat sich aber von einem bedächtigen Tonfall in eine erregte Diktion gesteigert. Das wundert mich nicht, verfolgt ihn doch das Thema des schwarzen Arbeitssklaven und seines weißen Despoten von Kindesbeinen an. Darüber hat er sich in seinem Epos „Werkstatt der Wunder" in berauschender Vitalität ausgelassen und der Belletristik ein überzeugendes Werk zur Rassengleichheit hinzugefügt. Es spielt im exotischen Umfeld von kargen Kaktus-Landschaften und immergrünen Kakaofeldern, dumpfer Schufterei und okkulten Tanzfesten. Erzählt wird vor dieser Kulisse die Geschichte des Chronisten Pedro Archanjo, der nicht so sehr intellektueller Akademiker ist als vielmehr Kämpfer für die Anerkennung der schwarz-weißen Mischkultur seiner Heimat.

Zeuge und Ankläger im Gerichtssaal der Zeit

Mein Gegenüber weiß, worüber er schreibt und wovon er spricht, hat er doch selbst mit dreizehn Jahren als Hilfsarbeiter auf den Kakao-Plantagen von Bahia geschuftet und seine Blessuren, Entbehrungen, Nöte und Sorgen mit den anderen Feldarbeitern geteilt. Mit zwanzig erlebte er als Sohn verarmter Kakaopflanzer die Urbanisierung des Dschungels, die wilde Zeit mörderischer Familienkämpfe um dem Urwald abgetrotztes fruchtbares Land und um ertragreiche Ländereien. Er musste mit ansehen, wie sein Vater aus dem Hinterhalt angeschossen wurde, war in Gerichtssälen Zeuge von manipulierten Schandprozessen gegen aufmüpfige Arbeiter und von Freisprüchen gegen skrupellose Kakao-Barone und brutale Latifundien-Besitzer in den Elendsgebieten des Südens. Er war Augenzeuge eines Kolonialkampfes um Macht und Vormacht und eines gnadenlosen Rache- und Intrigen-Roulettes, dessen blutige Spuren er in seinen Büchern nachzeichnete.

Er schreibe nur, sagt er, über Dinge, zu denen er eine Beziehung habe. Und wenn es gegen die Würde des Menschen gehe, wäre der Schriftsteller ein Hundsfott, wenn er nicht dagegen angehen würde. Wozu sonst hätte ihm die Natur Talent und Begabung in die Wiege gelegt?! Doch nicht dafür, dass er sich Belanglosigkeiten zuwende! Diese Authentizität, die an Besessenheit grenzende literarische Verarbeitung selbsterlebter hautnaher Wirklichkeit entströmt seinen Hauptwerken und erklärt zum Großteil die außergewöhnliche Resonanz seines Schaffens in Ost und West. Damit erreichte er eine Volkstümlichkeit, wie sie kaum einem Schriftsteller zu Lebzeiten zuteil wurde.

Das zeigte sich auch auf beeindruckende Weise viereinhalb Jahre nach unserem Interview, als das brasilianische Wochenmagazin „Veja" Mitte 1992 von den Studenten der Universitäten Brasiliens wissen wollte, welchen Landsmann sie am meisten bewunderten und verehrten. Unangefochten und mit großer Mehrheit setzten sie den achtzigjährigen Amado an die Spitze der Beliebtheit mit großem Abstand zu Fußballidol Pelé und weit abgeschlagenen Politikern. Damit honorierten sie nicht zuletzt den Mut, Themen aufzugreifen, die vor der Amado-Epoche als unattraktiv und nicht literaturfähig galten, durch seinen Beweis des Gegenteils eine Eruption in der Schriftstellerei auslösten und dann eine ungeahnte Breitenwirkung bekamen. Eine Person, die ihn bei diesem gewagten Balanceakt ermutigte, war Anna Seghers. Er erinnert sich an Treffen in Berlin, erzählt über seine enge Freundschaft mit der großen Dame der DDR-Literatur, die ihn achtungsvoll den „brasilianischen Balzac" nannte. Er hat sich auf seinem unbequemen Weg gesellschaftlicher Zustandsbeschreibungen weder durch Peitsche noch Zuckerbrot einschüchtern oder korrumpieren lassen, fühlt sich durch seine Popularität bestätigt, könnte im Interview selbstgefällig den belehrenden Zeigefinger heben, lässt stattdessen aber anklingen, dass er nicht nachlassende Selbstdisziplin und Energie als Quelle für weitere Bücher sieht.

Er spricht jetzt wieder in bedächtiger Gesetztheit, erklärt auch dramatische Sachverhalte in unaufgeregtem, fast zurückhaltendem Ton – so, als würde er über schwierige Lebenssituationen anderer sprechen und nicht über seine eigenen. Dass er die Entwürdigung schon in jungen Jahren am eigenen Leibe gespürt hat, bürgt für den Wahrheitsgehalt seiner oft drastischen Darstellungen von Liebe und Gewalt, Freud und Leid. Von der Schokoladenseite des Lebens konnte er unter den Kakaobäumen des Bundesstaates Bahia allenfalls träumen. Diese Schokoladenseite gehörte denen, für die er sich bis zum Umfallen abrackerte, damit sie sich aus dem braunen Gold Brasiliens ihre Schatullen füllen konnten. Da schon reift bei ihm die Gewissheit: Nie wird er sich auf die Seite seiner Quälgeister stellen, der im Volk verhassten Plantagenbesitzer, wozu vor seiner Geburt auch sein Vater gehörte, bevor der soziale Abstieg begann.

Chronist von Elend und Unrecht

Zur Welt kam er als Jorge Leal Amado de Faria am 10. August 1912 in einer schon verarmten Grundbesitzerfamilie. Mit 12 Jahren veröffentlichte er erste Kurzgeschichten, mit 15 schrieb er für eine Zeitung, mit 18 lobten ihn Koryphäen der nationalen Literatur für seinen ersten Roman „Land des Karnevals", was ihn zum weiteren Fabulieren anspornte.

Nachdem den jungen Enthusiasten die hohen Maßstäbe der internationalen Gegenwartsliteratur begeistert hatten, wollte sich der leidenschaftliche Poet nur noch als proletarischer Romancier verstanden wissen. Also schrieb er als 21-Jähriger während seines fünfjährigen Jurastudiums den Roman „Kakao", der autobiografisch gefärbt ist und sich an seinem früheren harten Arbeitsleben auf den Plantagen orientiert. Die erste Auflage von 2000 Exemplaren war in 40 Tagen ausverkauft. Die staatliche Obrigkeit war weniger begeistert. Sie erwirkte ein Buchverbot durch die Polizei von Rio de Janeiro, weil sie das geschriebene Wort von Amado als gesellschaftsfeindlich, rebellisch und umstürzlerisch ansah, schlichtweg als einen Appell zum Ungehorsam und indirekten Aufruf zum Aufstand.

Der Jungautor aber hatte seine Mission und seine Themen gefunden, die ihn ein Leben lang nie mehr loslassen sollten: für die gesellschaftlichen Zustände und Umwälzungen seiner Zeit gnadenlos realistischer Augenzeuge und Chronist zu sein. Er sieht darin weniger Beruf als vielmehr Berufung. Die Schauplätze seiner Romane werden die Elendshütten in der Hafengegend von Salvador de Bahia, die Nuttenviertel in der Altstadt oder die Mietskasernen, die sich an der Spitze der Allerheiligenbucht sehr unheilig präsentieren.

Seine literarischen Figuren werden Plantagenarbeiter und Glücksritter, Ausgestoßene und Verachtete, Abenteurer und Bettler, Diebe und Huren, Gesetzlose und Unterdrückte, die durch die Gosse des Lebens waten und ob ihres unverschuldet tragischen Schicksals seine Sympathien haben – im Gegensatz zu denen, die daran ein gerüttelt Maß an Mitschuld tragen, die brasilianischen

Grundbesitzer, die sich selbst „Oberste" nennen. Über sie sagte der junge Amado damals im Brustton einer einmal gewonnenen, unverrückbaren Überzeugung: *„Die Kakao-Obersten, ich studiere sie, sie werden die Figuren meiner erstaunlichen Bücher sein."*

Softporno oder Lebenslust der Armen?

Erstaunlich ist in der Tat, was er beobachtet und niederschreibt. Einige seiner Kritiker verwirrt der Kontrast zwischen beschriebener materieller Armut in den Wellblechhütten der Slums und der dort zugleich innewohnenden überschäumenden Vitalität und Lebensgier, die dem von Ausbeutung, Arbeitslosigkeit, Unsicherheit und Erniedrigung geschwärzten Alltag ein wenig Farbe geben sollen. Es fanden sich nicht wenig Kritiker, die Anstoß am krassen Gegensatz seiner literarischen Szenerie nahmen, denn die Bühne der Handlungen sind einerseits oft Orte fleischlicher Begierden und Ausschweifungen wie Freudenhäuser, andererseits zugleich der turbulente brasilianische Karneval und die afroamerikanische Kultszene. So war es ein Leichtes, ihm in oberflächlicher Moralapostelei vorzuwerfen, er sei zu folkloristisch, verbräme Elend publikumswirksam mit Vergnügen und Volkstümelei. Als ich ihn danach frage, huscht ein verstohlenes Lächeln um seine Mundwinkel und er formuliert in nun schon gewohnter lakonischer Kürze: *„Ich bin gegen das Elend, aber für das Vergnügen der Elenden. Was haben sie sonst an Dingen, die sie froh machen?"*

Verblüffend ist, wie Amado mitunter knisternd sinnliche Erotik mit menschlichen Abgründen paart. Das treibt er – für puritanische Kleingeister empörend – in „Tieta aus Agreste" auf die Spitze. Da entdeckt eine einst arme Ziegenhirtin als reiche Prostituierte hinter den heilen Fassaden von Freunden und Familie Doppelmoral, Geldgier und Hartherzigkeit.

Amados bürgerliche Gegner verstiegen sich immer wieder in der Anmaßung, allzu realistische Szenen sexueller Krassheiten als Softporno zu verurteilen; seine Verehrerschar dagegen schätzte seinen erotischen Charme, wie er ihn besonders geschickt und motiviert einsetzt bei seinem Roman „Gabriela wie Zimt und Nelken". Eine mit sprühendem Geist und vollherzigem Witz erzählte Geschichte von einer attraktiven Mulattin, die der stiernackige syrische Kneipenwirt Nacib auf dem Sklavenmarkt erwirbt und schnell erfahren muss, dass sie sich ihm keineswegs fügt, sondern ihre Freiheit über alles stellt. Schauplatz ist Amados Kindheitsort Ilhéus, eine romantische Hafenstadt am Südatlantik.

Der mit tropischem Flair und Latino-Temperament durchsetzte Roman brachte es an die Weltspitze der Bestseller und verkaufte sich in 25 Jahren in 62 Auflagen mit rund einer Million Exemplaren. Beckmesser kreideten dem Verfasser an, er mische Humor und Komik ins ernste Dasein seiner Halbweltgestalten. Ich konfrontiere ihn damit. Findet er den Vorwurf berechtigt? Der Befragte mir gegenüber schwafelt nicht, ereifert sich nicht, geht nicht in Verteidigungsstellung, sondern pariert kurz, knapp und pointiert mit einer ruhigen Ausgeglichenheit, die ich nun schon typisch für ihn finde:

„Wer nicht lachen kann, der ist wirklich arm."

Dann aber muss er eingestehen, dass ihm selbst früher das Lachen oft schwerfiel und manchmal sogar ganz verging. Dafür sorgte ab 1930 die 15-Jahres-Ära von Diktator Getúlio Vargas und vor allem die erst 1985 beendete 21-jährige Militärdiktatur von General Emílio Garrasta zu Medici. An der Tagesordnung waren umfassende Repressalien für Journalismus, Kunst und Kultur. Unliebsame Politiker, Akademiker, Schauspieler und Schriftsteller wurden überwacht, drangsaliert, verhaftet, gefoltert, ermordet oder ins Exil getrieben.

Verbrannte Bücher und zerbrochene Illusionen

Sein sozialistisches Gedankengut und sein soziales Engagement bescherten Amado immer wieder Konflikte mit der Obrigkeit – Konfrontationen, die ihn ins Gefängnis brachten und in die Emigration nach Argentinien und Uruguay zwangen. Diffamierung, Bedrohung und Verfolgung verschärften sich, als er 1945 kommunistischer Abgeordneter der brasilianischen Nationalversammlung wurde und erneut ins Ausland fliehen musste, diesmal nach Prag und Paris.

Zeugnis seiner radikalen Parteinahme war eine mit glühendem Enthusiasmus verfasste Biografie des Generalsekretärs der Kommunistischen Partei Brasiliens, Luís Carlos Prestes. Schon der Titel drückt aus, welchen Stellenwert der Autor dem Porträtierten beigemessen hat: „Ritter der Hoffnung." Das Buch wurde in Lateinamerika zur meistgelesenen Lektüre der Allgemeinheit – und zur meistgehassten in der Führungsschicht, die es verbieten und verbrennen ließ.

Nach einem Besuch der Sowjetunion bringt Amado mit Begeisterung seine Eindrücke zu Papier mit der Reisebeschreibung „Die Welt des Friedens". Dafür bekommt er noch im selben Jahr 1951 in Moskau den Internationalen Stalinpreis. Dann die schockartige Enttäuschung. Als der sowjetische Parteichef Nikita Chruschtschow im Februar 1956 drei Jahre nach Stalins Tod dessen schwere Verbrechen entlarvt und anprangert, bricht für ihn eine Welt zusammen.

So bedingungslos sich Amado für die Ideen des Kommunismus eingesetzt hat, so rigoros bricht er nun mit der Vergangenheit. Er geißelt sich als – wie er selbst sagt – *„Stalinist mit tadellosem Betragen"*, der einem Irrtum aufgesessen sei und nun mit sich und den neuen, erschütternden Erkenntnissen zurechtkommen muss. Er verlässt die Kommunistische Partei, zieht sich aus seiner politischen Arbeit zurück, zweifelt auch an der Richtigkeit seines schriftstellerischen Kurses, bleibt aber seinem Grundanliegen des Humanismus, der Solidarität, der sozialen Gerechtigkeit und der Völkerfreundschaft verbunden.

Am Ende der niederschmetternden, kräftezehrenden ideologischen Wandlung steht ein parteiunabhängiger Linker, der bei allen Wirrungen und Irrungen, bei allem Rückbesinnen und Vorauseilen bleibt und schreibt. Und er ist – wie er mir erzählt – mit seinesgleichen auf ewig verbunden – Freunde, mit denen er

korrespondiert hat und die nun nicht mehr da sind: der chilenische Dichter und Schriftsteller Pablo Neruda, der russische Poet
und Journalist Ilja Ehrenburg und der DDR-Dramatiker und
Lyriker Bertold Brecht.

Seelenfrieden unter einem Mangobaum

Es wird Zeit, ihm mein Gastgeschenk zu überreichen. 1984 kam
in Rio de Janeiro sein „Tocaia Grande" in die Buchläden – ein
Roman, der sowohl im Ostberliner Verlag „Volk und Welt" als
auch bei Bertelsmann München erschien. Nun konnte ich gerade noch rechtzeitig eine Neuauflage ergattern, die in der DDR
zu Ehren seines Wiegenfest-Jubiläums herausgebracht wurde.

*„Ich möchte Ihnen, verehrter Herr Amado, ein fast noch druckfrisches
Exemplar dieser neuen Auflage schenken. In diesem Ihrem Buch wird
ein Ort durch eine Naturkatastrophe fast völlig zerstört. Doch die Leute gehen nicht fort, sondern kämpfen gemeinsam gegen die Katastrophe
wie – so haben Sie geschrieben – wie eine Familie … Der Held Ihres
Romans spricht davon, dass die Menschen Frieden brauchen, um ruhig
zu leben und zu arbeiten. Was kann man Ihrer Meinung nach tun, damit der Frieden sicherer wird?"*

*„Um Frieden zu erreichen, genügt es nicht, ihn nur zu wollen. Aus-
nahmslos alle Völker spielen dabei eine große Rolle und auch jeder von
uns muss in diesem Kampf mitziehen. Aber es sind natürlich vor allem
die Staatsmänner der USA und der UdSSR, die dafür Verantwortung
tragen – eine größere, eine fundamentale Verantwortung … Während sie
verhandeln, miteinander reden, gibt es keinen Krieg. Eine Position für
den Frieden entspricht den Interessen ihrer Völker. Ich kenne das sowjetische Volk gut. Es hat im letzten Krieg ungeheuer gelitten, es weiß um
den Preis für einen Krieg. Deshalb denke ich, dass es für den Frieden
ist. Aber ich gehe auch davon aus, dass das Volk der Vereinigten Staaten Frieden will und keinen Krieg. Es ist notwendig, dass auch die Regierung der USA diesem Willen ihres Volkes entspricht, damit wir gemeinsam zum Frieden kommen."*

„Herr Amado, Sie sind einige Male in der DDR gewesen, zuletzt 1973. Mit welchen Gefühlen denken Sie an die DDR?"
„Ich habe von Anfang an den Weg der DDR verfolgt. Ich habe Freunde in der Deutschen Demokratischen Republik gefunden, die ich ins Herz geschlossen habe. Ich war mit Bertold Brecht befreundet, auch mit seiner Frau Helene, und mit Stephan Hermlin wie auch mit vielen anderen Persönlichkeiten verbindet mich eine lange Freundschaft. Ich fühle mich sehr geehrt, Korrespondierendes Mitglied der Akademie der Künste der DDR zu sein. Und ich freue mich, für den Verlag Volk und Welt Partner bei Editionen und anderen Veröffentlichungen zu sein."

Dass Jorge Amado vor unserer Kamera seine große Wertschätzung für die Mitgliedschaft in der DDR-Kunstakademie ausdrückte, war keine Höflichkeitsfloskel. Er wusste sich damit in einer Reihe mit anderen Prominenten von Weltruf wie Pablo Picasso, Dmitri Schostakowitsch, Charles Chaplin, Mikis Theodorakis, Aram Chatschaturjan oder Harry Belafonte. Mitglieder waren zudem die Literatur-Nobelpreisträger Michail Scholochow aus der UdSSR, Gabriel García Márquez aus Kolumbien und Pablo Neruda aus Chile sowie der Oscar-prämierte italienische Regisseur Vittorio De Sica und der dreifache Oscar-Gewinner Laurence Olivier, der als einer der größten Theater- und Filmschauspieler des 20. Jahrhunderts gilt.

Dass Amado nach den dunklen Jahren brasilianischer Diktaturen auch in die Literatur-Akademie seines Heimatlandes aufgenommen wurde, war nahezu selbstverständlich. Ihr Präsident Tarcisio Padilha nannte ihn einen *„großen Botschafter der brasilianischen Kultur"*.

Bevor der Romancier am 6. August 2001 mit 88 Jahren in Salvador de Bahia starb, hatten die Strapazen seiner schonungslosen Schreibwut ihren gesundheitlichen Tribut gefordert. In den letzten Lebensjahren war er nahezu blind, von einer schweren Zuckerkrankheit gezeichnet und mit einem Herzschrittmacher in eklatanter Weise in seiner Produktivität eingeschränkt. Schließlich war es sein Herz, das zeitlebens sehr groß, aber zum Schluss zu schwach war. Sein letzter Wunsch hätte auch einem seiner Buchhelden alle Ehre gemacht. Amado hatte angeordnet, seine Asche sollte unter einem Mangobaum im Garten seines Hauses in der Rua Alagoinhas verstreut werden.

An der Würdigung seiner Person kam auch das offizielle Brasilien nicht vorbei, das sich an ihm im Guten wie im Schlechten ausgetobt hatte. Staatspräsident Fernando Henrique Cardoso würdigte seinen berühmten Landsmann als „Kämpfer für Freiheit und Gerechtigkeit". Dann sprach er zwei bemerkenswerte Sätze: *„Die Charaktere, die er schuf, wurden ebenso berühmt, wenn nicht berühmter als ihr Autor. Gibt es einen größeren Ruhm für einen Schriftsteller?"*

Mikis Theodorakis

wird verehrt als Volkstribun, Politrebell, Sänger,
Meisterkomponist und Erfinder des Sirtaki

Die Begegnung mit ihm kam ausnahmsweise auf denkbar un-
spektakuläre Weise zustande. Keine vorherigen ellenlangen Te-
lefonate, keine Ausweise und Begründungen, keine Anträge und
Genehmigungen. Ich habe ihn nach einer Freiluftaufführung
seiner 4. Sinfonie angesprochen und nun stehen wir mitten auf
der Festwiese von Vitry-sur-Seine, einem südlichen Vorort von
Paris. Es ist wolkendurchquirltes Sommerwetter und er hat seinen dunklen Ledermantel in salopper Lässigkeit über den Arm
gelegt. In der darunter hervorlugenden Hand hält er zwischen
Daumen und Zeigefinger die unvermeidliche Zigarette mit einem längst erkalteten Aschekegel. Sein Äußeres verrät, dass er
keinen gesteigerten Wert auf dandyhafte Kleidung legt. Das helle Hemd verschwindet unter einem grauen Strickpullover, der
gut zu seinem schwarzen Jackett passt. Statt eines extravaganten
Künstler-Outfits solide Normalität.

Ich hatte mich und meinen Kameramann Wolfgang Groth
vorgestellt, ihm mein Interview-Anliegen vorgetragen und Mikis Theodorakis hatte mich weder an seine Sekretärin verwiesen
noch mit dem Hinweis auf einen eiligen Termin die Flucht ergriffen, sondern schlicht und einfach gesagt: „D'accord" – „Einverstanden". Bitte, ich dürfe ihm jedwede Fragen stellen.

Während Wolfgang im Eilverfahren Ton- und Bildtechnik
klarmacht, die Kamera aufs Stativ hievt und mir das Mikrofon
reicht, bitte ich den berühmten Griechen, meine Bewunderung
für sein umfangreiches Schaffen nicht als Schmeichelei zu werten. Das rutscht mir gegen meinen Willen so raus. Ich wollte als
objektiv und neutral fragender Journalist betont sachlich bleiben,
kann aber meine Emotionen nun, da mir das Monument eines
Bilderbuch-Griechen in voller Leibhaftigkeit gegenübersteht,
nicht zügeln. Na und? Warum muss ich verheimlichen, dass auch
ich zu ihm aufschaue? Das lässt sich ohnehin nicht verhindern,

Plauderei mit Theodorakis nach dem Pariser Open-Air-Konzert seiner 4. Sinfonie. Sein weltberühmter Sirtaki ist heute die heimliche Nationalhymne Griechenlands. Foto: Marion Wahl

denn ich messe 1,80 Meter und er zwei Meter. Er streicht in geduldig abwartender Haltung durch sein dichtgelocktes kastanienbraunes Kraushaar, das wie eine vom Winde gewellte große Sturmhaube seinen Kopf umschließt.

Ein Heros, der keiner sein will

Der hochgewachsene, breitschultrige Mann scheint mit seinen 63 Jahren die personifizierte Gesundheit zu sein. Dabei weiß ich, dass er seit seinem 18. Lebensjahr mehrfach verhaftet, verbannt und halbtot gefoltert wurde, dass seine Lieder verboten waren und auch jeglicher Umgang mit ihm selbst, dass er ein Leben im Untergrund wie auch im Zuchthaus und Konzentrationslager überlebte – zuerst als Partisan gegen die hitlerfaschistischen

278

Besatzer, danach im heimatlichen Bürgerkrieg als Kämpfer der Linken gegen die Rechtsregierung und anschließend als erbitterter Gegner einer grausamen Militärdiktatur. Dass er im eigenen Land auf Gefängnisinseln verschleppt wurde und schwerste Misshandlungen erlitt, dass er mit psychischem Terror traktiert und zweimal lebendig begraben wurde, macht fassungslos, denn seine Verbrechen bestanden in der Verteidigung von Demokratie und Grundrechten für alle Griechen.

Er selbst hat sich nie als Heros gesehen, hat nie ein Hehl daraus gemacht, dass er sich im Laufe seines ereignisreichen Lebens mitunter auch politisch verirrte. Das hat ihm das Griechenland des Volkes nie übel genommen. Was zählte, war sein bedingungsloser, unbeugsamer Einsatz gegen jede Art von Unterwerfung bis hin zur Obristen-Diktatur, die er selbst noch vom Pariser Exil aus mit der Bildung eines Nationalen Widerstandsrates bekämpfte. Nach dem Sturz der blutbefleckten Junta wurde er 1974 bei seiner Rückkehr in die Heimat als Volksheld gefeiert, dessen Wort in der Öffentlichkeit bis heute uneingeschränktes Gewicht hat.

Viele sahen in ihm eine Leitfigur zur Erneuerung Griechenlands. Diesen Anspruch rechtfertigte er mit Rat und Tat. So gründete er den Jugendverband „Lambrakis", der unter seinem Vorsitz mit 50 000 Mitgliedern die größte Politorganisation des Landes wurde. Und er war inspirierender Spiritus Rector für die unabhängige Bürgerbewegung „Spitha". Theodorakis wird verehrt, weil er in den Schicksalsjahren Griechenlands seine Überzeugungen mit Leib und Leben vertreten hat. Da schreckten den Zweimeter-Mann weder Drohungen noch Gewalt. Ein Hüne mit Kreuz. Nie vergessen hat er dabei seine Musik. Die Hälfte seines Werkes hat er nach eigener Aussage hinter Gittern geschrieben, die erste Sinfonie in einem Konzentrationslager. Noch in der französischen Emigration begann er seine Welttourneen, die in vier Jahren zu 500 Konzerten ausuferten.

Seine Geschenke an die Welt

Als wir uns treffen, lebt und arbeitet der Komponist wieder einmal in Paris. Ich registriere auf Anhieb seine ungespreizte Natürlichkeit und sachliche Abgeklärtheit. Sein 64. Geburtstag steht an. Allerorten werden Feiern und Geschenke für ihn vorbereitet. Er selbst hat die Welt reicher beschenkt, als sie es ihm zurückgeben kann: mit Liederzyklen, Sinfonien, Opern und Balletten, mit Songs, Kirchen- und Rockmusik, mit zeitgenössischem Musiktheater und traditioneller Folklore, mit Balladen, Kampf- und Protestliedern, mit Kammermusik, Bühnenstücken, Filmmusik, Kantaten und Oratorien, mit Schauspielwerken und auch mit Hymnen, zu denen sich 1992 noch die „Hellenismus" gesellen sollte, die von ihm komponierte griechische Hymne zur Eröffnungszeremonie der Olympischen Spiele von Barcelona.

Das Erbe von Theodorakis, das zum nationalen Kulturgut wurde, ist immens: rund tausend Lieder und 150 größere Werke. Sie fanden namhafte Interpreten, die mit ihm zusammenarbeiteten – ob in seiner Heimat Nana Mouskouri, Georges Moustaki, Vicky Leandros und Melina Mercouri oder in Frankreich Edith Piaf und Dalida oder in Italien Milva oder in Deutschland Gisela May, Hannes Wader und Konstantin Wecker. Und er selbst singt auch. Wie könnte es anders sein!?

Auch auf politischem Parkett hatte er in Ost und West Partner auf höchster Ebene, die er im Laufe der Zeit traf. Unter denen, die ihn empfingen, waren die Staatspräsidenten Frankreichs, Ägyptens, Jugoslawiens und der Türkei, François Mitterrand, Gamal Abdel Nasser, Josip Broz Tito und Recep Erdoğan. Auch Schwedens Ministerpräsident Olof Palme, Westdeutschlands Bundeskanzler Willy Brandt und DDR-Staatschef Erich Honecker trafen ihn. Sie sahen in ihm einen Friedensstifter und Vermittler in Konflikten, einen Mann der Vernunft und des ehrlichen Willens, der mit oder ohne politisches Amt das Verhandlungsmandat der griechischen Volksseele besaß.

Beethoven als Wegweiser für's Leben

Selbst hartgesottene Kritiker seiner illustren Personalliste von unterschiedlicher politischer Couleur haben ihm nie seine musikalische Kompetenz abgesprochen, haben nie in Zweifel gezogen, dass er die griechische Musik neu justiert hat. Dass es ihm dabei gelungen ist, die Moderne mit den Kulturtraditionen der Antike zu verknüpfen, hat auch die Traditionalisten besänftigt. Theodorakis hat eine Dimension musikalischer Vielfalt erschlossen, die Griechenland vor ihm nicht kannte. Er habe – so geht die Mär – nach seiner Geburt am 29. Juli 1925 auf der griechischen Insel Chios schon bald musikalische Töne von sich gegeben. Bestätigen wollte das aber weder sein Vater Giorgos, der auf Kreta zur Welt kam, noch seine Mutter Aspasia, die in der türkischen Küstenstadt cÇeşme zu Hause war. Also möchte ich von ihm wissen, wann und wie er zur Musik gekommen ist.

Ja, meint mein Gegenüber, er könne sich gut erinnern, dass er schon intuitiv als Schulkind angefangen habe, Lieder aufzuschreiben und sie zu singen – ohne irgendeine Instrumentalbegleitung, einfach so aus dem Stegreif nach einer Fantasie-Melodie. Der Vater habe dann einen Musikunterricht befürwortet.

Das entscheidende Erlebnis sei gewesen, als er mit ihm gemeinsam einen Film über Ludwig van Beethoven und dessen dramatisches Leben gesehen habe. Dabei hätten ihn besonders Fleiß, Energie und Beharrlichkeit beeindruckt, mit denen dieser Berserker der Musik sein Können als Pianist zur Vollkommenheit ausgeprägt habe. Und grenzenlos bewundert habe er die Besessenheit, die Beethoven auch nach seiner Taubheit nicht aufgehalten habe, seiner Welt der Töne treu zu bleiben. Theodorakis sagt, er zolle dem Genie einen unglaublichen Respekt, weil er nicht die Verzweiflung habe siegen lassen, sondern die Liebe zur Musik, der er sich dann unbeirrt als Komponist zugewandt habe. Diese Bekanntschaft mit Beethoven sei in jungen Jahren Ansporn und Triebfeder für ihn gewesen. Deshalb auch habe er seinen Vater bekniet, ihm bei einem beruflichen Abstecher nach Athen alles Greifbare über sein Idol mitzubringen.

Das passte ins facettenreiche Bild der musikalischen Anfänge des Griechenjungen Mikis. Ich hatte gelesen, dass er schon als Teenager einen Kirchenchor formierte und in diesem Rahmen sein erstes Konzert gab. Es war der Beginn eines intensiv kreativen und produktiven Lebens für ein Universum der Noten. Die variationsreiche Klangfülle seines poesiegeladenen musikalischen Mammutwerkes brachte ihm mehrfache Doktorwürden, höchste Orden und Auszeichnungen, Preise und Trophäen, Geld, Ruhm und Ehre weit über die Grenzen seiner griechischen Heimat hinaus. Wirkliche Weltberühmtheit aber erlangte er durch eine einzige Filmszene von zweieinhalb Minuten.

Sein Geniestreich

Was da im Jahre 1964 aus einer verzweifelten Situation heraus entstand, war ein Glücksfall für die Musikgeschichte. Der damals produzierte abendfüllende Streifen, benannt nach seinem griechischen Helden Alexis Sorbas, ist einer der erfolgreichsten Leinwandromane des Kinos. Er erzählt von der ungewöhnlichen Freundschaft des schüchternen, erfolglosen und etwas verklemmten intellektuellen englischen Schriftstellers Basil mit dem vor Saft und Kraft und unbändiger Lebensgier strotzenden Makedoniers, der ihm bei der Inbetriebnahme eines stillgelegten Bergwerks auf Kreta helfen soll. Als das Projekt kläglich scheitert, bittet der deprimierte Basil den mit urwüchsigem Optimismus ausgestatteten Lebenskünstler, ihm das Tanzen beizubringen, das der unverwüstliche Sorbas just in finsteren Stunden stets als Lebenselixier in ausgelassener Weise gepflegt hat. Der sagt: „Komm, gemeinsam!" Er legt seinen Arm – äußerst ungewöhnlich für griechische Volkstänze – auf die Schulter des anderen und bittet ihn, dasselbe zu tun. Dann lassen beide Männer Beine und Körper zu eingängigen rhythmischen Bouzouki-Klängen wirbeln, die bis dahin in solch tonberauschender Abfolge niemand kannte.

Komponiert hatte Theodorakis diese neuartige Melodie, weil Hauptdarsteller Anthony Quinn zwar einer der größten Hollywood-Charakterköpfe war, aber als Tänzer ein grandioser Versager. Er bekam die komplizierte Schrittfolge der ursprünglichen Version eines traditionellen griechischen Tanzes einfach nicht hin, weshalb bei den ersten Versuchen die Füße eines Doubles gefilmt werden mussten. Das gefiel weder Regisseur Michael Cacoyannis noch dem ehrgeizigen Quinn, der den Draufgänger Sorbas nicht einfach nur spielte, sondern mit allen Fasern von Körper, Herz und Seele bis zum Exzess auslebte und nun vor einer Tanzeinlage kapitulieren musste. Dass er diese Unfähigkeit sehr profan mit einer Fußverletzung begründete, änderte nichts an dem Debakel, das den pointierten Schluss des Films zu verhindern drohte.

Theodorakis, der den Soundtrack für den gesamten Kinostreifen komponiert hatte, verkündete daraufhin die rettende Idee: Er wolle die musikalischen Sequenzen vereinfachen – und damit auch die Tanzschritte. Gesagt, getan – und alle waren erleichtert und glücklich. Der Regisseur hatte seine wirkungsvollen Schlussbilder im Kasten und der Hauptdarsteller hatte seine Fußverletzung vergessen. Wer die Filmszene sieht und die Hintergründe nicht kennt, ist überwältigt von der leichtfüßigen, hingebungsvollen Tanzkunst eines Anthony Quinn, den man mit dieser perfekten Leistung am liebsten fürs Ballett-Ensemble des Bolschoi-Theaters empfehlen würde. Der Sirtaki war erfunden und trat zusammen mit dem Film seinen Siegeszug um die Welt an. Das hatte Folgen.

Die beschaulich-schläfrige Idylle der pittoresken Mittelmeerbucht von Stavro, wo der Tanzpart gedreht wurde, bekam den Status eines Urlaubermekkas auf Kreta. Die tragisch-komödiantische Geschichte mit biografischen Zügen von Roman-Autor Nikos Kazantzakis wurde in ihrer Leinwandfassung für sieben Oscars nominiert und erhielt drei: für Kamera, Ausstattung und beste Nebendarstellerin. Wie der grandios spielende Quinn ging auch Theodorakis für seine grandiose Musikneuheit leer aus. Dafür bleibt ihm für alle Zeit das Verdienst, dass seine Schöpfung in Griechenland zum nationalen Kulturgut und zur heimlichen Nationalhymne avancierte.

Zusammen mit der Literaturverfilmung wurde der neue Tanz auch im Ausland zum Inbegriff griechischer Kultur und Lebensart. Der Film-Sirtaki mit seinem einprägsamen Folklore-Sound verselbstständigte sich, erklomm die Spitzen der Schlager-Charts in Österreich, Belgien, Frankreich und den Niederlanden, wo er sogar den ersten Platz der Jahreshitparade besetzte. In Ost und West fand die filmische Erstfassung neben Zuschauer- und Kassenrekorden der Leinwandtheater Eingang in die Schlager- und Popmusik, wurde zum Klassiker und ist heute aus dem Repertoire griechischer Sänger sowie aus den Archiven von TV- und Radio-Musikredakteuren nicht mehr wegzudenken.

Geächtet, gejagt, gefoltert

Was dem Meister für seinen Sorbas-Sirtaki an Ehrung mit dem amerikanischen Oscar 1965 vorenthalten wurde, bekam er für die beste Filmmusik des Jahres 1970 mit dem englischen Oscar, dem BAFTA Award, der höchsten Auszeichnung der britischen Akademie für Film und Fernsehen. Theodorakis hatte den Soundtrack geschaffen für den Politthriller „Z – Anatomie eines politischen Mordes". Die Handlung spielt in entfremdeter Form im Vorfeld der griechischen Militärdiktatur 1967 und machte den Film zum Bahnbrecher für das Genre der politisch engagierten Kinematografie. Dass er obendrein den Hollywood-Oscar für den besten fremdsprachigen Streifen erhielt, dürfte auch der Filmmusik des Griechen geschuldet sein und komplettierte seinen Kinoerfolg auf eindrucksvolle Weise.

Die Arbeit an diesem Film über die Schreckensherrschaft der faschistischen Obristen, die sich 1967 an die Macht geputscht hatten, müssen in Theodorakis schlimme Erinnerung geweckt haben. Nachdem er aus dem Untergrund zum Widerstand aufgerufen und eine patriotische Front zur Bündelung aller Antikräfte gegründet hatte, wurde er geächtet und gejagt. Seine Musik zu spielen, zu singen oder auch nur zu hören, war bei Strafe von

Kerker und Verbannung genauso verboten wie der Besitz seiner Platten. Nach seiner Ergreifung tobten sich Prügelpolizisten an ihm aus, um ihn danach als menschliches Wrack zur endgültigen Liquidation ins Vernichtungslager Oropos auf der Halbinsel Attika zu deportieren.

Dass die Welt von seinem Schicksal Notiz nahm und er nach Frankreich ins rettende Ausland ausweichen konnte, hat er einer breiten Solidaritätsbewegung zu verdanken, losgetreten von berühmten Künstlerkollegen wie Leonard Bernstein, Harry Belafonte, Dmitri Schostakowitsch, Laurence Olivier und Yves Montand. Der Geschundene reagierte mit dem Gedichtzyklus „Sonne und Zeit", geschrieben im Verließ und später unter Verwendung von Rockelementen in Noten gegossen. Ich spreche ihn darauf an. Wie kann man mit den Schmerzen seelischer und körperlicher Grausamkeiten unter dem Damoklesschwert einer allzeit möglichen Hinrichtung noch einen Nerv für Poesie und Lyrik haben? Ich merke, dass er zögert, dass er kein Heldenepos mag. Entsprechend nüchtern ist seine Erwiderung:

„Als nach dem Untergang des Hitlerreichs der Bürgerkrieg vorbei war, konnte in meinem Land leider immer noch eine faschistische Junta Fuß fassen. Ich glaube, dass Verletzungen elementarer Menschenrechte Dinge sind, gegen die alle gemeinsam angehen müssen. Und so ist es auch für einen Künstler Pflicht, solchem Unwesen Werke entgegenzustellen, die gegen den Krieg gerichtet sind. Und gute künstlerische Werke müssen auch dazu beitragen, in Frieden und Freundschaft zu leben. Auch das ist Humanismus … Künstler müssen sich aber nicht nur mit ihren Arbeiten, sondern mit all ihren Aktionen Kräften widersetzen, die menschliche Zivilisation zerstören wollen."

Das klingt profan, fast verharmlosend gemessen an den Torturen seiner Folterknechte. Aber diesen Grundsatz unbedingter Gegenwehr gegen jede Art von Unrecht und Unterdrückung hat der bis zur Verbitterung unbeugsame, wenn es sein musste, auch sture Humanist und Gerechtigkeitsapostel von Anfang an verinnerlicht und mitunter sogar mit penetrant anmutender Konsequenz verwirklicht.

In den Jahren seiner politischen Verfolgung klammerte er sich an die Ideen des Marxismus, die seine Weltanschauung wesentlich prägten. Folgerichtig schloss er sich 1944 den Linken in der Nationalen Befreiungsfront an, ohne an eine politische Laufbahn zu denken. Seine Liebe gehörte der Heimat und der Musik, deren Studium er an den Konservatorien von Athen und Paris mit einem glänzenden Abschluss krönte. Wenn es aber noch eines Beweises bedurft hätte, dass von Anfang an auch Standpunkt und Stehvermögen der politischen Art die rasante künstlerische Laufbahn von Theodorakis begleitet haben, ja sogar immanenter Bestandteil davon waren, dann stünden dafür zwei eindrucksvolle Belege: Während der Verteidigung seiner Heimat gegen das 1941 installierte Besatzungsregime deutscher, italienischer und bulgarischer Truppen wurde sein „Lied vom Kapitän Zacharias" zum musikalischen Fanal des Widerstandes – und zehn Jahre später widmete er seine Erste Sinfonie der Versöhnung der in Rechts und Links zerstrittenen Griechen und der Ausheilung der tiefen Wunden des dadurch verursachten Bürgerkrieges. Damit hatte er in musikalischen Beton gegossen, was zu seinen wichtigsten Anliegen gehörte.

Vom Parteilinken zum Parteilosen

Sein Prinzip eines unnachgiebigen Einsatzes für Frieden, Freiheit und Demokratie hielt er bis heute durch, ohne ein Tabu gelten zu lassen, wenn er es für notwendig erachtete. Seine „Ballade von Mauthausen" ist dafür beredtes Zeugnis. Furchtbare Gräuel in Musik verpackt – textlich adaptiert nach Versen, die der griechische Dichter Iakovos Kambanellis im KZ Mauthausen in Oberösterreich verfasste. Zuschauerstimmen lobten den Zyklus von vier Arien als „das schönste Musikwerk, das jemals über den Holocaust geschrieben wurde". Sie bescheinigten dem Komponisten, die Prosaworte seines Schriftstellerkollegen auf eine „noch höhere Ebene" gehoben zu haben. Weltpremiere war im Mai 1988 im ehemaligen Konzentrationslager Mauthausen, das heute Gedenkstätte ist. Die „Mauthausen-Trilogie" oder „Mauthausen-Kantate", wie sie auch genannt wird, dirigierte Theodorakis selbst. Gesungen wurde das Epos auf Griechisch von Maria Farandouri, auf Hebräisch von Elinor Moav, auf Englisch von Nadia Weinberg und auf Deutsch von der DDR-Chansonette und Brecht-Interpretin Gisela May. Der damalige österreichische Bundeskanzler Franz Vranitzky hatte es sich nicht nehmen lassen, gemeinsam mit Zehntausenden Teilnehmern aus ganz Europa an der zeremoniellen Ehrung aller Gegner von Faschismus und Gewaltherrschaft teilzunehmen.

„Was in Mauthausen oder in Buchenwald oder in Treblinka passiert ist", sagt Theodorakis, während Wolfgang die Kassette wechselt, *„das kann und das darf man nicht vergessen."* Er formuliert diesen einen Satz mit leicht stockenden Worten, die nahelegen, dass er dabei das Trauma seines eigenen schrecklichen Erlebens nicht ausblenden kann und auch nicht will. Gerade das – so denke ich – hat ihn in dieser Eindringlichkeit und Intensität seine Ballade schaffen lassen.

Da sich also bei ihm musikalisches und politisches Engagement nicht ausschließen, sondern ergänzen und überlagern, führte ihn das in den 1960er- und 1980er-Jahren und noch einmal 1990 ins griechische Parlament – dann aber schon nicht mehr als organisierter Linker. Bereits 1972 war er nach Phasen der Resignation aus der Kommunistischen Partei ausgetreten – mit dem Vorsatz, sich nie wieder parteilich zu binden. Eine schwere Wirtschaftskrise, verursacht vom ersten sozialistischen Premier Andreas Papandreou, veranlasste einen enttäuschten Theodorakis, nunmehr als Parteiloser an der Überwindung des Desasters mitzuwirken. Dabei war er die Integrationsfigur für eine große Koalition aus Linken, Sozialisten und der liberal-konservativen Partei Nea Dimokratia, zu der er nun tendierte und für die er im 1990 gebildeten Kabinett von Konstantinos Mitsotakis ein Ministeramt ohne Geschäftsbereich übernahm. Dafür hat er sich später gegeißelt und es als Fehler bezeichnet, weil er mit diesem Spitzenposten so weit in ein zu westlich und US-orientiertes Lager vorgeprescht war, in dem sich heute auf EU-Ebene auch CDU/CSU befinden.

Ein denkwürdiges Konzert

Einige Nieseltropfen aus einer versprengten Dunkelwolke lassen uns kurz innehalten. Aber es wird nicht mehr als eine Sprühnichtigkeit, die sofort wieder vorbei ist. Unsere Kamera bleibt auf dem Stativ, sein Mantel auf dem Arm. Noch vor einer Stunde haben hier tausend Zuschauer gebangt, dass ein Open-Air-Konzert nicht im flüssigen Aggregatzustand zu Ende gehen möge: eine Aufführung seiner 4. Sinfonie.

Ich hatte die Veranstaltung im Programmheft recht kurzfristig entdeckt. Sie war angesagt für Sonntag, den 4. Juni 1989, von 14 bis 15 Uhr in Anwesenheit des Komponisten. Für einen offiziellen Interview-Antrag mit umständlichen Formalitäten blieb keine Zeit. Also war mein Entschluss schnell gefasst: Eine spontane Anfrage an Ort und Stelle, behaftet mit dem Risiko einer Ablehnung. So pilgerten wir wie gewohnt auf vier Rädern mit Sack und Pack unserer Filmtechnik an einem sonnensparlichen, graumelierten Sommertag zum Stadtrand von Paris. Da 1989 als das 200. Jahr der Französischen Revolution begangen wurde, hatte man die Veranstaltung als Revolutions-Festival deklariert. Sie war gedacht als Vorbereitung auf die 13. Weltfestspiele der Jugend und Studenten in der nordkoreanischen Hauptstadt Pjöngjang, wo sich dann einen Monat später 10 000 Delegierte aus 177 Ländern trafen.

Nun waren hierher zur Festwiese im Cherioux-Park von Vitry rund 30 000 junge Leute aus allen Landesteilen und von 16 Jugendverbänden gekommen, um an diesem Wochenende auf den Nägeln brennende Probleme zu debattieren, zu feiern und kulturelle Vielfalt zu erleben. Etwa 200 themenbunte Stände und verschiedene Erlebnisbereiche warben um die aktive oder passive Teilnahme der Besucher. Wir hatten uns an dem Ort postiert, der für die Aufführung der 4. Sinfonie angekündigt war. Da es zur selben Zeit auf einer anderen Bühne ein Rockkonzert gab, war ich erstaunt, wie viel junge Leute sich nicht für die Océan-Band, sondern für Theodorakis entschieden hatten.

Und noch auf eine andere Weise war die Situation ungewöhnlich. Der Meister war in der Tat zugegen, trat aber nicht selbst in

Erscheinung. Den Taktstock für die Klassik-Inszenierung schwang eine gute Stunde lang ein Nobody und der Komponist – selbst ein virtuoser Dirigent – lauschte in der ersten Reihe andächtig den Klängen seines eigenen Werkes. Ich hatte gehofft, ihn in bekannter, oft fotografierter Pose in Aktion zu erleben – mit weit ausgebreiteten Armen, als wolle er das ganze Orchester umarmen oder als würde er wie ein Andenkondor gleich seinen Flug starten. Oder wie Alexis Sorbas in Vorfreude auf den gleich beginnenden Sirtaki. Dieses Bild hätten wir uns gern einverleibt. Aber er mied diesmal die Bühne, blieb im Hintergrund, begnügte sich mit dem Erlebnis des Zuhörens, das er sichtlich genoss, war es für ihn doch eine andere Art der Premiere.

Der Grieche Mikis hatte seine vierte, die sogenannte Sinfonie der Chöre, nach zweijähriger Arbeit gerade erst fertiggestellt, sodass dieses Freiluftkonzert einer Uraufführung gleichkam. Als beim Schlussakkord ein leichter Regennebel Orchester und Publikum in einen feuchten Schleier hüllte, hinderte das auch uns nicht, in einen lang anhaltenden Applaus einzustimmen. Theodorakis wurde auf die Bühne geholt und gefeiert. Es war nicht zu überhören und zu übersehen: Hier, bei einer gesellschaftskritischen Jugend, fühlte er sich wohl, war er doch selbst gerade in jungen Jahren ein neugieriger Skeptiker auf der Suche nach Recht und Gerechtigkeit, ein kritischer Unruhegeist, der ständig fragte, forschte und zweifelte. Schikane, Verleumdung und Demütigung nahm er in Kauf, wohl wissend, dass es ohne unbequemen Widerspruch keine Erkenntnis gibt.

Er sagt, was er für richtig hält

Nun offenbart er mir, er schwöre auf das Streben nach gesellschaftlicher Demokratie und persönlicher Freiheit – nichts weiter. Allerdings, so fügt er an, müssten diese Werte mit einer sozialen Politik untermauert sein. Ich hake nach: *„Und wie steht es mit dem von Ihnen gleichzeitig beschworenen Frieden?"* Er antwortet im ruhigen Ton einer Selbstverständlichkeit: „*Das ist die Basis von allem.*" Den vor einem Jahr in Kraft gesetzten sowjetisch-amerikanischen INF-Vertrag zur Beschränkung der Nuklearraketen nennt er „*eine Quelle der Hoffnung*".

Dann überrascht er mit einem leidenschaftlichen Bekenntnis zum hohen Stellenwert von Volkes Stimme, deren Kraft seiner Ansicht nach die Politik auch auf so entscheidenden Feldern wie Krieg und Frieden beeinflussen kann. Originalton Theodorakis: „*Es gibt immer noch Kriege und Zerstörung. Und es gibt noch jede Menge Waffen. Man muss abrüsten. Nicht nur im atomaren Bereich. Ich glaube, das ist derzeit überall die öffentliche Meinung. Es war ja auch der Protest der Öffentlichkeit, der den Krieg in Vietnam beendet hat, nicht wahr. Und nun fordert die Allgemeinheit immer dringlicher, dass die Waffenberge verschwinden müssen. Die Völker sind mehrheitlich entschieden gegen jegliche Kriege. Ich bin überzeugt, dass diese öffentliche Bewegung die Staatsmänner erreichen wird. Das, was gegenwärtig zwischen der UdSSR und den USA passiert, ist meiner Ansicht nach die bislang positivste Entwicklung.*"

Dass dieses Verhältnis zwischen Russland und den USA unter dem Alleszerstörer und Rammbock Trump das genaue Gegenteil geworden ist, trifft den ewigen Friedensstifter später äußerst schwer. Damals widersprach ich seinem allzu großen Optimismus mit der Bemerkung, dass ich bei den sowjetisch-amerikanischen Nuklearverhandlungen aus nächster Nähe beobachten konnte, dass sich die beiden mächtigsten Männer der Welt weniger von der Stimmung im Volk leiten ließen als vielmehr von ihren militärischen Strategien.

Diesen Einwand ließ er so konkret gelten, wollte ihn aber nicht generalisiert wissen. Deshalb frage ich: „*Warum engagieren Sie sich trotz solcher Rückschläge heute mehr denn je in der Friedensbewegung?*"

„*Weil ich den Eindruck habe, dass sich immer mehr Teile der Bevölkerung dafür einsetzen, dass die UdSSR und die USA auf harmonische, gleichberechtigte Weise weiter abrüsten – also auf der Grundlage gleicher Sicherheit. Das ist eine Existenzfrage für unser dichtbesiedeltes Europa, das zweimal das Zentrum von Weltkriegen war. Ein dritter Krieg wäre nicht nur eine totale Zerstörung Europas, sondern nach meiner*

Überzeugung ein Auslöschen der gesamten Menschheit. Ich glaube, die
Europäer erkennen das mehr und mehr. Dazu hat auch die Arbeit von
uns Künstlern als Teil der Öffentlichkeit beigetragen. Wir müssen mit-
helfen, müssen auf unsere Weise Druck ausüben in der Hinsicht, dass
Gorbatschow und die USA weiterverhandeln. Das ist der einzig richtige
Weg und eine gute Marschroute."

Ich pflichtete ihm bei, dass Schweigen und Wegsehen von
vornherein Resignation bedeute und einer Verleugnung persönlicher Verantwortung gleichkäme. Das wäre wohl das Allerletz-
te, was der Kampfkünstler Theodorakis möchte. Dass er auch im
Ausland als „Griechenlands Stimme für Frieden und Freiheit"
gesehen wird, haben schonungslose und vernichtende, ehrliche
und klare Worte zu weltbewegenden Problemen bewirkt. Er hat
gegen die NATO-Bombardierungen in Jugoslawien ebenso vehement protestiert wie gegen den Irak-Krieg der Bush-Administra-
tion. Seine Kritik an der aggressiven Machtpolitik Israels gegenüber den Palästinensern bescherte ihm ähnlich großen Ärger wie
sein Engagement für eine griechisch-türkische Verständigung.

Er meldet sich zu Wort und sagt, was er für richtig hält – ohne
Rücksicht auf politische Befindlichkeiten seiner Regierung. Wenn
er gegen vermeintliches oder wirkliches Unrecht ins Feld zog,
wählte er als Arena für existenzielle Grundsatzthemen meist die
Bühne und für aktuelle Themen die Straße. Dass sich der Aus-
nahme-Grieche ohne großes Aufsehen in die Protestzüge der
Normal-Griechen einreihte, ging nicht immer ohne Blessuren
ab. Das war auch nicht anders, als seine Lebenslinie die Neunzig
ansteuerte. Da wurde der sich ewig einmischende Politrebell 2012
bei einer Demonstration in Athen durch eine Tränengasattacke
so schwer im Gesicht verletzt, dass er bis heute daran leidet. Er
hatte im Rollstuhl an einem Protestmarsch gegen die sogenannte Troika aus Internationalem Währungsfonds (IWF), Europäi-
scher Zentralbank (EZB) und EU-Kommission teilgenommen,
deren Politik er wie viele seiner Landsleute für den wirtschaftlichen Niedergang Griechenlands verantwortlich machte. Dass ihn
seine Gegner in diesem Fall nicht ganz zu Unrecht einer einäugigen Sichtweise bezichtigten, tat seiner Beliebtheit und seinem

Ruf als Stimme der Vernunft keinen Abbruch. Denn so kannte man ihn: bei voller Überzeugung vollen Einsatz!

Sein Freiheitsdenkmal „Canto General"

Seine immer wieder zitierte Rolle als Symbolfigur des aufrechten Volkstribuns macht ihn eher verlegen als stolz, wie ich im Verlauf unseres Dialogs merke. Er sieht sich ohne jeglichen Heldendünkel als gradliniger Verfechter seiner humanen Ambitionen, die naturgemäß mit dem Gemeinwohl übereinstimmen. Wohl aber akzeptiert er sein Spiegelbild in der Presse in seiner ganzen personellen Vielfalt: als Musiker, Sänger, Dirigent, Komponist, Schriftsteller und Politiker.

Für die Behandlung weltbewegender Themen steht nichts treffender als sein „Canto General", ein Oratorium nach dem gleichnamigen Gedichtzyklus des chilenischen Poeten Pablo Neruda, der nicht zuletzt auch dafür den Literaturnobelpreis erhielt. Das lyrische Epos über den Kampf der lateinamerikanischen Völker gegen den Kolonialismus und für ihre Freiheit entsprach voll und ganz der Grundüberzeugung eines Mikis Theodorakis. Seine Vertonung von „Canto General", bei der er sich durch Neruda selbst und vom chilenischen sozialistischen Präsidenten Allende beraten ließ, wurde zu einem der weltweit erfolgreichsten musikalischen Werke des 20. Jahrhunderts.

Eine grausame Ironie des Schicksals wollte es, dass das Nationalstadion in Santiago de Chile als vorgesehener Ort für eine erste Konzertaufführung des noch unvollendeten Stückes nicht mehr infrage kam. Der im September 1973 an die Macht gemordete Putsch-General Pinochet hatte die Sportarena in ein Konzentrations- und Todeslager verwandelt. Nachdem Theodorakis sein Werk „Canto General" 1981 komplettiert hatte, wurde es noch im selben Jahr in Ostberlin uraufgeführt. Zuvor schon hatte der DDR-Lyriker Erich Arendt die Neruda-Vorlage ins Deutsche übersetzt. Sie erschien erstmals 1953 im DDR-Verlag Volk und Welt und in den Folgejahren in der Bundesrepublik. Auch die Ballettinszenierung von „Canto General" hatte im Mai 1989 ihre Premiere in der DDR. Theodorakis war des Öfteren Gast im Osten Deutschlands.

Schon im Februar 1980 hatte er im Palast der Republik sein „Canto"-Oratorium selbst dirigiert. Im Mai 1982 wurde die Erstaufführung der deutschen Fassung des Oratoriums „Axion Esti" über die Geschichte Griechenlands zum Höhepunkt der Dresdner Musikfestspiele. Vor etwa 2500 Besuchern und bei stehenden Ovationen dirigierte der Komponist sein Werk in einer brillanten Besetzung von 400 Mitwirkenden.

Fünf Monate später schwang er aus gleichem Anlass erneut den Taktstock im Leipziger Gewandhaus und im Februar 1988 war der Kulturpalast Dresden noch einmal Schauplatz für die Präsentation des Volksoratoriums, an der ein weiteres Mal als Bass auch der Sänger Gunther Emmerlich beteiligt war.

Schon 1984 hatte Dresden die Uraufführung der 7. Sinfonie gefeiert. Die Berliner erlebten sie 1987 im großen Konzertsaal des Schauspielhauses mit einer glanzvollen Gala unter der Leitung von Prof. Herbert Kegel, der neben dem Österreicher Herbert von Karajan als größter deutschsprachiger Dirigent des 20. Jahrhunderts verehrt wurde. Er präsentierte die sogenannte Frühlingssinfonie mit der Dresdner Philharmonie und einem internationalen Ensemble namhafter Künstler aus Norwegen, der Tschechoslowakei, der Sowjetunion und Bulgarien. Im Juni 1987 überraschte Theodorakis die Berliner mit einer Sondereinlage. Zum Schluss seines Konzertes auf dem Rosa-Luxemburg-Platz trat er mit dem Taktstock in der Hand ans Mikrofon, um einige seiner Lieder selbst zu singen.

Wie die DDR den Großgriechen vereinnahmte

Während ich diese Erinnerungen notiere, drängt sich mir die Frage auf: In welcher Weise würden wohl die heutigen Leitmedien mit dieser starken DDR-Präsenz des großen Griechen umgehen, wenn sie ein Resümee seines Schaffens und Lebenswerkes zeichnen müssten? Würden auch Journalisten seriöser Blätter dieses seit den 1980er-Jahren konstante schöpferische Verhältnis von Theodorakis zum kleineren deutschen Staat wegdrücken und wegschweigen oder doch anerkennen, aber dabei verkanten, kleinreden, verunglimpfen, verideologisieren? Oder bin ich da durch bisherige Erfahrungen voreingenommen und damit ungerecht?

Aber diese massive Theodorakis-Präsenz medial in sachlicher Objektivität ohne Wenn und Aber einfach als einen kulturellen Bestandteil der gewesenen Deutschrepublik anzuerkennen, konnte ich mir beim allerbesten Willen nicht vorstellen. Denn der Begriff DDR ist zum monströsen Böswort abgestempelt und wird gewöhnlich in Politik und Presse von einem stromlinienförmigen Sturm an Vorwürfen und Anschuldigungen begleitet, dessen Epizentrum mit Unrechts- und Stasi-Empörung das Kanzleramt ist. Zwar gibt es seit geraumer Zeit in einigen Printblättern eine zunehmende Anerkennung für bemerkens- und nachahmenswerte DDR-Leistungen in Bereichen wie Sport, Kunst, Kultur, Wohnungsbau oder Sozial- und Gesundheitswesen, aber solcherart großmütigem Zugeständnis folgt meist eilfertig und geradezu reflexhaft eine Entwertung durch den unerlässlichen Hinweis auf ein totalitäres SED-Diktatorenregime, das seiner Bevölkerung angeblich sogar den Antifaschismus verordnet hat. Dass nicht jeder DDR-Bürger jeden Tag Daumenschrauben der Drangsalierung spürte und sein Leben durch Gitterstäbe von Unfreiheit sah, ist dabei unerheblich.

Mit solch skeptischer Erwartung und spannender Neugier griff ich zum Artikel von Birgit Walter, die in der *Berliner Zeitung* vom 29. Juli 2020 dem Großgriechen eine Geburtstags-Laudatio widmete. Die Überschrift klang vielversprechend: *„Mikis Theodorakis – ein Volksheld"*, Untertitel *„Der große griechische Komponist und ewige Rebell wird 95 Jahre alt"*.

Im Schlussteil des Textes wird die starke Verankerung seiner Werke im Staate DDR tatsächlich mit einem Halbsatz erwähnt, eingekleidet in eine spöttelnde Animosität, ohne die ein notgedrungen gutes Wort über die DDR heute in der Presse nur selten

auskommt: „*Natürlich entfaltete ein verfolgter kommunistischer Welt-star auf die DDR eine unerhörte Anziehungskraft. Erst war er wegen seiner Sowjetunion-Kritik suspekt, aber ab den 80ern dirigierte er hier seine großen Werke, füllte Konzertsäle und Sendungen, erlebte die Ur-aufführung seines ‚Canto General' als Ballett.*"
Das war's dann auch schon. Ein winziges und schnelles Lob. Um der Gefahr einer DDR-Aufwertung zu entgehen, gleich im nächsten Satz die Notbremse: „*Ja, er wurde geliebt – und zwar für seine Musik, obwohl er sich ganz offensichtlich vereinnahmen ließ.*"
Da war er endlich raus, der zeitgemäß notwendige Nachtritt! Trotzdem bin ich der Redakteurin dankbar für die Einschrän-kung „*offensichtlich*". Also eine „*offensichtliche*" Vereinnahmung. Die rückt damit in die Bedeutungsnähe eines Zweifels. Den hat-te Frau Walters Redaktionskollege Torsten Wahl vor fünf Jahren noch nicht, als er an gleicher Stelle einen Artikel zum themen-gleichen Anlass verfasste – damals zum 90. Geburtstag des Meis-ters. Nachdem der Pressemann ebenfalls erwähnt hatte, dass die DDR dem Ausnahmemusiker eine Bühne für seine Werke ge-boten hat, schwang er sich zu dessen Pressesprecher auf und ver-kündete: „*Theodorakis nahm die politische Vereinnahmung in Kauf.*"
Also kein „*offensichtlich*", kein „*wahrscheinlich*", kein Verdacht, keine Skepsis, kein Zweifel, sondern felsenfeste Behauptung. Woher wusste der Herr Redakteur mit Gewissheit und die Frau Redakteurin unter Vorbehalt, dass der griechische Freigeist sich vereinnahmen ließ? Sie haben sich meines Wissens nach nie mit ihm persönlich unterhalten. Ich schon. Und obwohl ich mich klar als DDR-Journalist vorgestellt habe, hat er mich weder un-willig noch unfreundlich behandelt. Ganz im Gegenteil! Ergo hat er sich auch von mir für den DDR-Propaganda-Apparat ver-einnahmen lassen.
Bleibt zu resümieren: Beide Journalisten anerkannten in Mi-niform den immensen Anteil der DDR an der Verbreitung der Werke von Theodorakis, beschuldigten aber beide der ausge-führten und zugelassenen Vereinnahmung – und das mit ähnli-chem Vokabular im Abstand von fünf Jahren. Könnte diese glei-che argumentative Ausrichtung Zufall sein? Oder gibt es für den

Zug der Zeit womöglich eine von regierender Hand vorgefertigte Klischee-Schiene und einen vorgedachten Meinungsfahrplan mit Richtungsweiser?

Ich bin froh, dass mir an dieser Stelle der erhobene Zeigefinger erspart bleibt. Denn die fällige Belehrung beider Journalisten übernimmt ihre eigene Kollegin Annika Leister aus der gemeinsamen Redaktionsstube. In einer Kolumne vom 4. 8. 2020 über die Berliner Corona-Großdemonstration wirft sie den Medien „gravierende Fehler" vor und schreibt:

„Mehrere Studien – etwa von der Hamburg Media School und der Uni Leipzig – ziehen inzwischen anhand der Analyse tausender Zeitungsbeiträge das bittere Fazit: Statt kritisch zu berichten, seien in den Medien die ‚Losungen der politischen Elite' übernommen worden."

Trefflich ausgedrückt und solide untermauert, was ohnehin tagtäglich ins Auge sticht. Da wundert auch die zweite Hälfte der Forschungserkenntnisse nicht, die das meinungsbildende und meinungsverbildende Desaster einer Pressemehrheit komplett machen:

„Sorgen der Bevölkerung seien zurückgedrängt, Andersdenkende diskursiv ausgegrenzt worden."

So weit, so schlecht. Und so schlecht, so deprimierend. Denn dieser Pressetrend, dessen gesellschaftskalte Spitze des Eisberges DDR- und Russenhass sind, ist in dreißig Einheitsjahren eher gewachsen. Deshalb stelle ich in gebetsmühlenhafter Aufdringlichkeit und Penetranz immer wieder dieselbe einfache Frage: Warum schwimmt der Kahn einer angeblich unabhängigen Presse viel zu oft mit regierungshöriger Konsequenz im Kielwasser des Staatsschiffes und übernimmt die Durchsagen seiner Kapitänin als Kommandos für den eigenen Kurs? Und dies nicht selten mit einer unbelehrbaren Hartnäckigkeit, die erschreckt und den Eindruck mainstreamiger Zwänge erhärtet, um sich gleichzeitig über das Pauschaletikett „Lügenpresse" zu empören.

Da gehen eben beim Reizwort DDR Begriffe wie „politische Vereinnahmung" leichtfertig von der Hand. Und da ist eben für Redakteure nichts anderes vorstellbar, als dass dieser „Unrechtsstaat" einen Mikis Theodorakis vereinnahmt hat – vor allem, wenn man in diesem Land nicht gelebt hat und es nur vom Hörensagen kennt wie die Autorin Birgit Walter, die laut redaktioneller Internetauskunft nach der Wende geboren wurde.

Der Vollständigkeit halber möchte ich Sie, liebe Birgit, und ihren Kollegen Torsten noch auf ein Versäumnis aufmerksam machen. Zur „politischen Vereinnahmung" gehört gewöhnlich noch die „politische Instrumentalisierung". Das ist für andere Berufskollegen ein DDR-Zwilling, den Sie sich ebenfalls zu eigen machen sollten, um ihren politischen Werkzeugkasten zu komplettieren. Bitte weiter so! Da helfen Sie kräftig mit, dass auf ohnehin verblühenden Landschaften nicht zusammenwächst, was immer vehementer auseinanderdriftet. Ich verlange keinen Weichzeichner und kein Rosarot für's DDR-Bild, aber auch kein Schwarz-Weiß, sondern Farbe und einen fairen Pinselstrich. Fairness und Sachlichkeit bitte!

Damit endet meine Wutrede. Ich habe fertig! Ex-Bayern-Trainer Trapattoni wird mir diese kleine verbale Anleihe bei ihm sicher nicht verübeln.

Der Meister und „das Treiben in der DDR"

Natürlich dirigierte ein Theodorakis nicht nur Galakonzerte vor großem Publikum im Palast der Republik, im Berliner Schauspielhaus, in der Dresdner Philharmonie oder im Leipziger Gewandhaus, sondern auch vor jungen Leuten als Veranstaltung des Jugendverbandes FDJ unter freiem Himmel auf dem Rosa-Luxemburg-Platz. Dass ein Egon Krenz als auch für die Jugendpolitik zuständiges Politbüromitglied und ehemaliger FDJ-Chef bei diesem Klassikerlebnis dabei war, ist – so denke ich – normal bis selbstverständlich. Daraus eine generelle „politische Vereinnahmung" des Griechen zu konstruieren, ist schon gewagt, zumal sie auf die FDJ beschränkt bliebe.

Aber selbst, wenn es so wäre, stellt sich die einfache, unverfängliche Frage: Vereinnahmung wofür? Für Völkerhass oder

Auslandskriege? Rassismus oder Judenhetze? Nazismus oder Rechtsextremismus? Die Musik von Theodorakis ist vom Gegenteil geprägt. Die offizielle Politik der FDJ war es auch – womöglich sogar auf zu diktatorische Weise in einer straff durchideologisierten DDR. Da stellt sich dann schnell die zweite Frage: Wer vereinnahmte eigentlich wen? Er mit seinen antifaschistischen Liedern die DDR oder die DDR ihn mit ihrer antifaschistischen Politik – ob verordnet oder nicht?! Wurde Theodorakis vielleicht „politisch vereinnahmt" beim 10. Festival des politischen Liedes im Februar 1980? Warum nicht? Vereinnahmt für den Friedenskampf – nicht nur Kernthema des Festivals, sondern auch vieler Werke des griechischen Antifaschisten, Antiimperialisten und NATO-Gegners. Dafür also musste er nicht vereinnahmt werden, diese Vereinnahmung brachte er von Haus aus mit. Genauso wie die Künstler aus 60 Ländern, die in 20 Folgen der alljährlichen FDJ-Musikveranstaltung auftraten. In der 10. Ausgabe dirigierte Theodorakis seinen „Canto General" nach Versen des chilenischen Dichters Pablo Neruda. Beide waren Mitglieder der Akademie der Künste der DDR wie ein Charles Chaplin, Laurence Olivier oder Pablo Picasso, die sich damit ebenfalls hatten politisch vereinnahmen lassen.

Auch Theodorakis hatte dies zugelassen, obwohl er laut Birgit Walter das desaströse Wirken der DDR-Oberen erkannt hatte. Zitat aus ihrem Artikel: „Er durchschaute das Treiben in der DDR." Als Kronzeugen dafür ruft sie seinen griechischen Biografen Asteris Koutoulas in den Zeugenstand, der in der DDR gelebt hat. Sie zitiert, was er von Theodorakis zitiert: „Asteris, wie kannst du hier leben? In so einem Staat wäre ich tot oder im Gefängnis!" Da wäre die Auskunft schon interessant, zu welchem Zeitpunkt der große Grieche das zum kleinen Griechen gesagt haben soll. Das ist Frau Walter aber wohl egal, denn sie will die DDR-Verdammnis anscheinend als generelle Aussage verstanden wissen. Wenn das aber so ist, warum, um des lieben Herrgotts willen, ist Asteris Koutoulas dann nicht zurück in sein schönes Hellas gegangen, denn als DDR-Grieche war er kein DDR-Deutscher und hätte beliebig ausreisen können!?

Auch der große Grieche hätte seine Kooperation mit dem Staat DDR jederzeit beenden können, zumal er – wie die Redakteurin schreibt – ein „ewiger Rebell" sei, was er ja wirklich bis heute geblieben ist. Überliefert von ihm ist das Gegenteil von DDR-Hass. Noch im Wendejahr 1989 bekundete er am Sonntag, dem 15. Januar, bei einem Treffen mit FDJ-Chef Eberhard Aurich und Kultur-Vizeminister Hartmut König seine Genugtuung, dass der DDR-Jugend wie kaum in einem anderen Lande sein Werk in ganzer Breite vermittelt werde und dass mit der bevorstehenden Ballettaufführung von „Canto General" eine neue Dimension erschlossen würde. Dies sei, so erklärte er, von besonderer aktueller Bedeutung angesichts des Widerstandes des chilenischen Volkes gegen die faschistische Diktatur Pinochets.

Protokolliert ist auch, dass der große Grieche acht Monate vorher, am Montag, dem 16. Mai 1988, in diplomatischer Mission von Erich Honecker im Amtssitz des Staatsrates empfangen wurde. Er überbrachte zwei Wochen vor Inkrafttreten des sowjetisch-amerikanischen INF-Vertrages zur nuklearen Abrüstung eine persönliche Botschaft seines Premiers an das Staatsoberhaupt der DDR. Darin betonte Andreas Papandreou die Notwendigkeit einer weiteren bilateralen Zusammenarbeit zur Konsolidierung der eingeleiteten Entspannung zwischen Ost und West und informierte über den Friedensdialog zwischen Griechenland und der Türkei.

Honecker seinerseits bat seinen Gast, dem Regierungschef mitzuteilen, dass die DDR wie Griechenland im Rahmen der Sechs-Staaten-Initiative für eine Reduzierung der strategischen Atomraketen sowie für ein Verbot der Nukleartests und der Chemiewaffen eintrete.

In seiner Erwiderung nannte Theodorakis den Hausherrn einen „bedeutenden Friedenskämpfer", dessen Initiativen für kernwaffenfreie Zonen in Europa zu einem Klima des Vertrauens beigetragen hätten. Staatsmännisches Lob aus dem Munde eines furchtlosen Künstler- und Politrebellen, der Obrigkeitsbuckelei und Personenkult verabscheut, und der dafür bekannt ist, vor keiner Macht der Welt zu kuschen – und erst recht nicht vor einer, die er als inhuman ablehnt. Sollte er also die DDR und damit natürlich auch ihren Häuptling verachtet haben, weil er *„das Treiben in der DDR"* durchschaute, dann hätte er personenkultig gelogen. Für einen Theodorakis unvorstellbar! Ansonsten hat er es so gemeint, wie er es gesagt hat, womit entweder sein Biograf geschwindelt hat oder er falsch zitiert wurde.

Eine Frohnatur hinter Gittern

Anzunehmen ist, dass dem Gast aus Athen verborgen blieb, dass Volkes Wille zu dieser Zeit im Lande DDR immer mehr zum Unwillen wurde. Und für den nicht weltfremden, aber DDRfremden Gastgeber war die Grummelstimmung im eigenen Land lediglich ein unliebsamer Störfaktor einzelner Unruhestifter, wenn Informationen darüber überhaupt in sein Wolkenkuckucksheim vorgedrungen sein sollten. Dass er in dem standhaften Hellenen einen Gleichgesinnten sah, der perfekt in seine Politik passte, ist nicht verwunderlich. Er, Honecker, hatte den Kerker der Hitlerfaschisten überlebt und er, Theodorakis, die Gefängnisse in der Militärdiktatur der Obristen-Junta. Und dass der große Grieche für ihn wie ein alter Bekannter war, erstaunt ebenso wenig. Denn als der verfolgte Kommunist 1967 eingesperrt wurde, rollte unter maßgeblicher Inspiration Honeckers eine Welle der Solidarität durch die DDR, schickten Schulklassen und Arbeitskollektive Protestbriefe nach Athen mit der massenweisen Forderung nach Freilassung des Volkstribuns.

Zu dieser Zeit war Theodorakis bei der westdeutschen Allgemeinheit allenfalls als griechischer Folklorist bekannt, der wie später sein Landsmann Costa Cordalis sonnige Mittelmeer-Laune verbreitete. Da Griechenland auch unter dem Folterregime der Obristen ein NATO-Verbündeter mit strategischer Bedeutung blieb, verhielt sich die BRD in ihrer Staatspolitik moderat, wobei die politische Landschaft zerfurcht war. Während die SPD zu Spenden für die Opfer der Junta aufrief, wurde sie von konservativen und rechtsorientierten Parteien unterstützt. Das offizielle Bayern hofierte sie sogar mit finanziellen Hilfen. Die Bundesregierung unter Altnazi Kurt Georg Kiesinger wollte ihre Bevölkerung weder mit den umfangreichen Verbrechen der Militärs und ihren Todeslagern konfrontieren noch mit Einzelschicksalen wie das eines Mikis Theodorakis behelligen. So blieb er für Otto Normalo von der Nordseeküste bis zum Bodensee eine musikalische Frohnatur mit den Sirtaki-Klängen eines Alexis Sorbas. Torsten Wahl bringt das in seinem Artikel in ehrlicher Selbstbespiegelung auf den Punkt:

„Als Mikis Theodorakis in den frühen 1960ern viele seiner populärsten Stücke, darunter die markante Filmmusik zu ‚Alexis Sorbas‘, schrieb, war er im Westen vor allem der fröhliche Grieche, mit dessen Liedern sich der Urlaub in Hellas nett untermalen ließ. Auch in den auf Deutsch gesungenen Liedern wurde Theodorakis hier oft entpolitisiert.“

Das hat sich in Einheitsdeutschland weitgehend geändert, wie der Redakteur treffend belegt:

„Nach der Wende fanden Sänger aus Ost und West auch über Theodorakis zusammen: Ob Klaus Hoffmann und Konstantin Wecker, ob Gerhard Gundermann, Hans-Eckart Wenzel, Gerhard Schöne oder Gina Pietsch – sie alle interpretierten ihn.“

Blieben noch Hannes Wader und Rainer Kirchmann nachzutragen.

Nach dem Crash des europäischen sozialistischen Systems scheint sich der einstige überzeugte Kommunist Theodorakis auf die Position des Humanismus als den kleinsten für ihn akzeptablen Nenner zurückgezogen zu haben. Unwahrscheinlich aber ist, dass er abgefallen ist vom Glauben an eine bessere Gesellschaftsordnung als die des alles überwuchernden Maximalprofits. Diesen Optimismus dürfte ihm seine Grundeinstellung der sozialen Gerechtigkeit diktieren. Ich denke, er hält einen Sozialismus mit menschlichem Antlitz für schwierig, aber einen Kapitalismus mit menschlichem Antlitz für unmöglich. Das hat er weniger in Reden zum Ausdruck gebracht als vielmehr in seinen Stücken und überdeutlich in „Canto General“ als einem seiner Hauptwerke.

Dieses musikalische Historienpanorama reiht sich ein in die schwer überschaubare Bandbreite eines Schaffens, die kaum ein relevantes Thema und musikalisches Genre ausspart. Dazu gehört auch der Hollywood-Krimi „Serpico", der ähnlich wie der Sorbas-Streifen international Furore machte. Der Tatsachen-Thriller, der das authentische Drama-Leben des New Yorker Polizisten Frank Serpico widerspiegelt, war Vorreiter in der filmischen Mission, Korruption und Bestechung in der US-Polizei anzuprangern. Er brachte Al Pacino eine Oscar-Nominierung und einen Golden Globe als bester Hauptdarsteller – und Mikis Theodorakis für den besten Soundtrack gleich zwei Nominierungen beim US-Musikpreis Grammy und bei der BAFTA-Trophäe der britischen Filmakademie.

Ausuferndes Lebenswerk in guten Händen

Damit will ich den Gedankenflug beenden und auf den Teppich des Interviews zurückkehren. Ich konfrontiere ihn mit einer jüngsten Äußerung, er fühle sich als – so wörtlich – *„Überlebender einer inzwischen getöteten Linken"*. Es sei, so meine ich, nicht vorstellbar, dass auch ein Fels wie er im Laufe der Zeit dieses Schicksal teile und zu Staub zerbröckele. Er lacht, dass sein Lockenwald hüpft: *„Zu Staub? Nein, eher zu Humus! Der ist nützlich!"*

Dann schaut er zum ersten Mal auf die Uhr und mir wird bewusst, dass wir schon fast eine Stunde plaudernd mitten auf der Festwiese stehen, mittlerweile umringt von Festivalbesuchern, von denen einige in der Hoffnung auf ein Autogramm Zettel und Kuli in der Hand halten und ihm ebenfalls zuhören. Ich entschuldige mich, dass wir ihn so unverschämt lange aufgehalten haben, danke ihm und wünsche weiterhin Gesundheit und Kreativität. Eine freundlich abwehrende Geste soll sagen, dass er uns diese Zeit mit der Selbstverständlichkeit eines jederzeit ansprechbaren Dialogpartners eingeräumt hat. Damit korrigiert er anderweitige Pressestimmen, dass er nur sehr ungern Interviews gebe. Obwohl ich spüre, dass ihn nun ein Termin drückt, signiert er jeden ihm hingehaltenen Zettel.

Wenige Jahre danach zieht er sich mit Anfang 70 aus dem öffentlichen Leben zurück. Zuvor war er vier Jahre Generalmusikdirektor von Orchester und Chor des Griechischen Rundfunks und Fernsehens. Nun, im Jahre 2020, lebt er mit seinen stolzen 95 Lenzen zurückgezogen in Athen, meldet sich aber in zuverlässiger Regelmäßigkeit aus dem selbstgewählten Privat-Exil, wenn ihn gesellschaftliche Notwendigkeiten dazu zwingen. Seine punktuelle Aufmerksamkeit gilt dem Erhalt der Demokratie und faschistischen Tendenzen der erstarkenden extremen Rechten. Sein ausuferndes kulturelles Erbe weiß er in guten Händen. Seine Tochter Margarita, eine studierte Geschichtswissenschaftlerin und mittlerweile auch schon 61, kümmert sich um die Pflege seines Nachlasses und die weitere Verbreitung seiner Werke. Der ein Jahr jüngere Sohn George ist in die großen Fußstapfen seines Vaters getreten und hat sich als Komponist und Sänger in seiner griechischen Heimat einen Namen gemacht.

Nach dem Verschwinden des Staatssozialismus in Europa ist Theodorakis ein unabhängiger Linker geblieben, wenngleich er nur noch an ein einziges ehernes Ideal glaubt, wie er einem seiner Freunde anvertraute. Dies sei *das alte griechische Prinzip der Demokratie*. Es muss ihn sehr geschmerzt haben, dass – wie er es ausdrückte – *die Idee des Kommunismus im totalitären Staat gipfelte*. Nach den gesellschaftlichen Umbrüchen in den Ländern des Ostens nahm auch er Abschied von so mancher Illusion. Was im Kern bleibt, ist die Suche nach einer humaneren, gerechteren Welt mit sozialen Verträglichkeiten für alle. Und sein ewiges Ziel einer Aussöhnung zwischen Griechen und Türken ist ihm Herzenssache geblieben. Das hat ihm von Extremisten nicht wenige Feindschaften beschert, zugleich aber auch die Anerkennung von 200 prominenten Landsleuten, die ihn für den Friedensnobelpreis vorgeschlagen haben.

Koloss der Musikgeschichte

Worüber er sich heute mit altersweiser Nachsicht ein Lächeln abringt, sind Etiketten, die man ihm angeklebt hat: *„Heros mit Legendenanspruch"* oder *„Troubadour mit Bouzouki-Klang"*. Wäre es so einfach, hätte die Fachwelt weit weniger Stress mit der Aufarbeitung seines Mammut-Lebenswerkes – und er selbst auch. Denn er widmet sich bereits seit Jahren dem Ordnen und Katalogisieren seiner eigenen kompositorischen Vielfalt, um sie einer möglichst breiten Öffentlichkeit zu erschließen. Dabei bestätigt sich für die Musikwissenschaft: Den Pegasus, das geflügelte Pferd der griechischen Mythologie und Sinnbild der Dichtkunst, hat Mikis Theodorakis bis in den Olymp seiner Künste geritten. Dafür haben ihm sein Land und die Welt bereits reichlich Anerkennung gezollt. Mit Ehrendoktor-Würden der Universitäten von Saloniki, Volos, Kreta, Montreal, Tel Aviv, Istanbul und Salzburg, mit dem Korngold-Preis der Filmmusik-Biennale, mit dem Internationalen Leninpreis, mit dem „Großoffizier des Luxemburgischen Verdienstordens", mit dem russischen Andreas-Preis für außergewöhnliches geistiges Schöpfertum, mit dem UNESCO-Musikpreis – eine der höchsten Ehrungen überhaupt – und mit der Aufnahme als Ehrenmitglied der Europäischen Linkspartei, ganz zu schweigen von den seinem Schaffen gewidmeten Konferenzen, Workshops und Symposien. Trotz energischer Gegenwehr konnte er die Heldenverehrung um seine Person nicht verhindern. Griechenland sieht ihn schon zu Lebzeiten als unsterblichen Koloss seiner Musikgeschichte.

Professor Guy Wagner, luxemburgischer Schriftsteller und Freund des Komponisten, zitiert in seinem Buch „Mikis Theodorakis. Ein Leben für Griechenland" den US-Dramatiker Arthur Miller mit einem Satz, der den weit verzweigten Lebensbaum des Musikgolems auf seinen Stamm und damit auf das Wesentliche reduziert:

„Ich bezweifle, ob es ein anderes Leben gegeben hat, das so stark die Zusammenhänge zwischen revolutionärer Kunst und politischer Freiheit aufzeigt."

Gilbert Bécaud

Endlich! Die Managerin von Monsieur Bécaud hat mir grünes Licht gegeben für ein TV-Interview mit dem Grandseigneur der französischen Musikszene. Was mich dabei stutzig gemacht hat, war ein Hinweis von Monique Scherrer, der sich wie eine versteckte Warnung anfühlte. Wenn es geht, meinte sie am Telefon, quälen sie ihn nicht mit seiner „Nathalie". Ein Wink mit dem berühmten Zaunpfahl? Wie sollte ich den verstehen, wo ich doch überhaupt keinen Zaun sah? Warum sollte ich Bécaud nicht auf einen seiner allergrößten Erfolge ansprechen, der ihn neben seinem Freund Charles Aznavour zum Weltmeister des Schlager-Chansons gemacht hat?

Ich recherchierte unter Insidern, kramte in Pariser Archiven und förderte zu meiner Überraschung eine plausible Erklärung zutage. Die lehrte mich: Um Unverständliches verständlich zu machen, muss man halt manchmal auf den Urschleim zurückgehen, um nicht auf ihm auszurutschen.

Oft sind es banale Beweggründe, die geniale Erfindungen bewirken. „Nathalie" war eine davon. Geboren wurde die später weltbekannte Fantasiefigur der besungenen schönen Moskauerin 1964, nachdem ihr geistiger Vater ein Jahr lang mit seiner ungewöhnlichen Idee schwanger gegangen war. Aber der Reihe nach.

Die Geburt einer Moskauerin in Paris

„Nathalie" erblickte das Licht der Schlagerwelt in einer bewegten Zeit. Seit dem achtjährigen, 1954 gescheiterten Indochinakrieg Frankreichs gab es immer wieder Feindseligkeiten gegen die Sowjetunion, die den Befreiungskampf der Vietnamesen gegen die Kolonialmacht unterstützt hatte. In den gehobenen Schichten des französischen Bürgertums grassierte permanent ein ausgeprägter Antisowjetismus, der 1963 wieder einmal einen Höhepunkt erreicht hatte.

In diesem Kontext kam dem songschreibenden Franzosen Pierre Delanoë eine Idee, die seinen Namen und seinen Geldbeutel vergolden sollte. Der studierte Jurist und Steuerinspektor traf nach dem Zweiten Weltkrieg den mit ersten Erfolgen gesegneten Chansonier Gilbert Bécaud und wurde sein Textdichter. Im Laufe der Zeit reizte ihn als Kontrapunkt zum langweiligen Standard-Thema der unbefleckten Liebe in einer heilen Welt ein ehrgeiziges Projekt mit Potenzial zum gesellschaftlichen Aufreger. Im Spannungsfeld zwischen einem sich andeutenden politischen Ost-West-Tauwetter und den andererseits verschärften sowjetisch-französischen Beziehungen wollte er die provokative Liebe eines Pariser Jünglings zu einer Moskauer Schönheit im Schatten russischer Despotenherrschaft beschreiben. Dabei sollten gleichzeitig der Zwiebelturm-Reiz Moskaus, die aufregende Geschichte Russlands und die Sympathie für seine einfachen Leute nicht in Abrede gestellt werden.

Als Bécaud den Entwurf des Liedtextes sah, lehnte er ihn als zu profan ab und verlangte mehr Farbe für russische Folklore und eine romantische stimmungsvolle Kulisse für die amouröse Geschichte. Er wollte sie vor den winterlichen Toren der Kremltürme spielen lassen, um sie in beeindruckender gesanglicher Tonlage erzählen zu können.

Ein Jahr lang feilte der Verseschmied an jeder Formulierung. Dann hieß die Russin nicht mehr Natascha, sondern Nathalie, der Text war als Ich-Erzählung umgeschrieben und die beiden ersten Strophen begannen mit den schlichten, aber einprägsamen Aussagen: „*La place Rouge était vide, la place Rouge était blanche*" – „*Der Rote Platz war leer, der Rote Platz war weiß*". Bécaud war zufrieden. Er setzte sich ans Klavier und in nur wenigen Stunden war die Musik dazu komponiert. Mit „Nathalie" war mitten in Paris eine Moskauerin geboren, die ihren musikalischen Verehrer ein Leben lang begleiten sollte. Das schlagerhafte Chanson begann mit seinem Erscheinen im Februar 1964 einen Siegeszug um die Welt. Erzählt wird in gut vier Minuten, wie sich ein junger französischer Tourist in der pittoresken Schneelandschaft des Moskauer Stadtzentrums in seine Fremdenführerin verliebt, in ihrer Studentenbude mit anderen Kommilitonen trinkt, singt und tanzt und über seine Heimat und seine Stadt an der Seine fabuliert. Er bleibt über Nacht und träumt von Nathalies Gegenbesuch in Paris, wo er dann im Rollentausch ihr Stadtführer sein könnte.

Frankreich zögerte mit Applaus, gab sich anfangs sehr verhalten und stellte etwas verstört die Frage, wie denn in einem Liebeslied Worte wie „Oktoberrevolution", „Roter Platz" und „Lenin-Mausoleum" auftauchen könnten. Das Kuriosum: Während sich die ersten Platten schwer verkauften, wurden immer mehr Mädchen auf den Namen Nathalie getauft. Ein Phänomen, das bald schon auf den Musikmarkt übergriff – und das zunächst vor allem im Ausland trotz der Beatle-Manie, die 1964 ihrem Zenit zustrebte.

In den BRD-Charts war der Song in der deutschen Übersetzung 22 Wochen präsent. In der DDR lag die „Amiga"-Platte fünf Jahre später auf dem Ladentisch. In den Folgejahren bekam das ungewöhnliche Lied, was ihm zustand: eine über Jahrzehnte andauernde generationsübergreifende Beliebtheit, die bis heute anhält – ein Riesenhit, der in fast alle Sprachen der Welt eindrang und gemeinsam mit ihrem Komponisten und Interpreten unsterblich wurde.

„Nathalie" als Fluch und Segen

Auch das besungene Moskau konnte sich der „Nathalie"-Faszination nicht entziehen. Gut ein Jahr nach dem Start der zu Musik gewordenen Liebesgeschichte geschah das Wunder: Ende April 1965 gab Bécaud nach einer offiziellen Einladung ein umjubeltes Gastspiel im Großen Saal des Moskauer Kreml-Kongresspalastes. Möglich gemacht hatte dies eine Neuorientierung in der sowjetischen Kultur- und Außenpolitik durch den Machtwechsel von Chruschtschow zu Breschnew, der die Meinung seines Vorgängers nicht teilte, Jazz und Pop seien eine „internationale Entartung".

Zweifelsohne war der Auslöser für die Einladung des Chansoniers aber auch die inzwischen europaweite Popularität seiner „Nathalie". Dass er das anrührende Liebeslied bei einem Auftritt ausließ, war undenkbar, auch wenn er es schließlich bei 250 Konzerten im Jahr selbst nicht mehr hören konnte. Das Publikum forderte es – ob im Pariser „Olympia" oder am Broadway, ob in der Musikhalle von Hamburg oder zu DDR-Zeiten im alten und neuen Friedrichstadtpalast von Berlin. Die Person von Nathalie hatte sich verselbstständigt, war aus dem Lied herausgetreten und zur ständigen Begleiterin von Bécaud geworden. Beide wurden verlangt, bis er davon matt und müde war, ein Abgleiten in Routine befürchtete und in eine Sinnkrise stolperte. „Nathalie" als Fluch und Segen. Überliefert ist ein Gemütsausbruch aus dem Jahre 1994: *„Ich habe die Nase gestrichen voll, ich kann ‚Nathalie' nicht mehr singen. Seit 30 Jahren jeden Abend! Ich muss sie neu erfinden, um wieder Lust darauf zu bekommen."*

Das gelang ihm 1999 im Rahmen einer anekdotenhaften Begebenheit, die mit ihrer unerwarteten Pointe erzählt werden muss. In der Romanze singt er davon, dass der junge Franzose mit seiner Begleiterin nach dem Besuch von Lenins Grab gern eine heiße russische Schokolade im Café Puschkin trinken würde. Das ist ihm zu gönnen, hat nur einen Haken: In ganz Moskau gab es zu dieser Zeit kein Café Puschkin. Das wurde 35 Jahre nach der Erstveröffentlichung des Songs nachgeholt. Die „Nathalie"-Verehrer an den Ufern der Moskwa hatten es geschafft und dafür auch den 200. Geburtstag des russischen Nationaldichters genutzt. So wurde Alexander Puschkin geehrt – und Nathalie auch. Um ihren Triumph zur Legende zu stilisieren, wurde Gilbert Bécaud zur Eröffnung des nun zur Wirklichkeit gewordenen Cafés eingeladen. Und er kam. Und er sang. Natürlich von Nathalie. Nun konnten der Franzosen-Tourist und die verführerische Russin mit blonden Haaren im Moskauer Café Puschkin endlich ihre heiße Schokolade schlürfen.Eine Fiktion wurde

Realität. Das französische Tagesblatt „L'Humanité" nannte das Spektakel die „Wiederauferstehung Nathalies" und fand die treffende Schlagzeile „Wenn das Volkslied eine Legende erschafft". Es war zum Weinen schön – und viele Premierengäste taten es in Feierlaune und hemmungsloser Leidenschaft für ihre Nathalie und den angebeteten berühmten Ehrengast aus Paris, dem jede schöne Wassilissa gern Moskau und noch mehr gezeigt hätte.

„Nathalies" unerwünschte Tochter

Offengeblieben im Kult-Chanson war lange Zeit die Frage, was in der Nacht geschah, als die Studenten spätabends Nathalies Quartier verließen, der Touristen-Franzose aber nicht. Diese Wissenslücke schlossen Texter und Komponist auf verblüffende Weise mit einem Nachfolgelied. Darin wechselt der junge Mann von der Seine Briefe mit Nathalies Kind, das 1964 – noch im Jahr der französisch-russischen Romanze – geboren wurde und in Leningrad studierte. Offensichtlich eine Konversation zwischen Vater und Tochter. Sie wäre also, als der Nachzieher 1983 herauskam, 19 Jahre gewesen – und damit tatsächlich im Studentenalter.

Ein grandioser Geniestreich, von dem nur die Schöpfer wissen, ob er ernst gemeint war oder mit augenzwinkerndem Schalk aufgetischt wurde. Der unüberhörbare Bezug zum Original geht so weit, dass auch in Teil zwei der Liebesgeschichte eine temporeiche Passage im rasanten russischen Kasatschok-Rhythmus vorkommt. Trotzdem brachte es die Songscheibe „La fille de Nathalie" – „Die Tochter von Nathalie" – nur auf kümmerliche Verkaufszahlen. Die Fans wollten keine Tochter und keinen Sohn und keinen Enkel von Nathalie, sondern nur sie allein als reine, makellose, anbetungswürdige Lichtgestalt, die jedermann lieben konnte.

Zugleich war damit klar, dass „Nathalie" nicht nur die Herzen einer breiten Öffentlichkeit erobert hatte, sondern dass auch ihr musikalischer Erzeuger nicht von ihr lassen konnte. Fatal daran ist, dass Bécaud damit zu einer rituellen Allgegenwart des Liedes beitrug, die er später selbst als nervtötend und unzumutbar beklagte. Das förderte seine aufkeimende eigene Überreiztheit und beschleunigte in zunehmender Dünnhäutigkeit seine Aversion gegenüber dem längst zum Evergreen gewordenen Stück, bis er es absolut nicht mehr hören, geschweige denn singen konnte. Eine vorübergehende psychotische Störung, die der endgültigen Erkenntnis Platz machte, dass der berühmte Franzose und seine berühmte Schönheit als untrennbar angesehen wurden – egal, in welchem Konzertsaal und in welchem Land.

Mit diesem Wissen hatte ich den Hinweis von Bécauds Managerin nun voll und ganz verstanden. Es war kein Wink mit dem Zaunpfahl, sondern mit dem Torpfosten. Womit ich den Passus „Nathalie" aus meinem Fragenkatalog strich.

„Monsieur hunderttausend Volt" elektrisiert

Ich war gespannt auf den Mann von der Seine, der so untrennbar mit dem Mädchen von der Moskwa verbandelt war. Ein Hauch von Frühling durchwehte den Märztag 1987, an dem ich mit Kameramann Eberhard Güldner erwartungsvoll über die Schwelle des Pariser Studios der Plattenfirma „Pathé-Marconi" trat. Monique Scherrer begrüßte uns mit der Bitte um noch etwas Geduld. Der Meister sitze gerade am Piano und wolle nur noch ergründen, ob ihm die letzten Takte eines neuen Stückes gelungen seien.

Dann kommt er. Nein, er kommt nicht einfach, er wirbelt herein, stürmt auf uns zu, schüttelt uns lachend die Hand, als hätten wir uns lange nicht gesehen, und ruft mit rauchiger, kehliger Stimme in witzig-gebrochenem Deutsch: *„Wie gäht's? Was maacht Berlän, mein' Schtadt an die Schpree?"* Ich fühle förmlich, wie sein Temperament die Luft im Zimmer zerquirlt. Seine Arme ersetzen dabei die Flügel eines Ventilators, während seine Beine nicht eine Sekunde auf einem Fleck verweilen. Wüsste ich vom Hörensagen nicht, dass dieses Aktionsfeuer sein angeborenes Naturell

Gruppenbild mit Kameramann Eberhard Güldner. Wo ist Nathalie? Die von Bécaud besungene schöne Moskauerin wurde so stark mit ihm identifiziert, dass viele sie für seine Geliebte hielten. Foto: Marion Wahl

ist, hätte ich ihn verdächtigt, uns aus Imagegründen das Energiebündel von der Showbühne vorzuspielen.

Ohne die Antwort auf sein „Wie gäht's?" abzuwarten, erledigt er tausend Dinge zugleich: Freut sich über den ihm geschenkten Hochglanz-Bildband über Berlin und blättert ihn begeistert durch, fingert die unvermeidliche Zigarette aus der Packung und bugsiert ein Feuerzeug aus der Hosentasche, entschuldigt sich dabei für seine Verspätung, denn er komme gerade aus Tokio und bereite seine nächste Tournee in New York vor. Hyperdynamik auf der Bühne und im Alltag. Bécaud ist so. Er elektrisiert sein Publikum. Das bescherte ihm den Beinamen „Monsieur hunderttausend Volt".

Mit sieben Lenzen am Klavier

Der explosive Charme des Südländers wurde ihm in die Wiege gelegt, als am 24. Oktober 1927 in der französischen Mittelmeerstadt Toulon seine Lebenslinie begann. Da hatte er noch den für die große Bühne untauglichen bürgerlichen Namen Gilbert François Léopold Silly. Mit sieben Jahren setzte er sich ans Piano des Großvaters und seine Mutter sammelte nebenher leere Flaschen, um ihm mit dem Pfandgeld Klavierstunden zu ermöglichen. Eine Investition, die sich lohnen sollte und ihn später für das Klavierstudium am Konservatorium in Nizza prädestinierte. Ob er als Kind schon einen Hang zum großen Auftritt hatte, möchte ich wissen.

Dieses Verlangen sei peu à peu in immer stärkerem Maße gekommen, als er sich langsam nach oben gearbeitet habe, sagt er und erzählt in stenogrammhafter Kürze aus dieser Zeit. In der Nachkriegsära habe er seine musikalische Ader und seine erlernte Fingerfertigkeit am Klavier als Pianist in Pariser Bars, Cafés und Bistros für den Broterwerb nutzen können. Da beginnt er aus einem übermächtigen inneren Drang heraus und mit der ihm eigenen Explosivität Lieder zu schreiben und selbst zu interpretieren. Er hat den unbändigen Ehrgeiz, eine Liebeslyrik der Alltagsgeschichten ins Rampenlicht der großen Bühne zu bringen. Während sein Freund Aznavour die leisen Töne bevorzugt, verlangt seine kräftige, volle Reibeisenstimme nach einer wuchtigen Tonlage.

Mit Hochachtung spricht Bécaud von seinem Weggefährten Jacques Pills. Die Bekanntschaft mit dem damals erfolgreichen Sänger ebnete dem herumtingelnden Nobody als dessen Begleitmusiker nach einer gemeinsamen Amerika-Tournee den Weg auf der Karriereleiter nach ganz oben.

Jacques Pills, dessen bewegte Biografie ein eigenes Kapitel verdiente, hatte die Sängerin Lucienne Boyer geheiratet. Ihre gemeinsame Tochter wurde unter dem Künstlernamen Jacqueline Boyer berühmt, nachdem sie 1960 das Eurovisions-Festival für Frankreich gewonnen hatte. Als Bécaud 24 ist, schreibt er

1951 zusammen mit seinem Freund den Liedtext „Je t'ai dans la peau" für die vergötterte Edith Piaf. Die einflussreiche Diva des französischen Chansons, die Jacques Pills ein Jahr später ehelicht, macht den jungen Aufsteiger mit den namhaften Musikern und Songschreibern Louis Amande und Pierre Delanoë bekannt. Gemeinsam entstehen unter Bécauds Federführung mehr als 500 Chansons und Schlager, von denen es nicht weniger als zwanzig an die Weltspitze schaffen. Auch Barbara Streisand, Elvis Presley, Bob Dylan, Nana Mouskouri, Marlene Dietrich und Frank Sinatra singen die Kompositionen von Bécaud, während er selbst einer von ihnen wird, ein Weltstar.

Wo findet er die Ideen dafür? Für einen Augenblick entspannt sich der Gefragte, spiegelt sein Gesicht Nachdenklichkeit: *„Ich finde Ideen profanerweise im normalen Leben, im Alltag. Beim Telefonieren, im Restaurant, auf der Straße. Wenn mir einfach so ein bestimmtes Mädchen begegnet, ein Kind oder auch ein alter Mann. Dann kommen die Gedanken plötzlich so auf mich zu – ich weiß, ehrlich gesagt, selbst nicht, wie."*

„Kann man also sagen, dass ihre Inspirationen, ihre Anregungen aus dem Leben gegriffen sind?"

„Exakt. Gute Chansons – das sind Lieder für das Volk. Sie sind nicht für Intellektuelle gemacht, sondern für die normalen Leute, einfach für jedermann."

„In Ihren Liedergeschichten, Ihren Chansons, hört man oft die Worte „Glück" und „Frieden". Was kann ein Künstler heute dafür tun?"

„Ich glaube, nicht so sehr ein Einzelner, wohl aber viele Künstler können auch viel bewirken. Sie leben derzeit in Frankreich?"

„Ja, schon über ein Jahr."

„Dann werden Sie bemerkt haben: Hier und in allen Ländern gibt es heute viel Solidarität in dieser Hinsicht. Die Menschen halten zusammen. Das ist vor allem unter den jungen Leuten ausgeprägt. Das halte ich für sehr wichtig. Ich denke, dass dabei auch der Künstler eine Menge tun kann. Aber eben nicht isoliert. Es muss eine große Anzahl von Künstlern sein – nur dann können sie etwas bewegen auch in der Friedensfrage. Ich glaube, dass das Chanson dabei helfen kann. Es muss in die Tiefe gehen und beispielsweise auch über das Fernsehen bis in die Wohnungen gelangen – und

in die Herzen der Menschen. Sein Wort nehmen sie beim ersten Mal nur
flüchtig wahr. Beim zweiten Mal hören sie hin, beim dritten Mal erinnern
sie sich und beim vierten Mal singen sie es mit."

Der unpolitische Politiker

Bécauds Standpunkt zum eigenen Mitwirken in der Friedensfrage überrascht mich. Bislang kannte ich von ihm Bekenntnisse zu Liebe, Menschenfreundlichkeit und Humanismus, die aber auf eine passive Zustandsbeschreibung in seinen Liedern beschränkt blieben. Dass er seinen Chansons nun auch eine aktive, fördernde Rolle bei der Verwirklichung dieser Werte zubilligt, ist mir neu, macht ihn mir noch sympathischer. Gleichzeitig gibt er zu verstehen, dass sein bevorzugtes Metier Geschichten über die Liebe sind und er sich in politische Dinge nicht einmischt. Das aber hat er längst getan als eine Stimme von Gewicht, die Liebe und Glück nicht als pure Privatsache begreift, sondern auch in gesellschaftliche Zusammenhänge stellt.

Mit dieser Auffassung, die über einen neutralen Pazifismus hinausgeht, hat er mit nachdenklicher Lyrik sein balladenhaftes Lied „Der Pianist von Warschau" geschrieben, eine Hommage an den jüdisch-polnischen Starpianisten Wladyslaw Szpilman, der das faschistische Grauen des Warschauer Ghettos überlebte und dabei Chopins Musik nicht vergaß. „Warum?", so fragt der Chansonier immer wieder und überlässt dem Zuhörer die Antwort – so, wie Marlene Dietrich einst wissen wollte: *„Sag mir, wo die Blumen sind …Was ist geschehn?"*

Fast vierzig Jahre nach Bécauds „Pianist von Warschau" kommt Roman Polanskis Drama „Der Pianist" ins Kino. Darin nimmt der Regisseur seine furchtbaren Holocaust-Erlebnisse als polnisches Judenkind in Krakau zum Anlass, um die Geschichte des Ghetto-Pianisten Szpilman zu erzählen. Im Raum stehen bleibt sowohl bei Bécaud als auch bei Polanski die von der Dietrich formulierte beklemmende Frage: *„Wann wird man je verstehn?"*

Natürlich, der Chanson-Franzose mit der Whisky-Stimme will unter keinen Umständen in die Nähe eines politischen Geistes gerückt werden. Er beteuert fast beschwörend seine Ferne von der Politik und hält sich eisern zurück mit der Beurteilung innen- oder außenpolitischer Ereignisse. Deshalb bin ich erstaunt, als er vor Mikrofon und Kamera freimütig erklärt, er finde Gorbatschows Vorschlag an den Westen, alle Kernwaffen bis zum Jahr 2000 zu beseitigen, *„eine gute Idee".* Dann wörtlich: *„Damit könnte man endlich auch die Rüstungsgelder für nützliche Dinge verwenden. Eine sehr gute Sache."*

Nenne man es also politische Meinungsbildung oder Einmischung in den gesellschaftlichen Diskurs oder Mitsprache bei existenziellen Problemen für die Welt – Tatsache ist, dass wesentliche Fragen der Zeit auch einen Bécaud tangiert haben. So komponierte er die Musik zu „Babette zieht in den Krieg", einer Filmsatire, in der Brigitte Bardot als verführerische Babette auf komödiantische Weise im Namen Frankreichs mit Hitlerdeutschland abrechnet. Und für seinen Song „Mustapha Dupont" bekam er den französischen Antirassismus-Preis. Ein ebenso markantes Beispiel für sein Werben um die Akzeptanz anderskultureller Ausländer und ihre gesellschaftliche Integration ist das Lied „L'Orange", das sich strikt gegen Fremdenhass und Intoleranz wendet. Nicht von der Hand zu weisen ist, dass solch humane Gesinnung schon in seiner Jugend wurzelt, als er 1944 der Résistance bei ihrem Widerstand gegen die deutschen Besatzer half.

Das Rätsel um die blau-weiße Krawatte

Das eindeutige Bekenntnis gegen Rassismus und Militarismus hat seiner Popularität keinen Abbruch getan, hat seine Verehrer nicht vergrault. Das war nicht so selbstverständlich bei dem permanent scharfen Beschuss mit brauner Munition durch den Demagogen-Chef der einflussreichen rechtsextremen Partei Front National, Jean-Marie Le Pen. Bécaud hielt dagegen, warf dabei seine ganze Popularität in die Waagschale der Publikumsgunst. Den „Macher" nannten sie ihn, den Mann mit der unnachahmlichen Kupferstimme, der an einem Abend in einem schweißtreibenden Marathonsprint 25 bis 30 Lieder sang. Ich registrierte aus eigener Anschauung: Auf den Brettern, die ihm die Welt bedeuten, gönnt er sich und seinen Zuhörern im Saal keine Verschnaufpause. Denn er ist eben auch Solopianist, Tänzer und Entertainer.

„*Im letzten Drittel des Abends*", sagt er, „*gehe ich mit meinem Publikum spazieren, nehme es mit auf die Reise in die Welt meiner Musik, lasse es aktiv teilhaben und mitsingen.*"

Warum ist sein Outfit seit Jahrzehnten dasselbe – blauer Anzug und blau-weiß gepunktete Krawatte? Er muss nicht lange überlegen: „*Das hat in der Tat eine besondere Bewandtnis, eine Geschichte, die mir viel bedeutet.*" Vor seiner ersten Gala in Nizza hatte seine Geldbörse noch eine derart leidige Schwindsucht, dass es an klingender Münze für eine angemessene Garderobe mangelte. Seine Mutter war nicht nur sein größter Fan, sondern auch Schneiderin. So entstand aus einem Restposten von blauem Stoff ein anzugähnliches Gebilde, dessen modernster Schnitt den Qualitätsmangel des Materials wettmachte. Ein weiß getupftes Kleid musste für einen bühnenreifen Schlips herhalten. Die Originale sind längst Geschichte. Geblieben aber sind der symbolhafte stahlblaue Anzug und die blau-weiß gepunktete Krawatte, die dem unbezahlbaren Geistesblitz seiner Mutter huldigen und ihrem Träger Glück bringen. Dazu die unvermeidliche Rose im Knopfloch. So kennen und lieben ihn seine Fans, hoffen auf eine unendliche Fortsetzung seiner Auftritte. Andere fragen besorgt: Wie lange hält er das atemberaubende Tempo seiner Gastspiele und Tourneen noch durch?

Daraufhin spreche ich ihn an: „*Rund 35 Jahre schon steht Monsieur hunderttausend Volt mit großem Erfolg auf der Bühne. Das war eine Menge Arbeit. Gestatten Sie mir deshalb die Frage: Wie viel Volt sind Ihnen heute noch geblieben?*"

Fehlanzeige, dass ein Star der seriösen Unterhaltung wie er ins Schlingern gerät:

„*Wie viel Volt noch? Oh, die haben eher noch zugenommen. Wobei es nicht mal so sehr die Voltzahl ist, die sich erhöht hat, als vielmehr die*

Stromstärke. Wie sagt man doch im Deutschen: Der Elektrifizierungs-
effekt ist stärker geworden."

Das, so meint er, liege auch daran, dass er sich mit Sport fit halte. Fallschirmspringen, Tauchen, und vor allem Polospielen. Das helfe ihm, den Bühnenstress durchzustehen. Sein Erfolg ist zur Dauereinrichtung geworden. Als die Verkaufszahlen 1978 weltweit bei über zwölf Millionen Platten angelangt waren, hörte er auf zu zählen. Ihm genügte das Gücksgefühl, dass seine größ- ten Hits zu Dauerbrennern mit Ohrwurm-Intensität geworden waren − allen voran sein mechancholisches „Et maintenant" − in der Deutsch-Version „Was wird aus mir" und in der Englisch- Fassung „What now my love", mit der Bécaud in den USA Tri- umphe feierte, um dann von etwa 150 anderen Interpreten nach- gesungen zu werden. Zu den Klassikern, für die ihm weltweit Lorbeerkränze geflochten wurden, gehören ebenso „Überall blü- hen Rosen", „Nichts ist so schön wie die Liebe", „Ein bisschen Glück und Zärtlichkeit", „Quand il est mort le poete", „La mai- son sous les arbres", „Désirée", „Il est à moi" sowie sein von Da- lida berühmt gemachter Welthit „Am Tag, als der Regen kam".

Auch eine Piaf kann sich irren

Während unserer Unterhaltung spricht er mehrfach mit unver- hohlener Ehrfurcht von Edith Piaf, der berühmten Erstinterpretin seiner Kompositionen, die seinen Namen damit in der französi- schen Musikszene zu einem Begriff gemacht hat. Bei dem hohen Männerverschleiß der Chanson-Göttin war es fast logisch, dass sie dem hübschen Jüngling wie auch schon vorher seinem zarter gebauten Kollegen Charles Aznavour eine Liaison anbot, von der alle mit Begeisterung profitierten. Da war er 24 und sie 35. Al- lerdings irrte sie, als sie ihrem Schützling keine große Zukunft als Sänger voraussagte. Sie schätzte seine Energie und Willens- stärke, seinen Fleiß und Charme, verkannte aber nicht nur sein gestalterisches Gesangsvermögen, sondern auch sein Charisma, seine immense Ausstrahlung und publikumswirksame Bühnenpräsenz, sein temperamentvolles Showtalent sowie die Kraft und Modulationsfähigkeit seiner unverwechselbaren Reibeisenstimme. Anfang Februar 1955 dürfte sich die Piaf revidiert haben. Da erobert der ungestüme junge Mann den komplett ausverkauften Pariser Musentempel „Olympia", in dem er bereits zwei Jahre zuvor einen Anfangserfolg gefeiert hatte. Jetzt bekommt er erstmals auch die Kehrseite seiner beginnenden Popularität zu spüren, als er mit einem nicht vorhersehbaren Skandal zurechtkommen muss. Denn dass der Saal mit 2000 Zuschauern schon überfüllt ist, sehen 3000 am Eingang wartende Jugendliche nicht als ausreichenden Grund, sich mit ihrer Außenseiterrolle abzufinden. Sie stürmen das Gebäude und erzwingen gewaltsam eine Teilnahme am Konzert. Bécaud ist einem Nervenzusammenbruch nahe, beweist aber Geistesgegenwart und Improvisationskunst. Er überspielt die Situation mit doppelter Energie und einem musikalischen Feuerwerk, das eine entzückte Menge aber plötzlich in Ekstase versetzt und einen zweiten Skandal verursacht. Denn dass Damenslips und Büstenhalter auf die Bühne fliegen, Stühle zu Kleinholz zerlegt werden und Fans die Bühne entern, hatte es im Pariser Heiligtum der Unterhaltungskunst bisher nicht gegeben. Bis heute unfassbar: ein Chanson- und Liederabend, bei dem die Fetzen flogen wie bei Rockkonzerten der Rolling Stones. Fortan glänzte der Name Bécaud in gleißender Leuchtschrift an den Theaterfassaden, stand er auf allen Plakaten in Riesenlettern, zierte er jede Litfasssäule am Ufer der Seine. Die Presse hatte ein Dauerthema, jedes Kind konnte seinen Namen buchstabieren und Tickets für seine Auftritte wurden zu horrenden Preisen auf dem Schwarzmarkt verhökert.

Immer noch volle Batterie

Er überrascht uns im Gespräch mit seiner Absicht, dass er in wenigen Monaten, im Oktober 1987, seine letzten Konzerte geben werde – und dass er seine Laufbahn dort beenden möchte, wo sie begonnen hat. Bécaud mit 63 Jahren ein letztes Mal im Weltstadt-Varieté „Olympia"? Also doch nicht mehr 100 000 Volt, sondern nur noch die Hälfte? Lachend gibt er die Antwort: Nein, seine Batterie sei noch voll aufgeladen, aber er möchte nun nach über dreißig Jahren auf der Bühne endgültig sesshaft werden. Er wolle sich, sagt er, nur noch seiner Familie widmen, seiner Ehefrau Kitty und seinen fünf Kindern. Ein Bécaud auf seinem Seine-Hausboot oder in seinem Haus auf Korsika oder auf seinem Anwesen im westfranzösischen Poitou brav im Schaukelstuhl am Kamin, umsorgt von Frau und Kind? Ein anrührend menschliches Bildnis, ein nobles Ansinnen; aber Skepsis ist angebracht, denn wer das sagt, hat schon mehrfach ans Aufhören gedacht.

Auch damals blieb es bei einer Absichtserklärung. Getreu dem Refrain eines seiner Lieder: *„Lebewohl, lebewohl, doch irgendwann, da fängt ein Sommer an"*. Und es gab derer noch viele. Seine Frau hätte ihm den Abschied von Bühne und Publikum ohnehin nicht geglaubt, ist das ehemalige amerikanische Mannequin Kitty Saint-John doch seit ihrer Bekanntschaft 1965 mit ihm um die Welt gejettet und weiß um die Unrast ihres Gatten. Das hatte sie gleich 1966 erfahren, als er bei einem dreiwöchigen Gastspiel am Broadway ganz New York begeisterte. Nach einer kurzen Affäre mit Brigitte Bardot hatte Bécaud in zweiter Ehe mit seiner Kitty eine Partnerin gefunden, die ihm Tochter Emily schenkte, eine kompetente Beraterin war und später auch seinen Nachlass verwaltete.

Seine erste Liebe Monique Nicolas war ein Mannequin, ein Model mit Künstlernamen Kiki. Als sie ihm begegnete, war er 16 und sie 15. Knapp zehn Jahre später heirateten sie und er konnte sich mit zwei Jungen und einem Mädchen über ein dreifaches Vaterglück freuen. Nach 24 Jahren kam die Scheidung. Eine weitere Tochter Jennifer entstammt einer unehelichen Beziehung mit Janet Woollacott, einer britischen Sängerin und Tänzerin.

Nun, im Jahre 1987 unseres Treffens mit dem Sänger, ist er schon nicht mehr einfach nur ein Prominenter, sondern ein lebender Mythos, dessen dicke Ruhmesschicht auch Misserfolge nicht mehr abkratzen können. Und davon hatte er einige. Seine Ausflüge ins Kino und Theater scheiterten. Nach der Uraufführung von Bécauds „Oper von der Insel Aran" im Pariser Théâtre des Champs-Élysées hagelte es vernichtende Pressekritik. Seine Anhängerschar nahm ihm diese Versuche nicht übel und er selbst war klug genug, es dabei zu belassen und als Notenschuster besser bei seinen Leisten zu bleiben. Das tat er mit der Inbrunst des Vollblutmusikers bis ins 74. Lebensjahr, das ihm noch eine letzte, ungewöhnliche Ehrung gönnte.

In den Herzen der Menschen verankert

Im August seines letzten Lebensjahres 2001 war das alljährliche Chorfestival im südfranzösischen Alès am Fuße des Gebirgsmassivs der Cevennen dem Schaffen von Bécaud gewidmet. Er hatte sein Kommen zugesagt, aber sein übermäßiger Zigarettenkonsum verhinderte es. Ein Lungentumor zwang den Kettenraucher ins Krankenbett. Ein tausendstimmiger Chor schickte ihm mit seiner allgegenwärtigen „Nathalie" einen musikalischen Gruß aus der Festivalstadt ins Hospital.

Der Kämpfer Bécaud konnte sich noch einmal gegen sein drei Jahre währendes Krebsleiden durchsetzen, musste aber vier Monate später kapitulieren. Er starb mit 74 Jahren am 18. Dezember 2001 auf seinem Hausboot „Aran" am Ufer der Seine in Paris. Seine Frau Kitty und seine Tochter Gaya waren bei ihm.

Noch im selben Jahr hatte er im nordfranzösischen Lille und in Freiburg im Breisgau Konzerte gegeben. Die letzte große Welttournee hatte ihn noch mit 72 Jahren nach Kanada geführt. Ein Steher, den nichts umzuwerfen schien außer seiner geliebten Zigarette, ohne die der Meister nicht denkbar war, die zusammen mit seiner Punktkrawatte und seiner Rose im Knopfloch das unverwüstliche singende Kraftpaket des Entertainers Gilbert Bécaud ergaben. Fast fünfzig Jahre hat er so auf der Bühne gestanden. Staatspräsident Jacques Chirac würdigte ihn als „große Stimme des französischen Chansons". Fernseh- und Radiokanäle unterbrachen ihre Programme und brachten Sondersendungen.

Unweit vom Concorde-Platz und den Champs-Élysées verdeckte ein Berg von Kränzen und Blumen die Eingangsstufen der Madeleine-Kirche, in der er in einem hellen Sarg aufgebahrt war. Damit während der Abschiedszeremonie kein Laut die feierliche Stille störte, war der Platz für den Verkehr abgeriegelt. Charles Aznavour verneigte sich vor seinem Freund als einfallsreichen Erfinder unvergesslicher Melodien und seine Duett-Partnerin Mireille Mathieu prophezeite: *„Seine Chansons sind in den Herzen der Menschen verankert.“* Als der Trauerzug am Boulevard des Capucines das Traditionstheater „Olympia" passierte, wurde der Verstorbene am Geburtsort seiner triumphalen Laufbahn noch einmal von Verehrern gefeiert, die trotz strenger Minusgrade an der Konzerthalle ausgeharrt hatten. Hier war er 33-mal aufgetreten, zuletzt 1999. Auch hier hatte er gesungen, was ihn nun sehr persönlich betraf: „Quand il est mort le poète" – „Wenn er tot ist, der Poet". Dann schallte es ihm jedes Mal aus dem Saal im vielstimmigen Chor entgegen: „weinten alle seine Freunde".

Beigesetzt wurde Bécaud auf dem Prominenten-Friedhof Père Lachaise nahe der letzten Ruhestätte der 1923 verstorbenen französischen Schauspielerin Sarah Bernhardt, die als einer der ersten Weltstars gilt. Bestattet auf dem historischen Areal im Pariser Osten ist auch Edith Piaf, die ihm zum Durchbruch verhalf und auch noch im Tode über ihren Schützling zu wachen scheint. Ob es Bécauds einstiger exzentrischer Chefin gefallen hätte, dass er ihr bei Ruhm und Ehre ebenbürtig wurde, sei dahingestellt. Nicht zu bezweifeln ist aber, dass er wie auch sie und Freund Aznavour eine ganze Epoche des französischen Chansons geprägt hat.

Robert Merle

*verfasste Megabestseller zu Angstthemen und
glaubte fest an seine Vision einer besseren Welt*

Geisterhaft gleitet die Gefahr in vierhundert Meter Wassertiefe dahin. Sie ähnelt einer riesigen stählernen Zigarre. Das Feuer trägt sie in sich. Es kann andere verbrennen, aber auch zu eigener Asche werden. Beides fügt sich zum Albtraum einer U-Boot-Besatzung, die von einem westeuropäischen Hafen aus auf Geheimpatrouille die Ozeane durchpflügt. In den Bordschächten ankern startbereite Nuklearraketen für vermeintliche Feinde. Noch sind sie nicht gezündet – im Gegensatz zu persönlichen Schicksalsängsten, heraufbeschworen durch das aufkeimende Gefühl, einer Idee der Abschreckung ausgeliefert zu sein und in diesem Kräftespiel missbraucht zu werden. Zur Finsternis der Meerestiefe gesellt sich die Finsternis im Zukunftsdenken einer Marine-Spezialeinheit, die sich immer mehr eingepfercht fühlt in einem schwimmenden Sarg. Wie lange noch kann sie diese Gedanken verdrängen wie ihr Boot das Wasser auf der Fahrt ins Ungewisse? Der Einsatzbefehl lässt Zweifel und Fragen der Vernunft nicht zu auf einer unbestimmten Mission im Reich beängstigender Stille und ewiger Nacht.

Die Trostlosigkeit eines Lebens mit der Bombe im befohlenen Wegtauchen vor der eigenen, individuellen Verantwortung und vor den Strahlen der Sonne hat Robert Merle veranlasst, seinem Roman den mehrdeutigen Titel zu geben: „Für uns wird es nie Tag." Die französische Ausgabe „Le jour ne se lève pas pour nous" gehört in meiner Bibliothek der internationalen Spitzenreiter zu meinen wertvollsten bibliophilen Schätzen – und das nicht nur wegen der persönlichen Buch-Widmung des Autors, sondern vor allem wegen der damit verbundenen Begegnung mit ihm. Als das Werk 1986 im Pariser PLON-Verlag erschien, wirkte das auf mich wie ein aufmunternder Tritt ins Kreuz, meinen langgehegten Plan zu einem Film über den Verfasser nun endlich umzusetzen.

Die Mühen der Recherche

Mehrfach war ich daran gescheitert, den exzellenten Romancier aufzuspüren, weil es keinerlei Anhaltspunkte für seinen Aufenthalt gab. Auch das Verlagslektorat hatte mir mitgeteilt, dass sein literarisches, pressescheues Zugpferd die Adresse seines Stalls nicht preisgeben möchte. Man möge „*s'il vous plaît*" sein Privatleben und seine Interview-Abstinenz respektieren. In der Öffentlichkeit umgab seine Person das Geheimnis der Anonymität und es zirkulierte sogar das Gerücht, hinter seinem vielfältigen Werk stecke eine ganze Gruppe von Schreibern. Eine große Leserschar verehrte den berühmten Landsmann als Autor spannender historischer, apokalyptischer und fantastischer Lektüre mit politischem und philosophischem Tiefgang. Alle kannten Robert Merle und seine Bücher, aber scheinbar wusste niemand, wo er zu finden ist. Die einen vermuteten ihn im warmen Süden an der Côte d'Azur oder in der Provence, die anderen im rauen Norden bei Fécamp in der Normandie. Gemunkelt wurde auch, er bewohne eines der Schlösser an der Loire.

Nichts von allem stimmte. Der Schriftsteller hatte sein Domizil gleich nebenan, nur knapp 50 Kilometer westlich von Paris, abseits der lärmenden Magistralen in einem einsamen, ländlichen Anwesen, eingemeindet in ein stilles, beschauliches Fleckchen Erde namens Grosrouvre, wo ihn keiner vermutete. Er hatte sich perfekt getarnt. Auf die Schliche kam ich ihm bei einem Presseempfang durch einen Insider und Freund der Familie, der mir den entscheidenden Tipp gab, Professor Merle würde ohne großes Aufsehen einmal in der Woche an der Universität von Nanterre unterrichten. Damit war er für mich enttarnt, trat er aus der Anonymität heraus, konnte ich mich mit seinem französischen Verlag konkret über ein Interview verständigen.

Pazifismus als Mut der Feigen

Den Einsiedler in Nanterre einfach mit Kamera und Mikrofon zu überfallen, hielt ich für taktlos, ungezogen und bei der strikten Absicht seines zurückgezogenen Lebens auch für erfolglos. Der Verlag war froh über diese Rücksichtnahme und dankte mir mit dem Versprechen, meinen Wunsch nach einem Frensehinterview an den Meister weiterzuleiten – bitte mit dem Hinweis, dass seine Bücher in hoher Auflage auch in der DDR herausgegeben wurden. Das, so dachte ich, könnte ihn milde stimmen. Als über der Tagesarbeit mein Vorstoß schon fast vergessen war, erhielt ich – abgestempelt vom Postamt Grosrouvre – einen Brief mit knappen handschriftlichen Bemerkungen von ihm selbst. Darin bat er mich, ihn auf seiner angegebenen privaten Telefonnummer vormittags anzurufen. Die Karte endete mit dem Satz: *„Danke, auf bald und herzliche Grüße R. Merle."* Die zwei Worte *„auf bald"* deutete ich bereits als Zusage und lag damit goldrichtig. Schon kurz nach dem Telefonat war ich mit Kameramann Eberhard Güldner an einem wolkenlosen, himmelblauen Dezembertag 1986 unterwegs zu einem Rendezvous, an das ich kurz vorher selbst nicht so recht geglaubt hatte.

Auf dem Weg zu den Gefilden von Rambouillet war noch einmal Zeit, sich darüber klar zu werden, mit welch literarischem Schwerstgewicht wir uns treffen würden. Zweifellos mit einem am eigenen Schaffen gereiften Romancier, der zu diesem Zeitpunkt 78 Jahre war, aber sein Lebenswerk längst nicht als beendet ansah. Bis zu seinem letzten Atemzug wollte er an der 1977 begonnenen erfolgreichen Saga „Fortune de France" arbeiten, was ihm auch glänzend gelang. Denn als ihn mit 95 Jahren am 27. März 2004 noch vor der Fertigstellung des letzten Teils ein Herzinfarkt niederstreckte, waren bereits 13 Bände über die Geschichte Frankreichs vollendet – ein literarischer Schatz, der als einer der umfangreichsten historischen Romane der Gegenwartsliteratur gilt und etwa sechs Millionen begeisterte Leser fand. Wie tief ihn die Geschichte seines Landes berührte, zeigt nicht zuletzt die vor dem Hintergrund von Tatsachen spielende fiktive Geschichte des jungen Pierre de Siorac, Sohn eines hugenottischen Edelmannes, der im Roman „Die gute Stadt Paris" im Sommer 1572 in den Strudel eines mörderischen Glaubenskrieges zwischen Katholiken und Hugenotten gezogen wird.

Robert Merle produzierte Film- und Theaterstücke, schrieb sich mit seinen Romanen in die internationalen Bestsellerlisten und erweiterte seine belletristische Schöpfung um Sachbücher wie eine Biografie von Fidel Castro oder den romanhaften Dokumentar-Band „Moncada" über den Beginn der kubanischen Revolution mit dem Sturm auf die gleichnamige Kaserne in Santiago am 26. Juli 1953.

Als Schriftsteller, Wissenschaftler und überzeugter Humanist opponierte der Anglistik-Professor gegen jegliche Form von Gewalt, Egoismus, Dummheit und Borniertheit, verurteilte Faschismus und Neofaschismus und wetterte gegen die Arroganz der Macht. Er verweigerte sich korrumpierenden lukrativen Angeboten und verließ die Kommunistische Partei Frankreichs, als die Sowjetunion 1979 in Afghanistan einmarschierte und seine eigenen Genossen die Intervention verteidigten. Auch als Freidenker blieb er links, denn Pazifismus betrachtete er als den Mut der Feigen, was er unmissverständlich im Roman „Die Insel" verdeutlichte.

Ein Zeuge seiner Zeit

Unser Ziel ist erreicht. Grosrouvre ist kein Dorf, sondern ein Dörfchen. Und zwar – wie es scheint – ein unaufgeregter Ort im Dornröschenschlaf einer friedfertigen, naiven Weltabgeschiedenheit. Wer vermutet hier einen Schriftsteller von internationalem Format?! Die 650-Seelen-Gemeinde ist eingebettet in die sanfthügelige Landschaft eines Naturparks, der selbst Schauplatz seiner Romane sein könnte mit einer zeitlos wirkenden ländlichen Idylle und dem Charme mittelalterlicher Verträumtheit. Schloss La Mormaire aus dem 17. Jahrhundert verstärkt diesen Eindruck, noch übertroffen vom altehrwürdigen romanischen Gemäuer der Kirche Saint-Martin aus dem 12. Jahrhundert. Diese biblische Ruhe scheint es zu sein, die ein Geisteskopf von schriftstellerischer Weltgeltung benötigt, damit sich Konzentration und Kreativität ungestört entfalten können. Ein beschauliches Fleckchen Franzosen-Erde, in dem wir nun das „Malmaison" Nr. 36 suchen.

Das efeuberankte Gebäude versteckt sich in einer an diesem Dezembertag fast blätterlosen Oase von Hecken, Büschen und Bäumen, umgeben von einer bis zum Staub der Landstraße reichenden großflächigen Wiese. Die an einer ansteigenden Böschung gelegene Hinterseite des Hauses geht in einen dichten, hochstämmigen Laub- und Nadelwald über.

Ich vermisse einen Hauseingang. Dafür entdecke ich im oberen Stockwerk zwei sperrangelweit geöffnete Fensterflügel, in denen sich eine nachmittägliche Wintersonne spiegelt. Zwischen den beiden Scheiben im Dachgeschoss taucht der Hausherr auf, hebt grüßend die Hand: *„Kommen Sie bitte hier um die Ecke, die Tür ist auf der anderen Seite."*

Im Innern umweht uns ein Hauch von Exotik. Vierarmige goldene Leuchter, eine monumentale Spiegelwand, zierliche Aladin-Lampen, ein Orientteppich, ziselierte Karaffen, kupferne Schnabelkannen, ornamentverzierte Vorhänge. Mode und Design des nordafrikanischen Interieurs erinnern an Robert Merles Heimat Algerien, wo er am 28. August 1908 in der Universitätsstadt Tebessa geboren wurde. Dass er 78 Jahre sein soll, will mir – als ich ihm gegenübersitze – nicht in den Kopf. Hochgewachsen, straff und schlank, kantiges schmales Gesicht, um dessen hellwache Augen meist ein Kranz von Lachfältchen tanzt. Die kerben sich tief ein, als er mit schelmischem Lächeln verrät, dass er gegenwärtig an einem Liebesroman schreibt. Dabei schickt er einen vielsagenden und doch eindeutigen Blick zu seiner Frau Magali.

Meine Fragen tasten sich vorsichtig heran an die Maxime seines Schreibens, an seine schriftstellerische Überzeugung. Kann er sie bei der Themenvielfalt seiner Bücher überhaupt auf einen gemeinsamen Nenner bringen? Diese Zumutung nennt er ein *„schwieriges*

Er kann gut reden und gut zuhören. In einer Millionen-Auflage seiner Bücher erzählt Robert Merle fiebrig-aufregende Visionsgeschichten mit kritischem Seitenblick auf aktuelle Realitäten. Foto: Elke Güldner

Unterfangen", weicht der Frage aber nicht aus. *„Wenn ich mich selbst definieren soll, müsste ich sagen, dass mein Werk sehr verschiedenartig ist. Ich gehe in mehrere Richtungen. Aber wenn ich mein Gesamtschaffen im Überblick betrachte, fühle ich mich als ein Zeuge meiner Zeit. Das heißt, dass ich mich sehr für die Welt interessiere, in der ich lebe."*

Das hatte seinerzeit schon der Soldat Merle getan, als er in der französischen Armee gegen faschistische Eroberer zu Felde zog. Die verlorene Verteidigungsschlacht bei Dünkirchen an der Kanalküste, die deutsche Kriegsgefangenschaft und die nach einem gescheiterten Fluchtversuch durch- und überlebte Zwangsarbeit in Hitlers Lagern prägten nachhaltig seine antifaschistische Haltung. Sie nahm schon 1949 literarische Gestalt an in seinem Debütroman „Wochenend in Zuitcoote", ausgezeichnet von der Pariser Akademie „Goncourt" mit ihrem begehrten Preis für das beste einheimische Buch des Jahres.

Dass er sich im Selbstporträt als einen Zeugen seiner Zeit sieht, überrascht mich nicht. In diesem Sinne sehe ich auch seine Ausflüge in die Utopie als verarbeitete Gegenwart, die sowohl Ausrufe- als auch Fragezeichen für die Zukunft setzen will. Ein fantastischer Schreiber, aber alles andere als ein Fantast. Der Sammelband seiner Werke ist wie ein offenes Buch seines ereignisreichen Lebens, dem er immer wieder neue Seiten hinzufügt auf der Suche nach politischer und geschichtlicher Wahrheit. Ein vom Suchen und Finden besessener Chronist, der mit unbändiger Energie dem Wellenschlag der Gezeiten nachspürt und seine Erkenntnisse mit dem Fingerspitzengefühl für Wirkung in spannende Lektüre ummünzt.

Fiebrige Visionen neben grausamer Historie

Während die Dame des Hauses in der Küche Tee zubereitet, verweile ich andächtig vor einem Bücherschrank des Meisters, in dem er den umfassenden Fundus seiner Werke aufbewahrt. Romane, Essays, Biografien, Dramen, Theaterstücke, Reportagen. Neben bibliophilen Perlen Bescheidenes und weniger Bekanntes wie „Sisyphus und der Tod" oder die von ihm ins Französische übersetzten guten alten „Gullivers Reisen."

Ich entdecke das Erstexemplar seines Aufreger-Romans „Malevil", in den er all seine atomaren Zukunftsängste packte. Dafür erhielt er 1973 den renommierten „John W. Campbell Memorial Award", mit dem der jahresbeste Science-Fiction-Roman gekürt wurde. Ein Appell der Vernunft an die Mächtigen dieser Welt und ein Plädoyer für friedliche Konfliktlösung, verpackt in eine spannende Geschichte. Nur weil der Hausherr des südfranzösischen Schlosses „Malevil" seine Freunde zur Weinverkostung eingeladen hat, überleben sie durch einen glücklichen Zufall als einzige einen Nuklearkrieg. Da sie bald schon wieder miteinander in Streit geraten, will es die Ironie der Geschichte, dass sie als erste technische Geräte keine Instrumente zur Sicherung ihrer Existenz bauen, sondern erneut Waffen.

Ich bewundere, dass Merle fiebrig-aufregende Visionsgeschichten erzählen kann, dabei aber gleichzeitig aktuelle Realitäten im Blick hat. In einem der Wirklichkeit verpflichteten biografischen Roman geht es auf der dokumentarischen Grundlage von Verhörprotokollen um das mörderische Wirken des Rudolf Höß, Kommandant des KZ Auschwitz, der 1947 als Kriegsverbrecher zum Tode verurteilt und am Ort seiner Gräueltaten gehenkt wurde. Das Buch erschien 1957 in der DDR als „Der Tod ist mein Beruf" und wurde 1977 in Westdeutschland unter dem Titel „Aus einem deutschen Leben" mit Götz George in der Hauptrolle verfilmt. In meiner Oberschulzeit hatte ich es auf einen Ritt durchgeschmökert. Von Stund an gehörte ich zur Fangemeinde seines Autors.

Erfassbar auf einen Blick ist in den Bücherreihen auch Robert Merles Schaffen, bei dem ihm sein früheres Lehramt als Professor für englische und amerikanische Literatur an der Universität von Nanterre zugutekam. Hier war er Augenzeuge der Studentenunruhen von 1968, die von dort aus ganz Frankreich erfassten, in wochenlange Streiks mündeten und das Land lahmlegten. Gefordert wurden akzeptable Lernbedingungen, Eindämmung der Arbeitslosigkeit, Stopp eines unmäßigen Konsumterrors, Schluss mit dem Vietnamkrieg und echte Demokratie. Mit seinem berühmten Tatsachenroman „Hinter Glas" machte sich der Schriftsteller zum literarischen Augenzeugen dieser die Zivilgesellschaft aufwühlenden Revolte, die schließlich zu umfassenden Reformen führte.

Auf einem anderen Buchrücken lese ich den Titel „Madrapour". In diesem Klassiker begibt sich der Schriftsteller mit einer packenden Story in utopische Gefilde, um dem Sinn des Lebens nachzuspüren. Eine Chartermaschine ist unterwegs zu einem erotisch-kommerziellen Geschäfts- und Vergnügungsparadies namens Madrapour, als Luftpiraten die fünfzehn Passagiere berauben, aber weiterfliegen lassen. Es kommt zur Panik, als merkwürdige Ereignisse an Bord den schlimmen Verdacht keimen lassen, dass das Flugzeug ferngesteuert wird – Sinnbild für eine durch finanzielles und materielles Opium verführte und ferngelenkte

Spaßgesellschaft. Der Verfasser zieht alle Register erzählerischen Könnens, um ohne Zeigefinger-Belehrungen zum Nachdenken über die Beschaffenheit der Gesellschaft zu zwingen.

Rollentausch zwischen Mann und Frau

Nicht wenige der im Bücherschrank dicht an dicht gereihten Bände sind weltbewegenden Problemen gewidmet, die mit der Frage von Sein oder Nichtsein zeitlos und zugleich tagesaktuell auf den Nägeln brennen. So steht neben dem alarmierenden Atombomben-Reißer „Malevil" der Welterfolg „Ein vernunftbegabtes Tier". So nannte der DDR-Aufbau-Verlag Merles aufsehenerregenden Science-Fiction-Thriller, der später im Münchener Goldmann Verlag als „Der Tag der Delphine" erschien. Darin polemisiert der Autor gegen den militärischen Missbrauch dieser als intelligent geltenden Meeressäuger, denen in einem geheimen Forschungslabor in Florida für kriegerische Einsätze das Sprechen beigebracht werden soll. Während der Autor mit dem Delfin-Thema die US-Administration dafür geißelt, dass ihr für den Drang zur Welteroberung auch verantwortungslose Tierexperimente recht sind, befasst er sich in seinem faszinierenden Abenteuerroman „Der Tag des Affen" mit der individuellen Verantwortung der Zivilisation für ein friedvolles Zusammenleben von Mensch und Tier. Dafür wählt er ein auf den ersten Blick absurdes Sujet. Weil der Anthropologe Edmund Dale die Verwandtschaft zwischen Mensch und Affe hautnah erforschen will, lässt er den Schimpansen Chloé zusammen mit den drei Kindern der Familie aufwachsen. Nachdem sich der ungewöhnliche Zögling als friedvoller, begabter und gelehriger Schüler der Spracherziehung gezeigt hat, wird das Miteinander immer schwieriger, weil Chloé mit Beginn seiner Pubertät nicht versteht, warum sich die Kinder seinem sexuellen Verlangen verweigern. Da das seltsame Adoptivkind sowohl gegenüber der familiären als auch der dörflichen Umgebung immer aggressiver wird, entlädt sich der Konflikt schließlich in einem blutigen Zweikampf.

Sehr bekannt ist mir auch der Titel auf einem anderen Einband: „Die geschützten Männer." Der Inhalt zwischen den Buchdeckeln ist eine eindringliche Warnung ganz anderer Art im Stil einer Fiktion, mit der Merle mit bissiger Ironie über den Kampf der Geschlechter herzieht. Mit fantasievoller Hintersinnigkeit fabuliert er darüber, welch beschämende, historisch überholte Verhaltensweisen immer noch die Beziehungen zwischen Mann und Frau bestimmen. Transportiert wird dieses Anliegen über die geniale Metapher einer weltweiten Epidemie, die nur Männer erwischt und sie tötet – mit Ausnahme von Artgenossen, die kastriert sind. Nachdem die maskuline Gattung erheblich dezimiert ist, werden die Überlebenden in Quarantänelagern gehalten, um das Überleben der Menschheit zu sichern. Damit tauschen Mann und Frau ihre gesellschaftlichen Rollen und Verhaltensmuster, was die „Herrschaft des Mannes" beendet, einen Wechsel vom Patriarchat zum „Matriarchat" bewirkt und mit diesem Feminismus ein anderes, gegenteiliges Extrem auslöst.

Welch Parallele zur heutigen MeToo-Bewegung! Ihr berechtigtes Anliegen für Respekt und Schutz der femininen Persönlichkeit nahm zum Teil inquisitorische Züge an, die ein Großteil der Presse mit rigorosen Vorverurteilungen noch verschärfte. Jawohl, wir lieben die Extreme! Sachlich zu analysieren und zu differenzieren ist nicht so des Deutschen Ding, draufzuhauen im Rundumschlag schon. Der im März 2004 verstorbene Autor der „geschützten Männer" hätte in einer ausufernden MeToo-Debatte einen dankbaren Stoff gefunden für eine burleske Satire zum überaus ernsten Thema der „geschützten Frauen".

Über die Gefährdung der menschlichen Gattung

Ich verlasse die Regalwand mit dem hausgemachten Bücherreichtum. Sein Verfasser bittet mich zu seiner Sofaecke. Sohn Fréderic hat sich zu uns gesellt. Er lebt als jüngstes von sechs Geschwistern noch bei den Eltern, während seine drei Brüder und die beiden Schwestern schon eigene Wege gehen. Sechs Kinder aus drei Ehen. Mutter Magali hat auf einem runden Silbertablett Kaffee und Kekse gebracht. Eberhard hat die Kamera eingeschaltet und mir ein Mikrofon in die Hand gedrückt.

Wo sieht Robert Merle die Gefahren heute? Er nimmt die schmalrandige Brille ab, streicht mit der Rechten bedächtig durch das weiße, streng nach hinten gelegte Haar und formuliert eindringlich, aber ohne jeglichen theatralischen Unterton:

„Da ist vor allem die Gefahr eines Nuklearkrieges. Sie bedroht in ihrer Dimension nicht nur die Erde an sich, sondern die menschliche Gattung überhaupt."

Angesprochen ist damit sein „Malevil" und der darin beschriebene „Tag des Ereignisses", an dem die Welt brennt. Eine pessimistische Vision? Mein Gegenüber nimmt einen Schluck Tee, balanciert seine Tasse zurück auf den Tisch und schüttelt bedächtig den Kopf. Damals, vor vierzehn Jahren, als er das Manuskript beendete, habe er noch angenommen, dass nach einem Atomkrieg in gewissem Maße ein Weiterleben möglich sei. Nun müsse er sich korrigieren:

„Was ich in ‚Malevil' entwickelt habe, ist eine beinahe idyllische Vision, fast paradiesisch, gemessen an dem, was tatsächlich nach der Bombe käme. Ich kannte damals noch nicht die außerordentliche Gefährlichkeit dessen, was eine atomare Nachkriegszeit bedeuten würde. Ich glaube, auch deshalb sind die Völker erbittert über Misstrauen, über destruktive Haltungen, die schuld daran sind, dass es mit der Abrüstung nicht vorangeht. Gewiss, das ist ein langwieriger Prozess, denn es sind große Waffenberge gehortet. Aber es ist die Alternative der Vernunft, des Optimismus."

Kaum ausgesprochen, kommt nun die Stimme des Wissenschaftlers zum Zug, benennt als gegenläufige Tendenz das sogenannte Sternenkriegs-Projekt der USA:

„Die Ausweitung der schrecklichen nuklearen Zerstörungsgefahr von der Erde ins Weltall macht die ohnehin ernste Situation noch schwieriger. Ich glaube, dass dieses Vorhaben utopisch ist. Es kann für einen Staat keinen absoluten Schutzschild geben. Aus all diesen Gründen, so denke ich, ist sich die Mehrheit der Franzosen darin einig, dieses Vorhaben nicht mitzumachen und den Weltraum nicht zu militarisieren."

Welch verblüffende Parallele zu heute! Damals richteten sich die Worte des Mahners Merle und eine weltweite Protestwelle gegen die militärischen Kosmospläne von US-Präsident Reagan. Nun erlebte die Welt eine Neuauflage durch Reagans Amtsbruder Trump. Der hatte im August 2019 bei der Unterzeichnung des Dekrets über ein Militärkomando im All bestimmt: *„Der Weltraum ist zum Schlachtfeld geworden."* Trump ist weg, aber die NATO setzte sein Werk fort und beschloss im Oktober 2020 eine Weltraum-Strategie, wonach der Kosmos ein eigenständiges Operationsgebiet sei – mit einem Space-Center in Ramstein in Rheinland-Pfalz. Zur Begründung erklärte NATO-Chef Stoltenberg, Kriege könnten auch im All entschieden werden.

Natürlich echote es aus Moskau zurück, sobald die USA ihre Weltraumarmee verwirklichten, werde das russische Militär gemeinsam mit der Kosmosindustrie nachziehen. Und sollte Amerika die angekündigten neuen Hyperschallwaffen einführen, werde Russland dasselbe tun.

Es dürfte federleicht vorstellbar sein, was ein Robert Merle heute dazu sagen würde. Denn schon damals verwies er darauf, dass jedermann ein Quantum Verantwortung nicht zuletzt dafür trage, was mit den Ergebnissen seiner Arbeit geschehe. Auch er selbst habe das lernen müssen. So habe er leider zu spät bemerkt, mit welch flacher, verniedlichender Fabel sein Buch „Malevil" verfilmt worden sei. Ihm blieb damals nur noch, sich von dem seichten Leinwandprodukt zu distanzieren. Dann bringt er seinen ethischen Anspruch an literarisches Schaffen auf den Punkt: *„Es sollten doch gerade Bücher und Sprache Instrumente der Annäherung der Völker sein. Ich denke, viele Spannungen kommen daher, dass die Menschen sich nicht gut genug kennen."*

Im „Heiligtum" des Meisters"

Ich bringe den Gastgeber ein wenig in Verlegenheit, als ich ihn bitte, mir seinen Arbeitsplatz zu zeigen. Das, so entschuldigt Frau Merle augenzwinkernd sein Zögern, sei das „Heiligtum des Meisters", das selbst für die Familie tabu sei und nur seine Katze betreten dürfe. Er will nicht unhöflich sein, findet eine andere Ausrede, geniert sich: Dort sehe es turbulent und unaufgeräumt aus – ein Anblick, den er uns nicht zumuten möchte. Meine leicht drängelnde Neugier macht ihn nachgiebig. Er verschwindet im Oberstübchen und nach zehn Minuten dürfen wir kommen.

Seine Werkstatt ist eine lichthelle kleine, gemütliche Mansarde mit bis zur Decke reichenden Bücherwänden. Im rechten Winkel zu einem großen Doppelfenster ein wuchtiger Schreibtisch mit kunstvollen Beschlägen. Der Blick schweift hinunter zu einer Grasfläche mit müder Grünfärbung, die sich zu einem flachen Hang erhebt und in einen schneelosen Winterwald übergeht. In der Sonne eines Hochsommers sicher ein inspirierender Ausblick mit Streicheleinheiten für die Fantasie. Hier also ist seine Denk- und Schreibstube, hier entstanden seine Werke. Mit dem Füllfederhalter, wie er sagt. Täglich von früh halb acht bis mittags halb eins mit Ausnahme eines Wochentages, an dem Professor Merle als Hochschuldozent in Nanterre wertvolle Erfahrungen vermittelt und auch sammelt. Diesen vereinzelten Kontakt zur Außenwelt sucht und braucht er.

Warum er für das Manuskript nicht die Schreibmaschine, sondern den Füller nimmt? Seine Erklärung verblüfft: Der Biostrom der Gedanken müsse vom Kopf über das Herz in die Hand fließen. Momentan befasst sich der Hausherr mit profanen Bauplänen, denn das ohnehin enge Reich seines belletristischen Schaffens wird immer kleiner, weil seine Bibliothek immer größer wird. Zugleich ein versteckter Hinweis darauf, dass im Arsenal seiner handgefertigten Werke auch weiterhin Zuwachs geplant ist.

Hommage an den Übervater

Familie Merle lässt es sich nicht nehmen, uns in geschlossener Formation am Auto zu verabschieden, während wir unsere Filmtechnik im Kofferraum verstauen. Mich überkommt das Gefühl kolumbusähnlicher Entdeckerfreude. Vielleicht liegt es daran, dass mir schlagartig bewusst wird, inmitten eines Ozeans seichter Groschenlektüre eine Insel literarischer Schätze besichtigt zu haben – einen Ort des Ursprungs, von dem aus die Bücher eines Robert Merle aus der Einsamkeit des schreibenden Schwerarbeiters den Weg in alle Welt nehmen. Während er in der Alt-BRD als Unterhaltungskünstler angesehen wurde, war er in der DDR als gesellschaftlich engagierter Linker geschätzt.

Noch mit über 90 Jahren beglückte der Doktor der Philosophie und Professor für Anglistik seine Studenten mit Vorlesungen. Mit 95 erlag er am 28. März 2004 einem Herzinfarkt. Er genoss das seltene Privileg von sowohl Lob und Erfolg bei der unerbittlichen Kaste der Kritiker als auch Achtung und Respekt bei seiner Leserschaft.

Einer seiner größten Verehrer lebte dicht an seiner Seite, kannte ihn in all seinen Facetten. Zum 100. Geburtstag seines Vaters schrieb sein Sohn Pierre eine umfassende Biografie über ihn, vier Jahre nach seinem Tod. Ein Jahr später, im März 2009, erschien das Buch auch im Berliner Aufbau-Verlag mit dem unglücklichen Untertitel „Ein verführerisches Leben" statt der treffenderen Formulierung des französischen Originals „Ein Leben voller Leidenschaften". Und die hatte, wie Pierre berichtet, der gefeierte Romancier zuhauf in Form vielfältigster Geschichten: Schreibgeschichten, Autogeschichten, Immobiliengeschichten, Frauengeschichten. Kostspielige Passionen, die nur für einen schillernden Geschäfts- und Lebemann von Format beherrschbar sind.

Der Filius zeichnet das Bild einer lebensprallen faszinierenden Persönlichkeit, würdigt seinen Vater mit vererbtem Erzählertalent als einen begnadeten Prosa-Poeten und Chronisten eines bewegten Jahrhunderts, der wie ein Seismograf die Erschütterungen seiner Zeit akribisch registrierte und in anspruchsvolle wie zugleich unterhaltsame Literatur übertrug.

Dabei fördern Erinnerungen, Hintergründe und Recherchen auch Widersprüchliches zutage: Die leidenschaftliche Suche nach einer gesellschaftlichen Umsetzung der Ideale von Freiheit und Gleichheit betrieb der Schriftsteller nur in der Öffentlichkeit seiner Literatur, während er sich im Privatleben unpolitisch gab. Vielleicht, so könnte man vermuten, als Schutz gegen ein zermürbendes Engagement, das in pausenloser Allgegenwart Körper und Geist angreifen und gesundheitlich schädigen könnte. Merle war schließlich auch Wissenschaftler. Sich rund um die Uhr erklären zu müssen – das wollte er nicht. Das tat er auf seine Art im Buchformat. Der Freigeist wollte einen freien Geist haben, der nicht einfach so nach Belieben und Gutdünken abgerufen werden konnte. Wann etwas wie und warum zu sagen war, das wollte er – und nur er – selbst bestimmen.

Obwohl das Buch bei aller gebotenen Sachlichkeit eine eindeutige Hommage an die väterliche Persönlichkeit und eine tiefe Verbeugung vor deren Lebensleistung ist, verschweigt der Sohn weder Konflikte noch Vorwürfe, die es von Anfang an gab, die den Schriftsteller letztendlich aber nie verunsicherten. Gewisse Naturgesetze gelten auch in der Gesellschaft. Wo Sonne ist, ist auch Schatten, und wo gehobelt wird, fallen Späne. Und Robert Merle hobelte unentwegt. Die dicksten Späne waren Kritiken am Sprachstil, an der Detailfülle seiner Schilderungen und an zu deutlich beschriebenen Sexszenen, was vor allem seinen ersten Roman „Wochenend in Zuitcoote“ betraf.

Pierre erzählt das mit augenzwinkernder Zuneigung. Das Sprachgeschick und Plaudertalent eines Merle-Nachkommen mit Poesie im Blut hat er genutzt, um seinem Übervater ein Denkmal zu setzen, das ohne goldenen Sockel und Heiligenschein auskommt. Dafür hat er einen Großmeister anspruchsvoller Belletristik aus Fleisch und Blut modelliert, den wir persönlich kennenlernen durften. Familienvater mit Bodenhaftung und Mann von Welt, akademischer Lehrmeister und intellektueller Zeitzeuge, politischer Feingeist und literarischer Schöngeist, ein Fantasie- und Nüchterndenker, der sich uns trotz seiner allgegenwärtigen Bücher lange durch eine selbstgewählte Anonymität entzog – mit dem schlussendlichen Resultat, dass wir dem Meister des Wortes an seinem Schreibtisch über die Schulter schauen durften.

Manfred Wörner

war begeistert: David Ost gegen Goliath West –
mein TV-Duell mit dem NATO-Generalsekretär

Heute frage ich mich manchmal, ob ich die unwirkliche Geschichte mit dem wirklichen NATO-Häuptling wirklich erlebt habe – und wenn ja, was zweifellos feststeht, wie ich sie mit ihren skurrilen Begleiterscheinungen einordnen soll. Als Komödie oder Tragödie, als Burleske oder Groteske? Oder als alles zusammen oder nichts von alledem? Am nächsten dran ist wohl die sperrige, aber treffende Definition: Verquaste Geschichte als Beispiel für die verklemmten Beziehungen zwischen Ost und West und für die DDR-medialen Berührungsängste vor dem Klassenfeind. Meines Wissens nach hat es in der gesamten DDR-Presse nie ein anderes Exklusiv-Interview mit einem NATO-Generalsekretär gegeben. Entsprechend nervös war das geistige Umfeld für diesen Dialog vor Mikrofon und Kamera, der zudem noch zu einem Streitgespräch eskalierte – in der aus NATO-Sicht eindeutigen Konstellation eines kleinen David gegen einen mächtigen Goliath, der entgegen der biblischen Legende den Schlagabtausch natürlich gewinnen würde. Dabei ging es weniger um Steinschleudern als vielmehr um Nuklearraketen.

Die berühmte Ironie des Schicksals wollte es, dass der David den Goliath wider Erwarten in erhebliche argumentative Verlegenheiten brachte, aber die Wirklichkeit ihre eigene Sprache hatte: Sieben Monate später fiel die Berliner Mauer und die Phase des kühlen bis eiskalten Krieges zwischen Ost und West war vorerst beendet. Vorerst! Weder der Mauerfall noch der zum Jahresende 1989 begonnene gesellschaftliche Umbruch aber können

Widersprüche und indirekt zugegebene westliche Überrüstungen in den Aussagen des NATO-Chefs korrigieren. Weder damals noch heute. Heute aus dem Munde von Jens Stoltenberg, damals im Interview mit Manfred Wörner, das ich als Westeuropa-Korrespondent im Brüsseler Hauptquartier des Nordatlantikpaktes führte.

Die verwegene Idee

Zu begreifen ist die beispiellose Brüsseler „Operation Wörner" mit ihren bizarren Folgen nur, wenn man sie in ihren scharfkantigen Zeitrahmen stellt. Meine Pariser Journalistenjahre von 1985 bis 1990 waren weltpolitisch geprägt vom trickreichen Bestreben des Weißen Hauses, die UdSSR vor allem durch den sogenannten NATO-Doppelbeschluss zur US-Raketenstationierung in der Bundesrepublik und im restlichen Westeuropa militärisch in die Knie zu zwingen oder am besten totzurüsten, was ihr ja schließlich gelang. Und diese Zeit war ebenso bestimmt vom verzweifelten Gegensteuern des Kreml mit immer neuen Abrüstungsofferten, die zunächst nicht verhindern konnten, im Gegenzug ebenfalls sowjetische Nuklearraketen in der DDR und in anderen sozialistischen Staaten in Stellung zu bringen.

Gut ein Jahr nach dem in Reykjavik selbst miterlebten Verhandlungs-Desaster zwischen Gorbatschow und Reagan gelang endlich am 8. Dezember 1987 der Durchbruch mit dem INF-Vertrag zur Einschränkung nuklearer Mittelstreckenwaffen, der im Juni 1988 in Kraft trat. Der Raketenwald in Ost und West wurde abgeholzt und bis 1991 verschrottet.

Mitten hinein in diese Phase einer aufgelockerten Ost-West-Beziehung fiel am 4. April 1989 der 40. Jahrestag der NATO. Dazu wollte unser außenpolitisches Magazin *Objektiv* einen knallharten längeren Beitrag, der – ermuntert durch den sowjetisch-amerikanischen Abrüstungserfolg – durch Ungewöhnlichkeit in Form und Inhalt aufhorchen lassen sollte. Als Westeuropa-Korrespondent mit Sitz in Paris war ich dafür zuständig.

Wenn schon, denn schon, dachte ich und freute mich diebisch über eine verwegene Idee, bei der ich selbst Gänsehaut bekam. Als ich sie meinem Chef und *Objektiv*-Moderator Ulrich Makosch am Telefon vortrug, musste auch der erfahrene außenpolitische Stratege kurz Luft holen. Der denkwürdige Dialog spielte sich im Bewusstsein eines gewagten Projektes in nahezu euphorischer Stimmung ab, wie ich meinen Aufzeichnungen von damals entnehme:

„Uli, wenn's denn zu diesem Anlass was absolut Besonderes sein soll, dann lass uns doch den Stier bei den Hörnern packen und mit dem Chef des Ganzen reden." Uli musste kurz schlucken, dann: „Ein Interview mit dem NATO-Generalsekretär? Meinst Du das im Ernst?" „Warum nicht?! Wenn wir wirklich mal aus unserer distanzierten Betrachtung rauswollen, dann sollten wir endlich mal konsequent sein und das Thema nicht nur wieder vom Schreibtisch aus betrachten, sondern auf Tuchfühlung gehen und gemeinsam mit der NATO über sie selbst berichten. Außerdem ist Generalsekretär Manfred Wörner BRD-Urbürger und spricht fließend Deutsch wie Du und ich. Das spart die Übersetzung und ist authentisch. Geben wir ihm doch die Chance, selbst auf unsere Fragen und Vorwürfe zu antworten. Wir können ja dagegenhalten – oder haben wir Angst?" Der welterfahrene, sonst sehr besonnene Makosch – einst selbst Radio- und TV-Auslandskorrespondent – war Feuer und Flamme: „Junge, das hatten wir noch nie. Das wäre der Knaller des Jahres. Meinst Du, der macht das?" „Der macht das. Darauf kannst du dich verlassen!"

Wir waren fasziniert, wussten natürlich aber, dass diese heikle Absicht in höheren – wenn nicht gar höchsten – Etagen der Macht abzusegnen war. „Ich kümmere mich darum und gebe dir sofort Bescheid", versprach Uli. Obwohl wir der kühnen Aktion erfahrungsgemäß geringe Chancen einräumten, war ich schon infiziert von diesem Ideen-Ballizus und konnte an nichts anderes mehr denken. In der Höhle des Löwen mit ihm selbst um Fakten und Argumente kämpfen – dieses Bild war für die kurzgehaltene Ost-West-Leine der DDR-Pressepolitik kaum vorstellbar. Direkte Feindberührung vor der Kamera! Eine Art Taburuch.

Andererseits herrschte Raketen-Entspannung und unsere Polit-spitzen sahen sich als Erfinder der friedlichen Koexistenz. Ob das aber im publizistischen Bereich auch für den obersten NATO-Feldherrn galt, war zweifelhaft. Ich tippte auf Ablehnung.

Vorsorglich gewappnet

Damit meine fehlende Ehrfurcht vor einem solchen Dialog mit dem Generalsekretär des westlichen Militärbündnisses nicht wie naive Überheblichkeit aussieht, muss ich anfügen, dass ich damals in Sachen konventioneller und nuklearer Auf- und Abrüstung voll im Stoff stand. Ich war mit meiner NATO-Akkreditierung nicht nur ständiger Gast im Hause Wörner, sondern rollte eben-so oft von unserem Pariser Büro nach Genf, um vor Ort von den sowjetisch-amerikanischen Abrüstungsverhandlungen aus erster Hand zu berichten. Dafür fand ich als ehemaliger Moskau-Korre-spondent in der Genfer UdSSR-Vertretung stets eine offene Tür. Da konnte ich auch schon mal den ARD-Kollegen Jochen Wald-mann mit einschleusen, der mich wiederum in die US-Mission mitnahm. Da sah und hörte man erstaunliche Dinge, die ein sich ums Große und Ganze kümmernder NATO-Chef einfach nicht wissen konnte. Dass ich zudem in der dortigen DDR-Vertretung ein und aus ging und mich mit ihren Abrüstungsexperten jeder-zeit konsultieren konnte, war selbstverständlich.

Auch besaß ich eine Zulassung für die UNO, deren Ver-handlungen im multilateralen Ständigen Abrüstungsausschuss im Genfer „Palais der Nationen" ich nicht minder hautnah ver-folgte. Dass dies ebenso im Europäischen Parlament und in den anderen EU-Institutionen in Brüssel, Luxemburg und Straßburg der Fall war, erwähne ich nur der Vollständigkeit halber. Zusätz-lich zu meiner Pressekarte in Frankreich erleichterte mir meine Länder-Zweitakkreditierung in der Schweiz auch die Bericht-erstattung über dortige Sicherheits- und Friedensveranstaltun-gen bis hin zum Weltwirtschaftsforum in Davos.

Ich war also durch diese weit verzweigten Direktkontakte über die Militärpolitik von NATO und Warschauer Vertrag, USA und UdSSR rundum informiert und ständig auf dem Laufenden – und zwar im aktuellen Detail, was nicht unbedingt Sache eines NATO-Generalsekretärs sein muss, der vor allem verantwortlich ist für die Grundausrichtung und die großen Prämissen des westlichen Bündnisses mit den USA als Zugpferd und den damals 16 Mitgliedsstaaten im Geschirr des Militärwagens. Mit einem Wort: Ich konnte mich ohne Überheblichkeit durchaus als medialen Abrüstungs-Experten bezeichnen, der sich für ein solches Vorhaben gewappnet fühlte.

Das alles begründete meinen erwartungsvollen Optimismus und mein fiebriges Interesse an einem solchen Treffen auf dem höchsten Niveau eines militärwestlichen Interview-Partners, der denkbar war.

Das Unmögliche wird möglich

Dann kam Ulis Anruf: „Junge, das Ding ist genehmigt. Der Alte hat seinen Segen gegeben." „Welcher Alte?", wollte ich wissen, „Adameck?" „Nein, das ist eine Nummer zu groß. Das nimmt der Vorsitzende nicht auf seine Kappe. Er hat's weiter nach oben durchgestellt. Der große Zampano selbst hatte es auf dem Schreibtisch." Ich fragte ungläubig: „Honecker persönlich hat es entschieden?" „Junge, Wörner ist eine staatsmännische Größenordnung als Kriegsgott der NATO. Er ist das personifizierte Feindbild. Da kann und will auch kein anderer ran. Meinst Du, irgendwer will sich in die Nesseln setzen, wenn's schiefgeht?"

Daran hatte ich auch schon gedacht, denn Wörner war bekannt als äußerst redegewandter Haudegen, der auch in Fernsehduellen gegen scharfzüngige Westjournalisten zu siegen wusste. Was wäre also, wenn es dem alten Fuchs gelingen würde, seinen Auftritt im DDR-Fernsehen umzufunktionieren in eine Kanzel zur Reklame-Predigt für seine NATO-Politik?

Ich war damals überzeugt: Dazu darf und wird es nicht kommen, weil ich meinen Detailkenntnissen im militärischen Ost-West-Verhältnis vertraute. Der NATO-Generalissimus dagegen war bei allem Respekt ein Stratege, ein Überflieger, der viele Einzelheiten nicht wissen konnte. Dafür hatte er schließlich einen Stab von Fachleuten. Sie während des Interviews zu befragen, wäre aber wohl schlecht möglich. Das war für ein eventuelles Wortgefecht meine schärfste Waffe, gegen die auch die respekteinflößende Funktion des NATO-Höchsten nicht unbedingt gefeit war.

In dieser Hinsicht sollte ich recht behalten, in anderer Hinsicht aber in ein blamables Desaster stürzen. Ein zweischneidiges Damoklesschwert hing über mir. Hätte ich die Konsequenzen auch nur im Entferntesten geahnt, hätte ich es entschärft und die „Operation Wörner" unter irgendeinem fadenscheinigen Grund abgeblasen. Da ich aber nicht wusste, womit ich eingedenk unserer westvernagelten Pressepolitik zumindest hätte rechnen müssen, kam der Stein ins Rollen. Da mir die Tragweite des Vorhabens nun, da sie real war, plötzlich mit doppelter Wucht ins Bewusstsein rückte, dämpfte ich unsere Begeisterung mit einer Warnung: „Uli, ich beantrage jetzt das Interview offiziell bei der NATO in Brüssel. Dann gibt es kein Zurück mehr." „Mach das!", echote Uli. „Und informiere mich, sobald Du eine Antwort hast."

Da ich die NATO seit vier Jahren heimsuchte, kannte ich Wörners Pressechef Florent Swijsen ganz gut. Nun ging alles atemberaubend schnell. Die Bestätigung des Niederländers, der mir zu diesem ungewöhnlichen Schritt des Ostfernsehens gratulierte, ließ nicht lange auf sich warten. Nun konnte der Polit-Krimi beginnen.

Vereinbart wurde als Ort des Interviews das Brüsseler Headquarter und als Tag der Vorabend der Feierlichkeiten zum 40. NATO-Jubiläum, wovon ich tagesaktuell ebenfalls zu berichten hatte. Zu meinem Erstaunen bat Wörner um die Übermittlung der Fragen, was in westlichen Gefilden unüblich war. Für die Befragung des NATO-Generalsekretärs wurden 20 Minuten gestattet. Diese Sendezeit, so wurde mir aus Adlershof bestätigt, würde dem außergewöhnlichen Interview eingeräumt. Zusammen mit meinen Fragen schickte ich an Swijsen die Personalien des Filmteams mit den Nummern unserer französischen Pressekarten: 2855 für mich als Journalisten, 4966 für Kameramann Wolfgang Groth und 4681 für meine Frau Marion als Aufnahmeleiterin.

Statt Arbeitszimmer Showbühne

Das Interview war für Montag, den 3. April 1989, 17.30 Uhr, anberaumt. Eine Dreiviertelstunde vorher, 16.45 Uhr, fanden wir uns wie angewiesen mit den Technik-Zentnern von Sack und Pack unserer Filmausrüstung am Haupteingang ein. Da unser Büro zu dieser Zeit nur über Arriflex-Filmtechnik verfügte, hatten wir uns von einer Brüsseler Firma eigens für diesen Dreh eine teure Elektronik-Kamera angemietet. Damit bei ihrer sensiblen Digital-Bildauflösung ein Gesicht im Schein von Halogenspots nicht farbverfälscht wiedergegeben wird, muss es mit einem Spezialpuder dezent geschminkt werden. Deshalb begleitete mich Florent Swijsen vor die Friseurspiegel des NATO-eigenen Fernsehstudios. Fast gleichzeitig kam der Chef. Mit jovialer Höflichkeit und Handschlag begrüßte er die Maskenbildnerin und seinen Interviewer, ließ sich neben mir nieder und bemerkte: *„Wörner im DDR-Fernsehen! Es brechen nun wohl neue Zeiten an."* Dann ließ auch er sich das Gesicht pudern.

Es folgte die erste Überraschung. Ich war selbstverständlich davon ausgegangen, dass wir im Arbeitszimmer des Generalsekretärs oder in einer anderen diskreten dienstlichen Räumlichkeit filmen würden. Weit gefehlt! Der NATO-Generalsekretär wollte es bombastisch. Sein Pressechef führte uns in einen Konferenzsaal von der respektablen Größe einer Universitäts-Aula. Tatsächlich war auch für Zuhörer gesorgt, denn etwa hundert Offiziere in lamettabehangener schneidiger Uniform bevölkerten die Stuhlreihen.

Ich glaubte im ersten Moment an einen Irrtum, aber es war keiner. Wörner sah das Interview wohl als eine Art Zweikampf an und hatte deshalb die Form einer Arena gewählt. Er bevorzugte seinem Rang gemäß die große Bühne – und die gab es tatsächlich an der Stirnseite des Saales. Auf einem erhöhten Podest standen zwei hochbeinige Stahlrohrsessel. Neben jenem für Wörner ein Teewagen mit zwei Wasserkaraffen, an die nur der lange Arm des Generalsekretärs heranreichte. Mir wurde das Wasser verwehrt. Für den Gast hatte die NATO wohl kein Geld mehr. Oder wollte man mich dehydrieren, austrocknen? Damit würde ich also die ganze Redezeit über auf dem Trockenen sitzen. Heimvorteil für ihn.

Das Bühnenbild wurde vervollständigt durch die NATO-Flagge mit der weißen Windrose auf marineblauem Feld und einen Wald von Fahnen der damals 16 Mitgliedsstaaten des westlichen Bündnisses. Eine jahrmarktbunte Kulisse für ein Spektakel der besonderen Ost-West-Art, wie es das hochdekorierte Militärpublikum empfunden haben muss. Käme ein ahnungsloser Wanderer des Weges, würde er beim Anblick der operettenhaften Inszenierung wohl denken, eine Bühnenshow der gehobenen Unterhaltung stehe bevor. Vielleicht sah es Wörner auch so. Er wollte mir nicht einfach nur ein Interview geben; er wollte es zelebrieren. Alles strotzte vor Selbstsicherheit, sollte vielleicht bewusst einschüchtern. Inklusive der entzogenen Wasserration. Hatte er das nötig?

Nun gut, er war hier der Hausherr und nutzte das auch psychologisch. Da musste er nicht fragen, ob mir die große Bühne recht sei. Aber fair wäre gewesen, mich darüber zumindest vorher zu informieren. Warum, so dachte ich erbost, haben sie das Interview nicht gleich ein paar Kilometer weiter in den Koloss des Brüsseler Gerichtsgebäudes verlegt, dem nach seiner Fertigstellung 1883 größten Justizpalast des 19. Jahrhunderts – mächtiger als der Petersdom in Rom. Schon sein bloßer Anblick sollte den Besucher einschüchtern, zumal auch der Ort des pharaonenhaften Giganten mit seinen 27 Gerichtssälen einem Angeklagten nicht gerade Mut machte. Und erst recht nicht der Umstand, dass der wuchtige Tempel der belgischen Justitia auch noch auf dem Galgenberg steht.

Das vergleichsweise bescheidene NATO-Gebäude konnte mit seiner damaligen einfachen Fassade nicht einschüchtern – und auch nicht seine Adresse am Boulevard von Léopold dem Dritten, einem belgischen König, der kein furchteinflößender royaler Blaublüter war, sondern eher – was ihm das Volk krummnahm – zur Zeit der faschistischen Besetzung ein nazitoleranter Herrscher.

Die Steinschleuder des David

Eindruck schinden konnte der oberste NATO-Mann durchaus mit seinem Offizierskorps, von dem ich nun umzingelt war. Der David sollte noch einmal zu spüren bekommen, mit welchem Goliath er sich da anzulegen wagte. Das verleitete mich nicht gerade zur Überheblichkeit, aber es zermürbte und zerschmetterte mich auch nicht. Im Gegenteil: Es pumpte über den Katalysator des Trotzes zusätzlich Adrenalin in die Adern, um jetzt erst recht Flagge zu zeigen – allerdings nicht die weiße einer Kapitulation. Darüber würden Fakten und Argumente entscheiden. Das war die Steinschleuder des David. Und einige Treffer hatte ich mir mit nunmehr energiegeladenem Frust vorgenommen. Um mich herum also eine offensichtliche Machtdemonstration des Goliath, dessen Einschüchterungsversuch ich als Ost-Zivilist nicht unbedingt Folge leisten musste. Für solcherlei Spiele war ich außerdem gedanklich viel zu sehr mit dem Inhalt meiner Fragen befasst.

Florent Swijsen rief mir noch einmal mit der gebotenen Strenge eines NATO-Pressechefs ins Gedächtnis, dass 20 Minuten gestattet seien und keine Sekunde mehr. Sollte ich, so machte er mir in undiplomatischer Direktheit klar, diese Zeit überziehen, würde er das Interview rigoros und sehr unfeierlich abbrechen. Ich bat ihn, Marion in der ersten Reihe platzieren zu dürfen, gab ihr meine Stoppuhr in die Hand und sagte:

„Lass sie bitte ab Beginn des Interviews mitlaufen. Wenn die letzten fünf der genehmigten zwanzig Minuten anbrechen, zeigst Du mir deutlich fünf Finger und klappst nach jeder Minute einen weg. Dann weiß ich exakt, wie viel Zeit mir noch bleibt." Inzwischen hatte auch ein Kollege des NATO-Fernsehstudios seine Kamera in Stellung gebracht. Wie konnte ich das vergessen! Natürlich will Wörner seinen eigenen Mitschnitt haben – sowohl fürs Archiv als auch zum Vergleich mit dem gesendeten Material. Andererseits war es eine doppelte Sicherheit, sollte wieder einmal ein technischer Defekt an unserer gemieteten Kamera auftreten. Nun harrten alle der Dinge, die da in Form einer visuellen DDR-NATO-Einmaligkeit kommen sollten. Ich hatte auf dem mir zugewiesenen Stuhl ohne Wasserkaraffe Platz genommen und wartete mit allen in der Arena auf den Auftritt des Matadors. Und jeder wartete auf seine Weise. Die Offiziers-Entourage vielleicht in der Gute-Laune-Stimmung einer praktisch dienstfreien angenehmen Abwechslung mit der kribbligen Erwartungshaltung erlebnishungriger Zuschauer beim öffentlichen Vergnügen römischer Gladiatorenkämpfe. Ich mit der Ungeduld gezügelter Konzentration, die ich endlich entzügeln wollte.

Das Vorleben des Matadors

Wörner hatte zu diesem Zeitpunkt mit 54 Jahren eine illustre Karriere hinter sich. Im ersten Kabinett von Kanzler Kohl stürzte er die Regierung als CDU-Verteidigungsminister in eine schwere Krise durch die Affäre um Günter Kießling. Nachdem Wörner den Vier-Sterne-General und damaligen stellvertretenden NATO-Oberbefehlshaber wegen angeblicher Homosexualität in den vorzeitigen Ruhestand geschickt hatte, wurde er später rehabilitiert und wieder in den Dienst aufgenommen. Kohl lehnte Wörners Rücktritt ab und schickte ihn 1988 nach Brüssel. Der erste und bis heute einzige deutsche NATO-Generalsekretär und Vorsitzende des Nordatlantikrates befürwortete den

NATO-Raketenbeschluss und die Eingliederung des wiedervereinigten Deutschlands in die West-Militärallianz. Zuvor war Dr. Manfred Wörner Vorsitzender des Verteidigungsausschusses im Bundestag. Als gelernter Jurist verfasste er seine Dissertation zum militärischen Thema „Strafgerichtsbarkeit über Truppen auf befreundetem Staatsgebiet". Danach hatte er sich Mitte der 1970er-Jahre als entschiedener Gegner eines umstrittenen Beitritts der Bundesrepublik zum Atomwaffensperrvertrag unter Entspannungsfreunden den Ruf eines militärischen Hardliners erworben. Mit der Verbissenheit des Rüstungsstrategen und der Leidenschaft des Militärfliegers engagierte er sich für die Entwicklung des Kampfflugzeugs „Jäger 90". Der spätere „Eurofighter" schockierte zunächst mit einer hohen Absturzquote, weshalb man von „fliegenden Särgen" sprach.

Zwei Jahre vor unserem Interview hatte eine von Wörner angekurbelte vertrauensbildende Ost-West-Initiative für Aufmerksamkeit gesorgt, die Bundeswehroffizieren erstmals erlaubte, an einem Militärmanöver der Warschauer Vertragsstaaten als Beobachter teilzunehmen. Fünf Jahre nach dem Interview wurde die NATO auf Betreiben Wörners in ein sogenanntes konfliktverhütendes Bündnis umstrukturiert. Da staunte ich nicht schlecht. Verhütet man denn Konflikte mit waffenstarrenden Großmanövern vor Russlands Haustür? Auch das hätte er mir sicher – um keine Silbe verlegen – in plausibler Ausführlichkeit erklärt. Manfred Wörner galt in den eigenen Reihen als militärischer Sicherheitsfreak, der sich sowohl für die Bildung einer Deutsch-Französischen Brigade mit dem NATO-Normalpartner von nebenan als auch für eine enge transatlantische Zusammenarbeit mit dem NATO-Chefpartner in Übersee einsetzte.

Den Grundwehrdienst in der Bundeswehr musste der Bürger Wörner nicht absolvieren, weil er nach westdeutschem Recht zu den sogenannten weißen Jahrgängen gehörte. Die betraf Generationen, in deren Alter einer potenziellen Einberufung es keine Wehrpflicht gab. Das stimmte für Wörner, der 1934 als Sohn eines schwäbischen Textilkaufmanns in Stuttgart geboren wurde. Bei Wehrübungen brachte er es bis zum Erwerb eines

Führerscheins für Militärdüsenflieger. Er wurde Reserveoffizier der Luftwaffe im Rang eines Oberstleutnants und später Wehrexperte der CDU, hatte also schon als Verteidigungsminister beträchtliches militärfachliches Wissen im Gegensatz zu seiner heutigen Amtskollegin Annegret Kramp-Karrenbauer, die diese Position in waffentechnischer Unschuld und militärischer Unbedarftheit übernahm.

Dass der Generalissimus nun auf sich warten ließ, war fraglos ein weiteres Kalkül der Macht. Dann endlich hatte auch diese Geduldstrecke ein Ende. Seine Majestät erschien gemessenen Schrittes, wie es die Würde seines hohen Amtes und die Seltenheit des Ereignisses verlangten. Ein nahezu ritueller Auftritt! Ich fühlte mich plötzlich nicht mehr wie in der viel zitierten Höhle des Löwen, sondern eher wie in der fahnendrapierten Arena eines Stierkampfes. Und wer bei dieser Corrida der strahlende Torero ist, dem zur Abwechslung mal ein mickriger kleiner Stier das rote Tuch vorhält – diese Rollenverteilung schien für seine Getreuen auf den Rängen klar. Auch sie sahen rot! Ready to rumble!

Wortgefecht statt Interview-Frieden

Der Herausforderer – pardon Interviewer – hat im klassisch journalistischen Sinne nur zu fragen und die Antworten zu kassieren. Die Nachfrage war im ungeschriebenen Reglement der Interview-Ästhetik erlaubt und auch erwünscht, aber keine ellenlangen Eigenerklärungen mit ausführlicher Polemik. Das wäre nicht nur ein eklatanter Stilbruch, sondern ein handfester Fauxpas – und den beging ich. Das Interview geriet schon nach wenigen Minuten zum deftigen Streitgespräch, da ich mich bei Grundsatzdifferenzen zu meinem Gegenüber nicht mehr als sachlicher Anworten-Kassierer fühlte, sondern als provozierter Kenner der Materie. Ich hielt mich zwar verabredungsgemäß an die Fragen, fühlte mich aber des Öfteren fast zwanghaft zu Ein- und Widerspruch, Zwischen- und Nachfragen bemüßigt. Dabei sprengte

Würdige Bühnendekoration zu einem Ost-West-Schaukampf: In der Fahnenkulisse der NATO vor Beginn des Wortgefechts. Foto: Marion Wahl

ich im Eifer des Gefechts mitunter die Spielregeln, weil ich selbst recht ausführlich meine andere bis gegensätzliche Sicht der Dinge einbrachte, bevor ich auch nicht abgesprochene Zusatzfragen stellte. Wörner hatte sich offensichtlich auf ein klassisches Interview-Szenario mit kurzen Fragen und langen Antworten eingerichtet und statt seines Monologs keinen Dialog erwartet. Das war ursprünglich auch nicht meine Absicht, ergab sich aber in verlockendem Anderswissen aus Diskrepanzen zu meinen eigenen Fakten, Argumenten und Ansichten.

Ich staune noch im heutigen Nachhinein über Wörners Langmut. Er wies mich nicht in die Schranken, in die ich eigentlich hingehörte, sondern überging die Anmaßung meiner verbalen Gleichberechtigung tolerant und nonchalant, ohne mit der Wimper zu zucken. Ich merkte es nur daran, dass sein anfangs militärisch forscher Redestil persönlicher wurde, er von seinem hohen Schlachtross herunterstieg und mich zunehmend als ernsthaften Gesprächspartner akzeptierte. Ich hatte einige Male sogar das

Gefühl, dass seine ganze Argumentationskunst gefordert war, um sich nicht im Gestrüpp von Ungereimtheiten zu verheddern. Solche Schwachstellen überbrückte Wörner zunächst mit brachialer Wortgewalt, bevor er zur eigentlichen angefragten Sache kam.

Paradebeispiel dafür war eine Widersprüchlichkeit, die sich aus einem Füllhorn von Abrüstungsofferten Gorbatschows und dem Militär-Credo des Westens ergab: Moskau und auch die Warschauer Vertragsstaaten des militärischen Ostbündnisses würden keinen Krieg wollen und die NATO fühle sich auch nicht bedroht, müsse aber vorsichtshalber weiter am Arsenal von Kernwaffen festhalten. Das war die Antwort auf eine nicht abgesprochene Frage, die Wörner scheinbar überraschte, weshalb er weit ausholen musste. Im Originalton klang diese Interview-Passage dann so:

Frage: *„Herr Generalsekretär, fühlt sich die NATO im Moment bedroht oder nicht?"*

Antwort: *„Zunächst einmal, wenn Sie die Absichten meinen der jetzigen Führungsschicht der Sowjetunion oder des Warschauer Vertrages – natürlich, Gorbatschow hat kein Interesse an einem Krieg. Er weiß ganz genau, dass ein Krieg sein Land genauso wie unseres zerstören würde. Ja, wenn Sie das also mit Bedrohung meinen, die Absicht – dann würde ich sagen, eine solche Absicht, etwa einen Krieg gegen uns zu führen, besteht im Moment natürlich nicht. Herr Gorbatschow hat ganz deutlich andere Sorgen und das wird dankbar registriert. Und deswegen versuchen wir ja, diese Politik der Reformen – soweit es in unseren Kräften steht – auch zu unterstützen. Andererseits: Wir müssen uns orientieren an dem Potenzial. Wir können uns nicht orientieren an Absichten. Absichten können wechseln, Führungen können wechseln. Wir müssen das sehen, was uns an Potenzial gegenübersteht. Und insofern müssen wir unsere Verteidigungsanstrengungen daran ausrichten."*

Also keine Bedrohung, warum dann aber trotzdem weiterrüsten? Das erklärte der Generalsekretär an anderer Stelle mit einem unverblümten Bekenntnis zur Notwendigkeit eines „Gleichgewichts des Schreckens", wie es von der internationalen Friedensbewegung scharf zurückgewiesen wurde.

Originalton Manfred Wörner: *„Nuklearwaffen, so schrecklich sie sind, haben ein Gutes gehabt. Seit es sie gibt, hat es zwischen den Staaten, die sie besitzen, keinen Krieg mehr gegeben – übrigens nicht nur keinen Nuklearkrieg, sondern auch keinen konventionellen Krieg. Europa war sicher, Europa hat keinen Krieg gehabt, jetzt 40 Jahre lang. Es ist die längste Periode in der Geschichte Europas seit den Römern. Warum? Ich glaube zum Teil auch, weil jeder wusste, dass ein Krieg verheerende Folgen für alle hätte. Ich bin kein Fanatiker der Nuklearwaffen, aber ohne Nuklearwaffen kann ich mir die Sicherheit nicht vorstellen."*

Da war es raus: Ohne Nuklearwaffen geht es nicht! Mir verschlug es kurz die Sprache. Das hatte ich in dieser Offenheit nicht erwartet. Damit erklärte der NATO-Oberste das Bestreben aller Völker dieser Erde, in Etappen zu einer atomwaffenfreien Welt zu gelangen, für aussichtslos, degradierte es zu realitätsferner Träumerei und Gorbatschows radikalen Abrüstungsvorschlag zu einer weltweiten Nulllösung für alle Kernwaffen zu Makulatur. Aus dem Slogan der Friedensbewegung „Schwerter zu Pflugscharen" machte er in einem einzigen Halbsatz die Variante „Schwerter für die Ewigkeit." Dabei war Wörner als CDU-Mann Christ, der die Bibel kennen müsste, aus der das Wort von den Pflugscharen stammt. Dort heißt es, Heiden sollten „ihre Schwerter zu Pflugscharen und ihre Spieße zu Sicheln machen. Kein Volk wird gegen das andere das Schwert erheben, und sie werden fortan nicht mehr lernen, Krieg zu führen. Ein jeder wird unter seinem Weinstock und Feigenbaum wohnen, und niemand wird sie schrecken." Herrn Wörner wäre nie in den Sinn gekommen, dass ein Genosse DDR-Journalist auch katholischer Messdiener gewesen sein könnte. War er aber.

Atomkrieg ohne Atomwaffen

Da der NATO-Generalsekretär nun Atomwaffen für unverzichtbar erklärt hatte, konfrontierte ich ihn mit dem Motto der

Rüstungsgegner „Frieden schaffen mit weniger Waffen!" – und nicht Frieden schaffen mit immer mehr Waffen. Das war dem NATO-Chef zu pauschal. Er verblüffte mich mit der Kunst einer Argumentation, Rüstung schönzureden und zu behaupten, nicht in den Waffen liege die Gefahr, sondern in der Politik. Das hörte sich dann so an:

„Ursache der Spannungen zwischen Ost und West sind wirklich nicht die Waffen und auch nicht die Soldaten. Die Ursache liegt nach meiner Meinung im politischen Bereich. Dort müssen die Spannungen gelöst werden. Das heißt, unsere Politik heißt mehr Öffnung, heißt mehr Austausch, offene Grenzen, mehr Menschenrechte, weniger Spannung, mehr Zusammenarbeit, ökonomische Zusammenarbeit, kulturelle Zusammenarbeit. Das heißt, das ist die Politik der Allianz. In diese Politik eingebettet selbstverständlich auch Abrüstung auf beiden Seiten auf gleiche Obergrenzen soweit als irgend möglich."

Zwischenfrage: *„Weil Sie von Menschenrechten sprachen, Herr Generalsekretär, müsste man sich ja auch, wenn man sie ernst nimmt, mal selbst nach den Menschen richten. Es gibt eine Menge Westeuropäer, die die Politik der nuklearen Abschreckung der NATO nicht teilen. In der BRD zum Beispiel glauben 94 Prozent der Leute nicht mehr an Bedrohung, 79 Prozent wollen die Atomwaffen aus Europa ganz raushaben und 68 Prozent sind gegen Modernisierung. Nun sind die ja sicher nicht alle schief gelagert. Gibt Ihnen das nicht zumindest ein wenig Grund zum Nachdenken?"*

Antwort: *„Natürlich, die Menschen haben eine ganz natürliche von mir geteilte Sehnsucht nach weniger Waffen – übrigens nicht nur Nuklearwaffen – und nach Frieden. Und ich will mir jetzt die Gegenfrage ersparen, die naheliegen würde, wie ja bei Ihnen eine solche Umfrage aussehen würde. Nur eines ist klar: Selbst, wenn Sie es wollten, Sie könnten die Nuklearwaffen nicht aus dieser Welt wegschaffen. Wenn Sie alle wegschaffen würden, das Wissen um die Herstellung dieser Waffen wäre vorhanden, das Material wäre da. Wenn dann ein Krieg ausbrechen würde, würden diese Waffen sofort gebaut. Der, der sie als Erster hätte, würde sie auch werfen."*

Ich musste schlucken, denn das Fundament dieser Argumentation war löchrig wie ein Schweizer Käse und eines Wörners unwürdig. Oder war er – was unwahrscheinlich ist – nur nicht umfassend genug über Gorbatschows Abrüstungspaket informiert, das auch eine Offerte zur atomaren Totalverschrottung enthielt? Danach sollte nach der weltweiten Beseitigung der Kernwaffen auch ihr Neuerwerb verboten werden. Wie könnte also ein Land als erstes eine Atomrakete abfeuern, wenn es sie gar nicht bauen darf?! Das wäre nur unter Vertragsbruch möglich. Hätte man den aber bisher von vornherein einkalkuliert, wäre bis dato keine einzige Abrüstungsvereinbarung zustande gekommen. Man muss kein NATO-Generalsekretär sein, um diese Binsenweisheit zu begreifen. Warum dann aber seine Unterstellung, dass in einer vertraglich geregelten atomwaffenfreien Welt wieder jemand eine Kernwaffe bauen und anwenden würde? Übrig bleibt eine Schutzbehauptung zum weiteren Vorwärtsrüsten, ein salto mortale der Argumentation des Wortkünstlers Manfred Wörner, dessen Beteuerung damit anzuzweifeln ist, er teile die Sehnsucht nach weniger Waffen.

Diese immer noch geltende NATO-Argumentation von der Unmöglichkeit einer kernwaffenfreien Erde hat in der Gegenwart kein Geringerer als der heute vom Westen hofierte Gorbatschow erneut widerlegt, indem er am 4. November 2019 zur weltweiten Abschaffung von Atomwaffen aufrief. Der nunmehr 88-jährige ehemalige sowjetische Staatschef sagte in einem BBC-Interview: *„Alle Nationen, alle, sollten erklären, dass Atomwaffen zerstört werden müssen".* Solange Massenvernichtungswaffen und vor allem Kernwaffen existierten, seien die Spannungen zwischen Russland und dem Westen *„kolossal"* gefährlich. Damit wiederholte er nach über 30 Jahren seinen Standpunkt von einst.

Die heiße Phase des Interviews

Merkwürdig war auch ein anderer Zungenschlag Wörners: seine Trennung von Politik und Waffen. Nicht die Politik ist doch wohl die direkte Bedrohung, sondern das militärische Mittel zur Durchsetzung ihrer Ziele. Das führte die NATO später selbst vor, als sie mit der Bombardierung des Kosovo 1999 den Krieg wieder als gängiges Mittel der Politik salonfähig machte – und das ohne UNO-Mandat und deshalb als Bruch des Völkerrechts, wie der damals mitbeteiligte Bundeskanzler Gerhard Schröder später selbst zugab. Damit wurde nachträglich auch ein Argument von Wörner ad absurdum geführt, das er in unserem Interview so formulierte:

„Ich glaube nicht, dass eine Allianz von 16 Staaten jemals – und zwar freien und demokratisch organisierten Staaten – sich jemals auf einen Angriffskrieg programmieren kann."

Es ist schon interessant, verblüffende Interview-Aussagen von Wörner nicht nur an der damaligen Wirklichkeit zu messen, sondern sie auch mit der weiteren Entwicklung der NATO zu vergleichen. Da gelangt man schon ins Grübeln.

Man müsste meinen, die Bündnispolitik würde nach der Auflösung des Warschauer Vertrages und damit dem Wegfall ihres direkten Kontrahenten moderater. Irrtum! Da hieß die Kardinalfrage, wie schnell die NATO den im INF-Vertrag beschlossenen Ost-West-Abbau der nuklearen Mittelstreckenraketen mit einer Modernisierung ihrer Kurzstreckenraketen kompensieren würde. Denn der wirtschaftlich angeschlagenen Sowjetunion mit einem im Rüstungswettlauf um Atempause bettelnden Gorbatschow durfte keine Ruhe gegönnt werden, um das wirtschaftliche Ziel eines Kaputtrüstens zu erreichen. Deshalb forderten in Westeuropa besorgte Demonstranten von der NATO: „Modernisiert die Politik, nicht die Raketen!" Auf dieses heikle Thema sprach ich Wörner ohne Umschweife an, um eine gültige Antwort aus höchst berufenem Munde zu erhalten. An dieser Stelle glitt das Interview in die heiße Phase.

Frage: *„Herr Generalsekretär, es gibt in letzter Zeit von westlicher Seite äußerst widersprüchliche Aussagen zur Modernisierungsproblematik. Ein Verwirrspiel hat es Karsten Voigt genannt. Hat sich denn nun die NATO inzwischen zu einer klaren Haltung, zu einer klaren Entscheidung durchgerungen. Modernisierung, ja oder nein?"*

Antwort: *„Nein, hat sie noch nicht. Wir sind ein Bündnis – wie Sie wissen – von 16 freien und souveränen Staaten. Die haben sehr* *unterschiedliche Auffassungen, auch in diesem Punkt. Und in den Staaten sind die Auffassungen unterschiedlich. Und wir versuchen im Augenblick zu einer Entscheidung zu finden, aber dieser Entscheidungsprozess ist noch nicht abgeschlossen. Im Augenblick, in dem wir reden nicht, und er wird auch noch einige Wochen, denke ich, in Anspruch nehmen, bevor dann der westliche Gipfel über das Gesamtkonzept entscheidet und möglicherweise dann auch eine Entscheidung trifft über die Modernisierung."*

Frage: *„Wenn die Modernisierungsfrage noch in der Schwebe ist, warum hat dann zum Beispiel die Bundesregierung bis heute bereits hundert Millionen DM für ihr KOLAS-Luftangriffssystem parat gestellt beziehungsweise schon verpulvert. Für ein System, das ja bereits – wie bekannt – seit drei Jahren vom Rüstungskonzern Messerschmidt-Bölkow-Blohm entwickelt wird?"*

Antwort: *„Zunächst einmal kommen wir in ein heikles Gebiet. Ich bin ja jetzt nicht mehr Verteidigungsminister der Bundesrepublik Deutschland, sondern Generalsekretär der Atlantischen Allianz und ich darf an sich …"*

Einwurf: *„Aber die BRD ist NATO-Mitglied."*

Antwort: *„Die Bundesregierung Deutschland ist NATO-Mitglied. Und wie gesagt, ich bin und bleibe Deutscher und fühle mich auch als solcher. Nur meine Funktion lässt das an sich nicht zu. Aber da Sie die Vergangenheit ansprechen: Die Bundesrepublik Deutschland hat diese Mittel nicht für eine Nuklearrakete aufgewandt, sondern für eine konventionelle Entwicklung, nicht einmal für eine Rakete, um das deutlich zu sagen."*

Frage: *„Aber sie ist doch wohl atomar bestückbar, wie selbst der ‚Spiegel' schreibt."*

Antwort: *„Ich muss Ihnen sagen: Wir haben eine freie Presse. Das bedeutet aber nicht, dass alles, was in ihr steht, auch gleichzeitig richtig sein muss. Dies jedenfalls ist nicht richtig. Da ich selbst derjenige war, der diesen Auftrag mitgegeben hat, kann ich nur sagen: eine rein konventionelle und nur konventionell verwendbare Waffe."*

Frage: *„Aber wenn diese Modernisierungsfrage noch in der Schwebe ist, warum haben dann zum Beispiel auch die Amerikaner 33 Millionen Dollar auf die hohe Kante gelegt für das Lance-Nachfolgesystem mit einer viermal größeren Reichweite?"*

Antwort: *„Die Entscheidung – wie gesagt – muss die Allianz treffen, die Entscheidung über die Modernisierung. Und das heißt, bevor eine Entscheidung über die Dislozierung, also über die Aufstellung, getroffen wird, muss eine Waffe entwickelt sein. Und irgendwann einmal muss man mit der Entwicklung beginnen."*

Die seltsame Logik des Waffenbaus

Ich war gezwungen, das gehörte Unerhörte schnell zu verdauen, obwohl es mir vorkam, als hätte ich mich verhört. Diese Argumentation hatte es in sich, hinterließ in meinem Hinterkopf gleich mehrere Fragezeichen. Mal abgesehen von den rhetorischen Sprechschleifen und Ausweichmanövern des Patrons: Diese mit Verlaub sehr seltsame Logik muss man noch einmal in Ruhe durch die Gedankenmühle drehen: Bevor die NATO überhaupt weiß, ob sie eine Nuklearrakete aufstellen will, wird sie für alle Fälle erst einmal entwickelt. Dann ist die neue Waffe da, auch wenn keine Bedrohung existieren sollte, und sie bedroht selbst. Denn eine neuartige Atomrakete für horrende Summen zu konstruieren und zu produzieren, um sie dann auf dem Hinterhof eines Rüstungskonzerns verrotten zu lassen, wäre ein weltfremder Schildbürgerstreich fern jeglichen realistischen Denkens.

Dass ich zudem auch noch von höchster Stelle erfuhr, dass sogar des Deutschen heiliges Nachrichtenmagazin *Spiegel* lügt, war schon ungewöhnlich. Eine unerwartete Zugabe. Noch aufschlussreicher war, dass der erste Mann der NATO eine Absicht zur Modernisierung der amerikanischen Lance-Kurzstreckenrakete nicht dementierte. Aus gutem Grund, denn schon ein Jahr nach unserem Interview wurde sie durch ein moderneres System mit dem Namen ATACMS abgelöst. Wie sich später herausstellte, wurde sie bereits seit 1986 – drei Jahre vor unserem Interview – unter strengster Geheimhaltung entwickelt. Das „Top Secret" des NATO-Kernlandes galt sicher nicht für den Anführer der Allianz, der also von dieser Neuerung zum Zeitpunkt unseres

Interviews Kenntnis hatte. Er war klug beraten, an dieser Stelle das Thema zu wechseln, was für mich einem Eingeständnis gleichkam. Natürlich ließ sich der Generalsekretär der NATO den Treffer ins Schwarze nicht gefallen und schoss zurück:

„Ich sage noch einmal: Der Entscheidungsprozess ist nicht abgeschlossen. Aber es reizt mich jetzt wirklich zu fragen: Wenn dem so ist, warum in aller Welt haben Sie in der DDR, hat die Sowjetunion gerade eben die Modernisierung ihrer Kurzstreckenwaffen abgeschlossen? Sie haben sie doch gemacht, ohne uns zu fragen. Wir haben uns gar nicht eingemischt. Und wir diskutieren über eine Entscheidung, die frühestens im Jahre 1995 Wirklichkeit werden soll. Warum haben Sie sich diese Frage nicht vorgelegt? Warum stellen Sie sie mir? Wir haben noch gar nicht modernisiert. Sie haben es gerade erst abgeschlossen."

Frage: *„Herr Generalsekretär, ich kenne zunächst mal nur eine andere Variante. Dass die DDR tatsächlich einseitig abrüsten will, mit diesem Prozess begonnen hat, wie unser eigener Verteidigungsminister neulich erst erklärt hat. Und da geht es um 10 000 Mann der NVA, die nach Hause geschickt werden. Es geht um 10 Prozent des Militärbudgets, das wir streichen wollen, es geht um 600 Panzer, es geht um 50 Kampfflugzeuge. Und worum es bei der Sowjetunion geht, das wissen Sie vielleicht besser als ich: um eine halbe Million Soldaten, die ebenfalls aus dem Dienst entlassen werden, um 10 000 Panzer et cetera. Sagen Sie bitte, zu gleicher Zeit – um noch einmal diese Fakten zu erwähnen – ist also in einer Art Skandalverfahren in der BRD im Fernsehen enthüllt worden, dass die Bundesregierung entwickeln wollte dieses KOLAS-Angriffssystem, dass sie also eine sogenannte – das ist wohl das Jüngste, was so bekannt wurde in dieser Richtung – dass sie eine sogenannte modulare Abstandswaffe entwickeln wollte. Meinen Sie nicht, dass sich die DDR und der Warschauer Vertrag auch mal bedroht fühlen könnten?"*

Damit hatte ich – das muss ich gestehen – die westliche Pressefreiheit samt Interview-Aggressivität zu meiner eigenen gemacht. Ich hatte mein Gegenüber mit einer ungehörig langen Frage strapaziert, die schon keine mehr war, sondern eine Gegenrede mit anschließender Aufforderung zur Stellungnahme. Eigentlich eine journalistische Frechheit, die ein Manfred Wörner aber souverän wegsteckte. Nun kam es auf Messers Schneide zur direkten Konfrontation zwischen der NATO-Spitze und einem DDR-Journalisten. Etwas gereizter Originalton des Befragten: *„Ich muss doch schon sagen, Sie sprechen dauernd von Angriffswaffen. Sie haben doch gerade die FROG-Rakete gegen die SS 21 ausgetauscht. Nun sprechen Sie von der einseitigen Abrüstung bei Ihnen und in der Sowjetunion. Das möchte ich ausdrücklich begrüßen. Ich glaube, dass das ein Schritt in die richtige Richtung ist. Es ist nicht so, dass wir einseitige Vorleistungen ablehnen. Wir haben 2400 Nuklearwaffen in den letzten fünf Jahren einseitig weggeschafft. Und zwar nicht etwa überholte. Wir sind freiwillig und einseitig heruntergegangen und warten auch da noch auf die Antwort. Aber lassen Sie uns nicht aufrechnen. Sie sagen mit Recht …"*

Einwurf: *„Darf ich Ihnen da bitte noch eine Zwischenfrage stellen, was Ihre einseitigen Abrüstungsmaßnahmen anbelangt. Warum erfährt man in der Regel aus der Weltpresse – aus der westlichen Presse natürlich auch – etwas über die einseitigen Vorleistungen des Ostens und so gut wie nichts oder überhaupt nichts über die des Westens? Haben denn ‚Bild' oder ‚Welt' oder andere westliche Medien etwas gegen Ihr eigenes Verteidigungsbündnis? "*

Antwort: *„Also erstens konnten Sie das alles – und zwar mehrfach – nachlesen. Nur – Sie haben recht: Es wird in unserer Presse ganz natürlicherweise nicht so sensationell aufgemacht. Warum? Es ist einfach zu beantworten. Weil es doch zunächst einmal und Gott sei Dank eine Mordsüberraschung ist, wenn jetzt endlich die Sowjetunion anfängt, auch einmal einseitig abzurüsten."*

Über die Sensation einer NATO-Abrüstungsinitiative

Mit der soeben gebotenen wortartistischen Darbietung hatte mich Herr Wörner endgültig davon überzeugt, dass er unter der westdeutschen Politiker-Elite tatsächlich einer der besten Rhetoriker war, der selbst für eine Behauptung wie „2 und 2 ist 5" eine eingängige Begründung gefunden hätte. Nachdem er seine freie Presse schon der Lügerei bezichtigt hatte, unterstellte er ihr nun auch noch eine Informationspolitik, die angebliche Abrüstungsschritte des Westens verschweigt, weil sie nicht sensationell genug sind.

Ich bin sicher: Eine substanzielle Initiative der Westallianz, die bislang eigene Abrüstungsvorschläge scheute, wäre als Eilmeldung der Nachrichtenagenturen über alle Ticker der Welt gelaufen. Rundfunk und Fernsehen hätten ihre Programme unterbrochen, um sie möglichst als Erste zu verkünden. Keine Tageszeitung in Ost und West, die darüber nicht auf der Titelseite in Großaufmachung informiert hätte. Selbst die schlafmützigste Redaktion hätte den triumphalen Donnerschlag nicht überhören können, mit dem die NATO eine solch edle militärische Vorleistung PR-wirksam in die Welt posaunt hätte.

Nicht nur, dass es diesen Posaunenstoß nicht gegeben hat; der Nordatlantikpakt weigerte sich zudem entschieden, alle Waffensysteme in Abrüstungsverhandlungen einzubringen. Auch dieses Thema war dem obersten Feldherrn der Allianz sichtlich unangenehm. Dass der Warschauer Vertrag mehr Panzer hat und sie deshalb einseitig reduzieren will, findet er logisch. Dass die NATO mehr Kriegsschiffe hat und sie nicht einseitig reduzieren will, ist für ihn auch in Ordnung.

Frage: *„Herr Generalsekretär, verzeihen Sie mir, Sie haben soeben für meine Begriffe etwas NATO-typisches gemacht. Sie haben zwei Waffengattungen herausgegriffen, die Ihnen eigentlich in den Streifen passen.“*

Antwort: *Sie haben doch von Panzern gesprochen, da habe ich Ihr Beispiel aufgenommen.*

Frage: *„Ja, gut, aber sie haben es soeben in den Zusammenhang der Parität gebracht. Wie sieht es denn nun aber zum Beispiel aus mit den Seestreitkräften und mit den Luftstreitkräften der NATO. Warum ist die NATO nicht bereit, nukleare See- und Luftstreitkräfte in die Abrüstung einzubringen?“*

Antwort: *„Gut, lassen Sie uns zunächst einmal zwei Dinge auseinanderhalten: Luftstreitkräfte und Seestreitkräfte. Was die Luftstreitkräfte*

anbelangt, sind wir nicht einer Meinung, was die zahlenmäßige Über-
legenheit …"

Einwurf: „*Bleiben wir bei den Seestreitkräften.*"

Antwort: „*Gut, Seestreitkräfte. Nehmen wir die Seestreitkräfte. Wir
sind eine atlantische Allianz – das heißt, ein Seebündnis. Für uns sind
Schiffsverbindungen das, was für den Warschauer Vertrag Landverbin-
dungen sind. Das können Sie auf der Karte sehr einfach nachsehen. Das
heißt, Eisenbahnlinien sind Ihre Verbindungen. Auch Straßen. Für uns
sind es Seewege. Wir sind auf diese Seewege angewiesen. Wir müssen sie
in einem Ernstfall schützen. Deshalb brauchen wir Seestreitkräfte zum
Schutz unserer Seeverbindungen. Im Übrigen, wir versuchen bei den Ver-
handlungen in Wien zunächst die Waffensysteme anzugehen, die sich
zur Besetzung und zum Halten fremden Territoriums eignen. Mit einem Schiff, mit dem U-Boot, mit dem Zerstörer oder mit dem Schnell-
boot können Sie Kiew nicht besetzen, sondern Sie können allenfalls Seeverbindungen schützen. Deswegen gibt's da keine vergleichbare Größe.*"

Einwurf: „*Aber vielleicht kann man mit einem Schlachtschiff aus
dem östlichen Teil des Mittelmeeres mit einer nuklearen Abstandswaffe Kiew erreichen – und zwar just im Zentrum. Das ist doch möglich.
Und seit wann bitte rechnet die NATO und rechnen NATO und Warschauer Vertrag Schlachtschiffe gegen Eisenbahnwaggons auf? Das verstehe ich nicht.*"

Kalte Füße bei eisigem Westwind

Das Interview dauerte dank Marions deutlicher Fingeranzeige
von 17.40 Uhr bis 18 Uhr und damit exakt die vorgeschriebe-
ne Maximallänge von 20 Minuten. Keine zu viel, keine zu wenig, keine wurde verschenkt. Das quittierte Pressechef Swijsen
mit anerkennendem Wohlwollen. Dass ich auf dieses Wohlwollen noch sehr angewiesen sein würde, ahnte ich da noch nicht.

Erneut saß ich – diesmal zum Abschminken – neben Wörner. Er hatte mir nach dem Ende unseres Auftritts die Hand ge-
reicht wie nach einem Boxkampf – und in gewissem Sinne war

es auch einer. DDR-Journalisten-Leichtgewicht gegen politisches Schwergewicht der ersten Westliga. Außerhalb des Ringes sagte nun der Schwergewichtler zum Leichtgewichtler: *„Es war durchaus interessant."* Ich nahm es als Kompliment. Und vielleicht war es auch kein Zufall, dass mich kurz darauf bei einem internationalen Empfang zum NATO-Jubiläum in Brüssel der Militärattaché der BRD-Botschaft in Belgien im Plauderton ansprach. Nach einem harmlosen Smalltalk drückte er mir seine Visitenkarte mit der Bemerkung in die Hand, ich könne ihn jederzeit anrufen, wenn mir danach sei.

Am Folgetag des Interviews berichtete ich für die DDR-Nachrichtensendung *Aktuelle Kamera* von den Feierlichkeiten zum NATO-Jubiläum. Vor angetretenen Militärformationen am schmiedeeisernen Kreuz der Allianz dankte ihr oberster Feldherr Gott und allen, die dem Militärpakt Waffen in die Hand gegeben haben, um den Osten atomar in Schach zu halten. Das habe für Frieden gesorgt und verhindert, dass eine kommunistische Expansion Westeuropa überrolle.

Nein, ich übertreibe da keineswegs. Akustisch umrahmt von den Marschklängen des NATO-Militärorchesters fand Wörner markige Sätze. Die – wie er sie nannte – *„erfolgreichste und stärkste Allianz freier Länder in der Geschichte der Menschheit"* sei gegründet worden zu einer Zeit, in der – so wörtlich – *„die kommunistische Expansion ganz Europa zu überrollen drohte"*.

Da wehte ein eisiger Westwind in einem von Gorbatschow herbeiverhandelten politischen Tauwetter, das sich bereits am Horizont einer Waffenreduzierung abzeichnete. Ich hörte die Festrede im Pulk der Weltpresse und es fröstelte mich. Vielleicht bekamen sogar einige ausländische Gäste kalte Füße.

Noch vor Kurzem hatten die Außenminister Frankreichs, Belgiens und der Schweiz vor unserer Kamera andere Töne angeschlagen. Bei allen Unterschieden im Detail hatten die Chefdiplomaten Roland Dumas, Leo Tindemans und René Felber prinzipiell Gleiches geäußert: Auch mit Ostländern wie der DDR, die ihren Willen zum vertrauensvollen internationalen Miteinander bewiesen hätten, müsse man bei allen ideologischen

Diskrepanzen im wohlverstandenen Sinne gemeinsamer Sicherheit zusammenarbeiten.

Stattdessen werde ich nun Zeuge, wie Wörner im Stil eines Imperators seine Getreuen wie eh und je auf dasselbe Ziel einschwört. Im Klartext: Lasst uns auf die rote Gefahr des Bolschewismus angemessen reagieren! Festgeschrieben wurde diese allewigliche NATO-Doktrin mit der Lizenz zum Rüsten schon vor vierzig Jahren, am 4. April 1949, als die Gründungsväter in Washington ihre Unterschrift unter ein Dokument setzten, das die Schlagkraft der USA mit dem Militärpotenzial Westeuropas bündelte und damit erstmals nach Kriegsende wieder einen Waffenpakt schuf.

Dem folgte Osteuropa – um Parität herzustellen – sechs Jahre später mit dem Warschauer Vertrag. Ebenso im Zugzwang war die DDR mit der Bildung ihrer Nationalen Volksarmee im März 1956, nachdem es die Bundeswehr bereits seit November 1955 gab. Nach demselben Prinzip von Aktion und Reaktion verlief der Beitritt beider deutscher Staaten zu den Militärbündnissen – zuerst die BRD am 6. Mai 1955 zur NATO, danach die DDR am 4. Juni 1955 zum Warschauer Vertrag.

Das alles ging mir nun – noch unter dem Eindruck unseres Treffens – kreuz und quer durch den Kopf. Ich war schon ein wenig enttäuscht, dass der NATO-Chef im Interview auch zu Taschenspielertricks gegriffen hatte, um das Gesicht zu wahren. Oder ist die Bezeichnung „demagogisches Manöver" sehr vermessen, wenn er der eigenen Presse unterstellt, angebliche einseitige Abrüstungsinitiativen des Westbündnisses aus Desinteresse unterschlagen zu haben? Auch dass der in Redeschlachten erfahrene Stratege, der nie um eine Antwort verlegen ist, beharrlich am Thema Abrüstungsangebote aus dem Osten vorbeischwieg, ließ mich angefrustet zurück. Und eine andere Frage überhörte er einfach – nämlich die, was er zur volksmehrheitlichen Ablehnung des von USA und NATO provozierten atomaren europäischen Raketenzauns meine.

Das Desaster einer Interview-Länge

Als ich Wörners Dankes- und Drohrede hörte, hatte ich ein prägnantes Wort seines Oberbefehlshabers für Mitteleuropa noch im Ohr, gesprochen im Jahr zuvor von General Hans-Henning von Sandrart: Die Bundeswehr brauche eine Offensivfähigkeit, die aggressiv sein müsse mit dem Willen zum Erfolg. Wie sein oberster Dienstherr wohl das interpretieren würde? Auch dafür hätte er sicher plausible Gründe aus dem Hut gezaubert.

Aber für das Interview waren eben nicht 40 Minuten anberaumt, sondern nur die Hälfte – und das war schon sehr viel für unser außenpolitisches Magazin mit seiner halben Stunde Sendezeit. Indem mir das in den Sinn kam, beschlich mich ein ungutes, beklemmendes Gefühl. Ja, zwanzig Minuten waren mir zugesagt worden – aber die würde die *Objektiv*-Sendung zeitlich nie und nimmer verkraften! Und eine Sondersendung ist blanke Utopie. Also wohin mit dem 20-Minuten-Interview?

Eine Schockfrage und eine späte Erkenntnis, die mich mit der Eiseskälte dieses Apriltages erwischten. Ich hatte mich im Glanz eines perfekt gelaufenen Interviews gesonnt und die Schattenseite gemieden. Warum hatte ich mir darüber bislang keinen Kopf gemacht? Die Größenordnung der ungewöhnlichen Idee und ihre offizielle Absegnung hatten mich derart fasziniert und euphorisiert, dass für Nachfolge-Überlegungen kein Platz blieb.

Junge, so wurde mir blitzartig klar, welch maßlose Überschätzung unserer DDR-Pressetoleranz! Wie konntest Du Wörners Pressechef leichtsinnig zusagen, der volle Wortlaut des Interviews würde gesendet!? Die volle Dröhnung, wo Du doch um die Sensibilität der Sache weißt! Nun gut, beruhigte ich mich, fast alle Interviews der Welt sind zu lang und werden ein wenig beschnitten. Dann wird es eben nicht die vollständige Version, sondern eine solide Kurzfassung. Das wäre dann zwar nicht die ganze Hand, wohl aber der kleine Finger. Selbst der aber wurde es im Endeffekt nicht. Ich hätte mir nicht träumen lassen, dass ich sogar noch um den Fingernagel auf dem kleinen Finger würde kämpfen müssen. Das sollte ich aber schnell erfahren.

Die Hiobsbotschaft

Vorgesehen war die Ausstrahlung des Interviews für Donnerstagabend, den 6. April 1989, also drei Tage nach der Aufzeichnung. Einen Tag vorher rief mich Ulrich Makosch an. Ich merkte schon an der zwar wie immer ruhigen, aber diesmal übersachlichen, vorsichtigen Tonlage, dass irgendetwas im Busch war – und das konnte nur was Unangenehmes sein. Da Uli auch in heiklen Situationen Diplomat blieb, überbrachte er mir zunächst Dank und Anerkennung der Chefredaktion für das interessante, polemisch spannende Interview. Dass es kein bloßes Frage-Antwort-Spiel geworden sei, sondern ein Streitgespräch, wäre nicht hoch genug einzuschätzen. Es sei entschieden worden, das Interview wegen seines aufschlussreichen Inhaltes, das die NATO-Politik entlarve, ungekürzt in allen Parteiversammlungen des Fernsehens vorzuspielen. „Junge, das gab's noch nie!"

Dann kurze Pause, um nun – das war mir klar – zur eigentlichen Sache zu kommen. Und die konnte nach so viel ermunterndem Lobgesang nur ein Klagelied sein. „Junge", sagte Uli, „auch die alleroberste Heeresleitung in Stadtmitte hat sich dein Interview angesehen. Sie findet es ebenfalls prima, meint aber, es müsse gestrafft werden." Da war er, der Keulenhieb. Ich hatte ihn irgendwie erwartet, aber an einen kleinen Knüppel geglaubt. Nun war es eine dicke Keule. Die oberste Personalität der Partei hatte die lange Leine, die sie mir generös gelassen hatte, wieder eingerollt.

Ich schäumte vor Wut, was der Realpolitiker Makosch auch erwartet hatte. Deshalb ließ er meiner Tirade freien Lauf – sicher mit dem Telefonhörer in gebührendem Abstand vom Ohr. „Verflucht noch mal, ich hab's mir denken können, nein, ich hätt's vorher wissen müssen. So eine Riesenscheiße! Uli, das ist unmöglich! Wörner hat unsere Zusage, die Aufzeichnung voll und ganz zu senden – und dieses Versprechen müssen wir halten. Ansonsten bin ich unglaubwürdig und erledigt. Dann kann ich mich dort nicht mehr sehen lassen, dann gebe ich meine NATO-Akkreditierung zurück. Dann schmeiß ich die Fläppen hin! Schluss, aus!!'"

Der welterfahrene Außenpolitiker hörte geduldig zu und versuchte mich zu beschwichtigen: „Ich verstehe dich, Junge, aber sage mir, was wir tun sollen. Hör mal, wenn der Wörner eine Presseerklärung abgibt, stört er sich doch auch nicht dran, wenn die Presse sie kürzt." „Uli, dir muss ich doch nicht sagen, dass ein noch nie dagewesenes Exklusiv-Lnterview mit dem Klassenfeind-Oberchef in keiner Weise mit einem Wischiwaschi-Pressestatement für Gott und alle Welt vergleichbar ist. Sie kriegen genau das bestätigt, was sie uns vorwerfen – Pressefreiheit null, dafür SED-höriges Staatsfernsehen. Prima!"

Die Anspannung der letzten Tage entlud sich in einem Kanonenschlag der Enttäuschung und mein Chef am anderen Ende der Leitung tat gut daran, ihn über sich ergehen zu lassen, zumal ich wusste, dass er meine Empörung teilte: „Das ist doch schizophren! Für die Macher hinter dem Bildschirm ist das gesamte Interview eine Offenbarung und wird, wie Du mir mitteilst, in Versammlungen vorgeführt. Und für die Zuschauer vor dem Bildschirm ist es in voller Länge nicht zumutbar. Das ist doch hirnrissig! Ich kann mir gut vorstellen, wie's gelaufen ist. Die Genossen im Großen Haus hätten's am liebsten gesehen, wenn der NATO-Generalsekretär ihnen zur Friedenspolitik der DDR gratuliert hätte. Er hätte die Aggressivität und Rüstungsgeilheit der NATO zugeben und sich dafür entschuldigen sollen – das wäre richtig gewesen, das hätte Genossen Erich erfreut, das hätte das Feindbild geschärft. Dummerweise hat er's nicht getan, hat er nicht unsere, sondern seine eigenen Positionen vertreten. Das könnte ja unsere Zuschauer schon wieder irritieren, denn sie können ja nicht denken! Deshalb müssen die gefährlichen Stellen rausgeschnippelt werden. Die Blamage mache ich nicht mit – um nichts in der Welt!"

Ich war nicht nur wütend über das rigorose Vorgehen meines Partei- und Staatslenkers, dem die Auswirkung seiner kurzsichtigen spontanen Entscheidung offensichtlich egal war. Fassungslos war ich jetzt auch über meine Blauäugigkeit, als hätte ich nicht ahnen müssen, dass ein Erich Honecker niemanden vor unseren Kameras ausreden lässt, der die DDR oder das sozialistische Lager auch nur im Ansatz kritisiert – und erst recht nicht bei Schelte von Westpolitikern. Ja, das wusste ich, dachte mir aber, wenn es dazu im Ost-West-Dialog eine einleuchtende Gegendarstellung gibt, würde das an oberster Stelle anstandslos durchgehen und den Zuschauer würde beim Pro und Kontra die Kraft unserer Fakten und Argumente überzeugen. Auf diesen schmalen, glitschigen Pfad hatte ich mich begeben – und auf diesem schmalen, glitschigen Pfad rutschte ich nun aus und fiel sehr schmerzhaft auf die Nase.

Wenn ich heute noch einmal Gewissenserforschung für damals betreibe, muss ich mir die ehrliche Frage stellen: Hat mich vielleicht auch ein Schuss Eitelkeit zu diesem von vornherein mit Risiko behafteten Projekt verleitet?! Ich denke, es war mehr das kribbelnde Gefühl, aus gegebenem Anlass eine DDR-journalistische Ungewöhnlichkeit zu versuchen, die mit aufregender Neugier versehen war und nach politischem Abenteuer roch. Ich wollte intuitiv die Gunst der Stunde nutzen, auf ein Stück Neuland zu gehen und die Möglichkeiten zu erkunden, wie groß dieses Stück sein könnte. Nun musste ich erfahren, dass es allenfalls die Flächenkleinheit eines Taschentuchs hatte.

Unser Telefonat zwischen Berlin und Paris hatte eine unverschämt kostspielige Überlänge. Wie den Moderator Uli Makosch schätzte ich auch den Redaktionsleiter von *Objektiv*, Paul Rummel, einen ebenso profilierten wie verständnisvollen Kollegen. Beide warnten eingedenk der täglichen Erfahrung im Umgang mit der Politbüro-Macht vor den Konsequenzen einer Weigerung, die das gesamte Interview gefährden würde und mich zum aufsässigen Querulanten stempeln könnte. Sie plädierten für Besonnenheit und kluges, umsichtiges und vor allem schnelles Handeln, denn es blieb nur noch ein einziger Tag bis zur Sendung.

Wieder einmal die berühmte Quadratur des Kreises, die ich mir selbst aufgehalst hatte und um die nun eine einzige Schlaumeier-Frage kreiste: Wie kann man von Herrn Wörner eine Kastration des Interviews genehmigen lassen, ohne unser Wort für eine Komplettfassung zu brechen?

Die Kunst, das Unmögliche zu ermöglichen

Also brachen nun doch keine neuen Zeiten an, wie es der Allianz-Mächtige vermutet hatte. Da für lange Grübeleien keine Zeit blieb, rief ich seinen Pressechef Florent Swijsen an. Zwischen uns hatte sich ein vertrauensvolles Verhältnis entwickelt – zumindest eine Abart davon, wenn man davon ausgeht, dass ein DDR-Bürger eigentlich kein Vertrauen zu einem NATO-Mann haben sollte.

Swijsen hatte so was wohl schon erwartet und blieb professionell freundlich. Ich entschuldigte mich für die Anfrage einer Kürzung, aber – so führte ich ins Feld – selbst Frankreichs Staatspräsident Mitterrand habe nichts gegen die Straffung eines Interviews gehabt. Das, meinte Swijsen, sei in gegenseitiger Absprache durchaus üblich und er verstehe auch, dass 20 Interview-Minuten für eine Halbstunden-Sendung über die Weltpolitik kaum zumutbar wären. Er werde mein Begehr sofort seinem Boss vortragen und mich schnurstracks über seine Antwort informieren. Die kam prompt und war eine Zusage, verknüpft aber mit einer klugen Bedingung. Ja, es könne gekürzt werden, aber nicht innerhalb einer Antwort, um Sinnentstellungen zu vermeiden. Anders gesagt: Entfernt werden dürfen aus dem Interview nur ganze Blöcke mit einer Frage und der dazugehörenden Antwort.

An dieser wohlüberlegten Kondition aus dem Brüsseler NATO-Hauptquartier konnte nicht einmal an höchstdekorierter SED-Stelle gerüttelt werden – und das wollte man letzten Endes auch nicht, um keinen Skandal zu riskieren. Also wurde zu meiner Schadenfreude hin und her überlegt, welche lückenlosen Passagen für den DDR-Bürger wohl am wenigsten schädlich wären. Die neue, kulante Vereinbarung wurde eingehalten, während das Endergebnis für mich unbefriedigend, aber durch höhere Gewalt nicht korrigierbar war.

Am Schreibtisch der Parteiführung wurden sieben zusammenhängende Blöcke aus Frage und Antwort freigegeben. So kam ein Fünf-Minuten-Interview in die Sendung, das zwar keinen zerschnippelten Eindruck hinterließ, aber eben nur ein Viertel des Disputes wiedergab.

Nachdem das Kürzungs-Prozedere geklärt war, bat der Brüsseler Pressemann um eine Sendekopie des Interviews und ich wandte ein: „Herr Swijsen, das ist Materialverschwendung. Sie zeichnen die Sendung doch sowieso auf." Er darauf mit verschmitzter Überlegenheit: „Gönnen Sie mir bitte diese kleine Gegenleistung." Das beiderseitige Misstrauen muss wirklich tief gesessen haben.

Manfred Wörner hatte ein kurzes Leben. Er starb 1994, fünf Jahre nach unserem Treffen, im Alter von nur 59 Jahren an den Folgen von Darmkrebs. Ich werde mein Fernseh-Duell mit dem charismatischen Wortkünstler nie vergessen. Weder die auf Effekte bedachten Inszenierungen des VIP-Diplomaten noch den mir nicht unsympathischen Menschen, der im unglücklichen Epilog des Sende-Gezerres statt Häme und Frohlocken souveräne Kooperation gezeigt hat.

Das vollständige Interview – zweifelsohne ein rares Zeitzeugnis – müsste heute im Deutschen Rundfunk- und Fernseharchiv liegen. Undenkbar, dass solcherart Dokumente Schülern in einem Neuzeit-Unterricht vorgespielt würden. Da ist es nützlicher für den heutigen Zeitgeist, eine Schulklasse ins Stasigefängnis nach Berlin-Hohenschönhausen zu schicken, um begreiflich zu machen, welch generell bösen Kalibers die DDR war und was sie auf dem Kerbholz hat. Differenzierte Zwischentöne sind da nur störend.

Nachdem die beschnittene DDR-Neuheit eines DDR-befragten NATO-Generalsekretärs über die Bildschirme geflimmert war, hatte ich wegen des Interview-Hickhacks arge Bedenken zu meiner künftigen Position im NATO-Pool der Journalisten. War ich bei Wörner in Ungnade gefallen, was meine Berichterstattung beeinträchtigen könnte? War er ein Kleingeist, der gern noch mal nachtrat – und erst recht bei einem DDR-Mann? Die Antwort ließ nicht allzu lange auf sich warten.

Denkwürdiges Ende eines heiklen Kapitels

Es war im Wende-Frühjahr 1990, als ich mich im Tross der Weltpresse im Brüsseler Sitz des Nordatlantikpaktes mit Kameramann Wolfgang Groth einfand. Dafür gab es damals, als sich die Ereignisse überschlugen, gleich zwei zusammenhängende Anlässe. Zum einen tagte der NATO-Rat im Rahmen der sogenannten Zwei-plus-Vier-Verhandlungen zwischen DDR, BRD und den früheren vier Alliierten der Anti-Hitler-Koalition USA, Frankreich, Großbritannien und Sowjetunion. Der zwischen ihnen ausgehandelte Staatsvertrag wurde am 12. September 1990 unterzeichnet, ebnete den Weg zur dutschen Einheit und beendete die Nachkriegszeit. Zum anderen gab es eine Premiere der ostdeutschen Art: Neu in der Runde war der letzte Außenminister der DDR, der zugleich seinen Antrittsbesuch beim NATO-Chef absolvierte. Das eilte auch, denn bei größerer Verzögerung hätte Markus Meckel sich den Besuch sparen können. Der DDR-Bürgerrechtler, Pastor und Mitbegründer der Ost-SPD war nur vier Monate im Amt, bis er seinem westdeutschen Amtskollegen Hans-Dietrich Genscher in gesamtdeutscher Dimension Platz machen musste.

Der geplante Pressetreff nach der Tagung verzögerte sich. Dann traten Wörner und Meckel zwischen Tür und Angel vor den dichtgedrängten Pressepulk. Der Hausherr entschuldigte sich mit einem vielsagenden süffisanten Lächeln für die Verzögerung, denn Herr Minister Meckel habe dem NATO-Rat ausführlich seine Sicht der Weltlage erklärt. Nach dieser ironischen Einleitung gab er in souveräner Weise eine kurze Erklärung ab, die er gleich selbst ins Englische übersetzte. Welch inneres Vergnügen mag es ihm bereitet haben, den gestelzten deutschen Redefluss von Meckel mehrfach zu unterbrechen, damit der Dolmetscher die Ausführungen des „Herrn Kollegen" für die Auslandspresse übersetzen konnte.

Ich habe mich einfach nur geschämt für die Kombination aus Wichtigkeit und Hilflosigkeit meines Landsmannes. Schuster, dachte ich, bleib bei deinen Leisten! Warum blieb der Pastor nicht bei seiner Bibel und hinter dem Altar seiner mecklenburgischen

Kleingemeinde Vipperow?! Warum müssen sich Gottesdiener, die seit jeher Staatsferne predigen, über Nacht auf ein politisches Hochamt einlassen, von dem sie ähnlich viel Ahnung haben wie vom Fressverhalten der Nasenmuräne oder vom Sexualleben der Zebrakrabbe?! Und wenn das nun schon so ist, warum müssen dann politisch schmalbrüstige Männer der Kirche kraft ihres DDR-Dissidentenrufes vor muskelbepackten West-Rambos mit erhobenem Zeigefinger um ihre Gunst buhlen?! Es tat weh: In der Höhle des Löwen führte ein gewiefter Dompteuer den Ostberliner Bären am Nasenring durch die Arena und der merkte es nicht einmal.

Nach den Statements von Hausherr und Überraschungsgast waren den nach Hintergründen gierenden Medienleuten nur drei Fragen erlaubt – aus Zeitgründen, wie der NATO-Vordere mit spitzzüngigem Unterton bemerkte, denn der Herr Außenminister habe noch andere wichtige Termine. Sicher hat sich keiner der Journalisten zur Schulzeit so heftig zu Wort gemeldet wie für die dritte und letzte Frage im Foyer des damaligen NATO-Flachbaus. Auch ich riss mir den Arm aus, hatte aber wenig Hoffnung. Dass Wörner dann ausgerechnet auf mich zeigte, könnte Zufall gewesen sein. Ich bilde mir dennoch ein, dass es eher Absicht war.

Jedenfalls verließ ich an diesem Tag den NATO-Sitz mit dem wohltuenden Gefühl, dass ich hier an meinem heikelsten Arbeitsort nicht in Acht und Bann geschlagen war. Erst jetzt war für mich ein Kapitel zu Ende, das zu den denkwürdigsten in meinen vier Jahrzehnten des Ost-West-Journalismus zählt. Wie immer ich es nennen soll – es war alles andere als langweilig!

Rudolf Kirchschläger

Es gibt bekanntlich Sachen, die gibt es gar nicht. Dazu gehört die alljährliche Versteigerung eines Mittagessens mit einem gewissen Warren Buffett zu millionenschweren Konditionen. Dass der Amerikaner zu den reichsten Menschen der Welt gehört, ist in diesem Zusammenhang unerheblich. Wesentlich ist, dass dem Finanzgenie, Starinvestor und Großunternehmer ein untrügliches Geschick zur Geldvermehrung nachgesagt wird. Um von diesen kapitalen Fähigkeiten zu profitieren, die sein Dasein mit rund 80 Milliarden Dollar vergoldet haben, reißen sich Finanzjongleure aus der Oberklasse des Geldadels um ein „Power Lunch" unter vier Augen mit dem mittlerweile 90-jährigen Finanzmogul. Das wird einmal im Jahr möglich, wenn das private Essen im Internet versteigert wird. 2019 legte dafür ein Mitbieter mehr als 4,5 Millionen Dollar auf den Mittagstisch und gewann mit dieser Rekordsumme das Recht, dem Multimilliardär einige Tricks und Tipps zur Kapitalanlage zu entlocken. Die Lunch-Gelder gehen an Obdachlose und Arme in San Francisco. Ein Turbokapitalist als sozialer Wohltäter. Das kommentierte der für seine scharfsinnigen, geistreichen Bonmots bekannte Finanzaristokrat mit origineller Selbstironie: *„Es herrscht Klassenkampf. Meine Klasse gewinnt, aber das sollte sie nicht."*

Ähnlich ungewöhnlich wie dieses obskure Mittagsmahl erscheint mir das private Mittagessen eines österreichischen Bundespräsidenten mit einem ostdeutschen Journalisten. Hätte der sich diesen Lunch mit dem ersten Mann im Staate Österreich ersteigern müssen, wäre es dazu nie gekommen. Trotzdem gibt es eine Parallele zum Warren-Buffett-Essen, denn kapital profitiert hat vom Dinner mit dem höchsten Repräsentanten der Alpenrepublik auch der Fernsehmann, wenn auch auf andere Weise. Er bekam ebenfalls Informationen mit Seltenheitswert. Denn wann hat ein normal Sterblicher schon die Gelegenheit, im Gespräch unter vier Augen private Ansichten eines international geachteten Staatsmannes zu Dingen des täglichen Lebens zu erfahren?! Auch diese Geschichte muss der Reihe nach erzählt werden.

Das explosive Umfeld meiner Österreich-Mission

Nach fünf fernsehintensiven Moskau-Jahren zwischen Brest und Kamtschatka erwarteten mich in der Redaktion Außenpolitik vielfältige andere Aufgaben, darunter die eines DDR-Sonderkorrespondenten für Österreich. Eine attraktive Aufgabe. Der Wiener Charme und Schmäh, Grinzing und der Heurige waren mir schon frühzeitig sympathisch geworden durch meinen Kinder- und Jugendfreund Ferenc „Feri", dessen Familienstamm in der Österreichisch-Ungarischen Monarchie wurzelte. Trotzdem waren für uns die Helden nicht Kaiser Franz Joseph oder andere verblasste Blaublüter, sondern ewig lebendige Zelluloid-Mimen wie Hans Moser und Theo Lingen, die wir grenzenlos verehrten und zum Gaudi unserer Freunde in Sprache und Gestik mit Erfolg nachahmten. Gleichzeitig war das so nahe Österreich für den DDR-Bürger normalerweise so fern wie ein Lunakrater auf dem Mond – und nun durfte ich plötzlich auf dem Mond wandeln. Der hatte in den 1980er-Jahren in der Ost-West-Relation eine Menge Stolpersteine.

Der größte von ihnen war der bereits am 12. Dezember 1979 gefasste Raketenbeschluss der NATO, der zum besseren Verständnis dieser Geschichte noch einmal zu erwähnen ist mit seinem janusköpfigen Charakter. Zum einen sollten ab Dezember 1983 amerikanische Atomraketen in der BRD und anderen westeuropäischen Ländern gegen eine vermeintliche übermächtige sowjetische Militärmacht aufgestellt werden – und zum anderen sollten parallel dazu Moskau und Washington über eine Begrenzung ihrer atomaren Mittelstreckenraketen reden. Nicht verhandelbar allerdings – so ließ man Moskau wissen – seien die US-Raketenpläne für den Weltraum. Damit war das US-Militär einseitig vorgeprescht nach der schon immer praktizierten Maxime „America First". Dialog und US-Raketen – Zuckerbrot und Peitsche. Darin sah der Kreml einen inakzeptablen Erpressungsversuch.

Wie sein SPD-Vorgänger Helmut Schmidt befürwortete auch Westdeutschlands CDU-Bundeskanzler Helmut Kohl die Aufstellung der Nuklearwaffen aus Übersee gegen den mehrheitliche Willen seines Volkes.

Zwei Monate vor der geplanten Stationierung im Dezember adressierte DDR-Staatschef Erich Honecker am 5. Oktober 1983 einen Brief an Kohl, in dem er ihn zu einer „Koalition der Vernunft" aufrief. Wörtlich appellierte er an ihn, „eingedenk der geschichtlichen Lehren zweier Weltkriege" seine „Haltung zur Stationierung neuer atomarer USA-Raketen auf dem Territorium der BRD zu überdenken". Er schrieb: *„Nach unserer Meinung ist es in jedem Fall besser, weiter zu verhandeln als hochzurüsten."*

Der Kanzler ließ sich mit der Antwort mehr als zwei Monate Zeit. Währenddessen wurden fertige Tatsachen geschaffen, indem eine Mehrheit des Bundestages am 22. November 1983 der US-Stationierung zustimmte. In seinem Schreiben vom 14.12.1983 verteidigte Kohl die bereits begonnene Installierung des amerikanischen Raketenzauns, indem er lediglich die NATO-Version nachbetete.

Da sich der Kreml durch die NATO-Zumutung von „Zuckerbrot und Peitsche" nicht einschüchtern ließ, stationierte er im Gegenzug Nuklearwaffen in den Warschauer Vertragsstaaten und insbesondere in der DDR als Parität zu Westdeutschland. Damit hatte Doppeldeutschland seine doppelte Bedrohung. Die DDR-Regierung hatte die Raketen in West wie Ost und damit auch im eigenen Land abgelehnt, war aber zugleich mit einer nicht nachlassenden Ausreisewelle in Richtung BRD konfrontiert. Ein gesamtdeutsches Pulverfass, an dem die Lunten an beiden Enden glimmten. In diesen dramatischen Kontext ist meine Geschichte eingebettet – allerdings nicht auf weichen Daunen.

Eine schier unglaubhafte Einladung

In dieser Dunkelzeit des Verhältnisses zwischen beiden deutschen Staaten kündigte der österreichische Bundespräsident Dr. Rudolf Kirchschläger für den 11. Oktober 1983 einen mehrtägigen Staatsbesuch in der DDR an. Das muss Honecker wie ein Licht am nicht absehbaren Ende des Ausreisetunnels erschienen sein, wertete es doch das angeknackste Image der DDR und seines Chefrepräsentanten auf.

Vereinbart wurde mit Kirchschläger, dass er im Vorfeld seiner Visite fünf Journalisten der wichtigsten DDR-Medien zu einem Pressegespräch empfängt. Die Bildschirm-Fraktion sollte ich vertreten. Außerdem wurde angefragt, ob Kirchschläger dem DDR-Fernsehen zusätzlich ein Exklusivinterview gewähren könnte. Die Bestätigung ließ nicht lange auf sich warten – und war zu aller Erstaunen von einem Brief begleitet, der persönlich an den Interviewer gerichtet war. Was ich da las, überraschte nicht nur mich. Der österreichische Bundespräsident lud mich für den Tag des Interviews, den 28. September 1983, zu einem privaten Mittagessen ein.

Foto: Dieter Wahl

375

Eine schnörkellos nüchtern formulierte Einladung, die genauso kurz und bündig wie ungewöhnlich war. Nahm sich der höchste Repräsentant der Republik Österreich tatsächlich die Zeit, dem für 14 Uhr vorgesehenen Interview ein einstündiges Privatessen mit dem Fragesteller voranzustellen, eine Privataudienz in der Hofburg? Ja, es war so und es gehört zu den eindrucksvollsten persönlichen Begegnungen in meiner vierzigjährigen Berufslaufbahn. Das Kuvert mit der goldenen Prägung des österreichischen Bundesadlers samt Autogrammfoto ruht noch heute wohlverwahrt in den Annalen meines Archivs.

So sehr ich mich gefreut habe, so klar war mir auch, dass die Einladung weniger namensgebunden war als vielmehr funktionsgebunden. Das optische Attraktiv-Medium Fernsehen bringt es mit sich, dass Bildschirmakteure zu Eitelkeiten neigen – aber solch abwegige, die mich als Fernseh-Auserwählten des österreichischen Staatsoberhauptes sehen, verbietet selbst der geringste Realitätssinn. Trotzdem war ich es, dem diese Ehre zuteilwurde, und das genoss ich.

Also bereitete ich mich seelisch und moralisch auf den außergewöhnlichsten Mittagstisch meines Lebens vor – und mit einem Fragenkatalog auf das anschließende TV-Interview. Und das einen Tag vor der traditionellen Presserunde gemeinsam mit meinen Kollegen von Rundfunk, Nachrichtenagentur und überregionaler SED-Tageszeitung *Neues Deutschland* im Amtszimmer des Bundespräsidenten in der Wiener Hofburg. Nebenan in den präsidialen Privatgemächern sollten Exklusiv-Interview und Mittagsmahl stattfinden.

Da ich mich inzwischen gründlichst mit der Alpenrepublik und seinem Dr. Kirchschläger befasst hatte, dachte ich damals, was ich auch heute noch denke: Was einem DDR-Journalisten, egal welchen Namens, da zuteilwurde, war die demonstrative Geste der außergewöhnlichen Höflichkeit und Achtung eines unvoreingenommenen Spitzenpolitikers und intellektuellen Humanisten gegenüber einer Republik, die staatlich nicht weniger souverän war als die BRD, mit der sie gleichberechtigt in die UNO aufgenommen wurde. Anders als die Bundesrepublik war sie gegen jegliches atomares „Teufelszeug" auf deutschem Boden, wie Honecker es ausgedrückt hatte. Womit er sich den Zorn Breshnews zuzog, weil er Atomwaffen des Freundes mit denen des Feindes gleichsetzte – frei nach der Erkenntnis, dass es egal sei, durch welche ein DDR- oder BRD-Bürger sterben würde. Zudem – und das wusste Kirchschläger – war der DDR politischer Standesdünkel fern, denn im Gegensatz zur Bundesrepublik hat sie den anderen deutschen Staat von Anfang an als Realität anerkannt.

Mann des Volkes und politischer Tugenden

Kirchschläger selbst verabscheute Wichtigtuerei und Überheblichkeit. Er sah sich als Mann aus dem Volk, war wegen seines bescheidenen Auftretens äußerst beliebt, schon zu Lebzeiten eine in die Geschichte geschnitzte Denkmalfigur und bis zu seinem leiblichen Ende im März 2000 eine unangetastete Autorität.

Als ich ihn traf, war er 68 Jahre und zum zweiten Mal in Folge in das höchste Staatsamt gewählt. Mehr ließ die österreichische Verfassung nicht zu. Da der Bundespräsident direkt vom Volk ernannt wird, sagt das alles über seine Popularität, die ihm mit dem erlaubten Maximum von zwei Mal sechs Jahren ins höchste Amt verhalf – von 1974 bis 1986. Wiedergewählt wurde er 1980 mit dem Rekordergebnis von fast 80 Prozent der abgegebenen Stimmen. Dabei war sein Lebensweg alles andere als eben. Er begann in ärmlichen Verhältnissen als Sohn eines Fabrikarbeiters, der schon mit elf Jahren Vollwaise wurde.

Bevor der parteilose promovierte Jurist in die Wiener Hofburg einzog, war er Diplomat und Außenminister. Als solcher zeigte sich gerade in heiklen internationalen Situationen sein aufrechter Charakter mit unbestechlichem politischem Sinn für Recht und Gerechtigkeit. Das war auch so in den schwersten und blutigsten Stunden der Republik Chile, als sich bei dem USA-unterstützten Militärputsch gegen den demokratisch gewählten sozialistischen

Präsidenten Allende der Tyrann Pinochet an die Macht mordete. Da gab er als Außenminister der österreichischen Botschaft in Santiago die Anweisung, den Verfolgten Obhut zu gewähren. Eine Prinzipientreue gegen rechts, die sich bereits nach dem Anschluss seines Landes an das faschistische Deutschland gezeigt hatte. Er verweigerte sich der Hitlerpartei NSDAP und nahm dafür den erzwungenen Abbruch seines Studiums in Kauf. Als Botschafter in Prag bewies er einmal mehr sein Herz für Menschen in Bedrängnis. Gegen die Anweisung des damaligen Außenministers Kurt Waldheim öffnete er 1968 seine diplomatische Vertretung für tschechoslowakische Bürger, die sich beim Versuch eines „Sozialismus mit menschlichem Antlitz" – bekannt als „Prager Frühling" – vor den einmarschierenden Truppen des Warschauer Vertrages in Sicherheit bringen wollten. Dass sich die DDR an dieser von Moskau initiierten Aktion nicht beteiligte, wird dem erfahrenen Diplomaten Kirchschläger sicher nicht entgangen sein. Eine faszinierende Persönlichkeit, die ich nun näher kennenlernen durfte. Wie würde sie sich mir gegenüber geben? Der ungewöhnlichen Begegnung sah ich mit den gemischten Gefühlen aus Spannung und Neugier entgegen.

Ich habe nicht wenige Staatsmänner kennengelernt, zu deren Habitus es gehörte, Presseleute in ehrfürchtiger Ergebenheit warten zu lassen, um ihren huldvollen Auftritt mit dem gebührenden Gewicht ihres Amtes zu zelebrieren. Unbestrittener Meister in dieser Kunst effektvoller Selbstinszenierung war Frankreichs Staatspräsident Mitterrand, der sich grundsätzlich bis zu einer Stunde gezielt verspätete – sowohl bei Pressekonferenzen als auch bei den beiden Interviews, die ich mit ihm führen konnte. Allein sein Erscheinen wurde damit schon zum Ereignis, das einer huldvollen Audienz seiner Majestät gleichkam. Die „Sphinx" durfte das, wie die Franzosen ihren modernen Sonnenkönig wegen seines intellektuellen Feingeistes respektvoll nannten.

Eine private Sternstunde mit dem Staatsoberhaupt

Der Bundespräsident begrüßte mich Punkt 13 Uhr und bat zum Aperitif. Zuvor hatte ich mich ergebnislos gefragt, welchen Inhalt und welche Tonlage ein solch ungewöhnliches privat-persönliches Spitzentreffen zwischen einem Ost-Journalisten und einem westlichen Staatsoberhaupt wohl haben könnte. Plumpe Vertraulichkeit meinerseits war da wohl ebenso unangebracht wie distanzierte Förmlichkeit – und peinliche Unterwürfigkeit wiederum wäre da genauso fehl am Platze wie eine politische Lippe auf lächerlicher Augenhöhe zu riskieren.

Zu meiner Erleichterung war es der Gastgeber selbst, der all diese Fragen beantwortete, indem er mich von der ersten Minute an in eine zwanglose Plauderei hineinzog. Der dabei aufkeimende Eindruck, am familiären Mittagstisch eines leutseligen, wohlwollenden Gastgebers zu sitzen, enthob mich jeglicher Verlegenheit. Komplettiert wurde dieses Empfinden durch das Gefühl häuslicher Gemütlichkeit, personifiziert durch eine ältere Frau, die uns mit mütterlicher Hingabe bediente. Es war unschwer zu erraten, dass sie in ihrer unaufdringlichen Allgegenwart der gute Geist von Küche und Haus war und dass der Hausherr dies mit freundlicher, vertrauensvoller Anerkennung zu schätzen wusste. Dass er ein Gourmet war, verriet sie durch die nahezu pedantische Stimmigkeit von Speis und Trank mit natürlich echt österreichischer Traube. Die – so sagte Kirchschläger nicht ohne Stolz – wachse sogar an den Hängen des Kahlenbergs, womit Wien in Europa die einzige Hauptstadt mit größerer Weinproduktion sei.

Damit begann eine lockere, angeregte Unterhaltung, deren themenbunter Bogen sich weit über die anberaumte Stunde hinaus spannte. Dabei sprach auch der Familienmensch Rudolf Kirchschläger, der mit seiner Herma 60 Jahre lang bis zum Lebensende im Jahre 2000 verheiratet blieb. Beständigkeit auch im Familiären. Damals war sein Sohn 36 Jahre. Prof. Dr. Walter Kirchschläger hatte sich einen Namen gemacht als Theologe und Philosoph

Handsigniertes Porträt von Österreichs Bundespräsident Rudolf Kirchschläger zur Erinnerung an seine Privataudienz.
Foto: Photo Simonis Wien

an der Spitze österreichischer Universitäten und Hochschulen. Mit seiner Frau Heidi hatte er seinen Eltern vier Enkel geschenkt.

Dann der Privatmann Rudolf Kirchschläger. Ich erfuhr, dass er nicht nur den Rebstöcken huldigte, sondern sich mit seinem Hobby als Rosengärtner auch zur Anmut und Schönheit der blumigen Natur hingezogen fühlte.

Ob er als Harmoniemensch trotzdem etwas hassen könne? Er zögerte: *„Hassen nicht, aber verurteilen – und zwar Extremismus, Radikalismus und Fanatismus als Wurzel menschlichen und politischen Übels."* Das, so schob er nach, finde auf militärischem Terrain seine gefährliche Zuspitzung. Die Verhärtung dieser Fronten lasse sich nur und ausschließlich nur dadurch entkrampfen, dass man miteinander rede. Das hatte er drei Jahre vorher auch mit Honecker getan, als er ihm in Wien die Hand schüttelte. Was hat sich seither zwischen beiden Ländern getan, fragte ich ihn anderntags beim offiziellen Pressegespräch im Kreise meiner Kollegen, die als Vertreter der DDR-Leitmedien angereist waren. Im „Leopoldinischen Trakt" der Hofburg bekräftigte der Bundespräsident in staatsmännischer Form, was er mir schon am Vortag im Plauderton ins Mikrofon gesagt hatte. Originalton Kirchschläger:

„Ich glaube, dass es uns gelungen ist, unsere Vorsätze doch sehr weitgehend zu verwirklichen. Es ist eine starke Intensivierung der Beziehungen auf wirtschaftlichem Gebiet eingetreten. Wir haben darüber hinaus auch auf kulturellem Gebiet die Zusammenarbeit weitgehend verdichten können. Und auch im menschlichen, im zwischenmenschlichen Bereich ist eine Verstärkung der Kontakte eingetreten." Dann sein Fazit: *„Es waren für unsere Beziehungen drei gute Jahre, die seit dem Besuch des Herrn Staatsratsvorsitzenden vergangen sind."*

Aus dem Munde eines Dr. Kirchschläger waren das nicht nur diplomatische Höflichkeitsfloskeln. Die hatte er nicht nötig.

Dann war da noch seine vielgerühmte menschliche Integrität. Ich lernte sie auf eindrucksvolle Weise kennen – leider in einer blamablen, verfahrenen Situation, die diesen seinen Charakterzug aber erst recht zur Geltung brachte.

Rettung in höchster Not

Es war bei einer Visite von DDR-Verteidigungsminister Heinz Hoffmann im Amtssitz des Präsidenten in der Wiener Hofburg, woran ich eine äußerst unangenehme Erinnerung habe. Das lag aber nicht an Minister Hoffmann oder an Kirchschläger, sondern an einem bösen Streich, den uns das Wunderwerk Fernsehtechnik spielte.

Dazu bedarf es einer Vorbemerkung. In der DDR war Anfang der 1980er-Jahre für Fernsehaufnahmen mit Handkameras als Bildträger noch der Zelluloidfilm die Normalität. Er musste erst im Kopierwerk entwickelt werden, bevor er geschnitten und gesendet werden konnte. Das dauerte gewöhnlich länger als eine Stunde, womit die rechtzeitige Berichterstattung über ein wichtiges Ereignis manchmal gefährdet oder unmöglich wurde. Genau in dieser Situation befanden wir uns, als Armeegeneral Hoffmann den obersten Österreicher besuchte. Zu allem Übel war dieses hochbrisante Treffen zur Zeit des NATO-Doppelbeschlusses nicht nur zu filmen, sondern auch noch vom Wiener ORF-Studio des österreichischen Fernsehens per Satellitenschaltung nach Berlin-Adlershof zu überspielen – und zwar mit Dringlichkeitsstufe eins. Mit der herkömmlichen Filmkamera war das nicht zu schaffen. Also war mein Kameramann Armin Wünsche – wie in solchen Fällen üblich – zur valutateuren Anmietung einer elektronischen Aufnahmetechnik gezwungen. Das bot die Chance, das Ereignis noch wunschgemäß in die abendliche Hauptausgabe der *Aktuellen Kamera* zu bekommen – und gleichzeitig das Risiko, den technischen Zustand der fremden Ausrüstung im Detail nicht zu kennen. Exakt das wurde uns zum Verhängnis mit einem Zwischenfall, der an Peinlichkeit kaum zu überbieten ist.

Just in dem Moment, als Gast und Gastgeber an der Schwelle zum präsidialen Arbeitszimmer zur Begrüßung aufeinander zugehen, steigt die Digitalkamera aus. Ich sehe das Schreckensbild noch live vor mir. Armin versucht in fliegender Hast, die Technik wieder startklar zu machen. Als ihm das nicht gelingt, will er die Kamera näher untersuchen, was im Stehen schwer möglich ist. Also legt er sie auf die Erde und sich daneben und hantiert in fiebriger Eile an Hebeln und Schaltern, in seiner Verzweiflung alles um sich herum vergessend. So hockt er fassungslos auf dem blankpolierten Parkett der altehrwürdigen Wiener Hofburg zu Füßen beider Politiker, die den Vorfall staatsmännisch ignorieren, sich die Hand reichen und routinemäßige Begrüßungsworte wechseln.

Ich stehe hilflos und eisblockstarr daneben und denke nur: Nichts anmerken lassen. So imitiere ich reflexhaft journalistische Geschäftigkeit und schreibe unsinnigerweise automatisch mit, was ich an völlig unwichtigen Floskeln höre: *„Willkommen, Herr Minister. Ich hoffe, Sie hatten eine gute Anreise." „Danke, Herr*

Bundespräsident. Ich soll Ihnen beste Grüße von Herrn Honecker aus-
richten." „Übermitteln Sie ihm bitte meinen Dank. Bitte kommen Sie."
Dann verschwinden beide im Zimmer. Beinahe hätten sie über
Armin hinwegsteigen müssen. Während sich hinter ihnen die
Tür schließt, fummelt er mit erbitterter Hartnäckigkeit weiterhin an der Kamera herum und glaubt wohl immer noch, die defekte Elektronik reparieren zu können – Kopf und Auge dicht
über der Kamera, den Zeigefinger am Auslöser und die Brille auf einer schweißnassen Stirn, im wahrsten Sinne des Wortes am Boden zerstört. Ein unwirkliches Bild in einer vertrackten Wirklichkeit. Ich gebe ihm vorsichtig zu verstehen, dass die
Zielpersonen unserer Aufmerksamkeit nicht mehr anwesend sind.

Nachdem wir unsere Fieberkurve etwas heruntergefahren haben, rufe ich die Verleihfirma an und verlange unter Androhung
harter Konsequenzen in Windeseile eine andere Technik. Der
Firmenchef begreift die politische Dimension des Eklats und wenig später hat Armin eine neue Kamera in der Hand – eine, die
tadellos funktioniert. Aber was nützt sie uns noch? Die einzig genehmigte Aufnahme wollte die bockbeinige Digital-Optik nicht
in den Fokus nehmen und nun stehen wir uns selbst im Wege.

Mir ist klar, dass sich ein journalistischer Skandal mit Folgen
anbahnt. Ganz davon abgesehen, dass die bestellte sauteure Sa-
tellitenleitung für das Bild- und Tonüberspiel nach Berlin auch
immense finanzielle Schäden hinterlassen wird, wenn sie ungenutzt bleibt. Um die Leitung abzubestellen, ist es viel zu spät.
Sie ist bestätigt und wird geschaltet – und die einzig akzeptable Option ist, sie mit optischem und akustischem Inhalt zu füllen. Aber wie? Mir ist so ziemlich alles egal, um noch Bilder zu
erhaschen. Also suche ich krampfhaft nach einer Lösung. Beide
Politiker sind gottlob noch im Gespräch hinter verschlossenen
Türen. Ob erlaubt oder nicht: Schlimmstenfalls stellen wir uns
auf eigenes Risiko selbst die Drehgenehmigung für die Verabschiedung beider Politiker aus, wenn sie denn hoffentlich noch
einmal im Vorzimmer stattfindet! Das wäre der Notnagel.

Während ich aufatme, springt mich plötzlich eine wirklich
abenteuerliche Idee an. Ich hatte bemerkt, wie ein goldbedresster

Kammerdiener auf einem Tablett eine Wasserflasche und ein anderes Mal eine Schale mit Keksen ins Heiligtum des Ost-West-Dialogs brachte. Also setze ich alles auf eine Karte, schildere ihm unsere unselige Lage und frage, ob er bei seinem nächsten Botengang nicht auch einen Zettel für den Herrn Bundespräsidenten mit hineinnehmen könnte. Darauf steht mit einer Entschuldigung für die defekte Kamera die höfliche Anfrage, ob es ausnahmsweise gestattet sei, zum Schluss des Gespräches für eine kurze Filmaufnahme eingelassen zu werden.

Ich war mir der Kühnheit des Unterfangens durchaus bewusst. Der Bedienstete in ehrwürdig höfischer Livree zögerte mit der Antwort. Er prüfte offensichtlich, ob er damit nicht seine Befugnisse überschreiten würde. Vielleicht kam er zu der Einsicht, dass dies nicht der Fall sei, vielleicht aber war es auch schlichte Barmherzigkeit – oder gar beides, das ihn veranlasste, dem gewagten undiplomatischen Manöver zuzustimmen, für das es im Buch der präsidialen Hoftikette sicher keine Benimmregel gab. Er ging, kehrte zurück und schwieg.

Es verstrichen bange Warteminuten, die sich zu einer halben Stunde summierten. Dann ging alles sehr schnell und geräuschlos. Der goldbedresste Diener winkte und öffnete die Tür. Beide Herren saßen sich im Sessel gegenüber und Kirchschläger sagte im Schmunzelton zu mir: *„Da ham's wohl keinen Film dring'habt?"* Der Bundespräsident und der Minister lachten, Armin drehte und alles war gerettet. Da war mir endgültig klar: Nicht nur in der Arena der großen Politik, sondern auch auf der Klein-klein-Ebene unseres Missgeschicks strebt Kirchschläger nach Verständigung und Harmonie – und das getreu dem Titel seines Buches „Der Friede beginnt im eigenen Haus".

Die Moral von der Geschichte war, dass wir künftig bei ähnlichen Situationen zusätzlich zur angemieteten elektronischen Technik unsere gute alte Arriflex-Filmkamera immer in griffbereiter Nähe hatten. Das rettete uns ein Jahr später, als der Fehlerteufel ein zweites Mal auf dieselbe hinterhältige Weise zuschlug. Obwohl die Wahrscheinlichkeit klein war, dass sich die durchlittene Stress-Situation wiederholen würde, tat sie es prompt. Diesmal während des Besuches von Außenminister Oskar Fischer am 26. April 1984 bei Österreichs Bundeskanzler Fred Sinowatz kurz vor dessen DDR-Besuch im November.

Unglaublich, aber auch ein zweites Mal war: Dieselbe Situation, derselbe Fehlerteufel. Ebenfalls beim Begrüßungshandschlag verweigerte die Elektronik ihren Dienst. Den anschließenden unruhestiftenden hektischen Umstieg auf die Zelluloidkamera nahm der Regierungschef mit Gelassenheit, indem er das Malheur einfach nicht bemerkte, und unser Außenminister war Mensch genug und sparte sich einen Tadel.

Wenn die Technik verrücktspielt

Nicht genug damit. Es kam noch dicker. Der Höhepunkt im Kapitel Pleiten, Pech und Pannen passierte fast auf den Tag genau ein halbes Jahr später, ebenfalls in Wien. Kanzler Sinowatz hatte anlässlich seines bevorstehenden zweitägigen DDR-Besuchs Vertreter der DDR-Presse zu einer Frage- und Antwortrunde in seinen Amtssitz am Wiener Ballhausplatz eingeladen. Dafür hatten wir wohlweislich von einer anderen Verleihfirma in hechelnder Eile erneut elektronische Aufnahmetechnik herbeikarren lassen. Die funktionierte auf Anhieb. Jedenfalls schien es so, bis wir uns hinterher die Aufzeichnung anschauten und nun endgültig am Ende waren – sowohl mit Rat und Tat als auch mit den Nerven oder was von ihnen noch übrig war. Denn mit ungläubigem Entsetzen starrten wir auf ein Bild, das plötzlich wie geschreddert aussah. Ein im Rekorder zerfetzter Streifen Magnetband von einem halben Meter Länge hatte einen Teil der Aufnahme zuerst mit Spratzern übersät und dann gänzlich zerstückelt.

Österreichs Regent bekam diese zweite Panne glücklicherweise nicht mehr mit – und auch nicht unseren Spießrutenlauf zu Hause in Adlershof. Da half auch kein Schuldeingeständnis der Wiener Ausleihfirma samt Geld zurück. Es war ein Politikum, ein staatstragendes Politikum, eine katastrophale Katastrophe, der Super-GAU schlechthin. Der österreichische Premier hatte erklärt, sein Meinungsaustausch mit dem Herrn Staatsratsvorsitzenden Honecker werde förderlich für den Entspannungsprozess sein – und mitten im Satz verstümmelten zerhackte Wortfetzen die von Honecker sehnlichst erwarteten DDR-freundlichen Worte. Die gesamte Redaktion stand Kopf und dem Chefredakteur der *Aktuellen Kamera* blieb nichts anderes übrig, als einen erniedrigenden telefonischen Canossagang mit Direktverbindung ins hoheitliche Haus von Berlin-Mitte anzutreten. In solch fataler Stimmung muss einst König Heinrich IV. gewesen sein, als er barfuß und im Büßerhemd seinen historischen Demutsgang zu Papst Gregor VII. in der Burg Canossa angetreten hat, um für seine Verfehlungen Abbitte zu leisten und Absolution zu erhalten. Sie wurde ihm damals gewährt. In unserem Falle wurde die Niederlage als technisches Versagen akzeptiert und wir wurden angewiesen, das noch zu rettende Material so geschickt wie nur irgend möglich zu cuttern und zu einer akzeptablen Ton- und Bildfolge zusammenzufügen. Das gelang so halbwegs und wurde auch so gesendet.

Es ist anzunehmen, dass dieser Riesen-Fauxpas innerhalb der acht Wände von zwei Häusern in Berlin-Adlershof und Berlin-Mitte blieb. Jedenfalls kamen dazu aus Wien keinerlei Beschwerden und die westliche Investigativ-Presse war in diesem Falle wohl nicht investigativ genug.

Da die TV-Berichterstattung vom anschließenden DDR-Besuch des hohen Gastes und seiner Gattin als glänzend eingeschätzt wurde, wollte sich Gott sei Dank auch niemand mehr an das unliebsame Vorspiel erinnern. Alle schwelgten im Erfolgs-Vollrausch des gelungenen Fernsehmoments, als das Mammutobjekt der DDR-Österreich-Kooperation, ein hochmodernes Konverterstahlwerk in Eisenhüttenstadt, nach dreieinhalbjähriger Bauzeit in Betrieb ging. Honecker und Sinowatz applaudierten und die TV-Berichterstattung sprengte alle Zeitnormen. Mit Hochglanzbildern und ohne eine einzige Panne.

Ein Brief als Nachrede

Liebe Leserin, lieber Leser,
es gibt auch eine Nachrede im guten Sinne. Die gilt nun in Form einer Danksagung den prominenten Weltmeistern dieses Buches, die sich freundlich und geduldig ein Stück ihrer kostbaren Lebenszeit stehlen ließen. Es mag die Zeitbeklauten trösten, dass das Diebesgut in seiner kontrastreichen Fülle heute selbst ein Stück Zeitgeschichte ist.

Nicht immer gelang, was ich wollte. Und vor allem, wen ich wollte. Als ich an der Seine die Anker lichtete und nach gut fünf Jahren Paris als meinen Hafen der Westeuropa-Berichterstattung verließ, waren auf meiner Prominentenliste noch einige Wünsche offen. Gern gesehen hätte ich noch auf meinem „Walk of Fame" den „eiskalten Engel" des französischen Krimi-Kinos, den frauenbetörenden Filmschönling und Charmeur **Alain Delon**, und seinen stirnfaltigen Landsmann, den Temperamentsbolzen und verwegenen Haudrauf des Abenteuer-Thrillers, **Jean-Paul Belmondo**. Beide hatten ihre Abneigung gegen Verhöre und ihr Geschick zum Versteckspiel nicht nur auf der Leinwand zur Perfektion gebracht. Ihnen noch zu begegnen, war einfach eine Frage der Zeit, die ich nicht mehr hatte.

Geklärt waren dagegen die Fronten mit ihrer Schauspielerkollegin, der Tierschützerin und Schmollmund-Diva **Brigitte Bardot**. Sie hatte sich nicht weniger erfolgreich in ihrem Anwesen in Saint-Tropez an der Côte d'Azur verschanzt, wo sie seit 1958 lebt. Von dort bekam ich auf meine briefliche Anfrage zumindest eine ordnungsgemäße schriftliche Absage. Sie möchte keine Interviews mehr geben und bitte mit Gruß und guten Wünschen um Verständnis. Das ließ sie mit aller gebotenen Höflichkeit wissen, obwohl bekannt war, dass sie gegenüber der Presse auch einen recht ruppigen Ton anschlagen konnte. Ich halte es für durchaus möglich, dass diese Medien-Aversion schon 1962 durch ihren Film mit dem Titel „Privatleben" geprägt wurde. Darin wird sie als Superstar von Boulevard-Fotografen gejagt und im Namen der Pressefreiheit zur Strecke gebracht.

Ihr verständnisvoller Filmpartner bei dieser Prominentenhatz war Marcello Mastroianni. Er hatte zwei Jahre zuvor in dem Fellini-Streifen „La dolce vita" − „Das süße Leben" − selbst einen Boulevard-Journalisten *gespielt, der mit einem untrüglichen Riecher für Geld und Skandale über das selbstbetrügerische, sinnentleerte Glamour-Dasein der römischen Haute-volee berichtet. Begleitet wird er dabei von seinem hemmungslosen Foto-grafen Paparazzo, dessen Name fortan zum Synonym für skrupellose Fo-toreporter wurde.*

Der Bardot sei ihre Absage an mein Interview-Ersuchen vergeben, denn sie konnte ja nicht wissen, dass der Berufszweig der Blitzlicht-Pa-parazzi in der DDR nicht existierte. Es gab zwar eine teilreglementierte, teiluniformierte Presse, aber kein Medium, das astronomische Geldsum-men für intime Promi-Bilder zahlte und damit eine Fotosparte heran-züchtete, die bereit war, für genug Knete über Leichen zu gehen und sel-bige auch noch abzulichten.

Es ist trotzdem schade, denn ich hätte mich mit der „BB" weniger über ihre paparazzihaft weidlich ausgeschlachtete wilde Jetset-Zeit mit dem extrovertierten Gunter Sachs unterhalten als vielmehr über verschie-dene Facetten ihrer Weltberühmtheit sowie über ihr glückliches Engage-ment für Tiere und ihr unglückliches Engagement für die französische Rechts-Partei „Front National".

*Nicht auf der Haben-Seite meines Wunschzettels steht leider auch der mit kritischem Intellekt gesegnete Schriftsteller **Max Frisch**, nach Fried-rich Dürrenmatt der relevanteste Repräsentant der Schweizer Deutsch-Literatur. Sein Drama „Biedermann und die Brandstifter" erreichte eine Millionenauflage und wurde zur Pflichtlektüre in der Schule.*

Als ich den Autor endlich am Telefon hatte, verweigerte er sich in ei-ner sehr freundlichen, aber konsequenten Unnachgiebigkeit einem Treffen. Er entschuldigte die Absage damit, dass er seit Langem grundsätzlich kei-ne Interviews mehr gebe. Diese Entscheidung hat er meines Wissens nach bis zu seinem Tod am 4. April 1991 eingehalten. Als Entschädigung für seine Ablehnung gönnte er mir aber ein ausführliches Telefongespräch mit interessanten Einblicken in Motive und Probleme seines Schaffens, verse-hen mit der Bitte, dies als interne Aussagen zu betrachten, die nicht zur Veröffentlichung bestimmt sind. Ich würde mit der Behauptung lügen, dass mir dieses Vertrauen nicht geschmeichelt hat. Ich habe es gerechtfer-tigt, auch wenn mich gerade beim Schreiben dieses Buches einige Male die Versuchung überkam, mit Hinweis auf eine etwaige Verjährung seiner Bit-te wortbrüchig zu werden.

Nun möchte ich es nicht dabei belassen, liebe Leserschaft, Ihnen zwischen diesen Buchdeckeln Weltberühmtheiten nahegebracht zu haben.

Nicht weniger gravierende Spuren haben in meinem Personengedächtnis Leute hinterlassen, die aus der Alltäglichkeitsnorm des Lebens in beeindruckender Weise herausragen. Eben außergewöhnliche Menschen. Auch sie schenkten mir die Rarität gemeinsamer Sternstunden, für die ich mich mit einem weiteren Buch bedanken möchte.

Ich würde mich geehrt fühlen, wenn Sie auch diese Begegnungen mit mir teilen würden.

Herzlichst
Ihr Dieter Wahl

Ahrensfelde/Eiche, im Februar 2021

Der Autor

Dieter Wahl wurde im Februar 1945 im Sudetenland
auf dem Gebiet des heutigen Tschechien geboren.
Ein Umsiedler-Treck der Nachkriegswirren führte das
Baby mit seiner Familie ins ostdeutsche Mansfelder
Land.
Nach einer Lehre als Elektromonteur und einem
Journalistikstudium an der Karl-Marx-Universität
Leipzig arbeitete er im DDR-Fernsehen und wurde
sein Auslandskorrespondent in Moskau und Paris.
Nach der gesellschaftlichen Wende folgten 19 Jahre
als EU-akkreditierter Journalist in Brüssel – zu-
nächst als Chefredakteur der Europa-Presseagentur
DEKRACOM und danach als Selbstständiger in einer
eigenen Redaktion.
In den insgesamt rund 30 Auslandsjahren stand
ihm seine Ehefrau Marion als Informatikerin und
Journalistin zur Seite. Über den 10 Jahre währenden
Kampf gegen ihren Krebs verfasste ihr Mann ein
Buch, das ebenfalls im novum-Verlag erschienen ist.
Seit 2011 lebt Wahl als freiberuflicher Schriftsteller
im brandenburgischen Ahrensfelde.

Der Verlag

*Wer aufhört
besser zu werden,
hat aufgehört
gut zu sein!*

Basierend auf diesem Motto ist es dem novum Verlag
ein Anliegen neue Manuskripte aufzuspüren, zu ver-
öffentlichen und deren Autoren langfristig zu fördern.
Mittlerweile gilt der 1997 gegründete und mehrfach
prämierte Verlag als Spezialist für Neuautoren in
Deutschland, Österreich und der Schweiz.

**Für jedes neue Manuskript wird innerhalb
weniger Wochen eine kostenfreie, unverbindliche Lektorats-Prüfung erstellt.**

Weitere Informationen zum Verlag und
seinen Büchern finden Sie im Internet unter:

www.novumverlag.com